Christine Feil · Regina Decker · Christoph Gieger

Wie entdecken Kinder das Internet?

W0325877

Schriften des Deutschen Jugendinstituts: Kinder

Das Deutsche Jugendinstitut e. V. (DJI) ist ein zentrales sozialwissenschaftliches Forschungsinstitut auf Bundesebene mit den Abteilungen „Kinder und Kinderbetreuung", „Jugend und Jugendhilfe", „Familie und Familienpolitik", „Geschlechterforschung und Frauenpolitik" und „Social Monitoring" sowie dem Forschungsschwerpunkt „Übergänge in Arbeit". Es führt sowohl eigene Forschungsvorhaben als auch Auftragsforschungsprojekte durch. Die Finanzierung erfolgt überwiegend aus Mitteln des Bundesministeriums für Familie, Senioren, Frauen und Jugend und im Rahmen von Projektförderung aus Mitteln des Bundesministeriums für Bildung und Forschung. Weitere Zuwendungen erhält das DJI von den Bundesländern und Institutionen der Wissenschaftsförderung.

Bundesministerium
für Bildung
und Forschung

Das diesem Bericht zugrunde liegende Vorhaben wurde mit Mitteln des Bundesministeriums für Bildung und Forschung unter dem Förderkennzeichen B 8307 gefördert. Die Verantwortung für den Inhalt dieser Veröffentlichung liegt bei den AutorInnen.

Christine Feil · Regina Decker
Christoph Gieger

Wie entdecken Kinder das Internet?

Beobachtungen bei 5- bis 12-jährigen Kindern

VS VERLAG FÜR SOZIALWISSENSCHAFTEN

VS Verlag für Sozialwissenschaften
Entstanden mit Beginn des Jahres 2004 aus den beiden Häusern
Leske+Budrich und Westdeutscher Verlag.
Die breite Basis für sozialwissenschaftliches Publizieren

Bibliografische Information Der Deutschen Bibliothek
Die Deutsche Bibliothek verzeichnet diese Publikation in der Deutschen Nationalbibliografie; detaillierte bibliografische Daten sind im Internet über <http://dnb.ddb.de> abrufbar.

1. Auflage Oktober 2004

Alle Rechte vorbehalten
© VS Verlag für Sozialwissenschaften/GWV Fachverlage GmbH, Wiesbaden 2004

Der VS Verlag für Sozialwissenschaften ist ein Unternehmen von Springer Science+Business Media.
www.vs-verlag.de

Das Werk einschließlich aller seiner Teile ist urheberrechtlich geschützt. Jede Verwertung außerhalb der engen Grenzen des Urheberrechtsgesetzes ist ohne Zustimmung des Verlags unzulässig und strafbar. Das gilt insbesondere für Vervielfältigungen, Übersetzungen, Mikroverfilmungen und die Einspeicherung und Verarbeitung in elektronischen Systemen.

Die Wiedergabe von Gebrauchsnamen, Handelsnamen, Warenbezeichnungen usw. in diesem Werk berechtigt auch ohne besondere Kennzeichnung nicht zu der Annahme, dass solche Namen im Sinne der Warenzeichen- und Markenschutz-Gesetzgebung als frei zu betrachten wären und daher von jedermann benutzt werden dürften.

Umschlaggestaltung: KünkelLopka Medienentwicklung, Heidelberg
Satz: Projekt „Wie entdecken Kinder das Internet?", DJI München
Druck und buchbinderische Verarbeitung: MercedesDruck, Berlin
Gedruckt auf säurefreiem und chlorfrei gebleichtem Papier
Printed in Germany

ISBN 3-8100-4227-7

Inhalt

Vorwort

Ohne das Engagement der Mädchen und Jungen für das Internet und ihr Einverständnis, sich bei ihren Internetbesuchen beobachten zu lassen, wäre die vorliegende Studie nicht zustande gekommen. An erster Stelle möchten wir deshalb den Kindern danken, die über ein Jahr hinweg dazu bereit waren, ihre Freizeit zu den mit den Beobachtern vereinbarten festen Terminen dem Internet zu widmen. Mit ihrem Interesse haben sie dazu beigetragen, dass die Bearbeitung einer Forschungslücke in Angriff genommen werden konnte: Wie entdecken Kinder das Internet?

Gewiss ist, dass immer mehr Kinder zu Hause, in den Horten und auch in den Schulen ins Internet gehen, weil es dort nun einen Online-Anschluss gibt. Gewiss ist auch, dass von den Kindern erwartet wird, mit dem Internet wie mit den anderen Medien „sinnvoll umzugehen". Neben dem Nicht-zu-häufig und Nicht-zu-lange werden mit einem sinnvollen Internetumgang das Suchen nach Informationen, das informelle Lernen und die Entwicklung von Kompetenzen für eine gelingende Zukunft der Kinder in einer globalisierten Welt assoziiert. Darüber wie sich Kinder im Netz bewegen und orientieren, wie sie die virtuellen Inhalte rezipieren und welche Strategien sie entwickeln, um mit den Anforderungen des Internetgebrauchs zurechtzukommen, wusste man bislang wenig.

Was tun und lernen Kinder mit und im Internet? Was macht Kindern Spaß und was Probleme? Über welche Fähigkeiten verfügen Kinder und welche Fertigkeiten entwickeln sie während ihrer Internetbesuche? Wobei brauchen Kinder begleitende Hilfen und wann fordern sie diese ein? Aus der Perspektive der Kinder aufs Internet werden im vorliegenden Bericht empirisch unterfütterte Antworten auf diese Fragen gegeben.

Um das beobachtete altersspezifische Internethandeln der achtzehn untersuchten 5- bis 12-jährigen Kinder, ihr primäres Interesse am Spiel und ihre Art des Umgangs mit den Widrigkeiten und Fährnissen des Internets im Kontext der fortschreitenden Digitalisierung des Kinderalltags beurteilen zu können, werden im ersten Kapitel quantitative Daten zur Internetnutzung von Kindern referiert sowie die neueren ökonomischen und inhaltlichen Entwicklungen im Webangebot für Kinder skizziert. Die jüngsten Pläne zum Kinder- und Jugendschutz verweisen darauf, dass Eltern von der pädagogischen Verantwortung für die Netzaufenthalte ihrer Kinder nicht entlastet werden können. Website-Anbieter und Internet-Dienstleister werden jedoch bei Bereitstellung entwicklungsbeeinträchtigender Inhalte zunehmend in die gesellschaftliche Verantwortung für Kinder genommen. Die Eltern sind zwar, wie im dritten Kapitel beschrieben wird, nur wenig darüber informiert, wie sie ihre Kinder vor Gefahren aus dem Netz schützen können, sie haben aber Kenntnis von den Vorlieben und Fertigkeiten ihrer Kinder, so dass sie deren Internetbesuchen mit Vertrauen und Gelassenheit begegnen.

Auch wenn in diesem Buch, insbesondere in Kapitel 5, viel von alters- und entwicklungsbedingten Hürden und Grenzen der Internetnutzung von Kindern die Rede sein wird, sollten sich weder Website-Anbieter noch Medienpädagogen entmutigen lassen. Die einen sollten sich aufgefordert sehen, im Kindernetz überflüssige Barrieren aus dem Wege zu räumen, die Kindern die Rezeption und aktive Beteiligung erschweren. Die anderen sollten lernen, die Präferenzen der Kinder zu respektieren und deren Internethandeln nicht mit pädagogischen Zielen zu überfrachten. Die Kinder tasten sich individuell sehr unterschiedlich, aber mit hoher Motivation, an ein schwer zu verstehendes und technisch labiles Medium heran, das sie kognitiv herausfordert und ihnen zugleich Spaß macht. Ob ein Kind das Internet mit zunehmendem Alter durchschauen und beherrschen lernt, hängt wesentlich von internetpädagogischen Kompetenzen der Erwachsenen ab, deren Aufgabe es ist, die Kinder zu fördern, damit sie das Internet für sich selbst und ihre Interessen „gewinnbringend" nutzen können.

Das Projekt „Wie entdecken Kinder das Internet? – Eine qualitative Studie zum Erwerb von Internetkompetenzen" wurde zwischen 2001 und 2003 am Deutschen Jugendinstitut München durchgeführt und vom Bundesministerium für Bildung und Forschung gefördert. Unser besonderer Dank gilt den Eltern, die der Beobachtung ihrer Kinder zustimmten und bereitwillig Auskunft zur Internetnutzung in ihrer Familie gaben. Edith Ilg, Schul- und Kultusreferat der Landeshauptstadt München, ermöglichte die empirische Arbeit in den Horten, wir danken ihr und den beteiligten ErzieherInnen. Methodisch beratend standen uns ExpertInnen aus Sozialwissenschaften und Informatik zur Seite. Nicht zuletzt gilt unser Dank ihnen und allen, die schließlich halfen, das umfangreiche empirische Material für die Analyse aufzubereiten, insbesondere den studentischen Hilfskräften Daniela Holz und Simon Schlereth. Anregende redaktionelle Vorschläge kamen von Irene Kopetzky. PD Dr. Waltraud Cornelißen und Dr. Hans Rudolf Leu gaben wertvolle inhaltliche Anregungen.

München, im Juli 2004 Christine Feil

1 Kinder online: Nutzungsdaten, Webangebote, Entwicklungstrends

1.1 Quantitative Daten zur Internetnutzung – Welche Fragen bleiben offen?

Kinder frühzeitig mit dem Internet vertraut zu machen, ist heute eine der bildungspolitischen und medienpädagogischen Devisen, die darauf zielen, Kinder auf ein Leben in der Wissens- und Informationsgesellschaft vorzubereiten. Im Vorgriff auf die Veralltäglichung des Internets im Privatbereich einerseits und auf die Entwicklung der Europäischen Union zum wissensbasierten Wirtschaftsraum andererseits, werden insbesondere die gesellschaftlichen Folgen ungleicher Zugangschancen zu Informationstechnologien antizipiert und in ihren Konsequenzen für die Entwicklung des Informationsverhaltens von Kindern diskutiert.

So erklärt die EU-Kommissarin Viviane Reding z.B. in der Presseerklärung zum Programm „eLearning" (2004-2006): „Die digitale Kompetenz, also die Fähigkeit zur Nutzung insbesondere des Internets für das lebenslange Lernen vom Kindesalter an – sowohl für berufliche Zwecke als auch für die persönliche Entwicklung – enthält zunehmend die gleiche Bedeutung wie die Grundfertigkeiten Lesen, Schreiben und Rechnen. Diejenigen unserer Mitbürger, die keine Möglichkeit zum Erwerb digitaler Kompetenz haben, sind stark von sozialer und beruflicher Ausgrenzung bedroht" (Internationale Presseerklärung 19.12.2002). Damit wird nicht nur der Umgang mit Computer und Internet zur vierten Kulturtechnik erklärt, man glaubt auch durch die massenhafte Bereitstellung und Verbreitung von Informations- und Kommunikationstechnologien den gesellschaftlichen und ökonomischen Wandel dynamisieren sowie die Qualität der Bildung und den Zugang zur Bildung verbessern zu können.

Vielfältige Initiativen im Bereich der Bildung sowie der Kinder- und Jugendhilfe wurden ins Leben gerufen, um die „digitale Kluft" zwischen On- und Offlinern zu schließen. Obwohl die Verfügbarkeit des Internets keine Rückschlüsse auf die Nutzungskompetenz zulässt (vgl. Otto/Kutscher/Cleppien 2003), ist es doch so, dass die Entwicklung von Internetkompetenz an den Zugang zum Internet gebunden ist. Für Kinder sind die relevanten Zugangsorte das eigene Zuhause, die Schule und außerschulischen Institutionen der Kinderbetreuung und Freizeiteinrichtungen.

Das empirische Forschungsfeld „Kinder und Internet“ wird seit der Etablierungsphase des Internets in Deutschland überwiegend von Marktforschungsinstituten und Medienforschungsabteilungen der Fernsehsender bearbeitet. Das Interesse, Mediaplanungsdaten zu generieren, Zielgruppenforschung für die Entwicklung von Marketingstrategien zu betreiben, Partner für das Contentmanagement oder Werbekunden zu gewinnen, steht im Vordergrund. Im Gegensatz dazu wäre es die genuine Aufgabe medienpsychologischer, kommunikationstheoretischer und medienpädagogischer Rezeptionsforschung, Wissen um die Aneignung des Internets durch Kinder, um ihre Rezeptionsweisen und ihr Nutzungsverhalten bereitzustellen, zumal Grundlagen für die pädagogische Medienarbeit mit Kindern auf dem Feld des Internets noch weitgehend fehlen. Bislang haben sich aber in Deutschland nur äußerst wenige Forschergruppen aus sozialwissenschaftlicher Perspektive mit der Internetnutzung von Kindern beschäftigt, von einem „Forschungsstand“ kann – im Unterschied zur Internetnutzung von Jugendlichen[1] – selbst unter Berücksichtigung der Studien im angloamerikanischen Sprachraum derzeit noch nicht die Rede sein.[2] Dass die Zugangschancen der Kinder

1 In allen bevölkerungsstatistischen Erhebungen sind Personen ab 14 Jahren einbezogen, die Daten zur Gruppe der Jugendlichen können dann Sonderauswertungen unterzogen werden. Zur Internetnutzung vgl. z.B. Groebel/Gehrke 2003; van Eimeren 2003. Darüber hinaus werden Projekte in unterschiedlichen Kontexten der Forschungsförderung durchgeführt, z.B. im Rahmen von „Jugend ans Netz“ vom Kompetenzzentrum Informelle Bildung KIB, Bielefeld (Otto/Kutscher/Cleppien 2003 und Otto u.a. 2004) oder der DFG, wie das Projekt „Jugendsozialisation und Medien: Zur Entwicklungsfunktionalität der Medienaneignung im Jugendalter am Beispiel Hörfunk, Musikfernsehen und Internet“ (vgl. Hoffmann/Münch 2003). Weitere Projekte befassen sich mit dem eLearning (z.B. Tippelt 2004) oder der jugendkulturellen Bedeutung des Internet (Vogelgesang 1994). Die „Jugenddefinition“ von Medien- und Jugendforschung ist allerdings recht unterschiedlich: So wurden in der Studie „JIM – Jugend, Information, (Multi-)Media“ 12- bis 19-Jährige befragt (Medienpädagogischer Forschungsverbund 2003), während z.B. in der Shell-Studie und im DJI-Jugendsurvey – das Ende der Jugendphase derzeit bei 29 Jahren liegt.

2 Zu nennen sind hier vor allem folgende Untersuchungen: „Neue und alte Medien im Alltag von Kindern und Jugendlichen“ (Krotz/Hasebrink/Lindemann u.a. 1999), entstanden im Umfeld des EU-Projektes „Children and Their Changing Media Environment“ (vgl. Livingstone/Bovill 2001) sowie „Nutzung fernsehkonvergenter Internetangebote durch Kinder und Jugendliche“, durchgeführt vom JFF – Institut für Medienpädagogik in Forschung und Praxis (vgl. Wagner 2002). Nach wie vor wird die Bearbeitung der Thematik „Kinder im Internet“ an Diplomanden (z.B. Gehle 1998) oder Doktoranden (z.B. Seib 2004) delegiert. Zu den Forschungsberichten vgl. auch „Annotierte Literatur“ http://www.dji.de/www-kinderseiten/default.htm.

zum Internet anhand quantitativer Daten skizziert werden können, ist einerseits auf die kommerziellen Interessen an der kindlichen Mediennutzung zurückzuführen, andererseits werden auch von der Bildungspolitik schulstatistische Daten zu Internetzugängen zur Verfügung gestellt.

Was für die empirischen Befragungen zur Verfügbarkeit von Computern und Internet in den verschiedenen Altersgruppen der Bevölkerung ab 14 Jahre festgehalten wird, gilt in noch stärkerem Maße für die Kinderstudien: Die Ergebnisse zum Zugriff auf das Internet und seiner Nutzungshäufigkeit variieren erheblich. Dies liegt nicht daran, dass von den Kindern keine verlässlichen Auskünfte eingeholt werden könnten (vgl. Klöckner 2003), verantwortlich dafür sind vor allem die je nach Forschungsinteresse unterschiedlich gewählte Datenbasis und die in standardisierten Fragebatterien variierenden Antwortskalen. War es in früheren Jahren selbstverständlich, dass nur derjenige, der über einen Computer verfügt, offline sein kann, so ist heute jeder Offliner, der keinen Internetzugang hat (vgl. z.B. Gerhards/Mende 2003). Bei den Daten zur Internetnutzung ist folglich das eine Mal von den PC-Nutzern unter den Kindern die Rede (z.B. Medienpädagogischer Forschungsverbund Südwest 2003), das andere Mal von allen Kindern einer Altersgruppe (z.B. Institut für Jugendforschung 2002). Berechnet werden aber auch Nutzungsquoten des Internets ausschließlich bei Kindern, die in Online-Haushalten leben (z.B. AOL 2002). Noch größer werden die Unterschiede durch die gewählte Erhebungsmethode: Eine Online-Umfrage bei Kindern bringt naturgemäß eine durchschnittlich erheblich höhere Nutzungsintensität hervor als eine Paper-and-Pencil-Befragung (vgl. z.B. Super RTL Medienforschung 2003, Outermedia 2002). Die Nutzungsdaten sind folglich immer mit kontrollierendem Blick auf Stichprobe und Erhebungsmethode zu lesen.

Konkurrierende Ergebnisse sind auch bei den Bestandsaufnahmen zum Internet als Zugangs- und Lernort in den Schulen festzustellen. Je nachdem, ob Lehrkräfte, Schulleitungen oder Schulbehörden befragt werden, weichen die Aussagen zur IT-Ausstattung und ihrer Verwendung im Unterricht ab (vgl. z.B. Medienpädagogischer Forschungsverbund 2003a, Behr-Heintze/Lipski 2004; Bundesministerium für Bildung und Forschung 2003).

Im Folgenden geht es nicht darum, die Widersprüche zwischen den vorliegenden quantitativen Materialien aufzudecken, vielmehr sollen in einem Überblick Entwicklungstrends in Zugang und Nutzung des Internets durch Kinder ab 6 Jahre aufgezeigt werden. Vor dem Hintergrund des bildungspolitischen Interesses am Erwerb von „digitaler Kompetenz“ im Kindesalter sind die Zugangschancen der Kinder zum Netz zwar eine wichtige sozialpolitische Voraussetzung, aber auch nur eine der Voraussetzungen des Kompetenzerwerbs. Über die pädagogischen und bildungsrelevanten Dimensionen des Internetgebrauchs von Kindern geben sie schlichtweg keine Auskunft.

1.1.1 Internetausstattung der Haushalte und Internetnutzung der Kinder

Die Internetverbreitung in der kindlichen Lebenswelt folgt dem Sog der Haushalte ins Netz, die sich dem Druck up-to-date zu sein, auf Dauer nicht entziehen können. Der mit dem Einbruch der New Economy prognostizierte Sättigungsgrad der Haushalte mit Online-Anschlüssen stellte sich nicht ein. Der Anteil der privaten Haushalte mit Internetzugang ist 2003 gegenüber 2002 noch einmal um knapp 7 Prozentpunkte auf 42,6% angestiegen, wobei der Ausstattungsgrad in Ost- und Westdeutschland inzwischen nahezu ausgeglichen ist (vgl. Tabelle 1). Mehr als die Hälfte der Bevölkerung ab 14 Jahre (53,5%) nutzt inzwischen zumindest gelegentlich das Internet, nämlich 34,4 Millionen Personen, damit konnte im Jahr 2003 eine Zuwachsrate von 22% gegenüber 2002 (28,3 Millionen) verzeichnet werden (Eimeren/Gerhard/Frees 2003, S. 339).

Tabelle 1: Haushalte mit Internetzugang – Entwicklung des Ausstattungsgrades in Deutschland 1998 bis 2003

	1998	1999	2000	2001	2002	2003
Online-Haushalte			in Prozent			
Deutschland gesamt	7,2	10,7	16,4	27,3	36,0	42,6
Früheres Bundesgebiet	7,9	11,4	17,4	28,7	37,0	43,2
Neue Bundesländer und Berlin-Ost	4,4	7,7	12,2	21,3	31,5	40,5

Quellen: Statistisches Bundesamt (Hrsg.): Informationsgesellschaft. Reihe im Blickpunkt. Wiesbaden 2002, S. 148 f. Ausstattung privater Haushalte mit IuK-Technologie 1998 - 2001. Statistisches Bundesamt (Hrsg.): Fachserie 15 LWR, Reihe 2 „Übersicht über die Ausstattung privater Haushalte mit langlebigen Gebrauchsgütern“ 2002 sowie 2003.

Kinder nutzen, wenn auch mit anderen inhaltlichen Interessen und Schwerpunkten, das Medienensemble in ihren Familien. Insofern hängt ihr Mediengebrauch von der Geräteausstattung des elterlichen Haushalts ab. Ein Vergleich der Haushaltstypen ergab, dass Haushalte mit Kindern unter 14 Jahren zwar überdurchschnittlich häufig einen Internetzugang haben, Paarhaushalte mit Kindern jedoch erheblich häufiger als Haushalte allein Erziehender (vgl. Statistische Bundesamt 2002, S. 117 ff.). Dieser Trend setzte sich auch im Jahr 2003 fort und spiegelt sich, wenn auch unterschiedlich stark ausgeprägt, in den Mütter- und Kinderbefragungen wider. So wurde in der Studie „Kinder und Medien, Computer und Internet", kurz KIM-Studie 2003 genannt, festgestellt, dass die „Haushaltsdurchdringung" beim Internet (mindestens ein Anschluss) in den Familien mit 6- bis 13-jährigen Kindern von 27% im Jahr 2000 um zwanzig Prozentpunkte auf 47% im Jahr 2002 und um weitere zehn Prozentpunkte auf 57% im Jahr 2003 angestiegen ist (Medienpädagogischer Forschungsverbund Südwest 2003, S. 13).[3] In der Studie „Trend Tracking Kids, Kids 2003", durchgeführt von iconkids & youth (2003, S. 11), fällt der Ausstattungsgrad der Haushalte etwas geringer aus. Dieser Studie zufolge haben 51% der Kinder und Jugendlichen zwischen 6 und 16 Jahren einen Internetzugang zu Hause, jedoch ist der häusliche Internetzugriff deutlich geschlechtsspezifisch ausgeprägt: Nur 45% der Mädchen, aber 54% der Jungen können von zu Hause aus ins Netz.[4]

Tabelle 2: Kinder mit Online-Anschluss zu Hause (n = 1.173; in Prozent)

	Gesamt	Jungen	Mädchen	6 bis 7	8 bis 9	10 bis 11	12 bis 13	14 bis 15	16 Jahre
Anschluss	51	54	45	26	39	60	57	62	68

Quelle: iconkids & youth: Trend Tracking Kids, Kids 2003, München 2003, S. 11

Auch wenn ein häuslicher Internetanschluss noch keinen Aufschluss darüber gibt, ob und wie häufig er von den Kindern in Anspruch genommen wird, und die Daten auch nicht über die Beschaffungsmotive der Eltern aufklären können, so fällt doch der deutliche Sprung zum Online-Sein in den Haushalten mit 10- bis 11-jährigen Kindern auf. Vor dem Hintergrund, dass etwa 30% der Haushalte der befragten 6- bis 16-Jährigen nur über einen analogen Internetanschluss verfügen (ebenda, S. 11), liegt die Vermutung nahe, dass das heute im Computer standardmäßig

3 Die Studie „KIM – Kinder und Medien" gibt es seit 1999, im Jahr 2003 wurde sie zum vierten Mal durchgeführt. Grundlage der Daten 2003 ist eine repräsentative Stichprobe von 1.201 Kindern, die aus der Grundgesamtheit der ca. 7 Millionen deutschsprachigen Kinder im Alter von 6 bis 13 Jahren in Deutschland gezogen wurde. Die Kinder wurden mündlich-persönlich, und deren „Haupterzieher", in der Regel die Mütter, schriftlich befragt (vgl. Medienpädagogischer Forschungsverbund Südwest 2003, S. 3f.).

4 Bei einer Grundgesamtheit von 9,54 Millionen deutschsprachiger Kinder im Alter von 6 bis 16 Jahren wurde in der Studie „Trend Tracking Kids, Kids 2003" eine repräsentative Stichprobe von 1.173 Kindern, mittels eines teilstrukturierten Fragebogens, zu Hause befragt (iconkids & youth 2003, S. 1).

mitgelieferte analoge Modem die Entscheidung der Familien mit beeinflusst, online zu gehen.

Anteil der Internetnutzer unter den Kindern: Der Anteil der Kinder zwischen 6 und 13 Jahren, die Erfahrungen im Umgang mit dem Internet sammeln, nahm in den letzten Jahren beträchtlich zu. Von den PC-Nutzern unter den Kindern gingen 1999 etwa 13% „zumindest selten" ins Internet, 2000 waren es bereits 31%, 2002 dann 52% und 2003 schließlich 60% (Medienpädagogischer Forschungsverbund Südwest 1999, 2000, 2002, 2003).

Abbildung 1: Internetnutzer unter den 6- bis 13-jährigen PC-Nutzern 1999, 2000, 2002 und 2003 (in Prozent)

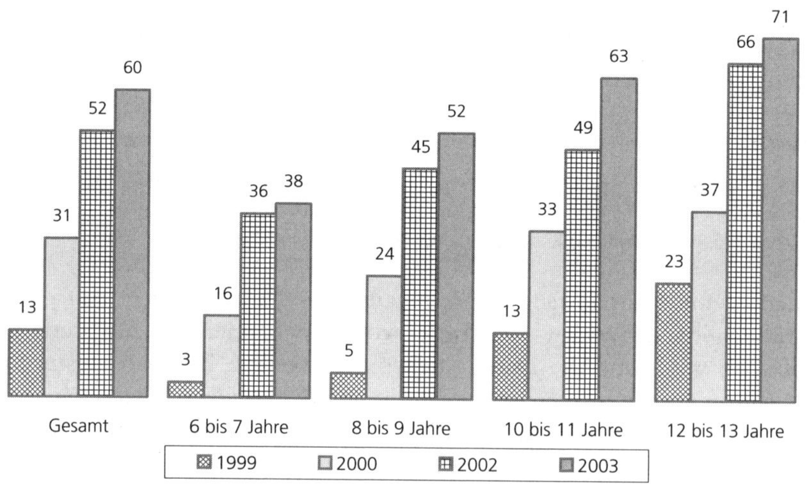

Quelle: Medienpädagogischer Forschungsverbund Südwest (Hrsg.): KIM-Studie 2000, Baden-Baden 2001 sowie KIM-Studie 2003, Baden-Baden 2003.

Obwohl die Unterschiede nach Geschlecht innerhalb eines Jahres relativ gering ausfallen, ist bemerkenswert, dass der Anteil der Internetnutzer unter den Mädchen um elf Prozentpunkte, von 51% im Jahr 2002 auf 62% im Jahr 2003, angestiegen ist. Das Ergebnis steht wohl in engem Zusammenhang mit der Computernutzung im Allgemeinen, für die bei den Mädchen ebenfalls ein Zuwachs von 10 Prozentpunkten verzeichnet wurde (vgl. ebenda 2003, S. 26). Wie nicht anders zu erwarten, ist der Internetgebrauch der Kinder vom Alter abhängig. Obwohl der Anteil der Onliner unter den 6- bis 7-Jährigen und unter den 8- bis 9-Jährigen auch im Jahr 2003 leicht angestiegen ist – von 36% (2002) auf 38% bzw. von 45% auf 52% –, zeichnet sich ab, dass die 10- bis 11-Jährigen am deutlichsten im „Sog“ der neuen Technologie stehen: Im Jahr 2003 waren 63% der PC-Nutzer in dieser Altersgruppe im Internet, „zumindest selten“.

Will man die Ergebnisse aus den unterschiedlichen Studien zur Internetnutzung der Kinder vergleichen, dann ist es notwendig, diese auf eine gemeinsame Basis zurückzuführen. Geht man davon aus, dass in der KIM-Studie 2003 von den 6- bis 13-Jährigen 70% „zumindest selten“ einen PC nutzen und 60% der PC-Nutzer wiederum „zumindest selten“ ins Internet gehen, dann ergibt sich, dass hochgerechnet auf alle befragten Kinder etwa 42% hin und wieder das Internet besuchen. Dieser Prozentsatz an Interneterfahrenen in der Altersgruppe der 6- bis 13-Jährigen entspricht in etwa jenem in der Trend-Tracking-Studie 2003, in der eine durchschnittliche Nutzerquote von 40,5% erreicht wird (vgl. iconkids & youth 2003, S. 13). In der KidsVerbraucherAnalyse 2003 werden allerdings nur 34,5% Internetnutzer in der entsprechenden Altersgruppe ausgewiesen (vgl. Egmont Ehapa Verlag 2003, S. 69).

Die Mehrheit der Kinder, schätzungsweise ca. 60% bis 65%, sind derzeit jedoch noch zu den „Offlinern“ zu zählen. Für die Verteilung auf die Altersgruppen seien beispielhaft die Daten von iconkids & youth (2003, S. 12) zitiert: 89% der Kinder zwischen sechs und sieben Jahren und 70% der Kinder zwischen acht und neun Jahren gehen nie ins Internet. Bei den Kindern zwischen zehn und elf Jahren sind es dann schon weit weniger als die Hälfte, die gar nicht ins Internet gehen, nämlich 42% und schließlich bei den 12- bis 13-Jährigen nur noch 37%.

Während alle Untersuchungen darauf hinweisen, dass das Einstiegsalter ins Internet derzeit bei 10 bis 11 Jahren liegt, sind die Ergebnisse zur geschlechtsabhängigen Internetnutzung recht uneinheitlich.[5] Ähnlich schwierig ist es, den Einfluss des sozioökonomischen Status auf die Internetnutzung der Kinder zu quantifizieren. In der KIM-Studie 2003 werden

---

5 Keine geschlechtsspezifischen Unterschiede beim Internetzugang finden sich in der Untersuchung „Kinder, Internet und Computer 2002“, genannt KIC-Studie 2002 (vgl. Institut für Jugendforschung 2002, S. 16), Unterschiede von zehn Prozentpunkten zwischen Mädchen und Jungen dagegen in der Trend-Tracking-Studie Kids 2003 (vgl. iconkids & youth 2003, S. 12) und von 5 Prozentpunkten in der KidsVerbraucherAnalyse 2003 (vgl. Egmont Ehapa Verlag 2003, S. 69). In der KIM-Studie 2003 wird auf der Basis von PC-Nutzern ein überproportionaler Anstieg der Internetnutzung der Mädchen gegenüber dem Jahr 2002 festgehalten (Zuwachs von elf Prozentpunkten gegenüber fünf bei den Jungen), deren Nutzerquote mit 62% nun leicht über der der Jungen (58%) liegt.

Kontrastgruppen der Familien nach Einkommen gebildet, um die Abhängigkeit zu verdeutlichen. Es zeigte sich dann, dass 54% der Haushalte der unteren Einkommensgruppe (monatlich bis zu 1.500 Euro) einen Computer besitzen und 30% einen Zugang zum Internet haben. Bei den besser situierten Familien (monatlich 2.500 Euro und mehr) ist die Computerausstattung mit 83% deutlich höher und 71% haben Zugang zum Internet (vgl. Medienpädagogischer Forschungsverbund Südwest 2003, S. 14). Festgehalten wird, dass Kinder aus Familien mit niedrigem Einkommen geringere familiale Zugangschancen zu Computer und Internet haben (vgl. ebenda, S. 59).

Nutzungsfrequenz und Nutzungsdauer: Die Tatsache, dass bei der Feststellung des Anteils der Internetnutzer unter den Kindern die Kategorie „zumindest selten" das relevante Zählkriterium ist, verweist bereits darauf, dass sich das Internet im Medienalltag der Kinder noch nicht fest etabliert hat. Die Nutzungsfrequenz wird deshalb in allen Untersuchungen in Zeiträumen wie jeden/fast jeden Tag, einmal/mehrmals die Woche, einmal/mehrmals im Monat und seltener erhoben. Nach der KIM-Studie 2003 geht die Hälfte der 6- bis 13-jährigen Internetnutzer seltener als einmal wöchentlich ins Netz, knapp 40% ein- oder mehrmals die Woche und nur jedes zehnte Kind täglich (Medienpädagogischer Forschungsverbund Südwest 2003, S. 41). Die anderen Institute rechnen die Nutzungsfrequenz über alle Kinder der entsprechenden Altersgruppe, d.h. sie schließen die Nichtnutzer in die Berechnung mit ein, und kommen dabei zu erheblich divergierenden Ergebnissen (vgl. Institut für Jugendforschung 2002; iconkids & youth 2003). Grob geschätzt geht jedes achte 6- bis 12-jährige Kind täglich oder mehrmals die Woche ins Internet; für diese Gruppe hat das Institut für Jugendforschung (2002, S. 15) den Begriff der „Heavy User" eingeführt. Fast jedes neunte Kind besucht das Internet mehrmals im Monat („Medium User") und jedes zwölfte Kind einmal im Monat und seltener („Low User"). Nach den Ergebnissen von iconkids & youth (2003, S. 13) ist die Quote der „Heavy Users" etwa doppelt so hoch wie die oben genannte, 25% der 6- bis 13-jährigen Kinder werden zu dieser Gruppe gezählt; 7% zu den „Medium Users" und 10% zu den „Low Users". Für die relativ große Differenz mag das unterschiedliche Erhebungsjahr verantwortlich sein. Aber es zeichnet sich ab, dass sich auf der Grundlage der gegenwärtigen Entwicklung der Internetnutzung der Kinder und der zugrunde gelegten Zeitspanne „einmal in der Woche und häufiger" in Zukunft die Mehrzahl der Kinder bei den

„Vielnutzern" wiederfinden wird – ein Begriff, der mit seiner negativen Konnotation ein falsches Bild von der Nutzungshäufigkeit des Internets durch Kinder suggeriert.[6]

Abbildung 2: Nutzungshäufigkeit des Internets von 6- bis 16-Jährigen 2003 (n = 1.173; in Prozent)

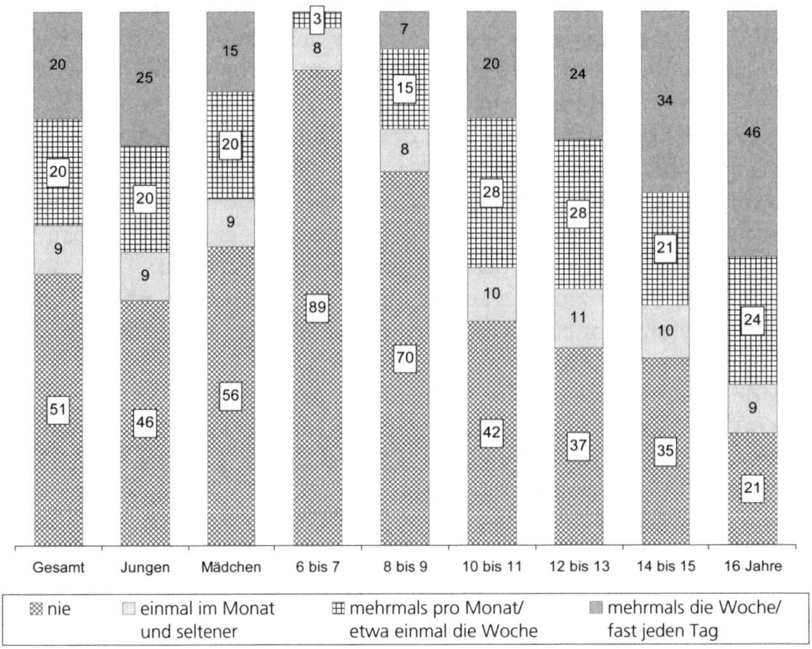

Quelle: iconkids & youth: Trend Tracking Kids Kids 2003. Ergebnisse zu High Interest Themen bei 6- bis 16-jährigen Kindern und Jugendlichen in Deutschland. Juli 2003, S. 12. (Einige der Daten wurden zur übersichtlicheren Gestaltung zusammengefasst und zwar in den Kategorien „(fast) jeden Tag" + „mehrmals die Woche"; „etwa einmal pro Woche" + „mehrmals pro Monat". Die Kategorien „nie" und „einmal im Monat und seltener" wurden unverändert übernommen).

Auf Angaben zur Nutzungsdauer wird in den referierten Studien weitgehend verzichtet. Das Institut für Jugendforschung (2002, S. 19) weist für 43% der „Heavy User", d.h. für die Kinder, die einmal in der Woche und häufiger ins Netz gehen, Nutzungszeiten von einer bis zwei Stunden pro

6 Diese Einteilung erinnert an die Fernsehforschung, dort allerdings sind immer 25% der Gesamtpopulation „Wenigseher" und 25% „Vielseher", da diese definitionsgemäß mit dem unteren bzw. oberen Quartil der Sehdauer zusammenfallen (vgl. Vollbrecht 2001, S. 185).

Woche aus, 31% halten sich länger und 26% kürzer im Netz auf. Internetaufenthalte erfordern jedoch schon allein aus technischen Gründen ein bestimmtes Zeitkontingent. In der Oscar eContent Studie wird z.B. für die 6- bis 13-Jährigen festgestellt: „Die Nutzungsdauer jedoch scheint von Alter und Häufigkeit unabhängig zu sein. Die meisten Kinder bleiben zwischen einer halben Stunde und einer Stunde online" (OuterMedia 2002, S. 6). Nach den Ergebnissen der Super RTL Medienforschung (2003) gehört die „Toggogemeinde" unter den Kindern, d.h. die Kinder, die hauseigene Website „Toggo" präferieren, offensichtlich zum harten Kern der Internetnutzer: ein Drittel der Kinder bis 6 Jahre, 39% der Kinder von 7 bis 9 Jahre und 58% der 10- bis 13-Jährigen sind „fünf mal die Woche bis täglich" im Internet. Die Aufenthaltsdauer beträgt bei 33% der jüngeren Kinder weniger als eine halbe Stunde und bei weiteren 37% eine halbe bis eine Stunde. Von den beiden älteren Gruppen surft jeweils ein knappes Drittel bereits zwei Stunden und mehr.

Nutzungsfrequenz und Nutzungsdauer des Internets sind bei Kindern im Durchschnitt (noch) nicht so ausgeprägt, dass sie generell pädagogisch problematisiert werden.[7] Viel eher wird die Frage nach der Verteilung des Zeitbudgets für die Mediennutzung bzw. die Verdrängung der klassischen Medien gestellt. Als Folge der Internetnutzung von Kindern wird am häufigsten der Rückgang des Bücherlesens vermutet, in der KIM-Studie 2003 glaubten 75% der Mütter, dass dies bestimmt oder wahrscheinlich eintreten wird, von den in der Studie „Lehrer/-innen und Medien 2003" befragten Lehrkräften waren 84% dieser Ansicht (Medienpädagogischer Forschungsverbund Südwest 2003, S. 58 und 2003a, S. 12).[8] Dennoch hält sich die kritische Stellung der Mütter zur Internetnutzung ihrer Kinder in Grenzen, 14% der Mütter meinen, dass ihr Kind zu viel Zeit mit dem Internet verbringt, und 17% der Mütter hätten es gerne, wenn ihr Kind mehr Zeit mit dem Internet verbringen würde (ebenda 2003, S. 55). Eindeutig jedoch wird von den Lehrkräften die Internetnutzung der Kinder überschätzt. Sie nehmen an, dass Grundschulkinder durchschnittlich etwa 15 Minuten am Tag im Internet verbringen, die 11-

7 Es ist davon auszugehen, dass das aufgewandte Zeitbudget in Zukunft ansteigen wird und sich diese möglicherweise geschlechtsspezifisch, d.h. mit einer geringeren Nutzungsdauer der Mädchen, ausdifferenziert (Cornelißen/Blanke 2004, in Druck).

8 Der Studie „Lehrer/-innen und Medien 2003 – Nutzung, Einstellungen, Perspektiven" liegt eine repräsentative Stichprobe von Lehrkräften an allgemein bildenden Schulen in Deutschland zu Grunde. 2.002 Lehrer/-innen, quotiert nach Bundesländern und Schultypen, wurden per Telefon zwischen November 2002 und Januar 2003 interviewt (vgl. Medienpädagogischer Forschungsverbund Südwest 2003a, S. 1).

bis 13-Jährigen etwa 40 Minuten, die 14- bis 15-Jährigen knapp eine Stunde und die 17- bis 19-Jährigen schließlich rund 70 Minuten" (Medienpädagogischer Forschungsverbund Südwest 2003a, S. 12).

Zugangsort und Einführung ins Internet: Im Unterschied zu den Erwachsenen und Jugendlichen war bei den Kindern von Anfang an der familieneigene Online-Anschluss der primäre Weg ins Internet. Auch wenn inzwischen die Schulen, darunter auch die Grundschulen, mit Internetanschlüssen ausgestattet sind (vgl. Kap. 1.1.2) und eine ganze Reihe an kostenfreien bzw. nichtkommerziellen Internetzugängen im außerschulischen Bereich für Kinder und Jugendliche angeboten werden,[9] so steht den Kindern doch vornehmlich der Internetzugang in ihren Familien zur Verfügung. Nach der Trend-Tracking-Studie von iconkids & youth (2003, S. 14) gehen 90% der 6- bis 12-jährigen *mehr oder weniger regelmäßigen Internetnutzer* von zu Hause aus ins Internet. Ein Fünftel nutzt das Internet auch bei Freunden, 11% in der Schule und 4% bei Verwandten. Das Internetcafé spielt in dieser Altersgruppe nahezu keine Rolle, denn nur 1% der Kinder haben dort Zugang. Die Zugriffsmöglichkeiten aufs Internet stellen sich etwas anders dar, wenn Kinder befragt werden, *die schon einmal (also nur selten) das Internet genutzt haben:* Etwas häufiger werden dann als Zugangsort die Freunde (28%) genannt, etwa genauso häufig die Schule (13%), aber nur 73% der Kinder geben an, dass sie zu Hause ins Internet gehen (Institut für Jugendforschung 2002, S. 14). Die institutionalisierten Internetangebote der Kinder- und Jugendhilfe sowie der Schulen scheinen bislang kaum kompensatorische Wirkung im Sinne gleicher Zugangschancen für alle Kinder zu entfalten, sondern allenfalls den Anteil der Kinder mit Sowohl-als-auch-Zugang zu erhöhen.

Der hohen Bedeutung des Online-Anschlusses im eigenen Haushalt für das Sammeln von Interneterfahrungen in frühem Alter entspricht, dass in der KIM-Studie 2003 knapp drei Viertel der 6- bis 13-jährigen Kinder an-

9 Auf der Datenbank der Stiftung Digitale Chancen sind für die Zielgruppe der „Kinder und Jugendlichen" inzwischen 1.044 Jugendeinrichtungen registriert, die Internetnutzung anbieten. 98% von ihnen sind gemeinnützig, in kirchlicher, staatlicher, kommunaler oder freier Trägerschaft. Darüber hinaus sind 1.990 öffentliche Bibliotheken erfasst, die Internetzugang bereit stellen. Von den 1.122 Internetcafés sind 39% nicht kommerziell und deshalb durchaus auch als Angebot für Kinder und Jugendliche zu werten. Von den übrigen rund 3.000 Einrichtungen sind ca. 68% nicht kommerziell (z.B. Volkshochschulen, Arbeitsämter, Bürgerzentren); sie wenden sich jedoch nicht explizit an die Zielgruppe Kinder und Jugendliche. Stand: 10. März 2004. (Quelle: Stiftung Digitale Chancen: Datenbank „Internet Zugangs- und Lernorte" sowie persönliche Auskünfte. http://www.digitale-chancen.de).

gaben, von ihren Eltern ins Internet eingeführt worden zu sein, und 15% sagten, die Handhabung von ihren Geschwistern gelernt zu haben. 17% der Kinder wurden von ihren Freunden, 12% in der Schule und 3% bei ihren Verwandten mit dem Internet bekannt gemacht. Der selbständige Umgang mit dem Internet ist zwar alters- und geschlechtsabhängig, aber aus der Perspektive der Kinder gesehen offenbar recht schnell erlernt, denn nur 39% der 6- bis 13-Jährigen gehen meistens gemeinsam mit ihren Eltern ins Netz, die Mädchen (43%) häufiger als die Jungen (35%). Umgekehrt gaben mehr als 10% der Kinder bis 9 Jahre an, meistens allein ins Netz zu gehen, bei den 10- bis 11-Jährigen waren es knapp 30% und bei den 12- bis 13-Jährigen schließlich schon fast die Hälfte (vgl. Medienpädagogischer Forschungsverbund Südwest 2003, S. 41 und 43).[10]

Internetaktivitäten: Folgt man den quantitativen Studien, dann tun Kinder im Internet all das, was man im virtuellen Raum überhaupt machen kann: *Am häufigsten* surfen und schauen sie herum (49%), spielen online (34%), suchen nach Informationen (25%), schreiben E-Mails (24%), chatten und besuchen Newsgroups (21%), suchen nach Unterstützung bei den Hausaufgaben und für die Schule (14%), laden Software und Programme herunter (7%); sie kaufen sogar ein oder nehmen Reservierungen vor (4%). Die zitierten Daten stammen aus der Untersuchung „Kinder, Internet und Computer“ (KIC), die vom Institut für Jugendforschung 2002 mit 6- bis 12-Jährigen durchgeführt wurde. In zum Teil erheblich abweichender prozentualer Verteilung auf die einzelnen Katego-

10 In der KIM-Studie wurden auch die Mütter der Kinder befragt. Unter der Bedingung einer Nutzungsfrequenz von „mindestens einmal pro Woche“ gaben 17% der Mütter an, dass sie gemeinsam mit ihrem Kind im Internet surfen, aber 18% erklärten auch, dass ihr Kind dies alleine tut (vgl. Medienpädagogischer Forschungsverbund Südwest 2003, S. 56). Vor dem Hintergrund der öffentlichen Debatte um den Kinder- und Jugendschutz und der Besonderheit des Mediums Internet stellt sich die Frage nach der (pädagogischen) Beaufsichtigung der Kinder. Die Studie „Internet 2002: Deutschland und die digitale Welt“ ergab zu diesem Themenbereich, dass nur in einem Viertel der Haushalte, in denen Kinder und Jugendliche unter 18 Jahren leben, die Internetnutzung kontrolliert wird. Die eingesetzten Kontrollmaßnahmen sind: Erlaubnis einholen 44%, Filtersoftware 36%, Beobachtung 36%, zeitliche Limitierung 26%. Unterschiede beim Einsatz von Kontrollmaßnahmen wurden innerhalb verschiedener Bildungsniveaus und nach dem Wohnort der Befragten festgestellt. „Etwas höher ist der Anteil der Haushalte, in denen Kontrollmaßnahmen eingesetzt werden, in der Gruppe der Befragten mit Hauptschulabschluss (29,2%) und mit Hochschulabschluss (31,7%). Besonders deutlich wird das Gefälle zwischen Stadt und Land. Von den Befragten, die eher städtisch bzw. in der Stadt wohnen, sagt jeder Fünfte, dass die Internetnutzung der Minderjährigen im Haushalt kontrolliert wird, von den Befragten, die eher ländlich bzw. auf dem Land wohnen, ist es hingegen jeder Dritte.“ (Groebel/Gehrke 2003, S. 136)

rien sind die genannten Internetaktivitäten der Kinder auch in anderen Studien zu finden. So ist z.B. der KIM-Studie 2003 zu entnehmen, dass mehr als 40% der 6- bis 13-jährigen Befragten erklärten, *mindestens einmal die Woche* im Internet nach Informationen für die Schule sowie zu bestimmten Themen zu suchen und in gleicher Frequenz und Häufigkeit E-Mails zu senden oder zu empfangen. Das Spektrum der von den Kindern aus einer vorgegebenen Liste ausgewählten Online-Tätigkeiten ist dabei nach den Häufigkeiten gegenüber 2002 nahezu unverändert. Angesichts dessen, dass etwa 50% der befragten Kinder seltener als einmal die Woche ins Netz gehen, ein erstaunliches Ergebnis (Medienpädagogischer Forschungsverbund Südwest 2003, S. 41; 43 f.). In der KidsVerbraucher-Analyse 2003 werden sogar knapp 73% 6- bis 13-jährige Internetnutzer ausgewiesen, die *häufig bzw. ab und zu* nach Informationen für Schule und Freizeit suchen, und 54% von ihnen mailen (Egmont Ehapa Verlag 2003, S. 69). Nach der von AOL bei Emnid (2002) in Auftrag gegebenen Studie „Kinder im Umgang mit neuen Medien" suchen nur 19% der 6- bis 14-Jährigen *am liebsten* nach Informationen für Schule und Hausaufgaben und 13% lesen und schreiben *am liebsten* E-Mails.[11]

Die Differenzierungen nach der Art der Internetnutzung von Kindern werden unterschiedlich skaliert erhoben (vgl. kursive Hervorhebungen), die Ergebnisse aus den Studien sind folglich nicht miteinander vergleichbar. Gemeinsam ist ihnen jedoch, dass die standardisierten Abfragen ein Bild vom internetversierten, an „Informationen" interessierten Kind zeichnen. Wenn man bedenkt, dass selbst Jugendliche zwischen 14 und 19 Jahren selten aktiv nach neuen Websites suchen und mit einigen wenigen „Stammseiten" auskommen (Eimeren/Gerhard/Frees 2003, S. 345 f.), dann fällt schließlich nicht nur der Stellenwert der Informationsbeschaffung bei den Angaben der Kinder auf, sondern auch, dass sowohl in der KIM-Studie 2002 als auch in der KIM-Studie 2003 nur 17% der Kinder eine „Lieblingswebsite" benennen konnten (Medienpädagogischer Forschungsverbund Südwest 2002, S. 43; 2003, S. 46). Auch die Ergebnisse zu den Lieblingswebsites von Kindern und Jugendlichen, die in der Studie von iconkids & youth (2003) *ungestützt* erhoben wurden, lassen zwar alters- und geschlechtsspezifische Interessen an Websites erkennen, die Prozentangaben zu den „Top of Mind"-Websites sind je-

11 Für die von AOL bei Emnid (2002) in Auftrag gegebene Studie „Kinder im Umgang mit den Neuen Medien" wurden rund 500 Kinder im Alter zwischen 6 und 14 Jahren und genauso viele Elternteile in Deutschland befragt (vgl. AOL 2002, o.S., http://www.aol-deutschland.de).

doch derart gering, dass von einer ganzen Reihe von fehlenden Angaben ausgegangen werden kann. Aus den noch offenen Präferenzen der Kinder kann einerseits geschlossen werden, dass ihr Internetgebrauch noch einen relativ geringen Habitualisierungsgrad ausweist, andererseits stellt sich die Frage, welche Internetaktivitäten Kinder z.B. unter Begriffen wie „Information" oder „Suchen" subsumieren (vgl. Decker/Feil 2003, S. 16).

1.1.2 Internetausstattung und Internetnutzung in Schulen

Nach der kürzlich vom Bundesministerium für Bildung und Forschung (Juli 2003) vorgelegten Bestandsaufnahme zur „IT-Ausstattung der allgemein bildenden und berufsbildenden Schulen in Deutschland" sind 94% der Grundschulen (n = 14.042) und 99% der Sekundarstufen I und II (n = 15.442) mit Computern ausgestattet.[12] Mussten sich im Jahr 2001 im Durchschnitt noch 31 Grundschüler einen Computer teilen, so sank die Schüler-Computer-Relation im Jahr 2003 auf 16:1. Die Grundschulen konnten mit ihrer Ausstattung gegenüber den Sekundarstufen I und II aufholen, denn das Verhältnis ist dort inzwischen nur unwesentlich günstiger (2001 18:1; 2003 13:1). Die Zahl der Computer hat sich an den Grundschulen von 2001 bis 2003 verdreifacht (2003: 165.268 PCs), in den Sekundarstufen I und II nahezu verdoppelt (2003: 459.243 PCs).

Allerdings sind nur knapp die Hälfte der Geräte in Grundschulen multimediafähig, in den Sekundarstufen I und II dagegen fast zwei Drittel. Erhebliche Unterschiede bestehen auch im Vernetzungsgrad: Während in den Grundschulen 45% der Geräte vernetzt sind, sind es in den Sekundarstufen 71%. Noch deutlicher zeigen sich die Unterschiede im

---

12 In der Studie sind die empirischen Ergebnisse für die Sekundarstufen I und II leider nicht getrennt ausgewiesen. Es werden deshalb nur die notwendigsten Rahmendaten als Vergleichsmaßstab für die Ausstattung der Grundschulen referiert, da die Schuldaten als Rahmenbedingung für den potentiellen Internetzugang von Kindern in Schulen weit über die hier relevante Altersgruppe hinausreichen.
Basis der Bestandsaufnahme ist nicht die Anzahl der Schulen, wie sie vom Statistischen Bundesamt ausgewiesen wird, da dessen Statistik aufgrund der Gliederung nach Schulformen Mehrfachnennungen enthält. Grundlage sind die Angaben der Länder über die Anzahl der Schulen in den einzelnen Kategorien nach dem Kriterium „organisatorische Einheiten". Die Datenbasis ist folglich erheblich geringer als in den Grund- und Strukturdaten der amtlichen Statistik. Die referierten Daten wurden zwischen September 2002 und Juli 2003 über die zuständigen Ministerien erhoben. Die verschiedenen Fragenkomplexe wurden von einer wechselnden Anzahl der Länder beantwortet, auf die Darstellung der variierenden Grundgesamtheiten wird hier jedoch verzichtet (vgl. Bundesministerium für Bildung und Forschung 2003, S. 5 f.).

Ausstattungsbestand bei den Internetverbindungen: In den Sekundarstufen I und II sind im Durchschnitt 21 Geräte pro Schule mit dem Internet verbunden (70%), in den Grundschulen 5, d.h. 42% der Geräte haben Internetzugang. Dennoch ist der Modernisierungstrend in den Grundschulen bemerkenswert, schließlich war 2001 pro Schule durchschnittlich gerade mal ein Computer internetfähig, 2002 waren es bereits drei und 2003 dann wie erwähnt fünf. Möglicherweise aber wird die Freude am Internet durch die Übertragungsraten, insbesondere bei vernetzten Computern, getrübt, denn etwa drei Viertel der Grundschulen gehen über ISDN ins Netz und nur knapp ein Viertel über xDSL, Standleitungen spielen keine erwähnenswerte Rolle.

Die doch deutliche Verbesserung der Ausstattung der Schulen mit IuK-Technologie ist eine der Konsequenzen aus dem europäischen „Aktionsplan eLearning“. Dieser zielt darauf, „in der Europäischen Union beschleunigt eine hochwertige Infrastruktur zu annehmbaren Kosten aufzubauen“ (Kommission der Europäischen Gemeinschaften 2001, S. 3). Der Bund stellte in den Jahren 2000 bis 2004 im Rahmen des Programms „IT in der Bildung – Anschluss statt Ausschluss“ 700 Millionen Euro bereit (Bundesministerium für Bildung und Forschung 2002), weitere Mittel zur Förderung der IT-Ausstattung an deutschen Schulen kamen und kommen von den Bundesländern und den Sponsoren der Initiative D21 hinzu.[13] Das Ziel, „sämtliche Schulen bis Ende 2001 mit einem Zugang zum Internet und zu Multimedia-Ressourcen aus(zu)statten und sämtliche Unterrichtsräume (schnelles Internet) bis Ende 2002“, wurde dennoch nicht vollständig erreicht. Und eher unwahrscheinlich ist es zumindest für den Bereich der Primarstufe, dass noch im „Jahr 2004 ein Verhältnis von fünf bis fünfzehn Schüler je Multimedia-Computer“ erreicht werden kann. Im Aktionsplan „eEurope 2005: Eine Informationsgesellschaft für alle“ wurde erneut betont, dass bis Ende 2003 ein Verhältnis von 15 Schülern pro internetfähigem Computer in den Schulen der EU erreicht werden soll (vgl. Kommission der Europäischen Gemeinschaften 2002, S. 13). Der Förderung der „digitalen Kompetenz“, die notwendig ist, „um aktiv an der Wissensgesellschaft und der neuen Me-

13 Die Initiativen und finanziellen Aufwendungen von Bund, Ländern und Sponsoren zur Medienausstattung an den Schulen wurden von der AG 3 „Bildung und Qualifikation“ der Initiative D21 gegliedert nach Bundesländern zusammengestellt. Der „Sponsoring-Bilanz der D21-Unternehmen im Jahr 2001“ ist z.B. zu entnehmen, dass im entsprechenden Jahr allein Microsoft Deutschland Ressourcen im Wert von knapp 30 Millionen Euro zur Verfügung gestellt hat (vgl. Initiative D21 2002).

dienkultur teilzunehmen" wird in den EU-Programmen erhebliche Bedeutung beigemessen, folglich verschieben sich nach der Ausstattungsinitiative die Akzente zu den wohl relevanteren Fragen der pädagogischen Nutzung des Equipments, des Aufbaus europäischer Schulnetze, der Förderung des interkulturellen Dialogs sowie der Bewältigung des Problems des sozialen Ausschlusses von benachteiligten Personengruppen von neuen Technologien (vgl. Amtsblatt der Europäischen Union L 345 vom 31.12.2003 sowie European Commission November 2003). In welchem Umfang die Grundschulen an diesem Programm partizipieren werden und ob seine Implementation mit Blick auf das Alter von Grundschulkindern realistisch ist, wird die Zukunft zeigen. Unbestreitbar ist aber der langfristige Drop-Down-Sog der Integration der neuen Technologien in den Unterricht, wie es die nachstehenden Daten teilweise belegen.

Geht man von den Hardware-Daten zu jenen der Software über, dann liegt der Schluss nahe, dass die PCs zwar im Unterricht, aber selten für die kreativ eigentätige Medienarbeit mit den Schülern eingesetzt werden. 92% der Computer sind mit Lernsoftware und 47% mit Nachschlagewerken bestückt. Nur auf 21% der Geräte sind Programme zum Erstellen multimedialer Anwendungen installiert und auf 6% Software mit Werkzeugcharakter (vgl. Bundesministerium für Bildung und Forschung 2003, S. 13 f.).

In welchen Lernbereichen bzw. Unterrichtsfächern wird nun das Internet genutzt? Derzeit scheint es noch so zu sein, dass Arbeitsgemeinschaften die geeignetste Unterrichtsform sind und der Sachunterricht den geeignetsten Lehrstoff bietet, um das Internet mit einzubeziehen. Wie bei der außerschulischen Internetnutzung der Kinder, so ist es auch bei der schulischen (derzeit noch) notwendig den „häufigen" und „gelegentlichen" Interneteinsatz zusammenzufassen, um überhaupt relevante Häufigkeiten zu erhalten. Für die Unterrichtsfächer ergibt sich dann folgende Rangfolge nach häufiger und/oder gelegentlicher Internetnutzung: 65% der Grundschulen nutzen das Internet im Sachunterricht, 51% im Deutschunterricht, 44% in Arbeitsgemeinschaften, 37% im Fach Mathematik, 20% im Fremdsprachenunterricht, 18% in den Fächern Kunst/Musik, 15% in Religion/Ethik und 10% im Bereich der Naturwissenschaften.[14]

14 In den Sekundarstufen I und II ergibt sich für den häufigen/gelegentlichen Einsatz des Internets diese Rangfolge der Unterrichtsfächer: 74% Informatik, 72% Naturwissenschaften, 72% Arbeitsgemeinschaften, 67% Gesellschaftswissenschaften, 66% Deutsch, 60% Fremdsprachen, 57% Arbeitslehre, Wirtschaft, Technik, 55% Mathematik, 43% Kunst/Musik, 37% Religion/Ethik, 27% Sachunterricht (vgl. Bundesministerium für Bildung und Wissenschaft 2003, S. 48 f.).

Abbildung 3: Internetnutzung im Grundschulunterricht (in Prozent)

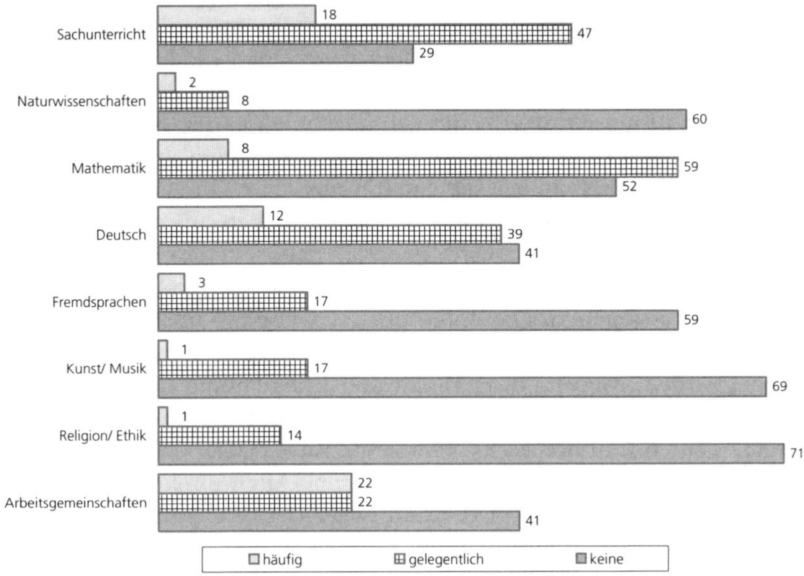

Quelle: Bundesministerium für Bildung und Forschung (Hrsg.): IT-Ausstattung der allgemein bildenden und berufsbildenden Schulen in Deutschland. Bestandsaufnahme 2003 und Analyse 2001 bis 2003. Bonn 2003, S. 47

Wie viele der Grundschulen zwar einen Internetzugang haben, diesen aber im Unterricht kaum oder gar nicht nutzen, kann der Bestandsaufnahme nicht entnommen werden. Aufschluss darüber geben die Daten aus dem DJI-Projekt „Schule und soziale Netzwerke“ (Behr-Heintze/ Lipski 2004). Im Frühjahr 2002 wurden Schulleiter/-innen, darunter ca. 2.500 von Grundschulen, neben anderen Themen auch zur Internetnutzung befragt.[15] Zwei Ergebnisse sind hier erwähnenswert: Am häufigsten wird das Internet in den Grundschulen von der Schulleitung und der Lehrerschaft genutzt (59%), gefolgt von der durch die Lehrkraft angelei-

15 Die Erhebung wurde von Februar bis April 2002 von Infratest Sozialforschung München im Auftrag des Deutschen Jugendinstituts München in 14 Bundesländern durchgeführt. Insgesamt wurden ca. 5.200 Schulleiter/-innen des allgemein bildenden Schulsystems, darunter 2.500 Grundschulleiter/-innen, zu ihren sozialen Netzwerken bzw. Kooperationsbeziehungen befragt. Die Daten zur Verbreitung des Internets wurden uns freundlicherweise vom Projekt „Schule und soziale Netzwerke“ zur weiteren Auswertung überlassen; diese wurde von Johann de Rijke (2004) im Auftrag des DJI-Projektes „Wie entdecken Kinder das Internet?“ durchgeführt.

teten Internetnutzung der Schüler (30%) und dem Interneteinsatz im Unterricht und in Projekten (jeweils 20%). Der „freie Zugang" der Schüler zum Netz spielt nahezu keine Rolle (3%). Sieht man vom Internetgebrauch der Pädagogen ab, und bildet dann einen Indikator nach Häufigkeit über alle Varianten der Internetnutzung mit Schülern, dann ergibt sich, dass das Internet in 31% der Grundschulen in den Klassen eins bis vier mit den Schülern häufig und in 69% der Grundschulen selten genutzt wird.[16] Grundsschulen, die das Internet gar nicht einsetzen, scheint es nicht zu geben, aber 14% der Schulleiter gaben an, dass es fast nie bzw. äußerst selten genutzt wird, denn sie haben in den fünf möglichen Kategorien die Nutzungshäufigkeit viermal mit „gar nicht" und einmal mit „selten" angegeben. Das Internet findet vorzugsweise in der dritten und vierten Jahrgangsstufe Verwendung. Umfassen Grundschulen sechs Jahrgangsstufen, wie es z.B. in Berlin und Brandenburg der Fall ist, wird das Internet von 79% der Schulen häufiger, insbesondere jedoch in den Jahrgangsstufen fünf und sechs genutzt (de Rijke 2004).

Ein etwas anderes Bild ergibt sich, wenn Daten direkt bei den Lehrkräften erhoben werden. Auf der Grundlage der im Auftrag des Medienpädagogischen Forschungsverbundes Südwest (2003a, S. 47) im Winter 2002/2003 befragten 2.000 Lehrer/-innen wurde errechnet, dass in den Grundschulen durchschnittlich für 30 Schüler ein internetfähiger Computer zur Verfügung steht (zum Vergleich Hauptschulen 20:1, Realschulen 24:1, Gymnasien 26:1). Dennoch sind etwa zwei Drittel der Lehrkräfte mit dem Insgesamt der technischen Einrichtungen an ihrer Schule sehr zufrieden bzw. zufrieden (vgl. ebenda, S. 49; zur Basis vgl. Fußnote 8). Nach ihrem Medieneinsatz im Unterricht befragt, gaben 11% der Lehrkräfte an, das Internet häufig im Unterricht einzusetzen, und 22% erklärten, dies gelegentlich zu tun. Während in der Grundschule überdurchschnittlich häufig der Computer und CD-ROMs genutzt werden, steigt der Einsatz des Internets wie auch der von Fernsehen, Zeitung und Zeitschriften mit dem Alter der unterrichteten Schüler an. Bemerkenswert ist die hohe Bereitschaft der Lehrkräfte, die neuen Medien

16 Der Indikator wurde auf Grundlage der Kategorien Nutzung des Internets „mit Lehreranleitung" (1), „ohne Lehreranleitung" (2), „Einsatz im Unterricht" (3), „für die Projektarbeit" (4), „Sonstiges" (5) gebildet. Als Antwortmöglichkeit war jeweils „häufig", „selten", „gar nicht" vorgegeben. Hatte eine Schulleitung in keiner der fünf Kategorien „häufig" angegeben, so wurde die Grundschule den Selten- bzw. Nichtnutzern zugeordnet, hatte er oder sie in mindestens einer Kategorie „häufig" angegeben, dann wurde die Grundschule den Häufig- bzw. Vielnutzern zugerechnet (de Rijke 2004).

noch stärker in den Unterricht zu integrieren. So erklärten z.B. 72% der Lehrkräfte, die derzeit das Internet zumindest selten einsetzen, dieses zukünftig häufiger nutzen zu wollen (vgl. ebenda, S. 40 ff.). Zu diesem Vorhaben ist für die Grundschule relativierend hinzuzufügen, dass Lehrerinnen seltener als Lehrer die Internetkompetenz der Kinder stärken wollen (50% : 61%), und ebenfalls die Lehrkräfte, die Kinder in der Altersgruppe zwischen 6 und 10 Jahre unterrichten, einen geringeren Handlungsbedarf sehen als das Lehrpersonal älterer Kinder (rund 45% : 60%) (vgl. ebenda, S. 20f.).

Abbildung 4: Aussagen von Lehrkräften zu Computer und Internet im Unterricht (in Prozent)

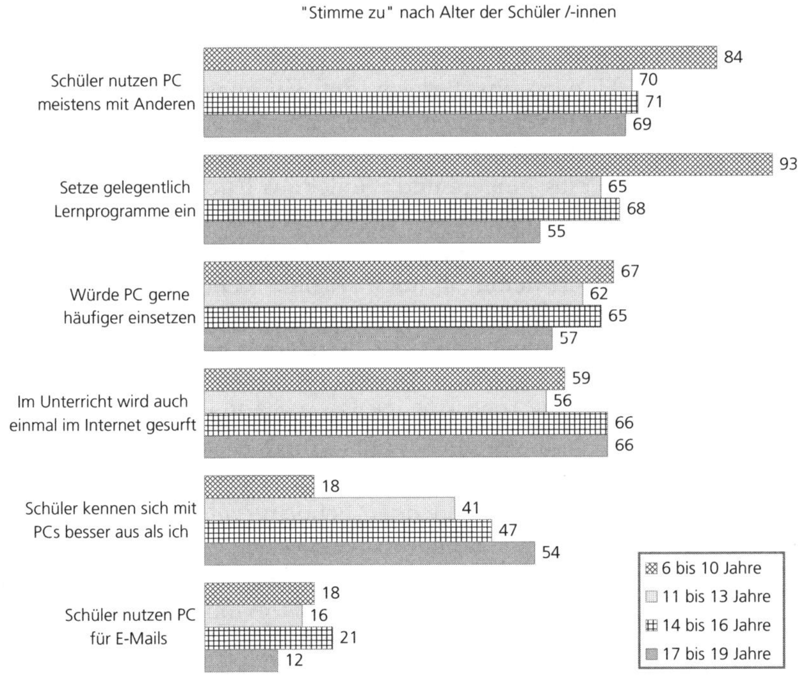

Quelle: Medienpädagogischer Forschungsverbund Südwest (Hrsg.): Lehrer/-innen und Medien 2003. Nutzung, Einstellungen, Perspektiven. Baden-Baden 2003a, S. 42

Greift man die Angaben der Lehrerinnen und Lehrer heraus, die Kinder zwischen sechs und zehn Jahren unterrichten, dann zeichnet sich ab, dass die kooperative Computernutzung der Schüler an der Grundsschule am häufigsten ist und Lernprogramme dort hohe Priorität haben. Was das „Surfen" während des Unterrichts betrifft, sind die Unterschiede zwischen den Altersgruppen bzw. Schultypen dann doch erstaunlich gering. Vermutlich ist dies darauf zurückzuführen, dass das Internet nach den Angaben der Lehrkräfte selten vom Klassenraum aus erreichbar, sondern in einem gesonderten Raum installiert ist (vgl. ebenda, S. 48).

1.1.3 Zusammenfassung

Angesichts der Daten zur Verbreitung des Internets in Familien und Schulen zeichnet sich ein Bild vom Aufbruch ins Informationszeitalter auch für die Kinder ab. Die von infrastrukturellen und sozialstrukturellen Fragestellungen geprägten Erhebungen geben wichtige Hinweise auf den Grad der Durchsetzung des Internets im Kinderalltag sowie auf sozial ungleiche Entwicklungen im Bereich der Zugangsmöglichkeiten der Kinder zum Netz. Derzeit nutzen etwa 35% bis 40% der 6- bis 13-Jährigen zumindest selten das Internet, Ältere und Kinder aus gut situierten Familien häufiger als Jüngere und Kinder aus Familien auf niedrigem Einkommensniveau. Ob Mädchen weniger häufig Zugang zum Internet haben als Jungen oder dies seltener nutzen, lassen die Daten offen. Die Mehrheit der Kinder ist demnach noch „offline". Die Befragungsergebnisse weisen jedoch jährlich bedeutende Zuwachsraten an Internetnutzern über alle Altersgruppen unter den Kindern aus; so stieg beispielsweise der Anteil der Kinder mit Interneterfahrung bei den 6- bis 7-Jährigen von 3% im Jahr 1999 auf 38% im Jahr 2003 (vgl. Kap. 1.1.1). Diese Entwicklung wird vor dem Hintergrund des gesellschaftspolitischen Drucks auf die Bevölkerung, online zu gehen und vor allem der IT-Ausstattung der allgemein bildenden Schulen (vgl. Kap 1.1.2) weiter anhalten. Die Tatsache, dass Kinder in Familie und Schule Zugang zum Internet haben, gibt allerdings weder Aufschluss über ihre Nutzungskompetenzen noch über die Bedeutung der Kommunikations- und Informationsfunktion des Internets für Kinder.

Mit standardisierten Befragungen können Entwicklungstendenzen der Integration des Internets in den Kinderalltag aufgezeigt werden, aber den kinderspezifischen Internetgebrauch erfassen sie nicht. Befragt man Kinder, dann verwenden sie zwar das Internetvokabular, das sie vom Hörensagen kennen oder beantworten die vorgegebenen Listen mit potentiellen Internetaktivitäten, sie sind aber meist nicht in der Lage, die

Bedeutung der Worte zu skizzieren oder das, was sie im Internet tun, klar zu schildern. Dies liegt nicht daran, dass Kinder „falsche“ Auskünfte geben, sondern ein anderes Verständnis beispielsweise vom „Downloaden“ und vom „Suchen“ sowie ein anderes Konzept von „Information“ und „Wissen“ als Erwachsene haben. Von der Annahme einer Diskrepanz zwischen Kinder- und Erwachsenenperspektive im Umgang mit dem Internet ließ sich das Projekt „Wie entdecken Kinder das Internet?“ leiten. Die qualitative Beobachtungsstudie wurde durchgeführt, um die kinderspezifischen Kompetenzen im Umgang mit dem Internet einschätzen zu lernen und medienpädagogische Hilfen zu formulieren.

1.2 Neuere Entwicklungen im deutschen Kinderweb

Die Entwicklungen und Veränderungen im deutschen Kinderweb, d.h. der Angebote, die speziell für Kinder produziert werden, sind Teil und Folge der Integration des Internets ins Mediensystem, ein seit Jahren schleichender, aber auch offensiv betriebener Vorgang, der mit dem Begriff „Medienkonvergenz“ umschrieben wird. Hervorzuheben sind in diesem Zusammenhang: die Entwicklung des Internets von einem „anarchischen Netzwerk“ zu einem Public-Relation- und Geschäftsmedium; die Verrechtlichung von Angeboten, deren Bereitstellung und Vertrieb sowie deren Unterwerfung unter die öffentliche Kontrolle; die Innovationen im Bereich der digitalen Technologien und ihre Konsequenzen für den schnellen Transport von großen Datenmengen im Internet, die erst ein „multimediales“ und „interaktives“ Webangebot ermöglich(t)en; und nicht zuletzt der gesellschafts- und bildungspolitische Wille, ein „Internet für alle“ zu schaffen und auch das „online-ferne“ Publikum mit immer neuen Initiativen ans Netz zu bringen, weil es absehbar ist, dass in Zukunft viele Dienstleistungen nur noch online erreichbar sein werden.

Im Windschatten der skizzierten Grundlinien der gesellschaftlichen Durchsetzung des Internets und ohne große öffentliche Aufmerksamkeit zu finden, vollzieht sich die „Modernisierung“ des ohnehin noch relativ jungen Kindernetzes. Einige beobachtbare Trends werden im Folgenden skizziert, trotz und obwohl in Kürze mit weiteren einschneidenden Veränderungen im Webangebot für Kinder zu rechnen ist. Zu erwarten sind diese aufgrund des neuen Jugendschutzgesetzes sowie des neu gestalteten Jugendmedienschutz-Staatsvertrages, die beide am 1. April 2003 in

Kraft getreten sind.[17] Die Entwicklung und Umsetzung jugendschutzrelevanter Maßnahmen im Internet steht derzeit aber noch weitgehend aus. Dies liegt daran, dass einerseits eine Kontrolle des globalen Netzes und seiner multinationalen Anbieter auf nationaler Ebene allein nicht zu realisieren ist, andererseits das neue Jugendschutzmodell in Deutschland auf dem Konzept der „regulierten Selbstregulierung" beruhen soll. Dies bedeutet, dass den Anbietern unter der Aufsicht der neu gegründeten „Kommission für Jugendmedienschutz (KJM)" die Möglichkeit eingeräumt wird, „eigenverantwortlich tätig zu werden" (vgl. Ring 2003). Dieses Angebot wird von Seiten der Internetindustrie schon allein aus Eigennutz angenommen, ist aber aufgrund konkurrierender Interessen sowie neu zu entwickelnder Distributions- und Filtertechniken über den Verhandlungsstatus noch nicht hinausgekommen (vgl. Kap. 1.2.3). Folglich gibt es zur Zeit weder eine von der Kommission für Jugendmedienschutz anerkannte „Organisation der Freiwilligen Selbstkontrolle" der Internetindustrie noch ein anerkanntes (technisches) Jugendschutzprogramm im Internet. Zieht man ausschließlich das Segment „Internetangebot für Kinder" in Betracht, dann gestaltet sich der Schutz vor „entwicklungsbeeinträchtigenden Angeboten", der in Deutschland traditionell nach Altersgrenzen gestaffelt ist, recht schwierig. Hinzu kommen die noch vagen Richtlinien in den Bereichen Werbung und Datenschutz auf Kinderwebsites; eine Laissez-faire-Praxis im überwiegend kommerziellen Angebot ist noch vorherrschend. Während die Kriterien für „absolut unzulässige Angebote" illegale und damit strafrechtsrelevante Inhalte in den Bereichen Pornographie, Gewalt und Volksverhetzung relativ klar eingrenzen (vgl. Bewertungsleitfaden 2002; KJM http://www.blm.de), ma-

---

17 „Zum 1. April 2003 wurde der Jugendschutz im Fernsehen sowie in anderen elektronischen Medien umfassend reformiert und den Erfordernissen der veränderten Medienlandschaft angepasst. Im Kern lässt sich diese Reform in drei Punkten zusammenfassen:

- Mit dem neuen Jugendschutzgesetz sowie einem neuen Jugendmedienschutz-Staatsvertrag haben Bund und Länder die rechtlichen Rahmenbedingungen für Trägermedien (Filme, Videokassetten, CD-ROMs etc.) und Online-Medien (Teledienste, Mediendienste, Rundfunk) zusammengefasst und vereinheitlicht.
- Um die Zersplitterung der Aufsichtsstruktur zu beseitigen, wurde eine Kommission für Jugendmedienschutz (KJM) geschaffen, die im Online-Bereich als zentrale Aufsichtsstelle für den Jugendschutz und den Schutz der Menschenwürde fungiert.
- Ob die Rundfunksender und die Anbieter von Telemedien die Jugendschutzbestimmungen einhalten, soll künftig vor allem von Einrichtungen der Freiwilligen Selbstkontrolle überprüft werden, die für diese Tätigkeit jedoch eine Anerkennung der KJM benötigen."

(Exkurs: Kommission für Jugendmedienschutz (KJM), http://www.alm.de/index2.htm)

chen „unzulässige Angebote mit Ausnahmeklausel“ den Anbietern zur Auflage, sicherzustellen, dass Minderjährige vom Zugang ausgeschlossen sind; hier geht es vor allem um Pornographie für Erwachsene (für einen knappen Überblick siehe beispielsweise „Die neuen Jugendmedienschutzbestimmungen (2003)“, Freiwillige Selbstkontrolle Multimedia-Diensteanbieter http://www.fsm.de). Schließlich aber bereitet die Definition der Kriterien, die ein „entwicklungsbeeinträchtigendes Angebot“ für Kinder im Internet ausmachen, erhebliche Probleme. Derzeit wird dieses Problem auf zweifache Weise debattiert: Einerseits wird eine Verständigung zwischen den staatlichen Organen des Jugendschutzes, den Interessenverbänden, den Providern und den großen Websiteanbietern über Qualitätsmaßstäbe auf Kinderwebsites angestrebt, andererseits wird nach Lösungen zur Kennzeichnung von Internetangeboten gesucht (sog. Labeling), die es den Eltern ermöglichen sollen, ihre Kinder durch die Aktivierung eines Filters vor ungeeigneten Inhalten zu schützen (vgl. auch Rating und Filtering, http://www.jugendschutz.net).

1.2.1 Inhaltliche Erweiterungen

Umfassende Informationen zu den Inhalten im deutschsprachigen Kinderweb sind der „Datenbank: Websites für Kinder“ zu entnehmen. Im Folgenden werden deshalb nur einige Besonderheiten in der Entwicklung des Angebots im Bereich der Sachthemen und Informationen skizziert.[18]

Politik für Kinder: Die Bestrebungen, Kinder am öffentlichen Leben als eigenständige Bevölkerungsgruppe partizipieren zu lassen, zeigen auch im Internet Wirkung. Eine Vorreiterrolle spielten Kinderwebsites zu den Kinderrechten, die bereits Mitte der 90er Jahre ins Netz gingen, wie die „Kindersache“ des Deutschen Kinderhilfswerks (www.kindersache.de) und „KinderRÄchTsZÄnker“ des Netzwerks Spiel/Kultur Prenzlauer Berg e.V. (www.kraetzae.de). Ebenfalls schon länger im Web, aber inzwischen mit einem kindgerechteren Erscheinungsbild ist das Angebot

18 Im vorangegangenen Projekt „Internet – außerschulische Lernangebote für Kinder und Jugendliche“ (1999 - 2000), das am Deutschen Jugendinstitut München durchgeführt und vom BMBF finanziert wurde, entstand eine Datenbank, in der Kinderwebangebote erfasst und medienpädagogisch bewertet werden (vgl. Datenbank „Websites für Kinder“, http://www.dji.de/www-kinderseiten/default.htm). Die Datenbank wird unter Bearbeitung von Petra Best (DJI) fortgeführt.

„HanisauLand" der Bundeszentrale für politische Bildung: Im Zentrum steht ein Fortsetzungs-Comic, in dem *Ha*se, *Ni*lpferde und *Sau* gemeinsam versuchen, eine Demokratie aufzubauen, also ein *HaNiSau*Land (www.hanisauland.de). Ziel ist es, den Kindern Politik anschaulich zu erklären.

Weitere politische Institutionen bemühen sich darum, Kinder über die Struktur der Staatsorgane, deren Aufgaben und Arbeitsschwerpunkte zu informieren. Als erstes machte der Bundesrat mit „Politix" auf sich aufmerksam (www.bundesrat.de/politix). Dann haben verschiedene Bundesministerien Websites für Kinder entwickelt: das Bundesministerium für Umwelt, Naturschutz und Reaktorsicherheit (www.bmu-kids.de) und mit ihm das Umweltbundesamt (www.umweltdaten.de/kinder/index.htm), ebenso das Bundesministerium für wirtschaftliche Zusammenarbeit und Entwicklung (www.bmz.de/kids/index.html). Auch die Website „Der Bundeskanzler" enthält eine Rubrik „Kanzler für Kids", mit einer Regierungsfibel, einem Minister-Ratespiel und dem Ministerien-Memory (www.bundeskanzler.de/Kanzler-fuer-Kids-.7695.htm). Sozialkunde wird auch auf Länderebene angeboten, z.B. vom Ministerium für Gesundheit und Soziales des Landes Sachsen-Anhalt (www.kindermini-sterium.de). Leider haben die Kinderwebsites aus den Bundesministerien keine eigenständige Internetadresse. Sie sind ins Hauptangebot eingebundene Unterseiten und haben deshalb zu komplizierte Adressen, als dass sie sich Kinder merken könnten.

Informationsdienste für Kinder: Auch die Kommunen sind dazu übergegangen, Spezialangebote für Kinder mit Informationen zu Region und Stadt, gepaart mit spielerischen Elementen, aufzubereiten. Im Netz zu finden sind „Berlin für Kids" (www.kinder-hauptstadt.de), „Kinderportal München" (www.pomki.de), „Kinderstadtplan Bielefeld" (www.bielewelt.de) und „Kindernetz-Hamburg" (www.kindernetz-hamburg.de), um nur einige zu nennen.

Informationen aus der Schule: Sehr aktiv arbeiten Lehrkräfte und Schulklassen an der Gestaltung des Internets mit. Mittlerweile sind viele ihrer Projektarbeiten und Unterrichtsmaterialien online zugänglich. So hat zum Beispiel die Astrid-Lindgren-Schule in Derschlag in einer Arbeitsgemeinschaft ein Kinderlexikon erstellt (www.kinderlexikon.de). Die Website „ABC des Körpers", ein Projekt des Rotteck-Gymnasiums in Freiburg, wurde von Lehrkräften erarbeitet; es ist ein Unterrichtsprogramm für das

Fach Biologie, das virtuelle Arbeits- und Übungsmaterialien für Schüler enthält (www.eduvinet.de/mallig/bio/programe/koerper5.htm).

Wissenschaft für Kinder: Im Gegensatz zu den Schulen sind bisher nur relativ wenige der „Kinderuniversitäten", die seit dem Jahr 2002 an verschiedenen Hochschulen eingeführt wurden, im Internet präsent. Außer einigen Informationen zu Programmen und Terminen sowie Berichten über Vorlesungen, die bereits gehalten wurden, gibt es nur selten Inhaltliches (www.uni-tuebingen.de/uni/qvo/kinderuni-2003/kiu03-01.html, www.uni-trier.de/kinderuni). Eine Ausnahme stellt die Universität Oldenburg dar, die eine Homepage „Kinderuniversität" eingerichtet hat (www.kinderuni-oldenburg.de). Verschiedene Institute präsentieren ihre Projekte: Ein hervorragendes Beispiel ist die Website „Physik für Kids" (www.physikforkids.de), die am Institut für Physik entstanden ist, und Kindern physikalische Vorgänge und Versuche erklärt. Auch der Fachbereich Mathematik hat für Grundschulkinder mit Spaß an mathematischen Fragen die Seite „Uni für Kinder" eingerichtet (www.uni-fuer-kinder.de). Weitere Projektseiten aus anderen Fachbereichen sind im Aufbau.

„Special-Interest-Sites": Websites für kleine Zielgruppen unter den Kindern, die sich für spezielle Wissensgebiete interessieren, werden auch außerhalb des universitären Bereichs von den unterschiedlichsten Anbietern ins Netz gestellt. Dazu gehören die Websites der Museen oder eine Denkmalseite oder die Stromseite von Greenpeace für Kinder (www.kindermuseum.de, www.denkmal-mit-pfiff.de, www.kabelsalat.tv). Auch Firmen präsentieren ihre Produkte mit Special-Interest-Inhalten, dabei stehen jedoch vor allem Marketingstrategien im Vordergrund. Hingegen treten immer seltener Privatpersonen mit kinderspezifischen Angeboten im Netz auf. Von besonderem Engagement zeugen die Websites kico4u.de und www.htmling.net. Auf der einen, gestaltet von einer in Deutschland lebenden Engländerin, können Kinder Englisch lernen, auf der andern führen zwei Studenten in die Html-Programmierung ein.

Cross- und Multi-Kulturelles: Obwohl sich in den letzten Jahren das thematische Spektrum verbreitert hat, sind bei Sachthemen immer noch Angebotsdefizite auszumachen. Nur ganz vereinzelt findet man beispielsweise Multikulturelles für bilingual aufwachsende Kinder: Das „Kids Web Japan" präsentiert in acht Sprachen Informationen für Kinder zur Lebensweise in Fernost (web-japan.org/kidsweb/foreign/de-index.html).

Die offizielle Website zu den Olympischen Sommerspielen 2004 in Athen richtet sich mit „Youth 2004" (www.athens2004.com) an Jugendliche, beschränkt sich dabei aber auf die Sprachen Griechisch, Englisch und Französisch. Zweisprachige Websites mit türkisch-deutschen oder griechisch-deutschen Inhalten für Kinder konnten trotz mehrfacher Recherchen in Suchmaschinen nicht gefunden werden. Die Türkische Botschaft in Berlin unterhält zwar ein zweisprachiges Webangebot für Erwachsene, die Kinderseite ist dann aber ausschließlich in türkischer Sprache (www.tcberlinbe.de/tr/cocuk/index.htm). Einzig die Suchmaschine „Die Blinde-Kuh" kümmert sich um „Multikulturelle Webseiten für Kinder" und setzt z.B. Links auf Kinderwebangebote türkischer, griechischer, albanischer Herkunft.

Europäisches: Mit der Einführung des Euro wurde das Thema Europa auf den deutschen Kinderseiten etabliert, aber allein die neue Währung bestimmte die Inhalte. Im Vorfeld der EU-Erweiterung (1. Mai 2004) hat sich das geändert, die Europa-Rubriken wurden insbesondere auf den Websites des Kinderfernsehens bzw. der Kindernachrichten überarbeitet und ausgebaut (z.B. www.tivi.de/fernsehen/logo/index/00100/index.html, www.wissen.swr.de/sf/begleit/bg0051/eu_child.htm, www.kindernetz.de/thema/europa, www.europa4young.de, www.blinde-kuh.de/europa).

Gesamteuropäische Kinderwebsites sind die Ausnahme. Zur Zeit unterstützt die Europäische Kommission die Websites „Zap" und „EuropaQuiz". Die Bildungswebseite „Zap" kann in neun Sprachen aufgerufen werden; durch mehrere Foren und Chats soll der länderübergreifende Austausch zwischen Kindern und Jugendlichen gefördert werden. Es handelt sich um ein Angebot primär für Schulen, denn die Anmeldung zu den „Zap"-Communities muss über eine Lehrkraft erfolgen (www.zap.eun.org). Das „EuropaQuiz", das in zwanzig verschiedenen Sprachen zur Verfügung steht, kann über die Kindersuchmaschinen gefunden werden, die meisten Fragen sind aber für Kinder zu schwierig und manche können mit hoher Wahrscheinlichkeit selbst von Erwachsenen nicht beantwortet werden (www.europaquiz.org).

Websites mit Sach- und Fachthemen sind, weil sie nicht mit den kommerziellen Kinderseiten vernetzt sind, für Kinder schwer zu finden. Ihre Auffindbarkeit haben sich die Kindersuchmaschinen „Die Blinde-Kuh" und „Milkmoon" zur Aufgabe gemacht. Die meisten der hier erwähnten Seiten und einige mehr können dort im Verzeichnis oder über eine Suchanfrage erreicht werden. Für Recherchen nach kindgerecht aufbereiteten Themen-Webseiten sind die großen Suchmaschinen nicht geeignet; erfolgversprechendere Ergebnisse sind vom Deutschen Bildungsserver (www.bildungsserver.de), bei Lehrer-Online (www.lehrer-online.de) oder dem Jugendserver (www.jugendserver.de) zu erwarten. Auch in der „Datenbank: Websites für Kinder" werden vermehrt Themen-Websites vorgestellt und bewertet (http://www.dji.de/www-kinderseiten/default.htm).

1.2.2 Ökonomie im Kinderweb

Das Kinderweb ist von recht unterschiedlichen Interessen der Anbieter geprägt. Sie reichen von pädagogischem und sozialem Engagement für Kinder, über Zielgruppenbindung und PR-Aktionen bis hin zum Anliegen, Kinder am politisch-öffentlichen Bereich partizipieren zu lassen, aber auch demonstrative Verantwortung für Kinder wird gepflegt und Geschäfte mit Kindern oder ihren Stellvertretern werden anvisiert. Fragen an die Transparenz des Internetangebots für Kinder sind angesichts der Konkurrenzsituation sowie des Widerspruchs von pädagogischen und wirtschaftlichen Interessen und vice versa wichtiger denn je. Denn die Finanzierung und Gegenfinanzierung des Kinderwebs beschränkt sich nicht mehr nur auf die relativ leicht erkennbaren Mittel der Bannerwerbung, der Pop-Ups, des Sponsorings oder der Vermarktung des eigenen Produkts. Eine zunehmende Verflechtung der Angebotsstruktur durch Content-Syndication, das heißt die Zweitverwertung von kinderspezifischen Inhalte-Modulen, sowie die Integration von Special-Interest-Sites, die Käuflichkeit der Werbefreiheit und selbst des Kinder- und Jugendschutzes durch kostenpflichtigen Online-Content für Kinder sowie die Vernetzung der Anbieter – durch Kosten- und Arbeitsteilung – erschweren die Durchschaubarkeit der Urheberschaft der Inhalte und der Zwecke der Anbieter. Zwischen den Marktführern z.B. des Kinderfernsehens, der Spielzeugindustrie sowie des Food-Bereichs, die ihr Webangebot mit Copyright und Lizenzen bestreiten, und den semi- und nichtkommerziellen Anbietern, die eigenständige Angebote für Kinder entwickeln, sind die Karten ungleich verteilt, – eine öffentliche Förderung von Websites im Sinne der Unterstützung von „Best-Practice-Angeboten" ist derzeit noch die große Ausnahme.

Obwohl immer mehr Kinder online gehen, ist das deutschsprachige Internet- und Websiteangebot für Kinder relativ instabil. Ausschlaggebend ist die Tatsache, dass sich das Kinderweb zum Markt entwickelt hat, der sich nach dem Crash der New Economy, von einigen Ausnahmen abgesehen, auch durch eine veränderte Geschäftspolitik im Kindersegment nicht konsolidieren konnte. Dies gilt, auch wenn das auf den ersten Blick erstaunlich sein mag, für die kommerziellen und die nichtkommerziellen Angebote gleichermaßen. Ein Internetangebot ist immer mit Kosten verbunden: Inhalte müssen produziert, Spiele programmiert, E-Mails beantwortet, Kommunikationsangebote moderiert und Links geprüft werden; es entstehen Kosten für die Beschaffung und Wartung des Servers und für die Netzanbindung. Vor allem dann, wenn eine Website ihre Adressaten erreicht, also von vielen Kindern häufig genutzt wird, können die Kosten, die für das Datenaufkommen zu entrichten sind (sog. Traffic-Kosten), für den Anbieter unkalkulierbar werden. Finanzierungs- und Refinanzierungsfragen stehen deshalb nicht nur bei den Anbietern von Kinderwebsites auf der Agenda, die auf Profitabilität verpflichtet sind, wie diejenige von „TOGGO. Deine Welt von Super RTL" oder „KinderCampus". Auch eine Reihe engagierter Privatpersonen stehen vor betriebswirtschaftlichen Problemen, wie z.B. diejenigen, die ihre Kinderwebsite „ehrenamtlich" betreiben, wie es bei der Suchmaschine „Die Blinde Kuh" der Fall ist, oder privat finanzieren, wofür „sowieso, die online-Zeitung für junge Leser" ein Beispiel ist, oder aber auch als PR-Maßnahme ins Netz stellen, um für die eigene Kompetenz in Sachen „kindgerechte Internetlösungen" bei Providern zu werben, wie es das Unternehmen xperience-at-work GmbH tut, die Betreibergesellschaft von „Milkmoon.de: Die Suchmaschine für Kinder".

Die Kinderseitenlandschaft in Deutschland steht unter ökonomischem Druck. Während für die einen der Misserfolg den Garaus bedeutet (www.kazibao.de) oder zum marketingstrategischen Relaunch zwingt (www.autolernwerkstadt.de), entscheiden andere, ihre Website vorübergehend nicht mehr zu aktualisieren (offiziell: www.goere.de; inoffiziell: www.pixelkids.de) oder planen unter ihrem Domainnamen Angebote für Erwachsene bzw. verkaufen ihn (www.fliegmalweg.de). Andere werden dagegen aufgrund ihres Erfolgs an den Rand des Ruins getrieben (www.blinde-kuh.de) oder zum erdrückenden Konkurrenten der kleineren Website-Anbieter (www.toggo.de; www.kika.de).[19]

19 Unter dem Titel „Alles wird wieder gut" schildern Birgit Bachmann und Stefan R. Müller (2002), die Betreiber der Suchmaschine „Die Blinde Kuh", mit welchen Risiken und Schwierigkeiten ein unabhängiges, nicht-kommerzielles Internetangebot für Kinder in einer sich verändernden Internetwirtschaft zu kämpfen hat. Die Suchma-

Vernetzung in pädagogischer Absicht: Angesichts des unübersichtlich gewordenen Kinderwebs, einer erdrückenden Konkurrenz, der Funktionsweise von Suchmaschinen und der verschiedenen Filtertechnologien sowie des Nutzungsverhaltens der Kinder geht es darum, überhaupt wahrgenommen oder im Internet gefunden zu werden. Der Zweck der Vernetzung im Kinderweb besteht demnach nicht mehr ausschließlich darin, übergreifende hypertextuelle Strukturen durch Verlinkung des eigenen Angebots mit externen, inhaltlich verwandten oder ansprechenden Websites herzustellen und so ein Internet für Kinder zu schaffen. Vernetzung ist zum einen Überlebensstrategie, zum anderen Marketingstrategie der Kinderwebsite-Betreiber geworden. Vernetzung kann kostengünstige Produktion, aber auch kostenlose Beschaffung von Inhalten für die eigene Website sein. Sharing von Technologie und Kompetenzen sowie ressourcen- und personalstrategische Betreuung von Mitmach- und Kommunikationsangeboten sind weitere Vernetzungsmotive. Vernetzung hat aber auch immer selbstreferentiellen Charakter: Durch Verlinkstrategien und Linksammlungen erscheint das Internet für Kinder größer als es ist. Nur wenige große Kinderwebsites können und wollen es sich leisten, die Kinder in ihrer internen Verlinkung und so auf ihrer eigenen Seite zu halten bzw. vom Internet abzuschotten. Die Websites der Fernsehsender sind dazu zu zählen, die ihre Zielgruppe über das Kinderfernsehen erreichen, außerdem reine Produktwebsites, die bei Kindern mit Spielen ausschließlich in eigener Sache werben.[20] Durch ihre Nachfrageorientierung

schine „Blinde Kuh", eine der wohl am häufigsten zitierten und vor allem verlinkten Kinderwebsites in Deutschland, bekam Finanzierungsprobleme: „Bei einer normalen Homepage holt man sich dann bei einem Provider ein Service-Paket und darin sind auch die Kosten des so genannten Traffics enthalten. Aber, das Problem ist, was ist eigentlich, wenn eine Homepage erfolgreich ist, also zig Tausend Besuchern pro Tag Webseiten ausliefern soll? Dann kostet ein solches Paket schon schnell recht viel Geld, im Falle der Blinden Kuh waren das im Jahr 2002 monatlich um die 3000 Euro. (Die Zugriffe allein im Monat November lagen bei über 4 Millionen, damit kam die Blinde Kuh an ein monatliches Transfervolumen von nahezu 200 GigaByte)." Seit Anfang Dezember 2002 erhält „Die Blinde Kuh" Sachmittel-Zuwendungen vom Bundesministerium für Familie, Senioren, Frauen und Jugend (BMFSFJ) zur Begleichung der Traffic-Kosten.

20 Das Fixieren von Kindern auf die eigene Website ist unter Umständen mit Nachteilen für die Kinder (und mit Online-Kosten für die Eltern) verbunden, da die Server häufig zu leistungsschwach sind, um den fast gleichzeitigen Zugriff vieler Kinder standzuhalten; sie werden bei Auslastung vom Server abgeblockt. Dies ist einer der Gründe, warum Kinder beispielsweise vergeblich versuchen, in einen populären Chat hineinzukommen, oder warum die Zugriffsdauer der Kinder auf die Website magickinder.com (mittels Code erwerbbar im Kinderüberraschungs-Ei der Firma Ferrero) von 24 Stunden auf 20 Minuten gekürzt wurde. Die Zeit ist derart knapp bemessen,

an Spiel, Spaß und Spannung vereinseitigen sie das Angebot und tragen nicht unerheblich zur Kommerzialisierung der Inhalte für Kinder bei. Informationen, Nachrichten und Wissenswertes drohen abgedrängt und allenfalls wiederum marktorientiert, bei „großen Ereignissen“ wie Kriegen, kindgerecht aufbereitet, an die virtuellen Pinnwände geschlagen zu werden. Vor diesem Hintergrund formiert sich das deutsche Kinderwebsite-Angebot neu.

Im April 2003 wurde die Initiative „Seitenstark“, die „Arbeitsgemeinschaft vernetzter Kinderseiten“ gegründet. Diese hat sich zur Aufgabe gemacht, „ein medienpädagogisch wertvolles und werbefreies Internet“ für Kinder zu erhalten, den „aktiven Jugendschutz“ durch ein „handlungsorientiertes“, „partizipatives“ und an der „Lebenswirklichkeit“ der Kinder orientiertes Angebot weiter zu betreiben. „Seitenstark“ wendet sich gegen die „Monopolisierung im Internet“ und will mit dem Zusammenschluss ihrer Websites den Grundstein legen, „damit die deutschsprachige Kinderseitenlandschaft beachtet, gefördert und ausgebaut werden kann“ (Hintergrund, http://www.seitenstark.de). Die Gründungsmitglieder – die Anbieter von „Blinde Kuh“, „sowieso“ und „Kidsville“ – fordern die aktive und finanzielle Unterstützung ihrer bislang vor allem unentgeltlich erbrachten und moralisch anerkannten Leistungen für das deutschsprachige Kinderweb und damit dessen Bestandssicherung ein. Sie haben inzwischen eine ganze Reihe von Verbündeten gefunden, die sich mit ihren privaten, semi-kommerziellen oder öffentlich-initiierten Kinderwebsites der Arbeitgemeinschaft angeschlossen haben (vgl. Netzwerk, http://www.seitenstark.de). Die Arbeitsgemeinschaft ist inzwischen stark genug, um öffentliches Gehör und auch (im)materielle Unterstützung zu finden.[21]

Eine Besonderheit in der Vernetzungsszene stellt „Die Blinde Kuh“ dar, die seit 1997 als Suchmaschine für Kinder im Netz existiert. Der besondere medienpädagogische Beitrag der „Blinden Kuh“ liegt darin, dass sie sich sowohl im kontinuierlichem Austausch mit den Kindern als auch mit dem Ausbau des Kindernetzes inhaltlich und technisch weiterentwickelt hat. Folglich ist sie in der Lage, nah an den Fragen von Kindern und deren Suchlogik zu operieren und dafür zu sorgen, dass Interessan-

---

dass Kinder mit weniger Interneterfahrung die dort angebotenen Spiele nicht zu Ende spielen können.

21 In Kooperation mit dem Lehrstuhl Medienpädagogik und Weiterbildung der Universität Leipzig sind die zusammengeschlossenen Kinderwebsites nun in der Lage, einen Chat für Kinder einzurichten.

tes und Wissenswertes für Kinder von ihnen auch im Internet gefunden werden kann. Hinzu kommt das Selbstverständnis der Betreiber, die sich als „Vernetzungsinstanz im deutschsprachigen Kinderweb" verstehen, ihr Angebot entsprechend gestalten und die Kinder aufgrund ihrer Suchanfragen zurück an das Netz verteilen. Dies klingt einfach, ist aber schwer zu realisieren: Einerseits werden kinderrelevante Seiten mit dem Einverständnis der Content-Anbieter über Robots gesucht, andererseits wird direkt mit Anbietern aus Fernsehen, Kinderzeitschriften und Webredaktionen als „Zulieferern" kooperiert und manch inhaltliche „Leerstelle" mit einem eigenen Beitrag gefüllt (vgl. auch Informationen zur Blinden Kuh: Unsere Robots, http://www.blinde-kuh.de). Über die Suchmaschine können derzeit ca. 10.000 Seiten gefunden werden. Ihren aktiven Beitrag zum Jugendschutz sieht die „Blinde Kuh" darin, Kinder aus der Gefahrenzone der Erwachsenensuchmaschinen zu bringen. Ihr internet- und kinderpolitisches Anliegen lässt sich mit dem Interesse umschreiben, die Vielfalt des Netzes für Kinder durch die Auffindbarkeit der vielen kleinen Websites in unterschiedlichen Wissensbereichen zu erhalten und die Kinder von den „Standardlinks", die auf fast jeder Kinderwebsite sind, wegzuführen. Dass ein offenes Netz für Kinder, wie es die Betreiber von „Blinde Kuh" befürworten, zu Friktionen mit den verschiedenen Interessengruppen im Kinderweb führen kann, versteht sich in einer Zeit des medienpolitischen Umbruchs des Internets für Kinder (und Jugendliche) nahezu von selbst (vgl. Kap. 1.2.3).

Vernetzung der Märkte: Von den auf medienpädagogischem Feld agierenden Befürwortern der Vernetzung sind die Joint-Venture-Abkommen zwischen verschiedenen Wirtschaftsunternehmen zu unterscheiden. Diese Verbund- bzw. Gemeinschaftsprojekte werden abgeschlossen, um die Erschließung neuer Märkte und die Entwicklung neuer Technologien gemeinsam zu finanzieren. Im Kindersegment des Internets hat sich hier insbesondere die KinderCampus AG hervorgetan, deren Geschäfte inzwischen vom Marketingunternehmen Cobra Youth Communications GmbH fortgeführt werden. Die Kinderwebsite „Kamba" ist beispielsweise eine „Gemeinschaftsmarke" von T-Online International AG, EM.TV & Merchandising AG und Cobra Youth Communications GmbH (vgl. Impressum, http://www.kamba.de). Dies bedeutet, dass T-Online die Technik zur Verfügung stellt und die „Fernsehlieblinge aus der Programmbibliothek von EM.TV und Junior.TV" vermarktet, über deren Lizenz die EM.TV & Merchandising AG verfügt (EM.TV 2/2003;

3/2003). Cobra Youth produziert die Kamba-eigenen Inhalte und betreut den laufenden Betrieb (vgl. Paid Content, S. 48).

Im kommerziellen Bereich wird die „Vernetzung der Marke" angestrebt und dies auf doppelte Weise. Zum einen wird die schon klassische Cross-Media-Strategie praktiziert. Mit einem Mediamix, zu dem nun auch das Internet gehört, wird im Jargon des Marketings „Kommunikation und Interaktion mit Kindern" rund um die Marke über medienkomplementäre Inhalte geführt. Zum anderen wird „Content-Syndikation" angestrebt. In jedem Fall wird wechselseitiger wirtschaftlicher Nutzen – auch wenn er bezahlt werden muss – durch Vernetzung kinderspezifischer Inhalte in Aussicht gestellt (vgl. Thielmann/Sieprath/Kaiser o.J.). Auf kommerziellen Kinderwebsites tauchen diese „Syndikate" häufig nur als Gewinnspiele und ausgelobte Preise auf. Schließlich werden die Kinder – formal korrekt – über gekennzeichnete Werbe-Schaltflächen auf die Websites von Vertragspartnern geführt; eine Vernetzungsstrategie in Sachen Kinderwebsite-Produktion und Marketing, die auf der Website www.KinderCampus.de eingesehen werden kann: Die Links führen zu den Kinderwebsites der Mercedes Benz AG, der Deutsche Bahn AG, der Eckes AG und Intersnack (Wolf Bergstrasse), aber auch zur UNICEF und demnächst wohl auch zu Greenpeace (vgl. Cobra Youth Pressemitteilung 15.1.2004).

Werbung: Im kommerziellen Internet für Kinder können grob drei Arten von Websites mit kostenlosem Zugang unterschieden werden: Websites, die erstens ausschließlich Produkt- und Firmenwerbung enthalten (z.B. www.kiddinx.de), zweitens der Imagepflege einer Firma dienen (z.B. www.cedysworld.com) und drittens ihr Angebot über Werbeeinnahmen finanzieren (z.B. www.toggo.de). Darüber hinaus werden Firmen im Kinderweb über das Sozial-Sponsoring aktiv, indem sie Non-profit-Websites unterstützen (z.B. www.100tiere.de). Die Marketingstrategien und die Werbeformate gruppieren sich um kinderspezifische Inhalte, ansonsten sind sie mit jenen im Erwachsenenangebot identisch. Während Erwachsenen bewusst ist, dass sie den kostenlosen Zugriff auf Webinhalte mit der Inkaufnahme von Werbung bezahlen und Produktinformationen der Verkaufsförderung dienen, ist beim Internetbesuch von Kindern auf einer Firmenhomepage nicht davon auszugehen, dass sie den Zweck des „Internetauftritts" durchschauen. Kinder suchen Bekanntes aus ihrem Alltag im Internet auf; sie konzentrieren sich z.B. bei www.benjaminbluemchen.de auf die unterhaltenden Aspekte des Werbemediums, auf das Geschichtenhören, das Spielen, den Austausch mit anderen Fans und werden so im interaktiven Bezug zum Produkt in die Markt- bzw. Markenkommunikation eingebunden. Die klassische Werbeform auf den Produktwebsites ist der dynamische Banner, der die weiteren eigenen Produkte und ggf. die dazugehörigen Websites bewirbt, ein Link zum Online-Shop ist obligatorisch.

Neben den Werbespielen („Advergames") sind weitere Strategien der Verkaufsförderung u. a. der Einsatz von Gewinnspielen, E-Mail-Rätseln, Wettbewerben oder Sammelaktionen. Im Zuge der Cross-Media-Planung werden derartige Angebote an Kinder nicht nur im Internet, sondern gleichzeitig auf Produktverpackungen, in Kinderzeitschriften, im Kinderfernsehen untergebracht.[22] Diese Medienverbundstrategie im Kindermarktsegment ist nicht neu. Bemerkenswert ist allerdings, dass die Vernetzungsmöglichkeiten im Internet die Werbebotschaften zu einem integrierten Teil der Marketinganstrengungen machen. Dies hat zur Konsequenz, dass Werbung und redaktionelle Inhalte auf einer Website zu einer Einheit verschmelzen. Während im Kinderfernsehen auf die Trennung von Werbung und redaktionellen Beiträgen zu achten und die Werbedauer auf 12 Minuten pro Stunde zu beschränken ist, kann sich eine Website (derzeit noch) als reiner Werbeträger präsentieren: Bei www.toggo.de, der bei Kindern und Werbern erfolgreichen Super-RTL-Website, ist die Startseite aus „Microsites" zusammengesetzt. Eine Microsite ist eine Werbefläche, in der über einen Banner website-intern eine neue Seite mit mehreren Unterseiten zum beworbenen Produkt aufgerufen werden kann, die meist interaktive Inhalte enthalten (vgl. Werbeformen: Banner & Co, http://www.mediensprache.net).

---

22 Der „Verbraucherzentrale Bundesverband (vzbv)" hat sich zur Aufgabe gesetzt, gegen „rechtlich unzulässige und inhaltlich problematische Werbung für Kinder und Jugendliche" vorzugehen. So wurde z.B. gegen die Werbung „Kellogg's Frosties für Schulsport", die die Firma Kellogg's, unterstützt von der Deutschen Schulsportstiftung, auf Verpackungen und im Internet durchgeführt hat, Klage eingereicht. Der Stein des Anstoßes war: Die Schüler wurden angeregt „Tony Taler" zu sammeln „und diese dann gegen Sportmaterialien für ihre Schule einzutauschen. So erhält man beispielsweise für 50 Taler ein Badminton-Set, für 300 eine Beach-Volleyball-Anlage. Die Taler erhält man unter anderem durch den Kauf von Kellogg's Frosties oder Kellogg's Chocos-Packungen. Um ein Badminton-Set zu kaufen, ist somit der Kauf von 50 Packungen à 2,79 Euro erforderlich, was einem finanziellen Aufwand von 139,50 Euro entspricht. Zum Vergleich: Bei ebay sind neuwertige Badminton-Sets bereits ab 14,99 Euro erhältlich. Um die gesammelten Taler eintauschen zu können, ist es notwendig, einen Stempel der Schule in dem Sammelheft vorzuweisen." (Kinderkampagne: Musterklage 7.11.2003; http://www.kinderkampagne.de/start/)

Abbildung 5: Microsite – Werbung für Benjamin-Blümchen-Torte

Quelle: Toggo SuperRTL; http://www.toggo.de (3.5.2004). © 2004 KIDDINX Studios

Im April 2004 enthält Toggo interaktive Werbeflächen zu den Produkten Bionicle (Lego), X-Pod (Lego) und Hotwheels (Mattel), die eher die Jungen ansprechen. An die Zielgruppe Mädchen richten sich die Microsites zur Ello-Kinderschmuck-Kollektion (Mattel), zu den Bratz-Girls (MAG Entertainment) und FurReal-Welpen (Hasbro). All diese kleinen Websites bieten in Ergänzung zur TV-Werbung Online- und Gewinnspiele sowie so genannte Spaß-Features, wie E-Cards, Bildschirmschoner und ähnliches mehr. Einige dieser Seiten geben sich nach dem Anklicken mit einem Label als „Werbung“ zu erkennen, andere nicht. Für die Toggo-Website hat die extensive Werbung zur Folge, dass auf der Startseite fast ausschließlich Verweise zu Produkten für Kinder zu finden sind, in denen die Super RTL-Themen aufgehen. Sie präsentieren sich nicht nur formal ununterscheidbar, sondern enthalten wiederum Sponsorenvermerke, z.B. „Toggo TV präsentiert von: Kinderschokolade®“, „Toggo Musik präsentiert von Capri Sonne“, „Super Toy Club präsentiert von Hasbro“. Zugleich öffnen sich je nach Aktionen des Fernsehsenders weitere Pop-Ups mit Werbung, z.B. zum Bionicle-Film oder zum Wettbewerb „Werde TOGGO Star! Gewinne den Kinderschokoladen Förderpreis". Schließlich können auf der Website fast alle modernen Internetwerbeformate beobachtet werden.

Die typischen Werbeformate im Internet sind nach wie vor Banner, Pop-Up und Pop-Under, letztere werden auch Enter- und Exit-Pop-Up genannt. Aufgrund der Breitband- und der neuen Browsertechnologien ist es möglich geworden, die Palette an Werbeformaten beträchtlich zu erweitern. Schon länger werden Streaming-Ads (Jingels, Trailer, Videoclips) versendet, auf Kinderwebsites kommen sie überwiegend bei PR-Aktionen für Hörkassetten (z.B. bei www.affenterz.de) und Fernsehsendungen zum Einsatz (z.B. bei www.kika.de). Relativ neu auf den Kinderwebsites dagegen sind Pop-Up-Formate mit animierten und interaktiven Werbeeinblendungen, die so genannten „Flash-Layer".

Flash-Layer sind viereckige Werbeflächen, die nicht als viereckig wahrnehmbar sind, weil sie einen transparenten, also von der farblichen Gestaltung der Website nicht unterscheidbaren Hintergrund haben. Sichtbar wird ausschließlich das beworbene Produkt, wobei es sich graphisch z.B. um eine Flasche, ein Auto, ein Handy oder einen Legostein handeln kann. Zu dieser Werbeform sind u. a. die „Floating Ads" und „Shaped Pop-Ups" zu zählen, die in letzter Zeit auf den Kinderwebsites als neue Elemente der Werbung zu beobachten sind.[23]

Bei einem Floating Ad handelt es sich um Unterbrecherwerbung, weil sich die Werbebotschaft über den Inhalt der aufgerufenen Website legt und über den Bildschirm fortbewegt. Das Floating Ad wird automatisch auf den Bildschirm geschickt, deshalb gehört es werbestrategisch zur so genannten „Push-Communication", die den Betrachter dazu zwingt, die Werbung wahrzunehmen. Im April 2004 war ein Floating Ad auf der Website www.KinderCampus.de zu beobachten. Es warb mit dem Schriftzug „Cool bleiben, cool bleiben, cool bleiben. Wir haben, was ihr wollt! Nintendo greatest Hits! Muss man haben." für fünf Gamecube-Konsolenspiele und forderte zum Mitmachen beim Gewinnspiel auf.[24]

---

23 Aufgrund kleiner formaler, aber auch programmiertechnischer Unterschiede sind die Bezeichnungen nicht immer identisch. So können z.B. bei Toggo Cinemabanner, Toggo Dynamate und Navi Dynamate gebucht werden, die ebenfalls Floating Ads bzw. Shaped Pop-Ups sind (vgl. Werbeformen Super RTL 2004). Unter der Adresse http:www.toggo.de/werbung/index.htm können Werbe-Beispiele betrachtet werden.

24 Bei Gewinnspielen treten immer wieder Datenschutzprobleme auf. Bei dem oben Erwähnten öffnete sich ein E-Mail-Formular, das an die T-Online Kinderwebsite Kamba adressiert war. Die Kinder mussten ihre Anschrift eintragen und wurden in den „Rechtlichen Hinweisen" darüber informiert, dass „nur korrekt ausgefüllte Formulare in das Auswahlverfahren aufgenommen werden." Die Daten werden auch

Ein Shaped Pop-Up war im April 2004 auf der Website www.toggo.de mit Werbung für Lego plaziert. Die animierten Lego-Bauteile bewegten sich neben der Hauptseite, fing man einen der Legosteine per Mausklick ein, dann öffnete sich die Microsite innerhalb der Hauptseite mit Legowerbung. Ignorierte man die Animation, dann erschien nach einigen Sekunden ein „Standbild" inklusive Link zur Microsite mit der Aufforderung beim Lego-Gewinnspiel mitzumachen. Shaped Pop-Ups, in der hier beschriebenen Form, gehören zur sogenannten „Pull-Communication", die zwar versucht, die Aufmerksamkeit des Betrachters zu steuern, aber dann doch „freiwillig" zur Kenntnis genommen wird.

Zur Rezeption der Internetwerbung und zur Entwicklung internetspezifischer Werbekompetenzen von Kindern sowie zu den rechtlichen Rahmenbedingungen von Internetwerbung, die sich an Kinder richtet – wie dies Charlton/Neumann-Braun/Aufenanger und Hoffmann-Riem (1995) exemplarisch für die Fernsehwerbung untersuchten – liegen noch keine Studien vor. Experten des Kindermarketings weisen aus ihrer Sicht auf Wirkungsunterschiede hin: „Marken/Produkte wirken im TV, indem sie den Kindern eine Anbindung an den realen Alltag garantieren. Marken/Produkte wirken im Internet, indem sie ‚mit dem Kind spielen' und dadurch die traumhafte Spielstimmung stärken" (Ruckert 2003).

Auch „werbefreie" Kinderwebangebote sind nicht frei von Werbung. Auf der Website des Kinderkanals befand sich z.B. im März 2004 ein Gewinnspiel, bei dem es 10 Abonnements des Kindermagazin National Geographic World (G+J/RBA; Gruner+Jahr Verlag) zu gewinnen gab.[25] Das Kindermagazin ist zugleich Begleitheft der KI.KA-TV-Serie „Marvi Hämmer präsentiert National Geographic World". Das Gewinnspiel fußt offensichtlich auf einer Online-Kooperation oder einem Sponsorship zwischen dem Kinderkanal und der Stiftung National Geographic World; Gruner+Jahr ist Lizenznehmer (www.nationalgeographic-world.de). Darüber hinaus wird das aktuelle Begleitheft jeweils im Zusammenhang mit der Serie abgebildet und ein Link führt zur Homepage von National Geo-

---

dann, wenn T-Online und KinderCampus Kooperationspartner sind, an Dritte weitergegeben (vgl. Vernetzung, S. 41 und Datenschutz, S. 63).

25 In diesem Zusammenhang fand bei KI.KA eine Datenabfrage (Vorname, Nachname, Alter, Ort und E-Mail) statt. Der angefügte Datenschutzhinweis passt nicht ganz zum Umfang der abgefragten Daten. Die Kinder werden darauf hingewiesen, dass die E-Mail-Adresse benötigt wird, um sie im Falle eines Gewinns zu benachrichtigen, versichert wird auch, dass alle Daten nach der Auslosung gelöscht werden. Warum aber zusätzlich zur E-Mail-Adresse auch Name, Alter und Ort der Kinder abgefragt werden, bleibt ungeklärt.

graphic World. Darüber hinaus werden auch Merchandisingprodukte verlost, wie z.B. „Bernd-das-Brot"-Uhren im Zusammenhang mit dem Gewinnspiel zur Fernsehserie „Die Hollies" (www.kika.de; 3.5.2004).

Page-Impressions: Für das Fernsehen gibt es eine „Werbewährung", nämlich die Einschaltquoten und Marktanteile, für das Internet dagegen hat sich ein solcher von der Werbewirtschaft akzeptierter Standard der Kalkulation der Werbekosten bzw. -einnahmen noch nicht durchgesetzt. Während früher die Attraktivität einer Website mit „Hits" oder „Page-Views" gemessen wurde und an einigen Websites sogar ein „Counter" angebracht war, wird heute daran gearbeitet, mit einer „objektiven Zählmethode", den Page-Impressions, den gesamten Online-Markt abzubilden und dadurch einer Kosten-Nutzen-Analyse zugänglich zu machen. „Page-Impressions bezeichnen die Anzahl der Sichtkontakte beliebiger Benutzer mit einer potentiell werbeführenden Web-Seite. Sie liefern ein Maß für die Nutzung einzelner Seiten eines Angebotes (Website). (...) In Deutschland hat sich für die Ermittlung dieser Kennzahl das IVW-Verfahren durchgesetzt" (vgl. http://www.net-lexikon.de/Page-Impression.html). Dies bedeutet, dass anbieterseitig auf jeder einzelnen Website ein „IVW-Pixel" (ein sog. SZM-Tag) eingebaut wird, mit dem jede einzelne Aktion des Nutzers auf einer Website gezählt wird (vgl. Leistungskontrolle; http://www.ivwonline.de/messverfahren/szm-tag.php). Die IVW (Informationsgemeinschaft zur Feststellung der Verbreitung von Werbeträgern e.V.) liefert damit die Grundlagen für die Berechnung des „Tausenderkontaktpreises" (TKP) im Internet.[26] Der TKP ist ein kalkulatorischer Wert, bei dem der Preis z.B. für die Platzierung eines Banners (Werbeformat) auf die Page-Impressions (pro Monat) bezogen bzw. auf die Reichweite (pro 1.000 Kontakteinheiten) umgerechnet wird. Abgerechnet wird schließlich nach tatsächlichem Aufruf durch die Nutzer.

Nur die Kinderwebsites, die zu den großen privaten Medienunternehmen gehören, wie z.B. togge.de, bravo.de, haben sich bislang dem IVW-Verfahren angeschlossen.[27] Welche Einnahmen mit Werbung auf

---

26 Die Page-Impressions der im IVW organisierten Website-Anbieter (Fernsehsender, Zeitschriftenverlage etc.) können über die Datenbank „Online-Nutzungsdaten der IVW" abgefragt werden; siehe http://www.infonline.de/ivwausweisung/suchen.htm.

27 Andere Kinderwebsites-Anbieter bzw. die direkten Konkurrenten von Toggo messen ihre Page-Impressions ebenfalls, aber auf andere Weise oder nur unregelmäßig. Super RTL informiert in Abständen über den Stand der Dinge, um den „Marktanteil" von Toggo (31%, März 2004) zu berechnen. Demnach erreichte z.B. nach jeweils eigenen Angaben die Website www.kika.de im April 2003 13 Millionen Page-Impressions,

Kinderwebsites zu erzielen sind, kann am deutlichsten an der auf Werbung spezialisierten Website von Super RTL nachvollzogen werden. Im Monat März 2004 kam Toggo.de auf 62,8 Millionen Page-Impressions (= TKP von 62.800). Diese verteilten sich auf 1,9 Millionen Homepagebesuche („Visits"), wobei durchschnittlich 33 Seiten pro Website-Aufenthalt („Stickyness") angeklickt wurden (vgl. Super RTL Mediadaten März 2004). Der Tausenderkontaktpreis z.B. für ein Pop-Up außerhalb der „Homebase" beträgt 40 Euro, innerhalb der Homepage 60 Euro (für die anderen Werbearten vgl. Preisliste in: Werbeformen Super RTL 2004).

Paid Content: Im Kinderweb sind kostenpflichtige Inhalte, die über den Kauf von Abonnements zugänglich sind, nicht neu. Obwohl sich bislang noch keines der Paid-Content-Angebote für Kinder längerfristig durchsetzen konnte, wird immer wieder und zur Zeit verstärkt versucht, kostenpflichtige Websites zu etablieren, um das Kinderangebot zu refinanzieren und möglichst in die Gewinnzone zu bringen.[28] Erstmals bot der Egmont Ehapa Verlag 1997 ein kostenpflichtiges Angebot für Kinder an. Für 8 DM pro Monat konnten die verschiedenen Kommunikationsangebote von „Fun-Online" genutzt werden. Die Bereitschaft der Eltern für Internetangebote zu bezahlen, war jedoch gering. Hinzu kam, dass 1998 erst 7,2% der Haushalte einen Internetzugang hatten und die potentiell nachfragende Zielgruppe wohl für ein profitables Angebot von vornherein viel zu klein war. Das Vorhaben wurde nach wenigen Monaten eingestellt. In den folgenden Jahren war das Abo-Internet für Kinder vor allem im Bereich der Hausaufgabenhilfen angesiedelt (z.B. www.addy.de; www.klett-training.de), die sich ebenfalls nicht durchsetzen konnten. Die Hausaufgabenhilfen sind heute vorwiegend kostenfrei,

---

www.tivi.de im 4. Quartal 2003 8,4 Millionen, www.kindercampus.de im Dezember 2003 1,38 Millionen (Super RTL Mediadaten, März 2004).

28 Bei Erwachsenen beginnt sich die Nutzung von Paid Content langsam durchzusetzen, weil immer mehr Anbieter nur gegen Bezahlung bereit sind, Informationen abzugeben. Sieht man vom Bereich der Pornographie ab, dann geht es derzeit vornehmlich um das zahlungspflichtige Recherchieren und Abrufen von Artikeln in Datenbanken und Archiven. So muss etwa für einen Artikel aus dem Spiegel-Archiv ein Preis von 0,50 Euro entrichtet werden, bei der Stiftung Warentest kostet ein Testbericht 2,00 Euro. Nach Angaben des Verbandes Deutscher Zeitschriftenverleger (VDZ) und der Management- und Technologieberatung Sapient betrug der Umsatz mit Bezahl-Inhalten in Deutschland im Jahr 2003 45 Millionen Euro. Für die Jahre 2004 und 2005 wird mit einer Verdopplung bzw. Verdreifachung des Umsatzes gerechnet (vgl. Breunig 2003, S. 390).

auf die personal- und kostenintensive „Interaktion" und „Beratung" wird deshalb verzichtet (z.B. www.klett-training.de oder www.learnetix.de).[29]

Üblicherweise bieten die Paid-Content-Websites ein „Schnupperangebot", d.h. einen kleinen, frei zugänglichen Bereich, in dem die Kinder und Eltern eine Auswahl von Inhalten einsehen und ausprobieren können. Die Paid-Content-Anbieter richten sich derzeit hauptsächlich an jüngere Kinder und werben für sich bei den Eltern mit einer Marketingstrategie, dem „Mehrwert-Gedanken": Ihren Kindern wird nicht nur Spaß im Netz, sondern auch Förderung versprochen: Wissen, logisches Denken, Kreativität. Darüber hinaus werden Sicherheit und Werbefreiheit garantiert. Als Elterninformation ist bei T-Online z.B. zu lesen: „Qualität kostet Geld – online wie offline. Da Kamba bewusst auf Online-Banner oder die Vermarktung von Nutzer-Daten verzichtet, setzen wir auf Ihren Mitgliedsbeitrag" (http://www.kamba.de). Dies gilt allerdings nur für die im Internet typischen Werbeformen, wie Buttons, dynamische Banner und Pop-Ups; die Inhalte, die Kindern präsentiert werden, sind davon ausgenommen. So lebt z.B. die von T-Online bereitgestellte „Spiel- und Lernwelt KAMBA" (ohne Jahr), der „coole Internetclub für Kids zwischen vier und zwölf Jahren", von Charakteren wie Tabaluga, Wickie, Muppets, Biene Maja und anderen Medienverbundfiguren. Auch Gewinnspiele, derzeit zum Film „Findet Nemo" (April 2004), sind auf der Seite zu finden.[30] Nach dem gleichen Muster arbeitet der Toggolino-Club. Das Webangebot von Super RTL für 3- bis 8-Jährige mit Schwerpunkt Vorschulkinder, präsentiert die bekannten Super RTL-Fernsehprotagonisten, wie z.B. Bob der Baumeister, Barney oder Alfy. Bei den Kosten für das Abonnement unterscheiden sich beide Angebote kaum: der Kamba-Club berechnet 3,95 Euro im Monat bzw.

29 Die Referatedatenbank www.hausaufgaben.de wurde verkauft und ist nun ein kostenträchtiges Dialer-Angebot. Obwohl sich das Angebot offiziell an „Universitäten, Studenten, Eltern" richtet, werden nur Schüler, und dies direkt, angesprochen: „Bei uns wirst du natürlich fündig. Weit über 1000 Hausaufgaben hat inzwischen unsere Datenbank. Schön nach Fächern geordnet und über die Suchmaschine leicht zu finden. Viel Spaß beim Hausaufgaben machen". Die Kosten werden ungenau und auf der Startseite relativ versteckt mit „29,95 Euro/ Verbindung aus Deutschland" beziffert. Damit gerieten Hausaufgaben.de und andere Schülerhilfen als Dialer-Angebote ins „Visier der Sicherheitsexperten – vor allem, weil sie auf die Unwissenheit der Schüler setzen" (Schulenburg 2004). Die Websitebetreiber haben darauf mit dem Hinweis reagiert: „Dieses Angebot ist nicht geeignet für Personen unter 18 Jahren."

30 Die Gewinnspiele befinden sich im frei zugänglichen Bereich. Um beispielsweise fünf Videos als Preis zu verteilen, wird die vollständige Adresse aller teilnehmenden Kinder per E-Mail-Formular abgefragt. Fragen des Datenschutzes im offenen Bereich treten in diesem Zusammenhang auf.

4,95 Euro mit Zusatzmodulen, die Mitgliedschaft im Toggolino-Club kostet 4,92 Euro im Monat bzw. 59 Euro im Jahr. Der Toggolino-Club konnte – nach den Angaben von Super RTL im Web-Bereich Elterninformation – bereits 40.000 Abonnenten gewinnen und schreibt seit 2003 – dies ist noch eine Ausnahme bei den kostenpflichtigen Inhalten – schwarze Zahlen (vgl. Erfolgreicher Start 2003).

Ob sich die Bezahl-Inhalte auf dem Kinderwebsite-Markt etablieren können, ist trotz einzelner Erfolgsmeldungen weiterhin offen, denn der Nutzen des versprochenen „Mehrwerts" für Kinder und Eltern erschließt sich kaum. Die „werbefreien" Zonen für Kinder sind eine Farce, wenn sich beispielsweise Inhalt und Werbung nicht mehr unterscheiden lassen und auf redaktionelle Beiträge vollständig verzichtet wird.[31] Der Gedanke an die „Sicherheit der Kinder im Netz" lässt sich wohl nur bei Eltern mit Kindern im Vorschulalter versilbern, da eine mit Zäunen umstellte Internetwelt auch unter dem Gesichtspunkt des Erwerbs von „digitaler Kompetenz" ein Widerspruch ist. Bedenklich sind auch die Strategien des pädagogischen Scheins, mit denen Eltern umworben werden. KinderCampus ging mit einem optisch recht ansprechenden Webdesign Mitte 2000 ans Netz. Mit einer Liste von wissenschaftlichen Beiräten aus der deutschen Medienszene wurden Qualität und Seriosität des Webangebots unterstrichen. Das multimediale Portal war frei zugänglich bis nach einem Jahr die Filtersoftware Safe-T entwickelt war, die zum Preis von 69 DM (ca. 35 Euro) auf den KinderCampus-eigenen Server mit einer Liste von ausgewählten Websites führen sollte (vgl. Krempl 2001). Schließlich wurde im Juni 2001 ein Club gegründet. Für die Mitgliedschaft ist monatlich ein Beitrag von 6 Euro zu entrichten, die den Bezug der Filtersoftware mit einschließt. Obwohl KinderCampus seit Frühjahr 2004 keine neuen Abonnenten mehr annimmt, weil – nach telefonischer Auskunft – das kostenpflichtige Konzept eingestellt wird,[32] dient das

---

31 Selbst eine Einführung von Kindern in den Geldverkehr und das Bankwesen ist nicht als redaktioneller Beitrag zu werten, wenn es auf einer Website nur darum geht, E-Commerce mit Kindern über ein „virtuelles Taschengeldkonto" zu machen. Dieser in Deutschland bislang einmalige Versuch, gestartet von der KidZ Vision AG mit der Website www.4kids.de ist mit der Krise am neuen Markt untergegangen, aber auch die US-amerikanischen Vorbilder wie www.allowance.com konnten sich mangels Rentabilität auf Dauer nicht auf dem Kinderwebsite-Markt halten.

32 Die Abonnentenzahlen beim Paid Content sind meist, vermutlich aufgrund ihrer mangelnder Werbewirksamkeit, Betriebsgeheimnis. Dennoch wurde in Erfahrung gebracht, dass bei KinderCampus zum Schluss nur noch etwa 3.000 bis 4.000 Kinder Abos hatten. Jenseits der Finanzierungsfrage wurde mitgeteilt, dass das Angebot künftig wieder kostenfrei allen interessierten Kinder zugänglich gemacht wird.

Vorgehen der Agentur „Copra.Youth“ mehreren Unternehmen als Vorbild, zahlungspflichtige Internet-Inhalte im Kindernetz unterzubringen.

Internet by Call: Hier handelt es sich um Angebote von privaten Telefongesellschaften bzw. Online-Dienstleistern, die Internetzugänge bei Bedarf bzw. auf Abruf bereitstellen. Es werden keine Grundgebühren erhoben, sondern Gebühren für die Telefonkosten und den Dienstzugang berechnet. Die Tarifelemente sind recht unterschiedlich gestaltet, in der Regel ist die Nutzungsdauer ausschlaggebend (vgl. Zimmermann 2004). Internet by Call, das sich an Kinder wendet, führt immer über eine Datenbank mit einer serverbasierten Filtersoftware ins Internet, die Eltern einen „sorgenfreien“ bzw. „wirklich kindgerechten Internetzugang“ verspricht. Bei Talknet Junior (www.talknetjunior.de), angeboten seit Dezember 2002, fallen 2,49 Cent pro Minute, also etwa 1,50 Euro pro Stunde an; abgerechnet wird über die Telefonrechnung der Deutschen Telekom AG. Nach dem gleichen Modus und in ähnlicher Höhe, mit 2,5 Cent pro Minute, wird beim Online-Portal Mininetz (www.mininetz.de), das sich an 6- bis 12-Jährige richtet, abgerechnet. Vor dem Hintergrund der Diskussion zur Funktionsfähigkeit von Filtersoftware lässt man sich das Experiment mit Filtern im Kinderweb von den Eltern teuer bezahlen. Die Kosten liegen deutlich über den Preisen des normalen Internet by Call; sie betragen mindestens das Doppelte (vgl. Internettarife 2004; Anbieter ohne Anmeldung 2004). Arcor, bislang einer der größten Anbieter von Call-by-Call-Diensten, ist einen anderen Weg gegangen. Mit www.juniornet.de wird Kindern *und* Eltern seit März 2002 ein gebührenpflichtiger Zugang für monatlich 6,95 Euro bereitgestellt. Nach 5 Freistunden fallen 1,5 Cent pro Minute an. Zusatzleistungen für die Eltern und ein „Gratis-Zugang“ zum Arcor-JuniorNet Club für bis zu 4 Kinder sind enthalten.[33] In Zusammenhang mit der Aktion „Schau Hin!“

33 Ausschlaggebend ist wohl, dass Internet-by-Call, abgerechnet über das Telefon, technisch nur über ein Analog- und ISDN-Modem funktioniert, d.h. von der XXL-Technologie ins Abseits gedrängt wird. Die Dial-In-Nutzung gehört zum Kernangebot von Arcor, dem Telekommunikationsunternehmen, das mit mehr als 70% der Aktienanteile zur Vodafon-Group gehört. Zugleich ist Arcor einer der größten Festnetzanbieter, der mit DSL und Internet-Festverträgen die Konkurrenz mit T-Online aufnimmt. Derzeit ist Arcor noch ein reiner Provider, d.h. das Unternehmen bietet keine nenneswerten Inhalte, sondern vor allem Internetdienste an. Im Kindernetz hat Arcor mit der KinderCampus AG kooperiert, deren Sicherheitssoftware SAFT-T unter dem neuem Namen „Arcor-JuniorZone“ eingebunden ist. Das Arcor-JuniorNet bezieht seine Inhalte von „Partnern“ (z.B. dem Westermann Verlag), zugleich sind alle Nutzer Mitglieder im KinderCampus-Club (Arcor JuniorNet, 4.3.2002).

(http://www.schau-hin.info) stellt Arcor seit kurzem das JuniorNet allen interessierten Schulen und Kindergärten zur Verfügung. Dafür wurde eine spezielle Version entwickelt, „die unabhängig von Internetzugang und Provider" den kostenfreien Zugang zum Angebot und zur Sicherheitssoftware gewährleistet (vgl. Arcor-Juniornet o.J.). Dies ist eine Möglichkeit, wie über Schulsponsoring der Bekanntheitsgrad und das Interesse der Kinder an der Website gesteigert werden kann.

Multimedia on Demand: Mit der Einführung der Breitbandtechnik (DSL), die den Transport großer Datenmengen in annehmbarer Zeit ermöglicht, wächst die Hoffnung auf einen neuen Wachstumsmarkt im Internet. Insbesondere richten sich die Erwartungen auf Umsätze mit Download-Angeboten wie Videos, Musik und Inhalten speziell für Kinder (Online-Entertainment, wuv 22.3.2004). Erste Ansätze, diesen Geschäftsbereich aufzubauen, sind im Internet bereits zu finden. Seit Dezember 2003 bietet z.B. T-Online den Service „Games on Demand Kids" an (www.t-online.de/god-kids). Im Unterschied zum bekannten Books on Demand, bei dem die Buchverlage nicht auf Lager, sondern auf Bestellung produzieren, ist die Geschäftsgrundlage bei Games on Demand „Mieten statt Kaufen". T-Online vertreibt die Zugangslizenzen zu „pädagogisch geprüfter hochwertiger Lern- und Spielsoftware" für Kinder bis zu 12 Jahren, die online zu spielen sind. Dafür wird die Kooperation mit „renommierten Herstellern" angestrebt, derzeit wird das Demand-Angebot ausschließlich mit Titeln aus dem Terzio-Verlag auf- und ausgebaut. In einem Beitrag, einer Mischung aus Rezension und Erfahrungsbericht, wird in der Süddeutschen Zeitung (SZ) geschildert: „Da wächst der online erstandene Datenwust rasch auf viele hundert Megabyte, und die Telefonrechnung um einige Zusatzposten: 2,90 Euro werden dem T-Online-Surfer pro Titel und 72 Stunden (beginnend mit dem ersten Spielstart) abgebucht. Nicht-Kunden benötigen eine MicroMoney-Karte. Ein faires Angebot, wenn es um gehaltvollen Zeitvertreib an einem verregneten Wochenende oder um das Ausprobieren einer bestimmten Software geht. Eine echte Alternative zum Kauf der zwischen 10 und 36 Euro teuren Produkte ist aber erst das Monats-Abo, mit dem für 9,95 Euro sämtliche Titel ohne Zeitbegrenzung gespielt werden dürfen. Eltern sollten sich allerdings einer (weniger offensichtlichen) Eigenschaft von Games on Demand Kids bewusst sein: Der Rechner ist während dem Spielen ständig online – ohne DSL-Flatrate wird aus dem Lernspaß schnell eine schmerzhafte teure Lektion" (Freundorfer, SZ 25.3.2004).

1.2.3 Pläne zum Kinder und Jugendschutz

Die drei Säulen des Jugendschutzes sind der rechtliche, der strukturelle und der erzieherische Kinder- und Jugendschutz. Mit der Neuregelung des Jugendschutzgesetzes (JuSchG) und der Vorschriften des Jugendmedienschutz-Staatsvertrags (JMStV) vom 1. April 2003 wurde auch der rechtliche Rahmen für den Kinder- und Jugendschutz im Internet abgesteckt. Zugleich wurden die Aufsichts- und Kontrollstrukturen durch die Bündelung der Bund-Länder-Zuständigkeiten in der „Kommission für Jugendmedienschutz (KJM)" optimiert. Die grundlegenden Instrumente für den Schutz der Kinder vor Gefahren aus dem Netz sollen letztlich auch dazu dienen, die pädagogische Kontrolle der Internetnutzung von Kindern mit technischen Vorkehrungen zu unterstützen, allerdings sind diese noch in der Entwicklung (vgl. auch Kap. 1.2). Die im Gesetz verankerte „Kommission für Jugendmedienschutz (KJM)" (JMStV § 14) ist deshalb nicht nur mit der Aufsicht über Rundfunk und Telemedien, sondern auch mit der Umsetzung der Rechtsnormen bzw. mit der Etablierung der Kontrollstrukturen für das Internet befasst.

Zu den Aufgaben der KJM gehört die Realisierung der Prinzipien der „regulierten Selbstregulierung" der Anbieter von Rundfunk und Telemedien (= Internet): Sie erstellt Satzungen und Richtlinien, die von den Selbstkontrolleinrichtungen beachtet werden müssen, und erkennt Einrichtungen der Freiwilligen Selbstkontrolle an. Darüber hinaus ist die KJM zuständig für den technischen Jugendschutz, d.h. für die Anerkennung von Jugendschutzprogrammen sowie die Prüfung und Genehmigung einer Verschlüsselungs- und Vorsperrtechnik. Wird ein Antrag auf Indizierung einer Website bei der Bundesprüfstelle für jugendgefährdende Medien (BPJM) gestellt, dann hat die KJM eine Stellungnahme abzugeben. Des Weiteren prüft sie Beschwerden über Angebote und überwacht deren Bearbeitung durch die Selbstkontrolleinrichtungen. Überschreitet eine Selbstkontrolleinrichtung den rechtlich abgesteckten Beurteilungsspielraum, dann stehen der KJM rechtsaufsichtliche Maßnahmen zur Verfügung; Ordnungswidrigkeiten können mit einem Bußgeld bis zu 500.000 Euro geahndet werden (vgl. Bundesarbeitsgemeinschaft Kinder- und Jugendschutz 2003, S. 122 f. sowie JMStV §§14 ff., S. 175 ff.).[34]

---

34 Relevante Links zu den gesetzlichen Grundlagen, zu Organisation und Institutionen des Kinder- und Jugendschutzes sind u.a. zu finden unter: http://www.dji.de/www-kinderseiten/default.htm.

Bemerkenswert ist, dass die Internetindustrie die Entwicklungskosten des „technischen Jugendschutzes“ im Internet, soweit „zumutbar“, zu tragen und dessen Funktionsfähigkeit nicht nur herzustellen, sondern auch aufrechtzuerhalten hat. Bei der Erfüllung dieser Aufgaben stellen deshalb nicht nur die technologischen Besonderheiten des Internets ein besonderes Problem dar. Das Modell der „kontrollierten Selbstkontrolle“ setzt vielmehr voraus, dass sich die Internetindustrie sowohl dem pädagogischen Diskurs als auch einer gesellschaftlichen Wertedebatte stellt, die mit ihren wirtschaftlichen Interessen durchaus konfligieren können. Die Realisierung des Ausschlusses der Kinder von entwicklungsbeeinträchtigenden Inhalten ist also nicht frei von widerstreitenden Interessen. Dennoch zeichnen sich im Diskurs zwischen den staatlichen Organen des Jugendschutzes, den Jugendschutzbeauftragten der Internetwirtschaft, gesellschaftlichen Interessens- und Wohlfahrtsverbänden sowie den Kirchen erste Vorschläge und greifbare Ergebnisse ab.[35]

Hatte man nach der Gründung von Jugendschutz.net im Jahr 1997 zunächst den Eindruck, als konzentriere sich der Kinder- und Jugendschutz im Internet auf das, was auch für Erwachsene verboten ist, nämlich auf die strafrechtsrelevanten Internetinhalte von verfassungswidriger Propaganda, Volksverhetzung, Gewaltverherrlichung, Anleitung zu schweren Straftaten und Verbreitung harter Pornographie (totales Verbreitungsverbot), sowie auf zu indizierende „jugendgefährdende Inhalte“,[36] so stehen heute neben diesen markanten Gefahrenpotentialen die „entwicklungsbeeinträchtigenden“ Inhalte für Kinder und Jugendliche im Fokus der Aufmerksamkeit. Materiell gesehen umfasst diese Diskussion auch weiterhin die Mechanismen zur Sicherung der Erwachsenen-

35 Es ist damit zu rechnen, dass die 1997 gegründete „Freiwillige Selbstkontrolle der Mediendienste-Industrie (FSM)“, nach Verhandlungen die von ihr angestrebte Anerkennung als „Selbstkontrolleinrichtung“ von der KJM erhält. Die FSM nimmt u.a. auch die Aufgaben des „Jugendschutzbeauftragten“ im Auftrag ihrer Mitglieder wahr.

36 Jugendschutz.net hat im Jahr 2002 bei 819 Internet-Anbieter jugendgefährdende Online-Seiten beanstandet. In etwa 75 Prozent dieser Fälle haben die Betreiber daraufhin die Seiten ausreichend abgeändert. „Die Adressen von 129 Anbietern, die harte Pornografie ins Netz gestellt hatten, wurden an das Bundeskriminalamt weitergeleitet. Informationen über 138 andere Anbieter, von denen gewaltverherrlichende oder extremistische Inhalte stammten, gingen zur strafrechtlichen Verfolgung an die Bundesländer. Darüber hinaus wurden 178 Internet-Angebote mit rechtsextremen Inhalten auf Betreiben der Organisation geschlossen. Darunter waren 58 deutschsprachige Seiten, die aus dem Ausland ins Netz gestellt wurden“ (Jugendschutz.net beanstandete mehr als 819 deutsche Online-Anbieter, Heise 4.4.2003). Zur Einordnung vgl. Bewertungsleitfaden, Gemeinsame Stelle Jugendschutz 2002. Zum Indizierungsverfahren vgl. Monssen-Engberding 2003.

angebote im Internet vor jugendlichem Zugriff, die so genannten Altersverifikationssysteme.[37] Vor allem aber wird vor dem Hintergrund des altersspezifischen Internetumgangs von Kindern und Jugendlichen die Ausgestaltung des Kinder- und Jugendschutzes im „Normalbereich" des Internetangebots in Angriff genommen, wie z.B. die

- Eingrenzung der Internetangebote nach Alterseignung,
- Entwicklung altersspezifizierender Filtertechnologien (Jugendschutzprogramme),
- Verschlagwortung bzw. Kennzeichnung der Websites für die Filterung (Labeling),
- Abklärung des Durchsetzungspotentials der Jugendschutzmaßnahmen bei den Anbietern,
- Festlegung des Verhältnisses von öffentlicher und elterlicher Verantwortung bei der Einschränkung der Zugriffsmöglichkeiten von Kindern und Jugendlichen auf Ungeeignetes.

Sieht man von der angestrebten Mobilisierung der Eltern ab, dann machen Mitglieder der Kommission für Jugendmedienschutz auf Veranstaltungen immer wieder deutlich, dass die konkreten Kinder- und Jugendschutzmaßnahmen auf die pädagogische und politische Akzeptanz bei den Eltern und in der Gesellschaft angewiesen sind. Ohne Aufklärung und Elternarbeit könnten die Maßnahmen aufgrund der geringen Bereitschaft, Filter zu aktivieren, in ihrer Wirkung beschränkt bleiben. Während die im Folgenden skizzierten Vorschriften zum altersbedingten Ausschluss der Kinder von „entwicklungsbeeinträchtigenden Internetangeboten" hohe Aufmerksamkeit genießen, steht eine intensive Auseinandersetzung mit Werbung und Online-Shopping auf den Kinderwebsites unter Gesichtspunkten des Kinder- und Jugendschutzes (§ 6 JMStV) noch aus.[38] Die altersregulierten Zugangs- bzw. Ausschlusskriterien sind:

37 Sicherzustellen ist, dass jugendgefährdende Inhalte nicht von Kindern und Jugendlichen im Internet abgerufen werden können, überwiegend geht es hier um den Bereich „einfache Pornographie". Während beim Versandhandel und Zugang zu den Premiere-Plattformen Erotic Media und Blue Movie (Pay-TV), die Identifizierung der Kunden über das Postident-Verfahren erfolgt, soll eine derartige Regelung für die „geschlossenen Benutzergruppen" im Internet erst durchgesetzt werden. Identifizierungssysteme über Kreditkartennummern werden als höchst unzureichend angesehen. Das Postident-Verfahren ist eine face-to-face-Kontrolle, d.h. „Interessenten müssen ihre Volljährigkeit unter Vorlage von Ausweispapieren persönlich nachweisen" (Spürck 2003, S. 40 und Pressemitteilung KJM 22.12.2003).

38 Die Initiative des Erfurter Netcode „Jugendschutz durch Qualität" (2004; http://www.erfurter-netcode.de) hat mit seinen Richtlinien zu „Werbung und Ver-

Entwicklungsbeeinträchtigende Angebote: Laut § 5, Abs. 1 JMStV handelt es sich um Inhalte, die „die Entwicklung von Kindern oder Jugendlichen zur eigenverantwortlichen und gemeinschaftsfähigen Persönlichkeit" beeinträchtigen können. Die Anbieter haben „dafür Sorge zu tragen, dass Kinder und Jugendliche der betroffenen Altersstufe sie üblicherweise nicht wahrnehmen". „Kind im Sinne des Staatsvertrages ist, wer noch nicht 14 Jahre, Jugendlicher, wer 14 Jahre, aber noch nicht 18 Jahre ist" (§ 3, Abs. 1 JMStV).

Jugendschutzprogramme: Die Verbreitung von entwicklungsbeeinträchtigenden Angeboten ist zulässig, wenn der Anbieter Jugendschutzprogramme programmiert bzw. bereitgestellt, die entweder nutzerautonom, also vom Anbieter vorgeschaltet, oder nutzerseitig, also von den Eltern aktiviert werden, um den Zugang der Kinder unmöglich zu machen oder zu erschweren. Ein solches „technisches Mittel" bedarf der Anerkennung durch die KJM. Diese ist u.a. an die Voraussetzung gebunden, dass ein nach Altersstufen differenzierter Zugang zum Internet einstellbar ist. Eine Filtertechnologie, die den Ansprüchen des Kinder- und Jugendschutzes genügt, gibt es noch nicht (vgl. § 11 JMStV).

Zeitzonenregulierung: In Analogie zum Fernsehen, in dem Angebote mit entwicklungsbeeinträchtigender Wirkung auf Kinder und Jugendliche zwischen 23.00 und 6.00 Uhr oder – falls diese Wirkung nur für die unter 16-Jährigen angenommen wird – zwischen 22.00 und 6.00 Uhr ausgestrahlt werden dürfen, wird den Internetanbietern die Option offen gehalten, durch die zeitliche Gestaltung der Zugriffsmöglichkeiten im Tagesablauf den Kinder- und Jugendschutzbestimmungen nachzukommen (vgl. § 5, Abs. 3, Nr. 2 JMStV). Eine Software, mit der zeitzonenübergreifende Angebote für einzelne Zeitzonen gesperrt werden können, scheint bereits vorhanden zu sein.[39]

---

kauf" sowie zum „Datenschutz" auf Kinderwebsites bereits einen Vorstoß gemacht. Der Verein setzt sich für Transparenz, Kinder- und Jugendschutz sowie Datenschutz im Bereich des Internets für Kinder ein. Eine ganze Reihe an Gütekriterien zur Beurteilung der medienpädagogischen Qualität einer Kinderwebsite wurden erarbeitet und den Internetanbietern für deren Einhaltung ein Gütesiegel in Aussicht gestellt.

39 AOL arbeitet mit einer derartigen Software: „Vielen Dank für Ihr Interesse an unserem erotischen Bereich ‚Lust & Leidenschaft'. Wir möchten Sie darauf hinweisen, dass aus Gründen des Jugendschutzes dieser Bereich täglich nur in der Zeit von 22 Uhr bis 06 Uhr angeboten wird. Wenn Sie sich für den zeitlich unbeschränkten Zugang zu erotischen Themen interessieren, dann möchten wir Ihnen die Nutzung dieses Bereiches, der sich durch viele attraktive Bildergalerien, interaktive Formate und

Trennungsgebot: Enthält eine Website Inhalte, die eine Entwicklungsbeeinträchtigung nur für Kinder unter 14 Jahren befürchten lassen, dann kommt der Anbieter seiner Verpflichtung zum Kinderschutz nach, wenn er dieses Angebot vom Kinderangebot getrennt abrufbar bereithält (vgl. § 5, Abs. 5 JMStV).

Soll-Vorschrift bzw. Positiv-Labeling: Unternehmen, die im großen Umfang Internetinhalte verbreiten oder zugänglich machen, sollen auch unbedenkliche Angebote für ein anerkanntes Jugendschutzprogramm programmieren bzw. für Kinder und Jugendliche geeignete Inhalte positiv kennzeichnen, soweit dies zumutbar und ohne unverhältnismäßige Kosten möglich ist (vgl. § 11, Abs. 5 JMStV).

Die Vorschläge zur Durchsetzung des Kinder- und Jugendschutzes im Internet sind von technologischem Optimismus geprägt, der eine Vielzahl von Kritikern auf den Plan ruft. Die Vorstellung, man könne jugendschutzrelevante Inhalte einfach ausfiltern, wird vor dem Hintergrund kritisiert, dass „die Industrie bislang nicht in der Lage gewesen (sei), bedienerfreundliche und gleichzeitig leistungsfähige Filter auf den Markt zu bringen, die in ausreichendem Maße jugendschutzrelevante Inhalte unterdrücken, ohne gleichzeitig zu viele Inhalte zu sperren" (Spürck 2003, S. 55). Hinzu kommt, dass man die Trennschärfe von Jugendschutzprogrammen den Programmiermöglichkeiten der Anbieter überlässt, deren Selbstklassifizierung (ICRA) weder ein einheitliches Labeling hervorbringe, noch tauglich für eine jugendschutzrelevante Filterung sei (Schindler 2003).[40] Andere glauben, dass kein ernsthaftes Interesse der Industrie an der Entwicklung eines Jugendschutzprogrammes vorhanden sei, da man wisse, dass so etwas sowieso nicht funktioniere.[41]

---

eine eigene Community auszeichnet, innerhalb des geschlossenen AOL-Dienstes empfehlen. Innerhalb des AOL-Dienstes ist dieser Bereich durch eine Kindersicherung geschützt, so dass nur Erwachsene Zugang zu diesem Bereich haben – und dieses rund um die Uhr" (vgl. http://www.aol.de/shared/erotik/keinzugang.jsp).

40 Die Kategorien, die beim Etikettieren von Websites mit Hilfe von ICRA angewandt werden, können auf der Homepage der Internet Content Rating Association eingesehen werden, vgl. http://www.icra.org/_de/label/extended.

41 Es ist aber auch der Wille vorhanden, sich mit dem Mangel des ICRA-System zu arrangieren: „Der kostenlose Filter funktioniert auf eine ebenso einfache wie radikale Weise: Ist er einmal aktiviert, hören sämtliche Webseiten, die sich nicht selbst klassifiziert haben, schlagartig auf zu existieren. Im Gegenzug können Eltern oder Lehrer die für Kinder und Jugendliche zugänglichen PCs mit einer Positivliste füttern. Aufgerufen werden können fortan nur noch Internetangebote, die entweder ins indivi-

Und nicht zuletzt, dies sollte nicht verschwiegen werden, tauchen angesichts der anvisierten Filtertechniken Fragen nach der demokratischen Kontrolle bzw. nach dem politischen und ökonomischen Missbrauch (Zensur und gezieltes Blockieren) auf (vgl. Infos zur Blinden Kuh 2003, http://www.blinde-kuh.de/schutz.html).

Der Vorschlag, in Anlehnung an die auf dem Markt befindliche Kinderfiltersoftware eine Positivliste für Kinder (Zugangsliste) und eine Negativliste für Jugendliche zu erarbeiten (Sperrliste), klingt zunächst einleuchtend, er wirft aber nach wie vor die Frage nach der Pflege und Fortführung solcher Listen auf. Als allgemeines gesellschaftliches Kinder- und Jugendschutzangebot kann man solche Listen wohl kaum von den Eltern mit handverlesenen Kinderwebsites einerseits und handverlesenen jugendgefährdenden Erwachsenenwebsites andererseits bestücken lassen. Man benötigt wiederum ein funktionierendes maschinenbasiertes Suchsystem und automatisiertes Aktualisierungsprogramm für die Listen.

Als sicher kann gelten, dass bereits die rechtliche Diskussion zum Kinder- und Jugendschutz im Internet dazu führen wird, dass die in Kindertagesstätten, Schulen und Freizeitheimen weit verbreitete Praxis, sich ausschließlich auf die medienpädagogische Begleitung als besten Schutz für die Kinder und Jugendlichen zu stützen, nicht mehr durchgehalten werden kann. Filterprogramme, die unter Umständen unzureichend funktionieren, werden aus Gründen der Aufsichtspflicht beschafft, aktiviert und gepflegt werden müssen.

Des Weiteren steht noch die Diskussion darüber aus, welche Angebote als „entwicklungsbeeinträchtigend" für Kinder unter 14 Jahren zu bewerten sind und von den Online-Portalen für Erwachsene abgetrennt werden müssen. Die Toleranz gegenüber den Schmuddelspielwiesen der Erwachsenen und ihrer Zumutbarkeit für Kinder variiert. Wie widersprüchlich die Sache ist, zeigt folgendes Beispiel: Nach vielen Jahren hat es T-Online im Verbund mit anderen geschafft, eine Kinderwebsite anzubieten. Das kostenpflichtige „Kinderportal" kann gemeinsam mit einer Kinderschutz-Software abonniert werden, ist jedoch auf der T-Online-

duell einstellbare Raster passen oder aber auf besagter Liste stehen... Natürlich hat sich erst ein Bruchteil ... dem Klassifizierungsprozess unterworfen" (Gangloff 2002, S. 102). Das ist die eine Seite, die andere ist, dass die Selbstklassifizierung uneinheitlich ist: „Während AOL beispielsweise seinen Erotikbereich mit ‚weiblichen Brüsten' und ‚entblößte Gesäße' klassifiziert hat, ist das vergleichbare Erotik-Angebot bei tv-today zusätzlich mit ‚sexuelle Berührungen, nicht freizügig' markiert. Die gleiche Klassifizierung nutzen aber auch Hardcore-Angebote, auf deren Seiten pornographische Darstellungen ohne Altersschutz verbreitet werden" (Schindler 2003, S. 67).

Homepage gleich unterhalb der Rubrik „Erotik" zu finden. Dort gibt es Schnupperangebote der Erotik-Lounge.com bevor man auf das Altersverifikationssystem für den Zutritt zur kostenpflichtigen Erotik, sprich jugendschutzrelevanten Pornographieangeboten, trifft.

Deutlich wird daran auch, dass die Altersdefinition „unter 14 Jahre" für den rechtlichen Begriff „Kind" weiter differenziert werden muss. Das Kinderwebsite-Angebot ist derzeit so beschaffen, dass es für „Kinder" über 11 oder 12 Jahren schlicht nichts bietet. Der Tummelplatz und Informationskanal für Kinder diesen Alters sind die Erwachsenenseiten. Während die Abgrenzung der Kinderwebsites vom Erwachsenenangebot und die Vergabe einer eigenständigen Webadresse (URL) allein aufgrund des Surfverhaltens der Kinder ein sehr weitreichender Schutz der jüngeren Kinder vor ungeeigneten, aber auch überfordernden Inhalten ist (vgl. Kap. 5), kann eine mit Filtern umstellte Internetwelt für ältere Kinder und Jugendliche auch kontraproduktiv sein. Schließlich sollte sich der Schutzgedanke nicht verselbständigen und die Notwendigkeit der Auseinandersetzung mit den Entwicklungsthemen gesehen werden, zu denen bei älteren Kindern und Jugendlichen auch Sex, Gewalt und Politik gehören.

Hinlänglich häufig wurde darauf hingewiesen, dass Kinder und Jugendliche durchaus in der Lage sind, die marktübliche Filtersoftware zu „knacken". Dies wird auch so bleiben, das Interesse an „entwicklungsbeeinträchtigenden" und „jugendgefährdenden" Inhalten vorausgesetzt, das bei Kindern mit Beginn der Pubertät zunimmt. Der Kinder- und Jugendschutz bezieht sich, dies wird häufig vergessen, auf den Schutz der Kinder in der Öffentlichkeit, er entlastet folglich die Eltern weder von ihren Erziehungsaufgaben noch von ihrer Verantwortung für das eigene Kind.

Werbung und Online-Shops: Ähnlich wie zu Beginn des Privatfernsehens Mitte der 80er Jahre herrscht heute im Kinderweb auf dem Gebiet des „Werbens und Verkaufens" unregulierter Wildwuchs. Legt man die Vorschriften zum „Jugendschutz in der Werbung und im Teleshopping" (§ 6 JMStV) zu Grunde und zieht die „Verhaltensregeln des Deutschen Werberats für die Werbung mit und vor Kindern in Hörfunk und Fernsehen" (1998) als annähernden Maßstab zur Beurteilung der Online-Werbung heran, dann sind Verstöße gegen die Werberichtlinien gang und gäbe. Es ist nicht nur so, dass „direkte Kaufappelle" an Kinder und Jugendliche gerichtet und Kinder aufgefordert werden, „Dritte zum Kauf von beworbenen Waren" zu bewegen (§ 6, Abs. 2, Satz 1 und 2 JMStV), sondern von der Werbung – und dies ist internetspezifisch – führt meist ein direkter Weg in den Onlineshop. Redewendungen wie „Holt Euch", „Probier doch auch mal" – oder die auf einem dynamischen Banner mit einem Webegeschenk verbundene Kaufausforderung „Hol sie dir!" (http://www.toggo.de; 6.2.2004) – sind ein eindeutiger Verstoß gegen die Verhaltensrichtlinien. Ob ein impliziter Hinweis auf die beschränkte Geschäftsfähigkeit von Kindern (BGB §§ 104 ff.), wie er z.B. auf der Zwischen- bzw. Trennseite zu lesen ist, die von der Mausseite zum WDR-Shop führt – „Aufgepasst! Ab hier geht's nur mit Hilfe der großen Maus-Fans weiter. Im Laden gibt's einiges zu kaufen, aber das geht natürlich nur in Absprache mit euren Eltern." (http://www.die-maus.de; 27.4.2004) –, den Vorwurf der Kaufaufforderung relativieren können, ist offen.

Das Online-Shopping wird im Jugendschutzrecht nicht explizit erwähnt, es liegt nahe, dass analog zum Teleshopping zu verfahren ist. Kinder und Jugendliche dürfen nicht dazu angehalten werden, Kaufverträge für Waren oder Dienstleistungen abzuschließen (§ 6, Abs. 6 JMStV). Im Online-Bereich gehören z.B. Handy-Klingeltöne zum Runterladen zu den strittigsten Angeboten. Obwohl das Hanseatische Oberlandesgericht einer Klage des Bundesverbandes der Verbraucher-Zentralen stattgegeben und die Werbung in der Zeitschrift „Bravo Girl" für kostenpflichtige 0190er-Nummern für sittenwidrig erklärt hat (vgl. Hasse, 13.4.2004), findet sich auf der Bravo-Website, zu deren Publikum auch Kinder unter 14 Jahren gehören, neben dem „Klingelton der Woche" eine stattliche Anzahl von alternativen Tönen, wovon jeder einzelne 1,99 Euro kostet. Auch Hinweise auf eine Altersbeschränkung zum Kaufangebot fehlen (http://www.bravo.de; 27.4.2004).

Bei Toggo gibt es zur Zeit die im Plural geführte Rubrik „Shops", hinter der sich neben der Toggo-Link-Sammlung zu den Onlineshops ihrer Lizenzgeber oder -nehmer ebenfalls ein Link zu „handy.de" befindet, als Extra-Icon ist dieser im Toggo-Club auf einer Ebene mit den kommunikativen Elementen angesiedelt. Ein Klingelton ist auch hier für 1,99 Euro zu haben. Bei www.disney.de führt ein Link zu www.disneymobil.de mit Klingeltönen für 1,49 Euro, zuzüglich der Kosten für das Versenden der SMS. Dem kinderkulturellen Trend zum eigenen Handy-Klingelton verschließt sich auch das öffentlich-rechtliche Fernsehen nicht, auf www.tivi.de (ZDF) werden die offensichtlich „hauseigenen" Töne für Kinder als kostenfreie Computer-Downloads angeboten.[42]

---

42 Es gibt auch eine „Freiwillige Selbstkontrolle der Telefonmehrwertdienste (FST)". Deren „Verhaltenskodex" (2004) sah bislang vor, dass Angebote, vorausgesetzt sie

Zu den „schwarzen Schafen" der Branche sind wohl diejenigen zu zählen, die ihren Telefonmehrwertdienst als Dialer-Angebot auf Websites präsentieren, die ein Kinderangebot vermuten lassen. Ein Testbesuch bei Malvorlagen.de ergab, dass der Dialer tatsächlich „kinderleicht", durch Eingabe von „ok" zu installieren ist. Für einen Gegenwert von 29,95 Euro pro Einwahl bzw. 30 Minuten Onlinezeit werden etwa 20 Ausmalbilder bzw. -skizzen für Kinder zum Herunterladen oder Ausdrucken präsentiert, wie sie normalerweise im Internet kostenlos zu finden sind. Die Preisgestaltung liegt knapp unterhalb des Erlaubten (30 Euro). Obwohl Kinder direkt angesprochen werden – „Willkommen auf malvorlagen.de! Wir freuen uns, dass du unsere Bunte Seite im Netz gefunden hast :-)). Sicherlich magst du malen sehr.... Nicht immer fällt einem was ein, was man malen könnte... Bei uns findest du alle möglichen Malvorlagen (...) Wir hoffen du findest dein passendes Motiv! :-))" (http://www.malvorlagen.de; 22.4.2004) – reicht der Hinweis, „dieses Angebot ist nicht geeignet für Personen unter 18 Jahren", derzeit wohl für den juristischen Schutz des Anbieters aus (vgl. auch Fußnote 29).

Während Werbung, die sich an Kinder richtet, im Bereich des Kinderfernsehens sehr detailliert geregelt ist (vgl. Werberichtlinien 1997), gibt es für das Internet derzeit noch keine Richtlinien, die für die Werbekommunikation mit Kindern Standards setzen. „Bei TV Spots sind die Gestaltungskriterien eingeschränkt. Internet-Werbung dagegen lebt von einer großen Vielfalt: vom Banner bis zur Content-Einbindung ist alles möglich" (Ruckert 2003). So wie die Inhalte des Kinderwebs beschaffen sind, ist an eine unmittelbare Übertragbarkeit der vorhandenen Werberichtlinien auch nicht zu denken.[43]

---

sind nicht entwicklungsbeeinträchtigend oder jugendgefährdend, an Minderjährige bis zu 5 Euro je Anruf zulässig sind (vgl. Bundesarbeitsgemeinschaft Jugendschutz 2003, S. 262). Seit Dezember 2003 sind die Preise für die zeitabhängige Einwahl auf höchstens 2 Euro pro Minute festgelegt, für zeitunabhängige auf 30 Euro pro Einwahl. Bei den „Diensten mit der Zielgruppe Minderjährige" wird auf eine Preisempfehlung verzichtet, die anderen Vorschriften sind gleich geblieben: Eine Animation zu Wiederholungsanrufen ist zu unterlassen, darüber hinaus ist darauf hinzuweisen, dass das Einverständnis der Erziehungsberechtigten vorausgesetzt wird (vgl. Verhaltenskodex für Telefonmehrwertdienste 2004, S. 4 und 12).

43 In einem Diskussionspapier zum „Fernsehen und Internet. Neue Risiken, neue Regulierungsfragen" skizzieren Jo Groebel und Bertram Konert (2002) das Problem wie folgt: „Die im TV-Sektor existierenden Regelungen zu Werbezeiten und Werbezeitbegrenzungen (...) oder zur optischen und akustischen Trennung von Werbung und Programm erfordern aufgrund der unterschiedlichen Präsentations- und Nutzungsformen im Internet neue Überlegungen. Im Internet wird die Trennung von Werbung und Programmangeboten sehr variabel ausgelegt. Werbebanner werden zumeist

Viele Websites von Unternehmen, die sich an Kinder richten, bewerben ausschließlich und dauerhaft ihr eigenes Produkt (z.B. www.barbie.de; Mattel). Ein Verbot von Dauerwerbung wäre ebenso absurd wie ein Trennungsgebot von redaktionellen Inhalten und Werbung, weil diese Websites keinen redaktionellen Inhalt haben. Viel eher haben sie den Charakter eines interaktiven „Werbespots". Die Websites präsentieren den Kindern Markenwelten als virtuelle Spielwelten, vermitteln virtuelle Produkterfahrung oder kommunizieren den Kindern das Produkt über interaktive Aktionen. In einer kommerzialisierten Kinderkultur treffen sie bei Kindern und Eltern auf hohe Akzeptanz, gerade weil sie mit ihren Inhalten „nur" an Artikel anknüpfen, die Kindern bekannt und vertraut sind. Diese Websites sind einerseits primär nach versteckten Kaufappellen und dem Umgang mit Datensammlungen zu befragen, andererseits nach dem Werbegehalt ihrer Newsletter, die sie Kindern zum Abonnieren anbieten, oder nach der Art und Weise der „Kundenpflege" in den Website-Clubs.

Einige Websites mit Imagewerbung sind für Kinder aufgrund ihrer unzureichenden Kennzeichnung nur schwer als Werbung erkennbar (z.B. magic-kinder.com; Ferrero). Hin und wieder werden sie aber gerade wegen ihrer Zurückhaltung bei der Bewerbung des Produktes und des Unternehmens von Medienpädagogen hoch gelobt (z.B. die frühere Version von www.autolernwerkstadt.de; Volkswagen AG). Hinweise auf Unternehmen im Rahmen des Sozial-Sponsorings dienen der Transparenz von Finanzierung und Urheberschaft einer Kinderwebsite, aber der im Internet vermeintlich unausweichliche Link auf die Homepage des Sponsors ist nicht immer kindgerecht (vgl. z.B. Link zu T-Online, Intell u.a. bei www.100tiere.de; Heinz Sielmann Stiftung, unter der Schirmherrschaft des Bundesministeriums für Umwelt, Naturschutz und Reaktorsicherheit).

Wie aber ist das Verhältnis von Public-Relation, Merchandising und Werbelinks auf den Kinderwebsites von Fernsehen und Rundfunk zu beurteilen? Handelt es sich beim marketingstrategisch notwendigen „Mehrwert" einer Kinderfernseh-Website um eigenständige redaktionelle Inhalte oder besteht dieser nur in einer für das Internet aufbereiteten

---

zusammen mit den Inhalts- und Servicebereichen auf der gleichen Website platziert und eine Abgrenzung oder eine besondere Kennzeichnung der Werbung ist häufig nicht eindeutig zu erkennen. (...) Insbesondere bei den für Kinder interessanten Werbeformen im Internet ist derzeit unklar, inwieweit die z.B. in Artikel 16 der Fernsehrichtlinien festgelegten Kriterien (z.B. keine Kaufappelle) auch im globalen *Internet praktische Geltung* erlangen könnten."

Verlängerung des angebotenen Fernsehprogramms, garniert mit Mitmachaktionen für Kinder? Wird mit den Beiträgen der Kinder, ihren Bildern, Homepages, Witzen u.ä.m. etwa der redaktionelle Teil einer Website bestritten, oder ist aufgrund des Fernsehprogramms die Werbung auf den Websites zugleich ein redaktioneller Beitrag? Gibt es dort Dinge, die für sich in Anspruch nehmen können, ein redaktioneller *Internetbeitrag* zu sein, und deshalb analog zu den Richtlinien für das Fernsehen von der Werbung getrennt dargestellt werden müssten? Diese Fragen drängen sich auf, sobald man sich die Mühe macht, z.B. einen Sonntag lang Kinderfernsehen und die dazugehörige Website parallel zu betrachten, eine selbstreferentielle Medienwelt tut sich zumindest dem Erwachsenen auf.

Während die öffentlich-rechtlichen Fernsehanstalten – nicht nur, aber auch unter dem Label „werbefrei" – vom redaktionellen Inhalt oder von den eigenen Programminformationen säuberlich getrennt, über website-interne Gewinnspiele zu einzelnen Sendungen Zielgruppenbindung betreiben, ist bei den Kinderwebsites der Privatsender „Werbung als Content" das vorherrschende Bindungskonzept: Redaktionelles ist kaum aufzufinden (vgl. www.foxkids.de; www.toggo.de). Dagegen wird Werbung von Werbung für Kinder undurchschaubar unter Finanzierungsgesichtspunkten unterschieden. So verweist zum Beispiel bei www.toggo.de der mit „Werbung" gekennzeichnete dynamische Banner unterhalb der präsentierten Websiteinhalte hin und wieder auf redaktionelle Inhalte oder die Kinderserien von Super RTL (z.B. am 3.5.2004). Klickt man jedoch auf die Startseite, dann wird innerhalb dieser wiederum Werbung präsentiert. Eine Diskussion zu den Werbe-Microsites auf Kinderwebsites steht ebenso noch aus wie die zu den neueren Werbeformaten, mit denen bewusst versucht wird, „die Spielleidenschaft" der Kinder auszunutzen und die Aufmerksamkeit der Kinder auf die Werbung zu lenken (vgl. Deutscher Werberat 1998; vgl. auch Werbung, S. 42).

Datenschutz: Der einfachste und offensichtlichste Weg, persönliche Daten von Kindern zu erhalten, ist die Ausschreibung von Gewinnspielen oder die Bindung des Website-Zugangs an eine Clubmitgliedschaft. Darüber hinaus ist es möglich, während der Internetnutzung Daten auf technischen Wegen zu sammeln (z.B. über Cookies, SZM-Zählpixels) oder Nutzerprofile während der Internetbesuche anzulegen.

Der Datenschutz im Kinderweb hat folglich zwei Aspekte: Zum einen sind Kinder darüber aufzuklären, was mit ihren Daten passieren kann und wie sie sich deshalb sowohl bei Datenabfragen als auch bei ihrer

Selbstpräsentation – auf Kinderhomepages, in Chats, auf Pinnboards, beim Mailen – verhalten sollten (vgl. Sicherheitstipps für Kinder im Internet; http://www.blinde-kuh.de/fbitips.html). Zum anderen haben die Websitebetreiber zu erklären, welche Daten sie sammeln und wie sie gedenken, mit diesen umzugehen, vor allem, ob diese an Dritte weitergegeben sowie wann und unter welcher Bedingung sie wieder gelöscht werden.

Auch wenn es heute weitgehend selbstverständlich ist, dass nur anonymisierte Daten von Kindern auf Websites veröffentlicht werden, ist der Datenschutz noch keineswegs optimal durchgesetzt. Einerseits können Kinder im Internet das Einverständnis ihrer Eltern zur Dateneingabe mit einem Klick selbst erklären, zum anderen erteilen manch unerfahrene Eltern mit ihrer Zustimmung zu einer Clubmitgliedschaft ihrer Kinder zugleich ihr Einverständnis zur kommerziellen Nutzung der persönlichen Daten ihrer Kinder.

Datenschutzhinweis zum Gewinnspiel „Wickie" (ZDF www.tivi.de; 30.4.2004)

Lies dir bitte die Teilnahmebedingungen im Bereich „Sicherheit" durch, bevor du das Formular abschickst. Gehörst du zu den Gewinnern, behalten wir uns vor, deinen Vornamen, Alter und Wohnort oder deinen Vornamen, Alter und Foto im Internet und Fernsehen zu veröffentlichen. Haben mehrere Teilnehmer die richtige Lösung gefunden oder die gleiche Punktezahl, entscheidet das Los. Die Gewinner werden per E-Mail oder Post benachrichtigt. Der Rechtsweg ist ausgeschlossen. Deine Eltern müssen damit einverstanden sein, dass du hier deine Daten eingibst.

□ Ja, meine Eltern sind einverstanden.

→ abschicken

(Anmerkung: Ein Link, der vom Formular direkt in den Bereich „Sicherheit" führt, ist nicht vorhanden. Die Einverständniserklärung wohl eher eine Formalie).

Aus der Datenschutz-Erklärung von Foxkids (www.foxkids.de; 30.4.2004)

Uns liegt sehr viel daran, deine persönlichen Daten zu schützen und dich zu informieren, wenn wir Daten an Dritte weiterleiten. Es besteht die Möglichkeit, dass wir Daten an mit Fox Kids in irgendeiner Weise verbundene Unternehmen weiterreichen. Wir nutzen deine Daten beispielsweise, um dich per Newsletter (über E-Mail oder Handy) über die neusten Fox Kids Aktionen oder interessante Produkte und Dienstleistungen unserer Kooperationspartner zu informieren. Ob du den Newsletter erhalten willst oder nicht, kannst du bei der Anmeldung angeben. Wir sorgen jedoch dafür, dass du ausschließlich Infos über kindgerechte Produkte und Dienstleistungen erhältst. Für den Fall, dass du über einen unserer Partner zu Fox Kids gekommen bist, werden deine Daten sowohl von unserem Partner als auch von uns in deinem Interesse verwaltet.

Auf der Grundlage der Gesetze zum Datenschutz wurden vom Verein „Erfurter Netcode" Richtlinien zum Erheben von und zum Umgang mit

Kinderdaten im Internet erarbeitet (vgl. http://www.erfurter-netcode.de). Diese wurden auf der Website des Kinderkanals exemplarisch, auch für Kinder lesbar, umgesetzt und auf die jeweils „kritische“ Stelle verlinkt (Datenschutz geht alle an!, http://www.kika.de). Dieser Beitrag zur Förderung der Transparenz der Datenpolitik von Kinderwebsite-Anbietern könnte als Vorbild für verbindliche Empfehlungen zum Datenschutz im Kinderweb dienen.

1.2.4 Zusammenfassung

Die Darstellung der recherchierten Materialien zu den neueren Entwicklungen im deutschen Kinderweb macht deutlich, dass sich das Internet für Kinder nach und nach zu einer Geschäftssphäre entwickelt. Einerseits werden zahlungspflichtige Inhalte produziert und mit diesen zugleich kommerzielle Kinder- und Jugendschutzlösungen vertrieben, andererseits wird versucht, das kostenträchtige Webangebot für Kinder mit Werbemaßnahmen über die Rentabilitätsschwelle zu bringen. Die Methoden und Strategien, die dabei zum Einsatz kommen, unterscheiden sich mit einer Ausnahme nicht vom Erwachsenenbereich: die für das Kindermarketing typische Medienverbundstrategie hat im Internet eine weitere Vermarktungsplattform gefunden. Mit den Protagonisten aus dem Medienalltag der Kinder werden weitgehend die Inhalte der Kinderwebsites bestritten. Dies führt nicht nur zu der für das Kinderweb eigentümlichen Vermischung von Inhalt und Werbung, durch die Popularisierung des Internets über das Fernsehen werden auch alternative Angebote an den Rand der Wahrnehmung durch die Kinder gedrängt. War es dem Kinder(medien)markt über das Fernsehen „nur“ möglich, direkt mit den Kindern zu kommunizieren, so eröffnet das Internet die Chance, Kommunikation und Verkaufen miteinander zu verknüpfen. Inzwischen schalten sich die Verbraucherschutzverbände ein, um den Schutz der Kinder vor rechtlich unzulässiger und inhaltlich problematischer Werbung zu erwirken bzw. eine Rechtsauslegung des Kinder- und Jugendschutzes im Bereich des Werbens und Verkaufens zu erzwingen (vgl. http://www.kinderkampagne.de, http://www.net-consumers.org sowie Fußnote 22).

Die Ökonomisierung des Kinderweb wirkt allerdings auch differenzierend. Es gibt eine ganze Reihe von Anbietern, die sich bewusst vom Kommerzialisierungsdruck, der auf dem Netz für Kinder lastet, distanzieren. Diese sind entweder auf „semi-kommerzielle“ Unterstützung bzw. den Weg des „sanften Sponsorings“ angewiesen, oder aber auf Stiftungsgelder oder öffentliche Förderung.[44] Aufgrund der üblichen Projektfinanzierung sind letztere als Finanzierungsquelle von Kinderwebsites wenig zuverlässig, denn einmal begonnene Websites, entstanden unter medienpädagogisch begleiteter Beteiligung von Kindern, wie z.B. das Virtuelle Umwelt Bildungszentrum (www.vuz-web.de), können nach Auslauf der Finanzierung nicht mehr fortgeführt und aktuell gehalten werden; sie werden zu „Karteileichen“ im Netz.

Die vielen Regeln und Richtlinien für Kinder zum Verhalten im Internet, die aus pädagogischer Perspektive zur Vorsicht mahnen, bedürfen dringend einer Ergänzung, die auf ein Regelwerk für Anbieter abzielt, die sich im Internet an Kinder als Zielgruppe wenden. Einerseits ist es nämlich nicht zumutbar, dass man den Kinder- und Jugendschutz an die Kinder selbst und deren Eltern delegiert, andererseits besteht die Gefahr, das Internet für Kinder zu dämonisieren. An der Bewältigung dieses Problems werden sich u. a. die praktischen Maßnahmen zum Kinder- und Jugendschutz, die mit dem neuen Jugendmedienschutz-Staatsvertrag (JMStV) umgesetzt werden sollen, messen lassen müssen. Es geht schließlich nicht nur darum, Kinder von „jugendgefährdenden“ und „entwicklungsbeeinträchtigenden“ Angeboten über technische Maßnahmen fernzuhalten, sondern um die Verständigung darüber, welche Inhalte und welche Teilbereiche einer Website als solche zu bewerten sind. Die Debatte zwischen der beauftragten Kontrollinstanz des Kinderschutzes (KJM) und den Websiteanbietern zeigt einerseits bereits im Vorfeld Wirkung, so kündigt z.B. Super RTL an, demnächst Werberichtlinien für die Kunden der Website Toggo zu veröffentlichen, andererseits wird die Diskussion zu den Qualitätsmaßstäben auf Kinderwebsites belebt. Letztere wird vermutlich keinerlei Einfluss auf die Kommerzialisierung der Kinderkultur im Internet haben, aber sie kann zumindest für die medienpädagogischen Standards des Kinder- und Datenschutzes so-

44 Auf „semi-kommerzielle“ Partner stützt sich z.B. Seitenstark (vgl. S. 40). Es sei schließlich noch darauf hingewiesen, dass der Ausdruck „sanftes Sponsoring“ eine Beschönigung ist, nämlich der Einstieg in eine kommerzielle Refinanzierungsstrategie. Erwartbar ist eine Entwicklung, wie sie beim öffentlich-rechtlichen Kinderfernsehen Anfang der 1990er Jahre zu beobachten war, aus der vom WDR erstmals am Beispiel von Käpt'n Blaubär angestrebten „sanften Vermarktung“ des Kinderprogramms wurde schließlich ein veritables Geschäft (vgl. Mattusch 1994).

wohl bei kommerziellen Anbietern als auch bei medienpädagogischen Internetprojekten mit Kindern sensibilisieren.

1.3 „Internetkompetenz" – Besonderheiten des Anforderungsprofils

„Internetkompetenz" ist ein Teilaspekt von Medienkompetenz. Unter Medienkompetenz wird aus pädagogischer Perspektive – wenn auch von verschiedenen Autoren unterschiedlich nuanciert (vgl. z.B. Aufenanger 2002, 2001; Baacke 1999, 1996; Schorb 1995) – die Fähigkeit des Subjekts verstanden, mit Medien „sinnvoll" umzugehen. Das heißt, das Individuum soll sie rezipieren, verstehen, analysieren und bewerten sowie sie genießen, sie vor allem aber aktiv für selbstbestimmte Interessen und Ziele nutzen können. Medienkompetenz gilt somit als Voraussetzung für die Partizipation am gesellschaftlichen Kulturgut und Wissensbestand sowie am kritischen Diskurs über Entwicklungen in Gesellschaft, Staat und Ökonomie. Ihr Begriff ist damit geprägt von der aufklärerischen Idee vom souveränen Bürger, der sich als autonom handelndes Subjekt in permanenter Auseinandersetzung mit sich selbst und seiner sozialen Umwelt die Welt aktiv aneignet und sie mitgestaltet. Auch wenn es so aussieht, als wollten sich viele Bürger von den Medien nur noch unterhalten lassen, erinnert das Konzept der Medienkompetenz doch daran, dass sich die Medien als „vierte Gewalt im Staate" präsentieren. Die Verbreitung von Nachrichten und Information sowie deren Kommentierung gehören zu ihrem Kerngeschäft. Medien bilden Meinungen, wo doch der Bürger das Recht auf seine eigene und freie Meinung hat.

Diesem Verhältnis von Fremd- und Selbstbestimmung im Meinungsbildungsprozess widmet sich die Medienpädagogik (vgl. Kübler 1999). Medienpädagogik will das Subjekt zum kritischen Umgang mit den Medien qualifizieren, indem sie dessen persönliche Fähigkeiten entwickelt und stärkt. „Medienkompetenz", so definiert sie Stephan Aufenanger (2002, S. 120), „beschreibt eine allgemeine Fähigkeit, die prinzipiell auf alle Medien bezogen ist und wiederum in grundlegenden Fähigkeiten besteht, sich in einer durch Medien geprägten Welt zurechtzufinden und zu handeln." Nach Hans-Dieter Kübler (1999, S. 27) lässt sich das notwendige Fähigkeitsbündel, knapp zusammengefasst, wie folgt spezifizieren:

Medienkompetenz umfasst

- als „kognitive Fähigkeiten“ den Erwerb von Kenntnissen über die Struktur, Organisation, Funktion, Programme und Inhalte der Medien;
- als „analytische und evaluative Fähigkeiten“ den Erwerb von Kriterien zur Einschätzung und Beurteilung der Medien bzw. ihrer Inhalte;
- als „sozial reflexive Fähigkeiten“ das Bewusstmachen und die Reflexion des eigenen Medienhandelns, das Erkennen von emotionalen Befindlichkeiten und moralischen Orientierungen sowie ggf. die Modifikation des eigenen Verhaltens;
- als „handlungsorientierte Fähigkeiten“ die Entwicklung von Fertigkeiten zur Handhabung der Geräte und von Strategien zur gemeinsamen Kommunikation über und mit Medien.

Die genannten Basisfähigkeiten werden von anderen Autoren als Dimensionen von Medienkompetenz und zugleich als pädagogische Aufträge formuliert. Medienkompetenz und Medienpädagogik umfassen dann – analog zur Reihenfolge der oben genannten Fähigkeiten – Medienkunde, Medienkritik, Mediennutzung und Mediengestaltung (Baacke u.a. 1999). Setzt man die Besonderheiten des Internets ins Verhältnis zum medienpädagogischen Anspruch, das Kommunikations- und Handlungsrepertoire des Individuums mit und durch die Medien zu erweitern, dann bedeutet dies für Kinder, dass sie z.B. lernen müssen, wie die Struktur des Netzes beschaffen ist, welche „Dienste“ es umfasst und welche Software diese nutzbar machen, was ein Online-Anbieter und ein Provider ist, was eine Suchmaschine von einem Katalog und einem Portal unterscheidet. Es bedeutet aber auch zu erkennen, dass das Internet kein Massenmedium ist, einerseits laufen die wenigsten seiner Inhalte durch den selektiven Filter einer Redaktion, andererseits ist und wird das Publikum individualisiert und personalisiert. Das Internet als ein potentiell offenes Basismedium macht es erforderlich, die Informationsquellen zu prüfen, Informationen zu vergleichen, ihre Qualität zu bewerten und sich zugleich kritisch zum eigenen Auswahlverhalten und Internetumgang zu stellen. Während sich der kompetente Rezipient der Massenmedien nur über seine Konsumentensouveränität bzw. sein Marktverhalten zu deren Pluralität verhalten kann, folglich keinen (unmittelbaren) Einfluss auf deren Inhalte hat und nicht einmal sicher sein kann, ob seine kritische Stellungnahme oder sein Leserbrief zur Kenntnis genommen wird, ist er im Internet nicht nur ständig dazu aufgerufen, seine Meinung in Foren, Newsgroups und Chats kund zu tun. Es steht ihm auch jederzeit frei, selbst als Anbieter von Inhalten aufzutreten, sogar Kindern stehen dafür im Internet einfach zu bedienende Module zur Verfügung.

In der Internettechnologie ist mit angelegt, dass die Grenzen zwischen Kommunikation, Interaktion und Partizipation verschwimmen können. Die „aktive" Beteiligung des Subjektes am Rezeptionsprozess ist nicht allein auf das Aufsuchen, die Wahrnehmung und Verarbeitung von Medieninhalten beschränkt. Der Internetnutzer muss sich jederzeit vergegenwärtigen, in welchem Verhältnis seine handelnden Aktionen am Computer den rezipierten Inhalt mitbestimmen. Damit erhalten die „handlungsorientierten Fähigkeiten" und darin insbesondere die „instrumentell-technischen Kompetenzen" einen herausragenden Stellenwert, zumal ihr Fehlen nicht nur einen großen Teil der Aufmerksamkeit des Individuums an das Bedienen der Technik bzw. des Computers und Browsers bindet (vgl. auch Eibl 2004, S, 211 ff.), sondern auch die Nutzung des Internet generell beträchtlich einschränken kann.

Orientierungsprobleme im Internet sind nicht nur auf ein mangelndes analytisches Verständnis vom „Hypertext" zurückzuführen, sondern auch auf die spontane und unreflektierte Navigation durch den Text. Das bedeutet, gerade weil das Internet nur den Stellenwert eines „Werkzeugs" zur Informationsbeschaffung hat und haben sollte, muss der instrumentelle Umgang mit ihm gelernt werden. Und wie beim Lernen generell handelt es sich hierbei um einen lebenslangen Qualifikationsprozess. Es ist nämlich nicht nur so, dass die Anschaffung eines Computers mit Internetzugang permanent Up-Grades und Up-Dates sowie die Beschaffung von Zusatzausstattung und Maßnahmen zum Daten- und Virenschutz erforderlich macht. Mit der zunehmenden Benutzerfreundlichkeit des Internets sinkt vielmehr auch dessen Durchschaubarkeit: Wer schickt was zu welchem Zweck automatisch auf den eigenen Computer, wer sammelt zu welchem Zweck Daten während der Internetbesuche, was passiert bei der Aktivierung eines Filters, wie wird er gepflegt und gegebenenfalls wieder deaktiviert? Im Internet lässt sich die „technische Kompetenz" nicht auf das „Maus schubsen" und auf die Anwendung multimedialer Software reduzieren. Sie erfordert ebenfalls analytische Fähigkeiten, will der Internet-User nicht am unbegriffenen „Wie funktioniert denn das?" scheitern und sich zur Beurteilung der Technologie und Ökonomie des Internets naiv stellen. Es ist weniger – wie Thomas Eibl (2004, S. 151) vermutet – die Interaktivität der digitalen Medien und die Technikfixiertheit der Gesellschaft, die dazu führen, dass dem Erlernen des Umgangs mit Computer und Internet ein höherer Stellenwert als dem mit klassischen Medien eingeräumt wird, sondern die Geschwindigkeit, mit der ein kompetenter Internetnutzer durch technologische Neuentwicklungen zum funktionalen Internet-Analphabeten degeneriert.

Gerade wegen der unabdingbar notwendigen Vermittlung technischer Kompetenzen steht die Medienerziehung aber auch in der Gefahr, vereinseitigt und für den Erwerb von wirtschaftlich brauchbaren Handgriffen und Fertigkeiten der Subjekte funktionalisiert zu werden: Helga Theunert (1999, S. 50 ff.) z.B. tritt gegen die Instrumentalisierung des Medienkompetenzbegriffs als Anpassungsmodus für Kinder an die Informations- und Kommunikationstechnologie an und verweist auf dessen wissenschaftstheoretische Wurzeln in der Habermas'schen Kommunikationstheorie. Zu Recht hält sie fest, dass sich Medienkompetenz, verstanden als „Aneignung von, aktives Einwirken auf und Veränderung von Realität", nicht in „medienbezogenen oder gar technischen Fähigkeiten erschöpft, sondern sich gleichermaßen auf das Bewusstsein für Chancen und Gefahren erstreckt, die mediale Entwicklungen für individuelles und gesellschaftliches Leben bereithalten, und auch auf die Bereitschaft, für eine Teilhabe aller an medialer Kommunikation im Reden wie im Tun einzutreten" (ebenda, S. 54).

Beim gesellschaftlichen Versuch einer digitalen Integration unterschiedlicher sozialstruktureller Gruppen – von den Kindern bis zu den Senioren – geht es nicht nur darum, Zugangsmöglichkeiten zum Internet für alle zu schaffen. Es ist zugleich zu berücksichtigen, dass die Nutzung des Internets im Unterschied zu jener des Fernsehens und Hörfunks mit der Beherrschung der grundlegenden Kulturtechniken Lesen und Schreiben verknüpft ist. Vor dem Hintergrund dessen, wie heute im Internet Inhalte präsentiert werden, stellt sich nicht nur die Frage, ab welchem Alter der Umgang mit dem Internet überhaupt pädagogisch sinnvoll ist, sondern auch die, ob in frühem Alter unterschiedlich ausgebildete Grundfertigkeiten bereits zu einer weiteren Zementierung und Verbreiterung der Bildungskluft schon innerhalb einer Kindergeneration führen.

Weil individuelle Voraussetzungen und Stand der Entwicklung der Kinder ihr medienkompetentes Handeln einschränken und dieses erst im Sozialisationsprozess heraus- und ausgebildet werden muss, ist die Frage, auf welche alterspezifischen Fähigkeiten und Fertigkeiten der Kinder eine sich der Förderung der kommunikativen Kompetenzen verpflichtete

Medienpädagogik trifft, um den Aspekt der Beschaffenheit der medialen Objekte zu ergänzen, mit denen sich die Kinder auseinandersetzen. Obwohl heute bereits weitgehend eine inhaltliche Konvergenz der Medien auszumachen ist, von der technologischen Konvergenz ist der Medienalltag in unserer Gesellschaft noch weit entfernt.

Angesichts eines medienübergreifenden Kompetenzbegriffs regt Sonia Livingstone (2004, S. 111) an, zu bedenken, „ob die Fähigkeit, sich zu Nachrichten unterschiedlicher Form instrumentell-technisch Zugang zu verschaffen, sie analytisch zu behandeln, kritisch-reflexiv zu beurteilen und selbst kreativ zu gestalten wirklich für Bücher, Fernsehen und Internet gleichermaßen entscheidend ist?“ Die Spezifik des Mediums spielt eine entscheidende Rolle, denn gegenüber Bilder- bzw. Kinderbuch, Hörkassette und Fernsehen ist der Zugang zum Internet für Kinder – wie für die meisten der Erwachsenen auch – geradezu sperrig. „Konzentriert man sich allein auf Fragen der Fertigkeiten und Fähigkeiten, vernachlässigt man die Textualität und Technologie, die der Kommunikation zu Grunde liegt. Dies wirft in der Kompetenz-Diskussion auch die Frage nach der Gestaltung auf. Wie ist die Schnittstelle gestaltet? Von welchem Verständnis des Nutzers geht sie aus? Und wenn die Interaktion mit dem Medium scheitert, ist dies als Versagen des Nutzers oder der Schnittstelle zu werten?“ (Livingstone, 2004, S. 111). Das Internet präsentiert seine Inhalte nicht, das übernehmen entweder die klassischen Medien, oder man muss sie suchen und vor allem dann auch finden. Da Suchen zielgerichtetes Handeln ist, reduziert sich der riesige Informationspool Internet beim einzelnen Nutzer meist auf die Dinge, von denen er schon auf andere Weise Kenntnis erhalten hat. Umgekehrt verlangt die Entwicklung von kreativ-gestalterischer Medienkompetenz mehr als das Vergnügen an privaten Mitteilungen über E-Mail und Chat, denn auch kinder- und jugendkulturelle Netzwerke stabilisieren sich nur über intersubjektiv relevante Themen. Insofern ist das Internet aus der Nutzerperspektive häufig doch nur ein „technologischer Wechsel vom Blatt Papier zum Bildschirm“ und ein Widerspruch zur Erwartung, man bewege sich im Internet in einem Kommunikations- und Interaktionsumfeld, das neue Formen des Denkens erforderlich mache und neue Wege des informellen und schulischen Lernens eröffne. Letzteres ist für die Zukunft nicht ausgeschlossen, hängt jedoch weniger vom Hinterfragen „tief verwurzelte(r) *Ansichten* über Denken, Lernen und Authentizität“ ab (Livingstone 2004, S. 113), als vielmehr davon, wie sich das Internet den Kindern nach Form und Inhalt präsentiert. Denn der Anspruch medienkompetent zu handeln, trifft auf Kinder, die Medien auf ihre eigene Weise nutzen, in Abhängigkeit von ihrem Alter, ihrem Geschlecht und ihrem sozialen Umfeld.

Pädagogik muss sich, wenn sie die Medienkompetenz der Kinder fördern will, nicht nur auf deren mediale Erfahrungsräume stützen, sondern auch die entwicklungsabhängigen Fähigkeiten zur Wahrnehmung, Deutung und Verarbeitung der Medienrealität berücksichtigen. Medienkompetenz wird erworben im Umgang mit den Medien und ihren Inhalten. Was aber ist Kindern pädagogisch zumutbar? Bei aller Eigenaktivität der Kinder sind es nach wie vor die Erwachsenen, die die Bedingungen der medialen Welt gestalten, an denen Kinder in Erfüllung ihrer Entwicklungsaufgaben wachsen sollen. Im Internet wird dies Kindern nicht einfach gemacht.

Eingeschränkt auf die im Kapitel „Kinder online“ skizzierten Randbedingungen des Internetangebots für Kinder lässt sich im Vorfeld des beobachteten Internetverhaltens der Kinder festhalten: Da sie den Internetzugang über das in der Familie vorhandene Medienensemble erhalten, sind Hardwarekompetenzen im eigentlichen Sinne nicht erforderlich, der PC mit Internetzugang steht – im übrigen auch in der Schule – für sie zur Nutzung bereit. Allerdings werden von Kindern instrumentell-technische Fertigkeiten nahezu im gleichen Umfang wie von Erwachsenen verlangt, die sie sukzessive im Umgang mit der Browsersoftware erlernen müssen. Darstellungen von Inhalten, reduziert auf eine Bildschirmgröße und spezielle Navigationsflächen für Kinder, können die Orientierung auf einer Website erleichtern, tragen aber kaum zum Verständnis einer „site map“ bei. Vor- und Grundschulkinder verfügen noch nicht über das Abstraktionsvermögen, um sich die Struktur des Internets unabhängig vom rezipierten Inhalt vorstellen zu können. Das Zurechtfinden in den Hypertexten erfordert einerseits, konkrete Fragen in vorgegebene abstrakte Kategoriensysteme aufzulösen und deshalb systematisch zu denken. Andererseits erfordert es die Fähigkeit, Zusammenhänge herzustellen und in verstärktem Maße ganzheitlich, mit Blick auf die eigenen inhaltlichen Interessen auch synthetisch zu denken. Dies ist wohl das entscheidende Merkmal einer zu fördernden sog. Internet-literacy bzw. internetsprachlichen Kompetenz. Dass das Internet vom Subjekt verlangt, das eigene Denken an digitalisierbare Sprache und Skripts anzupassen, wird zunehmend als Überforderung auch von Erwachsenen erkannt: Am „semantic web“, das umgekehrt in der Lage sein soll, den Nutzer zu verstehen, wird seit längerem gearbeitet.

Derzeit ist es noch so, dass nicht nur die technologischen Neuerungen im Internet, sondern auch das Webdesign den einmal erworbenen Grundstock an instrumentell-technischen Fertigkeiten der Kinder immer wieder in Frage stellen. Ein hohes Maß an Transformationsleistung und analoges Schließen werden in diesem Zusammenhang den Kindern abverlangt. Vor- und Grundschulkinder verfügen noch nicht über die kognitiven Fähigkeiten und über zu wenig Erfahrung, um sich den auftretenden Problemen beim „Bedienen" des Internets stellen und diese lösen zu können, sie benötigen systematische medienpädagogische Hilfen. Die Entwicklung sozial-reflexiver Fähigkeiten, bezogen auf die eigene Person, steckt im Kindesalter noch in den Anfängen, ein selbstkritischer Bezug auf den eigenen Internetumgang kann von Kindern nicht erwartet werden. Insbesondere gilt dies für die inhaltlichen Vorlieben: Auch wenn im Kinderweb zunehmend Sachinformationen und Nachrichten für Kinder bereitgehalten werden, ist das Internet ähnlich wie das Fernsehen für Kinder primär kein Bildungs-, sondern ein Unterhaltungsmedium.

Die überragende Bedeutung, die im Kontext der medienpädagogischen Diskussion dem Informationsverhalten der Kinder und damit der politischen Bildung beigemessen wird, wird zumindest vom kommerziellen Kinderwebsite-Angebot und den Präferenzen der Kinder konterkariert. Die vielfältigen Angebote, die auf Zielgruppenbindung und Vermarktung zielen, sind von Kindern schwerlich als Werbemaßnahmen zu erkennen, zumal sich diese als interaktive Spiele und Mitmachaktionen präsentieren. Die analytischen Fähigkeiten der Kinder sind deshalb insbesondere im Bereich der Werbekompetenz zu stärken. In diesem Kontext ist auch darauf hinzuweisen, dass das Internet den Kindern abverlangt, selbst aktiven Kinder- und Jugendschutz zu betreiben. Dieser umfasst die Einhaltung von Richtlinien zum Persönlichkeits- und Datenschutz und das rechtzeitige Erkennen von Gefahren im Netz. Dies ist ein Novum in der bislang von Bewahrpädagogik begleiteten Mediengeschichte!

„Internetpädagogik" mit Kindern ist heute primär aktiv-gestaltende Medienarbeit. Die Mitgestaltung des Internets ermöglicht den Kindern sicherlich, rudimentäre Vorstellungen von der Struktur des Internets und seinem Potential für die Darstellung eigener Themen zu erhalten. Einen Zugang zum Internet als Wissens- und Informationsfundus und seiner kritischen Würdigung im Sinne einer aktiven rezeptiven Medienarbeit leistet sie noch nicht. Eine der entscheidenden Hürden der außerschulischen Medienarbeit bezüglich der pädagogischen Begleitung und Förderung der „Informationskompetenz" der Kinder ist vermutlich, dass das Internet bei Kindern voraussetzt, dass sie wissen sollen, was sie wissen wollen: Die Nutzung des Wissens- und Informationsfundus im Internet kann Kinder überfordern, denn sie setzt in einer Lebensphase, in der Interessen erst entwickelt werden, spezielle Interessen voraus.

2 Wie entdecken Kinder das Internet? – Informationen zur empirischen Studie

2.1 Fragestellung und Untersuchungsziel

Im Unterschied zu den Mediaanalysen, die mit quantitativen Erhebungsmethoden Daten über die Zugangsmöglichkeiten der Kinder zum Internet und zur Nutzungshäufigkeit bereitstellen, hatte dieses Projekt zu untersuchen, wie 5- bis 12-jährige Kinder mit dem Internet umgehen, welche Nutzungsroutinen, Nutzungsstile und Präferenzen sie entwickeln und welche Bedeutung das Internet für sie im Alltag hat. Damit stand das einzelne Kind als aktiver Internetnutzer im Fokus des Forschungsinteresses, sein Verständnis vom Internet und dessen Inhalten sowie seine positiven und negativen Interneterfahrungen.

Die empirische Anlage der Studie war auf die teilnehmende Beobachtung der Internetbesuche von Kindern konzentriert. Die Frage, unter welchen Bedingungen Kinder das Internet „gewinnbringend" für sich selbst nutzen können, war vor dem Hintergrund der spezifischen Anforderungen zu analysieren, die das Internet mit seiner hypertextuellen Struktur an Kinder stellt. Unterschiede im Umgang mit dem Internet waren nach Alter, Erfahrung und Interessen der Kinder zu untersuchen, um den Begriff „Medienkompetenz von Kindern" nicht als pädagogische Zielgröße, sondern als alters- und entwicklungsabhängige „Internetkompetenz" spezifizieren zu können.

Die Beobachtungsstudie mit den Kindern wurde im Deutschen Jugendinstitut und in Kindertagesstätten (Horten) der Landeshauptstadt München durchgeführt.[45]

---

45 Ausschlaggebend für die Entscheidung, die Untersuchung in den Räumen des Deutschen Jugendinstituts durchzuführen, war die aufwendige Erhebungstechnik. Der Aufbau der Geräte erforderte relativ viel Platz, die Kinder-, Wohn- oder Arbeitszimmer hätten umgeräumt und die meisten Familienrechner hätten aufgerüstet werden müssen (vgl. Anhang I, S. 235 ff.). Zudem löste die Aussicht auf eine Erhebung innerhalb der Familie, selbst dann, wenn wir eine eigene Ausstattung (Notebook) mitgebracht hätten, bei den Eltern Zurückhaltung und Skepsis gegenüber der Untersuchung aus. Die Erzieherinnen hatten dagegen mit einer Untersuchung in der Kindertagesstätte kein Problem, aber auch hier war es – von einer Ausnahme abgesehen – notwendig, den Computer (Notebook) mitzubringen.

2.2 Methodisches Vorgehen und Untersuchungsdesign

Der Untersuchung liegt ein mehrstufiges empirisches Verfahren mit unterschiedlichen qualitativen Methoden zu Grunde; ein Vorgehen, das in der Sozialforschung mit dem Begriff „Triangulation" charakterisiert wird. Alltagstheoretisch betrachtet, ist dieser Begriff eher verwirrend als klärend, wenn die methodische Anlage einer Untersuchung skizziert werden soll, da mit Blick auf empirische Erhebungen notwendigerweise drei unterschiedliche Verfahren assoziiert werden, die in einem Dreiecksverhältnis zueinander stehen. Diese Vorstellung ist nicht ganz unberechtigt, denn „der Begriff der Triangulation stammt eigentlich aus der Landvermessung und bezeichnet dort die Fixierung eines Punktes durch die Verwendung eines Netzes von Dreiecken" (Schründer-Lenzen 1997, S. 107). In die Methodendiskussion hat dieser Begriff Einzug gehalten, um Messvorgänge zu kontrollieren oder dem Vorwurf zu begegnen, dass sich die Methode selbst messe, also ihren zu erklärenden Gegenstand produziere. In diesem Sinne soll ein Mehrmethodenansatz den Ergebnissen einer Vermessung des Forschungsfeldes zu größerer Validität verhelfen. Auch wenn das Konzept der Methodentriangulation den Ansatz dieser Studie abzudecken vermag, entspricht die Untersuchungsanlage eher einem Mehrperspektivenansatz. Einerseits lässt sich mit diesem Begriff das Traditionelle und die Schlichtheit des Vorgehens betonen, andererseits das ausschließlich qualitativ-interpretative Paradigma des Zugangs zum Thema hervorheben.

Bei einer explorativen Studie in einem neuen Forschungsfeld stehen Validitätsfragen im Hintergrund, es geht primär darum, zunächst den Gegenstand zu erschließen. In der Studie „Wie entdecken Kinder das Internet?" hieß dies, den Internetumgang aus der Perspektive der Kinder, der Eltern und der Erzieherinnen zu beschreiben und deren Perspektiven aufeinander zu beziehen. Diese Bezogenheit gibt das Schema zum Untersuchungsplan wieder (vgl. Abb. 6).

Narrative Interviews und teilnehmende Beobachtung, die Erhebungstechniken, die in der Untersuchung zum Einsatz kamen, sind klassische Instrumente qualitativer Sozialforschung, auch wenn heute die Nutzung neuer Technologien die Erhebungspraxis entscheidend modifiziert (vgl. auch Gibbs/Friese/Mangabeira 2002). Wesentlich ist der Kern des qualitativen Verfahrens, die Wahrnehmung des „Forschungsobjektes" als wirklichkeitskonstituierendes Subjekt: Kinder, Eltern und Erzieherinnen werden einerseits als reflexive Subjekte, d.h. mit ihrer Wirklichkeitsinterpretation in den Forschungsprozess mit einbezogen, andererseits werden Kinder als handelnde Subjekte untersucht.

Abbildung 6: Ablauf der empirischen Untersuchung (Erhebungsschritte)

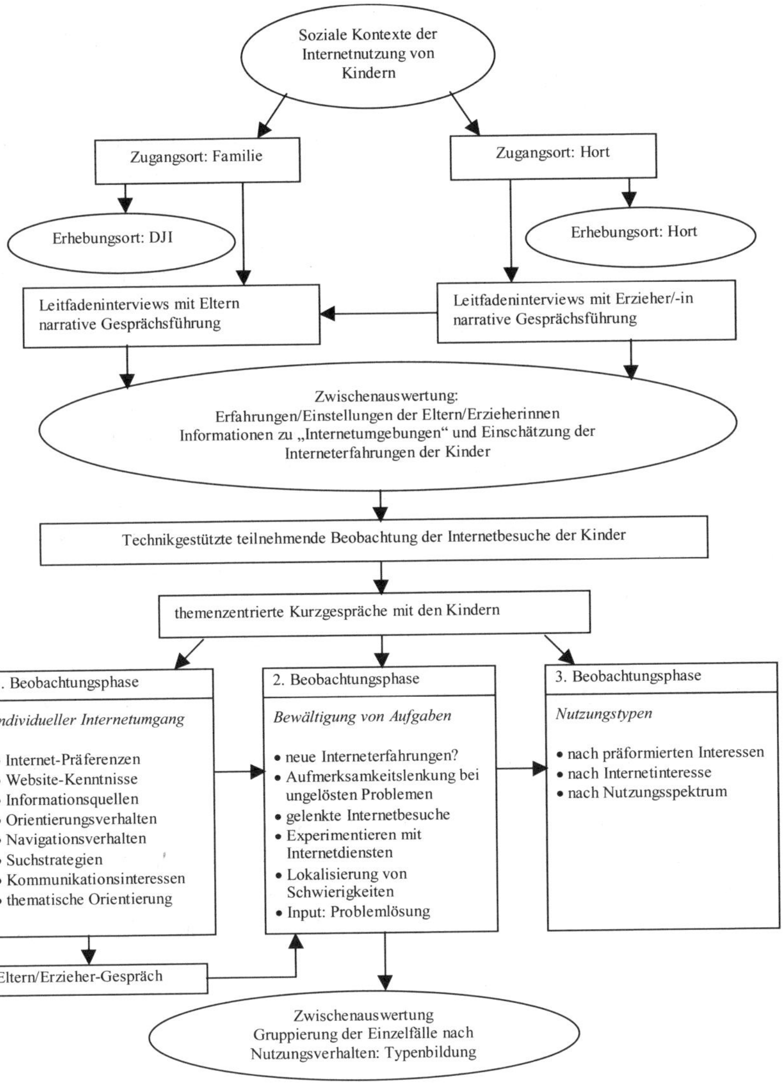

Bei der teilnehmenden Beobachtung bringen sich die Forschenden selbst in den Forschungsprozess mit ein. Diese „Teilnahme" ist „ein Lernprozess, in dem es darum geht, die Perspektive der Erforschten zu verstehen. Dies bedeutet aber, Phänomene in der Perspektive der Erforschten sehen zu lernen – und zu lernen, sich entsprechend verhalten zu können" (Beck/Scholz 2000, S. 154). In der teilnehmenden Beobachtungssituation ist dies nur eines der zu bewältigenden Probleme, ein anderes ist, dass die erforderliche Nähe und Distanz des Beobachters zum „Forschungsgegenstand" von den Kindern tendenziell unterlaufen wird: Die Kinder lernen in der Beobachtungssituation die soziale Rollenverteilung, das Machtgefälle und die Wissensunterschiede zwischen Kindern und Erwachsenen bzw. Erforschtem und Forscher für sich zu nutzen und bringen damit ihr eigenes Verständnis von der Beobachtungssituation mit ein.

In der Studie „Wie entdecken Kinder das Internet?" war dieses Verständnis der Kinder von der Beobachtungssituation von ihrem Anspruch geprägt, vom Beobachter „etwas zu lernen". Die Vorstellung, einen Internetkurs zu besuchen, war trotz aller Aufklärung vorherrschend bei den Kindern und wurde erstaunlicherweise auch von den Eltern und Erzieherinnen geteilt. Sicherlich hatte die aktiv teilnehmende Rolle des Beobachters und die Begleitung des Kindes bei seinen Internetbesuchen dazu beigetragen. Aber es entspricht auch der „natürlichen" Internetnutzungssituation, dass Kinder vom anwesenden Erwachsenen Hilfestellungen bei Problemen erwarten. Aufgrund dieser Tatsache war es äußerst wichtig, das Verhalten des Beobachters zu kontrollieren (vgl. Kap. 2.3.2).

Obwohl die teilnehmende Beobachtung in pädagogischen Kontexten methodologisch dem ethnographischen Ansatz zuzurechnen ist, trifft eine solche Charakterisierung auf die vorliegende Studie nicht zu, da die Beobachtungen aus technischen Gründen überwiegend in den Räumen des Deutschen Jugendinstituts stattfanden. Demnach kann eher von einer Laboruntersuchung im normalen Umfeld eines Bürozimmers gesprochen werden, bei der in Kauf genommen werden musste, dass die situativen familialen Kontexte – z.B. die elterliche Begleitung und Unterstützung oder Kontrolle – nicht mit beobachtet, sondern nur erfragt werden konnten. Die Kinder selbst nahmen die Beobachtung im Institut wohl nicht als Laborsituation wahr. Ihre erste Handlung beim Betreten des Büros war, sich vor den Computer zu setzen und loszulegen. Bei allen Kindern der außerschulischen Betreuungsinstitutionen wurde die Untersuchung vor Ort durchgeführt, aber auch dort war die Erhebungssituation laborähnlich, denn der Internetzugang war entweder im Büro oder Nebenraum installiert.

2.3 Erhebungsinstrumente

Im Folgenden werden die Erhebungsinstrumente nur kurz beschrieben. Die Leitfäden für die Eltern- und Erzieherinnengespräche sind im Anhang abgedruckt, ebenso die detaillierte Beschreibung der Technik, die bei den Beobachtungen der Kinder zum Einsatz kam. Auch die einzelnen Aufgaben aus dem Intelligenztest, der die flüssige Intelligenz anhand von figuralen Bildvorgaben auf visu-motorischer Basis überprüft, und dessen Ergebnisse sind dort dargestellt.

2.3.1 Leitfadeninterviews mit Eltern und Erzieherinnen

Vor Beginn der teilnehmenden Beobachtung wurden narrative Interviews mit den Eltern und Erzieherinnen geführt. Dabei wurden als *Rahmenbedingungen der Interneterfahrungen der Kinder* folgende Daten erhoben:
- Wünsche und Erwartungen an das Internet sowie Einstellungen der Kinder, deren Eltern und Erzieherinnen zum Internet;
- soziale Kontexte der Internetnutzung im Alltag der Kinder und ihre Regulierung durch die Eltern bzw. Erzieherinnen;
- situationsabhängige Kontexte der Internetnutzung der Kinder in der Familie: Anlass, Motivation, personelle Konstellationen;
- Bedeutung des Umgangs mit dem Internet für die sozialen Beziehungen der Kinder in der Familie und in der Kindertagesstätte (Hort).

Geplant war, auch die Lehrkräfte der Kinder mit einzubeziehen. Es stellte sich jedoch heraus, dass die an der Untersuchung beteiligten Kinder weder in der Grundschule noch in der Sekundarstufe I Zugang zum Internet hatten. Die Befragung wurde deshalb auf Eltern und Erzieherinnen beschränkt, die mit Beginn der zweiten Beobachtungsphase ein weiteres Mal zum Internetgebrauch der Kinder befragt wurden.

Während des Interviewtermins wurden auch die offenen Fragen zur Durchführung der Beobachtungen mit den Kindern besprochen, die schriftliche Einverständniserklärung der Eltern eingeholt und die Beobachtungstermine festgelegt. Den Eltern wurde angeboten, dass die Kinder zu Hause oder an der Schule abgeholt, mittags verköstigt und wieder zurückgebracht werden. In der Regel wurde dieses Angebot angenommen.[46] Die Beobachtungen der Hortkinder wurden, wie bereits erwähnt, in den Kindertagesstätten durchgeführt.

2.3.2 Technikgestützte teilnehmende Beobachtung

Im Zentrum der teilnehmenden Beobachtung standen die Aktivitäten der Kinder im Internet, d.h. ihre „Aktionen" und „Reaktionen" auf das Geschehen im Internet. Die *empirischen Schwerpunkte der Beobachtung der Internetbesuche* der Kinder waren:

- praktischer Umgang mit dem Internet wie Aufmerksamkeitslenkung, Navigationsverhalten, Suchstrategien, Problemlösungsverhalten;
- inhaltliche Vorlieben für Internetdienste und Websites, spezifische Interessen und subjektive Bedeutung, die Kinder den Inhalten beimessen;
- alters- und geschlechtsspezifisches sowie erfahrungsabhängiges Nutzungsverhalten.

Zwei Beobachtungsziele waren zu erfassen: erstens das Kind und sein Verhalten vor dem Bildschirm und zweitens die Vorgänge auf dem Bildschirm. Aufgrund der Komplexität der Beobachtungssituation ist es prinzipiell nicht möglich, mit standardisierten Rastern zu arbeiten oder schriftliche Beobachtungsprotokolle anzufertigen. Hinzu kommt ein drittes – durch die Erhebungstechnik bedingtes – Beobachtungsziel, die Rolle des „teilnehmenden Beobachters" zu kontrollieren, der an den Internetbesuchen der Kinder aktiv mitwirkt, insofern er Hilfestellung leistet, Anregungen gibt oder Aufgaben stellt. Die Entwicklung eines Verfahrens, das es ermöglicht, das Verhalten der Kinder und ihre Aktivitäten auf den Websites sowie das Verhalten des Beobachters zu dokumentieren, war deshalb Teil des Arbeitsplans des Projektes. Nach einer Phase des Experimentierens wurde schließlich ein technikunterstütztes Beobachtungsverfahren entwickelt. Dieses beruht auf digitalen Videoaufzeichnungen und Bildschirmmitschnitten, die zu einem „Auswertungsfilm" weiterverarbeitet werden können.

46 Das Zurücklegen der An- und Abfahrtswege zum Institut mit einer Begleitperson, die dort auch beschäftigt ist, ist bei Kindern unter 12 Jahren aus versicherungstechnischen Gründen unabdingbar; prinzipiell wurden nur öffentliche Verkehrsmittel benutzt.

Abbildung 7: Zwei Geschwister im Internet – Material aus dem Pretest

Im Auswertungsfilm ist die Interaktion des Kindes mit dem Medium und zwischen Kind und Beobachter in *Bild und Ton* festgehalten, dadurch verschieben sich die Perspektiven im Erhebungsprozess: Die Kamera wird zum Beobachter. Sie produziert „natürliches" audiovisuelles Material, das „unverfälscht" der intersubjektiven Interpretation zugänglich ist. Da zu den digitalen Beobachtungsverfahren noch recht wenige Erfahrungen vorliegen, wurde alles technisch Bedenkenswerte bei der Durchführung sowie die Möglichkeiten und Grenzen der gewählten Erhebungstechnik im Anhang (I, S. 235 ff.) dargestellt. Zur inhaltlichen Strukturierung der Beobachtung vgl. Kapitel 2.4, zur Datenauswertung Kapitel 2.7.

2.3.3 Culture Fair Intelligence Test (CFT)

Bei der Planung der Untersuchung wurde für die Auswahl der Kinder das Kriterium unterschiedlich entwickelter „Lesefertigkeiten" zu Grunde gelegt. Dabei wurde zunächst von der plausiblen Annahme ausgegangen, dass die Lesefertigkeit und das Textverständnis der Kinder mit dem Alter und der Jahrgangsstufe ansteigen und nach besuchtem Schultyp variieren. Auf individuelle Unterschiede konnte im Vorfeld nicht eingegangen werden, da kein Kind einem Auswahlverfahren unterworfen werden sollte. Im Laufe der Studie zeigte sich, dass sich die Kinder in unterschiedlicher Weise auf Bilder und/oder Text auf den Websites konzentrierten, dies aber keinen unmittelbaren Einfluss auf das Navigationsverhalten oder auf das Auswahlverhalten von Inhalten einer Website hatte. Deshalb wurde der Wahrnehmung bei den Kindern Aufmerksamkeit geschenkt und nach einer Methode gesucht, mit der die Unterschiede in der Text- und Bildorientierung „gemessen“ werden können. Da es bislang keinen Maßstab zur Feststellung von „Medienliteralität“ gibt, konzentrierte sich die Suche nach einer geeigneten Messmethode – trotz aller Bedenken – auf die Recherche traditioneller Testverfahren.

Verschiedene Tests zur Wahrnehmung, zu Lesefertigkeiten und zum Textverständnis von Kindern wurden sondiert (vgl. Testzentrale Online). Nach einer Beratung durch den schulpsychologischen Dienst des staatlichen Schulamtes München und der Sichtung der dort zahlreich vorhandenen Tests, fiel die Entscheidung, einen „Grundintelligenztest“ (CFT) durchzuführen, der sich sowohl in einem zeitlich vertretbaren Rahmen realisieren lässt und sich – dies war wichtig – überwiegend auf die kindliche Wahrnehmung stützt.

Der Culture Fair Intelligence Test (CFT) liegt in deutscher Sprache in zwei Varianten vor: nämlich erstens als CFT 1, durchführbar mit Kindern im Alter von 5 bis 9 Jahren (Cattell/Weiß/Osterland 1997) und zweitens als CFT 20, durchführbar mit Schülern ab 8½ Jahren bis 18 Jahren und Erwachsenen mit einfacher Schulvorbildung (Weiß 1998). Entsprechend der Freiräume, die die Testanweisungen lassen, und der vorliegenden Normierungen (Eichungsuntersuchungen nach Alter und Jahrgangsstufen) wurde mit allen teilnehmenden Kindern im Vorschulalter bis zum dritten Schuljahr der CFT 1 durchgeführt und mit allen teilnehmenden Kindern ab dem vierten Schuljahr der CFT 20.

Während in den Anweisungen zum Test für jüngere Kinder als Untersuchungsziel und -zweck festgehalten wird, dass mit dem Grundintelligenztest die Fähigkeit des Kindes gemessen wird, „in neuartigen Situationen und anhand von sprachfreiem, figuralem Material Denkprobleme zu erfassen, Beziehungen herzustellen, Regeln zu erkennen, Merkmale zu identifizieren und rasch wahrzunehmen“ (Cattell/Weiß/Osterland 1997, S. 4), findet sich in den Anweisungen zum Test für die älteren Kinder eine parallele Formulierung bei der Diskussion der Intelligenzdimensionen, die der Test messen kann: bei den Tests sei „der allgemeine Intelligenzfaktor im nicht-verbalen Bereich" beteiligt, „der interpretiert werden kann als Fähigkeit, komplexe Beziehungen in neuartigen Situationen wahrnehmen und erfassen zu können" (Weiß 1998, S. 28).

Vor dem Hintergrund der Diskussion, was ein Intelligenztest überhaupt zu messen in der Lage ist, muss darauf hingewiesen werden, dass es im Projektzusammenhang nicht darum ging, die Intelligenz der Kinder zu messen. Es sollte vielmehr untersucht werden, ob sich die beobachteten Differenzen in der „Text-" bzw. „Bildorientierung" der Kinder durch den Test bestätigen (vgl. Kap. 5 sowie Anhang II, S. 243 ff.).

2.4 Teilnehmende Beobachtung: Strukturierung und Ablauf

Die teilnehmende Beobachtung wurde mit allen Kindern in zwei Wellen mit je fünf einstündigen Treffen durchgeführt. Eine Beobachtungsdauer von 60 Minuten pro Sitzung mag allen pädagogischen Vorschlägen zur Mediennutzungsdauer von Kindern widersprechen, anzumerken ist jedoch, dass ein Internetbesuch von 20 Minuten auch bei Kindern unsinnig ist. Das Hochfahren der Programme, das Aufrufen einer Website, das Abwarten der Ladezeiten, das Eintippen und Lesen und das Spielen eines Spiels erfordert Zeit, die Kindern bei der Auseinandersetzung mit dem Internet gewährt werden sollte.

Nur ausgewählte Kinder sollten dann zu einer dritten Erhebungswelle eingeladen werden; dies ließ sich jedoch nicht realisieren, da die meisten Kinder von sich aus weiter teilnehmen wollten. Demnach wurden erneut alle Kinder eingeladen. Einige von ihnen sagten dann wegen des Sommerwetters, andere wegen schulischer Prioritäten ab.

Beim ersten Treffen wurden die Kinder über den Zweck der Untersuchung und über die Erhebungsinstrumente informiert. Gezeigt wurde ihnen, wie sie mit dem Camcorder gefilmt werden und sie durften, wenn sie wollten, selbst einmal durch die Linse schauen. Vorgeführt wurde ihnen auch, dass das WinCorder-Programm alles, was sie auf dem Bildschirm sehen, aufzeichnet und man diese Aufzeichnung hinterher als Film anschauen kann. Die meisten der Kinder hatten kein allzu großes Interesse an der Technik, viel wichtiger war ihnen, sich sofort an den Computer zu setzen und ins Internet zu gehen. Doch im Verlauf der Untersuchung achteten sie in der Regel selbst darauf, dass vor jeder Sitzung das WinCorder-Programm gestartet wurde.

Da auf die besonderen Interessen und unterschiedlichen Erfahrungen der einzelnen Kinder eingegangen werden sollte, gab es kein starres Beobachtungsschema. Es wurde jedoch darauf geachtet, dass die folgenden Themenkomplexe während der Internetbesuche bearbeitet wurden.

Erste Beobachtungsphase

Kennenlernen des Beobachters: Aufklärung über den Zweck der Untersuchung. Anknüpfend an das Interview mit den Eltern bzw. der Erzieherin Gespräch über die Internetnutzung zu Hause oder im Hort. Besuch der Lieblings-Website des Kindes mit Kommentierung durch das Kind.

Kenntnis von Kinderwebsites: Vorlage eines Satzes von 20 laminierten Screenshots der Startseiten pädagogisch wertvoller und kommerzieller Kinderwebsites sowie Fanwebsites. Erster Schritt: Auswahl der bekannten Websites durch das Kind. Zweiter Schritt: Auswahl zweier unbekannter Websites zur Sichtung. Begründung der Auswahl.

Orientierung auf neuen Websites: Beobachtung des Orientierungsverhaltens von Kindern auf unbekannten Seiten am Beispiel der ausgewählten Websites (vgl. oben).

Nutzung von Suchmaschinen: Situationsabhängige Befragung nach Kenntnis und Nutzung von Suchmaschinen. Themenabhängige Nutzungsversuche. Gegebenenfalls und in Abhängigkeit vom Alter, Hinweise auf die Funktion von Suchmaschinen und Aufforderung zum Ausprobieren.

Kommunikation durch E-Mail und Chat: Kurzes Gespräch mit den Kindern über ihre Erfahrung mit E-Mail und Chat. Besuch der persönlichen Kommunikationsforen. Kindern ohne Erfahrung wurde erklärt und gezeigt, um was es sich handelt, und wenn sie wollten, konnten sie ein E-Mail schreiben oder einen Chat besuchen.

Besondere Themen der Kinder: Immer wieder wurde auf die besonderen Interessen der Kinder eingegangen (Themen, Spiele, Websites), auf die Schwierigkeiten bei der Nutzung und deren Bewältigung.

Vor der zweiten Beobachtungsphase lag eine mehrwöchige Pause, die für die Datenaufbereitung und eine erste Zwischenauswertung sowie für die weitere Strukturierung der Beobachtung genutzt wurde. Nach Beginn der zweiten Beobachtungswelle wurden Gespräche mit den Eltern bzw. den Erzieherinnen über die gegenwärtige Internetnutzung der teilnehmenden Kinder zu Hause bzw. im Hort geführt. Gefragt wurde auch, ob sich die Nutzungsgewohnheiten der Kinder durch die Teilnahme an der Studie verändert hätten (vgl. Kap. 3.7).

Zweite Beobachtungsphase

Einstiegsphase: Gespräch über die zwischenzeitliche Internetnutzung zu Hause und im Hort. Website-Besuche nach den Wünschen der Kinder.

Anregungsphase: Versuch, die Kinder zu ermutigen, bislang ungenutzte Internetdienste (z.B. E-Mail oder Chat) auszuprobieren.

CFT-Test: Durchführung des CFT = Culture Fair Intelligence (Cattell/Weiß/Osterland 1997; Weiß 1998; Weiß 1987 und 1998).
Gelenkte Internetbesuche: Website-Besuche nach freier Wahl. Aufmerksamkeitslenkung durch den Beobachter auf die Ergebnisse des interaktiven Handelns der Kinder. Hinweise auf alternatives Handeln, um permanentes Scheitern zu verhindern oder Anregungen, um Fortschritte im Internetumgang zu erzielen.
Input der Beobachter: Direkte Lernimpulse zur Lösung spezieller Probleme der Kinder bei der Internetnutzung.

Wiederum trennte eine mehrwöchige Pause die zweite von der dritten Beobachtungsphase. Der Schwerpunkt lag dann auf dem freien Surfen der Kinder, zumal sich bereits abzeichnete, dass das Beobachtungsmaterial der dritten Phase aus zeitlichen bzw. technischen Gründen nicht vollständig auszuwerten war.

Dritte Beobachtungsphase
Einstiegsphase: Gespräch über die zwischenzeitliche Internetnutzung.
Freie Internetbesuche: Verfolgung eigener Präferenzen und Interessen im Internet.
Abschließendes Gespräch: Eindrücke der Kinder zur Untersuchung, Auswahl eines anonymen Namens zur Verschlüsselung der eigenen Daten, Aushändigung einer CD-ROM mit Aufzeichnungen von den eigenen Internetbesuchen.

In den Horten fanden die Beobachtungen der Kinder auf Wunsch der Erzieherinnen in der Regel an zwei Terminen, im Institut nur an einem Termin pro Woche statt. Die Dauer der Beobachtungsphase war deshalb für das einzelne Kind unterschiedlich: Die einen hatten nach zweieinhalb Wochen die erste Beobachtungsphase abgeschlossen, andere erst nach fünf Wochen oder später. Bei drei Beobachtern und 18 Kindern ergab sich, unter Berücksichtigung der Ferienzeiten und Ausfalltage, ein Erhebungszeitraum von ca. 6 Monaten für insgesamt 90 Beobachtungstage pro Welle. Die Beobachtungen wurden in folgenden Zeiträumen durchgeführt:

Dauer der Beobachtungsphasen
erste Beobachtungsphase: Mitte Februar 2002 bis Mitte Juni 2002,
zweite Beobachtungsphase: Anfang Juli 2002 bis Anfang Dezember 2002,
dritte Beobachtungsphase: Mitte Februar 2003 bis Mitte April 2003.

Die Aufbereitung des Beobachtungsmaterials zur Auswertung verlief zeitlich parallel zu den Erhebungen. Zur Bewältigung der umfangreichen computertechnischen Probleme bei der Aufzeichnung, Aufbereitung und

Wiedergabe der Internetaktivitäten der Kinder sowie zum Pretest finden sich Hinweise im Anhang.

2.5 Zur Auswahl der Kinder

Im Untersuchungsplan war ursprünglich vorgesehen, 20 Einzelfallstudien zum Internetumgang von Kindern im Alter zwischen 4 und 12 Jahren durchzuführen. Die untere Altersgrenze wurde festgelegt, weil das deutschsprachige Website-Angebot für Kinder vorgibt, sich an Kinder „ab 4 Jahre“ zu wenden. Der gewählten oberen Altersgrenze liegt die sozialwissenschaftliche Kindheitsdefinition zu Grunde, bei der das Kindsein mit dem vollendeten 12. Lebensjahr endet. Obwohl die relativ breite Altersspanne der Vergleichbarkeit bereits Grenzen setzt, wurde eine weitere Quotierung vorgenommen. Neben dem Alter waren Geschlecht, Schulart und Wohngebiet Kriterien bei der geplanten Zusammensetzung des Samples. Diese sozialstatistisch stark differenzierenden Kriterien wurden wiederum gebündelt, nämlich nach Leseunkundigen, Leseanfängern und Kindern mit Lesefertigkeiten. Diesem Verfahren lag die Annahme zugrunde, dass sich unterschiedliche Grundqualifikationen der Kinder im Lesen und Schreiben entscheidend auf den Umgang der Kinder mit dem Internet auswirken können, da sich hinter der bunten Aufmachung bzw. der Bildsprache der Startseiten von Kinderwebsites zumeist Einzelseiten mit viel Text verbergen (vgl. Feil/Decker/Schön 2001, S. 80 ff.).

Kinder mit zumindest etwas Interneterfahrung aus München und Umgebung wurden einerseits über eine Zeitungsannonce, andererseits über Handzettel in der Kinder- und Jugendbibliothek gesucht. Darüber hinaus wurden Mitarbeiterinnen und Mitarbeiter medienpädagogisch betreuter Internetcafés und Projekte, Lehrkräfte unterschiedlicher Schularten sowie das Schulreferat der Stadt München, Abteilung Kindergärten und Horte, gezielt nach potentiellen Interessenten angesprochen. Aufgrund der geplanten Eltern- bzw. Familieninterviews wurde von vornherein ausgeschlossen, Kinder aus dem Kreis der eigenen Verwandten, Bekannten oder Berufskollegen an der Untersuchung zu beteiligen. Um sowohl die Kinder als auch deren Eltern zur Teilnahme an der langfristig angelegten Studie zu motivieren, wurde pro Erhebungsphase eine Aufwandsentschädigung von 25 Euro für die Kinder, 25 Euro je Interview für die Eltern und für die Erzieherinnen bzw. Horte angeboten.

Auf die Zeitungsannonce meldeten sich drei Mütter, zwei davon entschieden sich, an der Studie teilzunehmen. Die Lehrkräfte fragten jeweils in ihrer Klasse, welche interneterfahrenen Kinder Lust hätten, an der Studie teilzunehmen, und händigten diesen die Informationen für die Eltern aus; die weiteren Absprachen erfolgten dann zwischen den Projektmitarbeitern, den Eltern und den Kindern. Neun Kinder konnten auf diesem Weg zur Teilnahme motiviert werden. Mit dem Schulreferat München wurde aufgrund der geplanten Zusammensetzung des Samples vereinbart, die Untersuchung mit ausgewählten Kindern auf vier Horte in unterschiedlichen Stadtteilen zu beschränken. Von der zuständigen Referentin wurden Erzieherinnen aus Einrichtungen angesprochen, die aufgrund ihrer Beteiligung an einem kommunalen Internetprojekt mit Kindern über einen Computer mit Internetanschluss verfügten. Die Erzieherinnen schlugen dann die Kinder vor, die sich an der Untersuchung beteiligen sollten. Ihre Vorschläge fußten auf folgenden Kriterien: Förderung eines benachteiligten Kindes, Zeitbudget des Kindes während des Hortaufenthaltes und Verbleibdauer im Hort (da sich die drei Beobachtungsphasen über ein Jahr erstrecken würden). Und implizit spielte auch das Geschlecht des Kindes eine Rolle, denn von den sieben Kindern, die auf diesem Weg an der Untersuchung teilnahmen, waren sechs Mädchen. Schließlich beteiligte sich an der Studie eine Gruppe von drei Kindern aus einem medienpädagogischen Projekt, wobei aus erhebungstechnischen Gründen nur eines davon in die Einzelfallanalyse einbezogen werden konnte.

2.6 Zusammensetzung des Samples

An der Studie nahmen elf Mädchen und sieben Jungen teil. Zum Zeitpunkt des Beginns der 1. Beobachtungsphase (Februar 2002) waren die jüngsten Kinder 5 Jahre und die ältesten 11 Jahre alt. Im Einzelnen war die Altersverteilung wie folgt: Der Altersgruppe der 5- bis 6-Jährigen waren zwei Fälle zuzuordnen, ein Mädchen und ein Junge. Zwei Mädchen gehörten der Altersgruppe der 7- bis 8-Jährigen an. Zu den 9-Jährigen zählten fünf Kinder, drei Mädchen und zwei Jungen. Die 10- bis 11-Jährigen bildeten mit neun Fällen, fünf Mädchen und vier Jungen, die größte Altersgruppe. Der Altersverteilung bzw. „Schulkarriere" entsprechend, konnten zwei der Kinder noch gar nicht lesen und zwei waren zu den Leseanfängern zu zählen. Die Lesefertigkeit der anderen vierzehn

Kinder war einerseits nach Klassenstufe unterschiedlich entwickelt, andererseits zeichneten sich individuelle Unterschiede in den Lese- und Schreibfertigkeiten ab.

Tabelle 3: Zusammensetzung des Samples nach Lesefertigkeit

Alter[1)]	Kita/Schule	Kriterium	Anteil	Fälle nach Alter
5 Jahre	Vorschule 2 Kinder	⇒ Leseunkundige	4 Kinder	5- bis 6-Jährige = 2
6 Jahre				
7 Jahre	Grundschule 10 Kinder	⇒ Leseanfänger		7- bis 8-Jährige = 2
8 Jahre				
9 Jahre		⇒ Leser	14 Kinder	9-Jährige = 5 10- bis 11-Jährige = 9
10 Jahre				
11 Jahre	HS/RS/Gym. 6 Kinder			

1) Alter zum Zeitpunkt des Untersuchungsbeginns. Alle Kinder haben während der Studie die nächste Alterstufe erreicht, so dass der Altersrange letztlich von 5 bis 12 Jahre reichte.

Gegenüber der geplanten Zusammensetzung des Samples waren die Mädchen überrepräsentiert. Der Anteil der Leseunkundigen und Leseanfänger war im Verhältnis zu den Lesern geringer, dies lag vor allem daran, dass auf den gewählten anonymen Wegen keine jüngeren interneterfahrenen Kinder für die Teilnahme an der Studie gefunden werden konnten. Dieser Umstand ist nicht verwunderlich, da nach den Ergebnissen von quantitativen Umfragen zum Zeitpunkt der Rekrutierungsphase der Anteil der Kinder mit Interneterfahrungen bei den unter 9-Jährigen noch verschwindend gering war, etwa 3% der Altersgruppe waren mindestens einmal im Monat im Internet (vgl. Institut für Jugendforschung 2001, S. 17).

In der folgenden Tabelle sind die sozialstatistischen Daten zu den Kindern, nach den Angaben aus den Elterninterviews, zusammengefasst (vgl. Kap. 3 sowie Anhang III, S. 246 ff.).

Tabelle 4: Soziodemographische Merkmale der beobachteten Kinder

Name	Alter	Kindergarten/ Schule	Geschwister	Lese-fertigkeit	Internet-zugang	Bildungs-/ Einkommens-status der Eltern	Schichtzuordnung
Tim	5 Jahre	Kindergarten	keine Geschwister	keine	zu Hause	mittlerer Bildungsstatus niedriges Einkommen	untere Mittelschicht
Martina	5 Jahre	Kindergarten	keine Geschwister	keine	zu Hause Hort	niedriger Bildungsstatus mittleres Einkommen	mittlere Mittelschicht
Hülya	8 Jahre	Grundschule 2. Klasse	vier Geschwister	gering bilingual	Hort	niedriger Bildungsstatus niedriges Einkommen	Unterschicht
Miriam	8 Jahre	Grundschule 3. Klasse	zwei Geschwister	gering	zu Hause Hort	mittlerer Bildungsstatus hohes Einkommen	mittlere Mittelschicht
Jasmin	9 Jahre	Grundschule 3. Klasse	keine Geschwister	mittel	Hort	mittlerer Bildungsstatus niedriges Einkommen	untere Mittelschicht
Karin	9 Jahre	Grundschule 3. Klasse	ein Geschwister	gering	Hort	keine Angaben niedriges Einkommen	Unterschicht
Lena	9 Jahre	Grundschule 3. Klasse	ein Geschwister	mittel	zu Hause	hoher Bildungsstatus hohes Einkommen	obere Mittelschicht
Faruk	9 Jahre	Grundschule 3. Klasse	ein Geschwister	mittel bilingual	zu Hause Hort	mittlerer Bildungsstatus niedriges Einkommen	untere Mittelschicht
Tobias	9 Jahre	Grundschule 3. Klasse	ein Geschwister	gering	zu Hause	mittlerer Bildungsstatus mittleres Einkommen	mittlere Mittelschicht
Markus	10 Jahre	Sonderschule 3. Klasse	ein Geschwister	gering	Projekt	keine Angaben niedriges Einkommen	Unterschicht
Ulrike	10 Jahre	Grundschule 4. Klasse	ein Geschwister	mittel bilingual	zu Hause Hort	mittlerer Bildungsstatus mittleres Einkommen	mittlere Mittelschicht
Silke	10 Jahre	Grundschule 4. Klasse	ein Geschwister	mittel	zu Hause	mittlerer Bildungsstatus mittleres Einkommen	mittlere Mittelschicht
Nadine	11 Jahre	Gymnasium 5. Klasse	ein Geschwister	hoch	zu Hause	hoher Bildungsstatus hohes Einkommen	obere Mittelschicht
Theresa	11 Jahre	Gymnasium 5. Klasse	keine Geschwister	hoch	zu Hause	mittlerer Bildungsstatus hohes Einkommen	mittlere Mittelschicht
Valerie	11 Jahre	Gymnasium 5. Klasse	drei Geschwister	hoch	zu Hause	hoher Bildungsstatus hohes Einkommen	obere Mittelschicht
Jan	11 Jahre	Gymnasium 5. Klasse	ein Geschwister	hoch	zu Hause	mittlerer Bildungsstatus mittleres Einkommen	mittlere Mittelschicht
Lukas	11 Jahre	Gymnasium 5. Klasse	ein Geschwister	hoch	zu Hause	mittlerer Bildungsstatus mittleres Einkommen	mittlere Mittelschicht
Christian	11 Jahre	Realschule 5. Klasse	keine Geschwister	mittel	zu Hause	mittlerer Bildungsstatus mittleres Einkommen	mittlere Mittelschicht

Anmerkung: Der *Bildungsstatus* der Eltern ist kombiniert aus dem Bildungsabschluss und der zum Zeitpunkt der Erhebung ausgeübten Berufstätigkeit der Eltern (Vater/Mutter). Der *Einkommensstatus* ergibt sich aus dem abgefragten Haushaltsnettoeinkommen der Familien (niedriges Einkommen: bis unter 1.250 Euro; mittleres Einkommen: 1.250 Euro bis unter 2.500 Euro; hohes Einkommen: 2.500 Euro bis 4.500 Euro und mehr). Die *Lesefertigkeit* ist definiert als Fähigkeit, einem Text die wesentlichen Informationen zu entnehmen.

Es fällt auf, dass die Kinder in unserer Studie, die nur im Hort Zugang zum Internet hatten, meist in Familien auf niedrigem Einkommensniveau lebten. Erwähnenswert ist mit Blick auf die Einzelfallanalysen, dass fünf der beobachteten achtzehn Kinder in Familien mit einem alleinerziehenden Elternteil lebten; mit Blick auf den Erwerb von Internetkompetenzen, dass fünf der Kinder Einzelkinder waren und von den dreizehn Geschwisterkinder sechs ältere Geschwister hatten.

2.7 Datenauswertung und Darstellung der Ergebnisse

Die Auswertung aller Erhebungsmaterialien erfolgte auf qualitativ-interpretativem Weg.

Die narrativ geführten, mit Tonband aufgezeichneten problemzentrierten Interviews mit den Eltern und Erzieherinnen wurden transkribiert und entlang der Leitfadenthemen – Erfahrung mit dem Internet, pädagogische Erwartungen, Internetnutzung der Kinder, Internetkompetenz der Kinder, Gefährdungsaspekte und technische Ausstattung – gruppiert. Die Sichtweisen und Auskünfte der Eltern und Erzieherinnen sind derart gebündelt quer über alle Fälle als Rahmenbedingungen des Internetalltags der Kinder in Kapitel 3 dargestellt.

Die biographischen Daten der Kinder wurden in Kurzporträts zusammengefasst und den deskriptiven Beobachtungsergebnissen in einem eigenen Abschnitt (Kapitel 4) vorangestellt. Die typisierende Beschreibung der Kinder wurde – den qualitativen Auswertungsverfahren entsprechend (vgl. Mayring 1996, S. 105 ff.) – nach vorher festgelegten Kriterien vorgenommen. Im vorliegenden Fall wurde die Lesekompetenz zu Grunde gelegt, die hier die Lesefertigkeiten und Freude am Lesen umfasst, die die Kinder während ihrer Internetbesuche zeigten. Darüber hinaus flossen die alters- und geschlechtsspezifischen Unterschiede in den PC- und Interneterfahrungen der Kinder in die Typisierung mit ein. Der ergänzende „Culture Fair Intelligence Test (CFT)" wurde nach den standardisierten Testvorgaben ausgewertet und mit den normierten Alterstabellen verglichen. Da die Ergebnisse wenig differenzierten, befindet sich eine zusammenfassende Darstellung im Anhang (S. 243-246). Die wenigen Auffälligkeiten bei einzelnen Kindern wurden diskutiert und bei der Interpretation ihres Internetverhaltens berücksichtigt.

Der Schwerpunkt der Auswertungsarbeiten lag schließlich auf den audiovisuell aufgezeichneten Beobachtungen der Internetbesuche der Kinder. Methodologisch betrachtet, handelt es sich bei den Filmdokumenten um sogenannte „natürliche Protokolle", die im Oevermann'schen Sinne (2002) „unintelligente" und „semantisch unselektive" Aufzeichnungen sind. Sie wurden mit nicht-standardisierten Techniken über Video- und Bildschirmmitschnitt erhoben und weisen damit keinerlei „Verdichtung" auf. Dies bedeutet, auch wenn der Beobachter an den Internetbesuchen der Kinder beteiligt war und diese in verschiedenen Situationen strukturierte oder beeinflusste, so wurden doch keine interpretativ analytischen Vorleistungen durch den Forscher während der Phase der Datenerhebung erbracht. Umso schwieriger gestaltete sich die Datenauswertung, da das Handeln sowohl des Kindes als auch das des Beobachters im Rezeptionsprozess in seiner Bedeutung für die Interaktionsfolge analysiert werden musste.

Zur angewandten Erhebungsmethode lagen zum Untersuchungszeitpunkt noch keine exemplarischen Auswertungsverfahren vor. Anregungen zur Aufbereitung von teilnehmenden Beobachtungen in Mediennutzungskontexten fanden sich in den Arbeiten von Michael Charlton und Klaus Neumann (1990, S. 123 ff.), die ihr Material nach „Strategien der Rezeptionssteuerung" (Rezeptionsbeginn, Rezeptionsmodi, Distanzierungsformen, Initiative zur Beendigung, Anschlussgeschehen) analysierten. In Anlehnung an dieses Verfahren wurden die Interaktionen zwischen Kind, Computer und Beobachter einer „Sequenzanalyse" unterzogen. Dies gilt jedoch primär nur für die Datenaufbereitung, die als erster Analyseschritt zu verstehen ist. Denn bei der Interpretation der Daten wurde nicht nach dem rekonstruktionslogischen Verfahren in der Tradition der „Objektiven Hermeneutik" (Oevermann 2002) vorgegangen. Einerseits wäre der damit verbundene Aufwand im zeitlichen Rahmen des Projektes nicht zu leisten gewesen, andererseits wurde der „künstlichen" Beobachtungssituation entsprechend nicht nach der „latenten Sinnstruktur" im Internethandeln der Kinder gesucht. Das Forschungsinteresse war vielmehr auf den Umgang der Kinder mit dem Internet fokussiert, auf seine Modifikation durch die strukturellen Bedingungen der Rezeptionssituation, die den Beobachter mit einschließen, sowie auf die Mensch-Maschine-Interaktion. Dieser „einfachen" Fragestellung und dem neuen zu explorierenden „Forschungsgegenstand" entsprechend, konzentrierte sich das Auswertungsverfahren nach der Strukturierung des Materials auf die phänomenologische Analyse, genauer auf die detaillierte Beschreibung internetspezifischer Handlungsakte – Informationsverhalten, Selektionsstrategie, Kommunikation, Orientierungsverhalten, Suchstrategien – und zwar, soweit dies dem erwachsenen Forschenden möglich ist, aus der Perspektive der Kinder. Im Folgenden wird das Vorgehen näher skizziert.

Die Sequenzanalyse ermöglichte es, das Material in analysierbare Segmente zu zerlegen, genauer in Handlungsabschnitte aufzulösen. Beginn und Ende eines Handlungsabschnittes wurden jeweils durch Veränderungen in den personalen und sachlichen Bedingungen der Rezeptionssituation markiert und als „Szenenwechsel“ in Zeitabschnitten dokumentiert. So entstand die Ablaufstruktur der jeweiligen Beobachtungsstunde. Die audiovisuellen Dokumente wurden demnach nicht transkribiert, sondern in Ablaufprotokollen verschriftlicht (vgl. Tabelle 5, S. 94 f.). Vorgegangen wurde dabei nach dem unten skizzierten Schema, an dem entlang der Internetumgang der einzelnen Kinder analysiert wurde.

Schema der Sequenzanalyse der Beobachtungen

Bandlaufzeit: Maßstab für synchrone bzw. parallele Handlungsverläufe

Aufenthaltsdauer: Konzentration auf eine Website, Wechsel zu Unterseite und Dauer der Handlungssequenz

Webadresse und Rubrik (Links): Virtueller Handlungsort. Rezeptiver und/oder interaktiver Inhalt der Website

Verbale Interaktion zwischen Kind und Beobachter: Gespräche auf Website bezogen, Fragen des Kindes an den Beobachter, verbale Hilfestellungen, Aufforderungen des Beobachters u.ä.m.

Spielbegleitender Kommentar: Ausrufe, Selbstgespräche, Animismus (Kind-Maschine-Kommunikation)

Auf die Website bezogene Tätigkeit/Aktion des Kindes: Auseinandersetzung mit Inhalten, wie z.B. Spielen, Schreiben, Lesen. Internettechnische Aktionen, wie z.B. Navigieren, Blättern, Scrollen

Auf die Website bezogene Handlung des Beobachters: Praktische Hilfestellungen in Wort und Tat, gemeinsames Spielen, Vorlesen

Nonverbale Äußerungen des Kindes: Körperhaltung, Motorik, Gestik, Mimik. Nebenaktivitäten, wie z.B. Essen, Aufstehen, Umhergehen

Konnotation: Bewertung des emotionalen Befindens des Kindes in der Rezeptionssituation, wie z.B. Freude, Spaß, Langeweile, Ärger, Ungeduld

Situativer Kontext: äußere Anlässe für Handlungen, deren Unterbrechung oder Abbruch, wie z.B. Kind bringt Adresse mit, Telefon klingelt, andere Kinder kommen, zum Drucker-Gehen, Assoziationen hervorgerufen durch Gegenstände im Raum

Technische Schwierigkeiten: Störung bzw. Abbruch der Handlung, wie z.B. Computerabsturz, fehlende Plug-ins, technische Fehler auf der Website

Sonstiges: nicht Zuordenbares, Fehler des Beobachters, abweichende räumliche Besonderheiten

Um dem Kind als „Einzelfall“ möglichst gerecht zu werden und um zu vermeiden, dass sein Handeln unter generelle Vorannahmen subsumiert würde, war die Datenauswertung nicht von Hypothesen geleitet. Stattdessen wurde das skizzierte Schema zur Sequenzanalyse über intersubjektive Verständigung in mehreren Arbeitsschritten am Material entwickelt. Zunächst wurden grobe Verlaufsschemata über ausgewählte Beobachtungen erstellt und die „Gliederung“ der Beobachtungssituation anhand des Originalfilms diskutiert. Diese erste und „flüchtige“ Sichtung diente auch dazu festzustellen, welche Seiten von den Kindern überwiegend angesehen wurden, welche speziellen Interessen die Kinder im Internet verfolgten und welche alters- und geschlechtsspezifischen Besonderheiten zu bemerken sind. Nach mehreren exemplarischen Auswertungen und deren Diskussion bzw. nach der intersubjektiven Kontrolle der „Transkription“ wurden Wortlisten bzw. Wortfelder für jede Auswertungskategorie des Ablaufsprotokolls entwickelt, um die Interpretation nonverbaler Aktionen und die Konnotation der Handlungssituation kontrollierbar zu machen und zu vereinheitlichen.[47] Zur Veranschaulichung seien einige wenige Beispiele genannt.

- Für die Konnotation des emotionalen Befindens des Kindes während der Rezeption einer Website standen unter anderem die folgenden Adjektivreihen zur Verfügung: ruhig, gelassen, locker, entspannt, gelöst, erleichtert; unruhig, zappelig, ungeduldig, geschäftig, aufgeregt, lebhaft; angestrengt, angespannt, genervt, gestresst;
- für die Konnotation der Reaktion des Kindes auf das Geschehen auf dem Bildschirm unter anderem die Adjektivreihen: überrascht, verwundert, verwirrt, erschrocken sein; begeistert, erfreut, amüsiert, zufrieden sein;
- für die Konnotation des Umgangs mit Anforderungen auf der Website: souverän, selbstsicher, selbständig, vorwitzig, überheblich; schüchtern, verlegen, verunsichert, verkrampft, steif.
- Bei den auf die Website bezogenen unterstützenden Handlungen des Beobachters wurde z.B. unterschieden zwischen zeigen, helfen, eingreifen, übernehmen, vorgreifen, vorführen, stützen;
- bei den bedienungsrelevanten Interaktionen zwischen Beobachter und Kind z.B. zwischen diktieren (buchstabieren), instruieren, auffordern; Tipps geben, raten, vorschlagen, empfehlen, aufklären.

---

47 Wir möchten an dieser Stelle den studentischen Hilfskräften und externen Auswertern und Auswerterinnen danken, die die ersten Auswertungsschritte zwar nach Vorgaben der Projektmitarbeiter/-innen, aber zunächst ohne deren Beteiligung durchführten. Dadurch sollte das Auswertungsverfahren auf eine „objektivere“ Grundlage gestellt werden. In Erwägung zu ziehen war nämlich, dass die Projektmitarbeiter/-innen, die alle als Beobachter tätig waren, ihre eigene Rolle im Beobachtungsprozess nicht vorbehaltlos einschätzen würden. Zudem war zu befürchten, dass ihr emotionales Verhältnis zum Kind die Interpretation des Internetumgangs der Kinder beeinflussen könnte.

Tabelle 5: Sequenzanalyse – Ablaufprotokoll zum Auswertungsfilm

Lena (9 Jahre) ist auf der Website des SWR-Kindernetz und spielt das Ostereier-Spiel. Die Spielfigur ist ein Osterhase, mit dem Eier aufgefangen werden müssen, die von oben herunterfallen. Nur die bunten Eier sollen aufgefangen werden. Wird ein weißes Ei gefangen, dann gibt es einen Zeitabzug. Lena hat das Spiel vorher bereits zweimal gespielt, einmal im Modus „mittel“ und einmal „leicht“. Dauer: 2:01 Minuten.

Zeit	*URL Seite*	*Verbale Interaktion: Beobachter/Kind*	*Spielbegleitender Kommentar*	*Auf die Website bezogene Tätigkeit/Aktion des Kindes*	*....des Beobachters*	*Nonverbales/ Was macht das Kind nebenbei*	*Emotionen des Kindes*	*Anderes:: Situation*	*Technische Schwierigkeiten*	*Sonstiges*
12:21	Ostereier-Spiel: Modus „schwer“		Lena: „Guck, guck.“	Lena klickt mit der Maus auf Start.					Das Spiel lädt relativ langsam.	Bei dieser Beobachtung ist ein Kameramann anwesend, also drei Personen im Raum.
		B.: „Oh, das ist schwer.“ Lena zustimmend: „Ja, und die bunten. Die weißen sind immer ganz nah bei den bunten, und das ist so schwer.“		Spielt das Spiel. Sie bedient mit den beiden Zeigefingern die Pfeiltasten und bewegt so die Spielfigur.		Geht mit beiden Händen zu den Pfeiltasten.	Lena ist lebhaft und aufgeregt.	Spielgeräusche: auf den Boden klatschende Eier etc.		
			B. lobt: „Toll machst du's!“							
		Lena stöhnend: „Drei weiße!“ B. weist hin: „Aber guck mal jetzt hier, kommen viele bunte, schnell!“	Lena: „Neeiiinn, Scheiße!“ B. lacht. Lena: „Weg da!“	Lässt bunte Eier auf den Boden fallen.	Zeigt mit dem Finger auf den Bildschirm.		Lena ist aufgeregt.			
			Lena: „So, dann. Halt! Dann bleib ich halt so!“	Lässt die Spielfigur an einer Position stehen.						
			Lena jammert: „Scheiße. Jetzt halt.“	Bewegt die Spielfigur wieder und lässt ein Ei knapp auf den Boden klatschen.			Lena ist ratlos.			
						Nimmt kurz eine Hand von der Tastatur.	Lena ist auferegt.			
	Spiel ist aus, Punktestand blendet sich ein		Lena: „Nein. Uh, nein!“ B: „Das war gut!“	Fängt mehrere bunte Eier.						
		Lena: „13 Punkte, 0 weiße.“ B.: „Nicht schlecht!“					Lena ist stolz.			

13:26	Ostereier-Spiel: Modus „leicht“	Lena: „Jetzt mach ich dann wieder leicht.“		Klickt auf „leicht“.		Ergreift die Maus	Lena ist gelassen.		Das Spiel lädt wieder eher langsam.	
		Lena zum B.: „Zur Erholung, mache ich jetzt leicht.“		Klickt mit der Maus auf Start.		Geht mit beiden Händen zu den Pfeiltasten.	Lena ist sicher, dass sie das Spiel schafft.			
		Lena: „Aber da muss ich jetzt ganz viele schaffen. Vorhin hatte ich bei ‚leicht‘ am wenigsten.“ Kurz überlegend: „Ja, weil die auch langsamer fallen, ist klar.“		Spielt das Spiel. Bedient wieder mit beiden Zeigefingern die Pfeiltatsten und bewegt so die Spielfigur von links nach rechts.		Kratzt sich kurz mit einer Hand an der Schläfe. Legt dann den Zeigefinger wieder auf die Pfeiltasten.				
			Lena zum Computer: „Hallo Weißes, könntest du bitte weggehen, damit ich dich nicht erwisch?“							
		Lena: „Das ist jetzt so leicht.“ B.: „Aber (der Modus) ‚mittel‘ war nicht schlecht, oder?“ Lena: „Ja.“				Lena schaut kurz Richtung Kamera.				Kameramann geht aus dem Zimmer.
		B.: „Ich geh mal kurz gucken, wie viel Zeit wir noch haben.“ Lena: „Ja, o.k.“	Lena: „So!“	Hat keine Probleme die Eier zu fangen.		Schaut kurz zur Kamera.		B. geht zur Kamera, pürft die Bandlaufzeit.		
				Spielt weiter und bewegt ganz ruhig die Spielfigur.		Lehnt sich im Stuhl zurück.	Lena ist gelassen.			Das Level „leicht“ scheint etwas zu leicht für Lena zu sein.
14:22 Ende		B. weist hin: „Die Zeit ist gleich zu Ende.“				Fängt an zu pfeifen und schaut kurz zum B.	Lena ist gut gelaunt und entspannt.	B. kommt zurück, setzt sich wieder hin.		

Die Videoaufzeichnug endet hier. Auf der Screen-Aufzeichnung ist zu sehen, dass das Ostereier-Spiel im Modus „leicht“ noch zu Ende gespielt wird (Ergebnis: 8 bunte Eier und 0 weiße). Das Spiel wird dann nochmal gestartet, dieses Mal im Modus „mittel“. Nach kurzer Zeit wird das Spiel dann aber abgebrochen. Das Browserfenster (SWR-Kindernetz) wird mit einem Mausklick auf den rechten oberen Schließbutton geschlossen Danach werden die sieben anderen offenen Browserfenster auf die gleiche Art geschlossen. Eventuell sind die vielen geöffneten Browserfenster Grund für die langen Ladezeiten.

Durch die Strukturierung der Interpretation war es möglich geworden, die Auswertung auf die Strategien der Rezeptionssteuerung des Kindes zu konzentrieren und dabei zugleich die Rolle des Beobachters mit zu berücksichtigen.

Nach der Auswertung einer Beobachtungswelle wurde jeweils ein zusammenfassendes Protokoll zum einzelnen Kind erstellt, und zwar über seine Internetpräferenzen, seinen instrumentellen Internetumgang, sein emotionales und kognitives Engagement sowie über seine Motivation und Aufmerksamkeit während der Internetbesuche.

In einem weiteren Auswertungsschritt wurden schließlich „visuelle Ankerbeispiele" ausgewählt, die für eine vergleichende Analyse der Rezeption von Internetinhalten durch verschiedene Kinder geeignet waren (z.B. Rezeption von Cheats). Schließlich wurden die Dokumente über die Beobachtungsphasen hinweg nach Veränderungen bzw. Lernzuwächsen beim Internethandeln der Kinder und nach typischen Internetnutzungsmustern der Kinder analysiert.

Für die Darstellung der Ergebnisse zum Internetumgang der Kinder wurde die lesbarere zusammenfassende Form, strukturiert nach internetspezifischen Rezeptionsanforderungen, über alle Fälle hinweg gewählt (Kapitel 5). Die beobachteten Internetaktivitäten und Kommentare der Kinder sind als Beispiele eingearbeitet, sie sind jedoch nicht als Bebilderung der Ergebnisse zu verstehen. Die Beispiele haben – insbesondere vor dem Hintergrund der vorgefassten Meinungen zur Internetkompetenz von Kindern – erklärenden Charakter. Im zusammenfassenden Kapitel 6 geht es schließlich darum, an die Befunde zu den altersspezifischen Hürden der Internetnutzung der Kinder anzuknüpfen und Hinweise zu geben, wie die Internetkompetenz der Kinder gefördert werden kann.

3 Die Rolle der digitalen Welt im Alltag der Kinder: Ergebnisse aus der Eltern- und Erzieherinnenbefragung

3.1 Fragestellung und Methode

Bei den Eltern und Erzieherinnen der Kinder wurden über Leitfadeninterviews (vgl. Anhang) Daten erhoben, und zwar

- zur Internetausstattung und Internetnutzung in der Familie bzw. im Hort,
- zur Internetnutzung und zur Internetkompetenz der Kinder,
- zu ihren Beobachtungen zum Internetumgang der Kinder,
- zu ihren pädagogischen Erwartungen an die Internetnutzung von Kindern,
- zu ihrer Einschätzung der öffentlichen Diskussion über die Chancen und Risiken der Internetnutzung für Kinder sowie
- sozialstatistische Daten zum Familienstand, zur Familiengröße, zu Bildungsabschlüssen und Berufstätigkeit der Eltern und zum Haushaltseinkommen bzw. zu den Rahmenbedingungen im Hort.

Durchführung: Die Leitfadeninterviews mit den Eltern und Erzieherinnen der achtzehn Kinder, die an der qualitativen Studie beteiligt waren, wurden in den Familien und Betreuungsinstitutionen sowie auf Wunsch im Deutschen Jugendinstitut durchgeführt, mit Tonband aufgezeichnet und transkribiert. Das „Familieninterview" wurde meist nur mit der Mutter geführt, in sieben Interviewsituationen waren auch die Kinder am Gespräch beteiligt. Nur in einem Fall waren beide Elternteile zugegen, dreimal wurde das Interview vom Vater gegeben und zweimal wurden beim Vater telefonisch Ergänzungen zum Interview der Mutter eingeholt. Über zwei von vier Kindern, die ausschließlich in der Betreuungseinrichtung Internetzugang hatten, liegen nur Interviews der Erzieherinnen vor; insgesamt wurden fünf Erzieherinnen und ein Erzieher interviewt. Die meisten Eltern argumentierten, obwohl sie zu ihrem an der Untersuchung teilnehmenden Kind befragt wurden, aus der Perspektive der gesamten Familie. Analoges gilt für die Erzieherinnen, die über die Kinder in ihrer Gruppe berichteten. Fast alle Eltern glaubten, ein Interview über ihr „Kind im Internet" nicht bewältigen zu können, weil sie selbst über das Internet zu wenig wüssten. Zum Teil traf dies – vor allem bei den technischen Fragen – auch zu.

Alle Eltern der Kinder mit heimischem Internetzugang und alle Erzieherinnen wurden zwei Mal befragt, nämlich zu Beginn der ersten und zu Beginn der zweiten Beobachtungsphase des einzelnen Kindes. Während das erste Gespräch über die oben genannten Themen ging, standen im zweiten Interview potentielle Veränderungen in der Internetausstattung der Familien und Horte sowie potentielle Veränderungen im Internetverhalten des Kindes im Mittelpunkt. Die durchschnittliche Dauer des Einstiegsinterviews betrug etwa 1,5 Stunden, die des Ergänzungsinterviews knapp 30 Minuten. Zwischen den beiden Befragungszeitpunkten lagen mindestens sechs Monate; die befragten Personen waren jeweils identisch.

Auswertung: Die Informationen, die Eltern und Erzieherinnen gegeben haben, wurden nach den verschiedenen Fragebereichen ausgewertet und thematisch gebündelt über die Fälle hinweg dargestellt. Dies schmälert den Einblick in die Bedingungen und Voraussetzungen der Internetnutzung der untersuchten Kinder nicht, ermöglicht es jedoch, dem Persönlichkeitsschutz der Kinder, der sich bei Einzelfallanalysen sehr schwierig gestaltet, zumindest in seinen Minimalanforderungen zu genügen. Die dargestellten Ergebnisse sind auch dann, wenn verallgemeinernde Schlüsse aus den Interviews gezogen werden, nicht als repräsentative Aussagen im Sinne der Statistik misszuverstehen. Die Zitate aus den Eltern- (z.B. Interview 03) und Erzieherinneninterviews (z.B. Interview 03 Hort) wurden nach den laufenden Nummern der Einzelfälle bzw. der Kinder gekennzeichnet.

3.2 Internetumgebung in Familien und Horten

3.2.1 Wie und warum der Internetzugang ins Haus kam

Die meisten Familien, deren Kinder ab Februar 2002 an unserer Untersuchung teilnahmen, hatten ihren Internetanschluss in den Jahren 1999 und 2000 angeschafft. Der Beschaffungszeitraum fällt demnach in die Phase, in der die höchsten Zuwachsraten bei den Online-Anschlüssen in Privathaushalten in Deutschland verzeichnet wurden (vgl. Kapitel 1.1.1).

Auch den beteiligten Horten wurde zu dieser Zeit von der Stadt München ein Internetzugang zur Verfügung gestellt. Zu Beginn der Beobachtungsstudie hatten die Familien im Durchschnitt seit ca. 1,5 Jahren einen Internetanschluss. Die Extremwerte lagen allerdings weit auseinander: Zwei Familien waren mit vier Monaten bzw. sieben Monaten am kürzesten, eine Familie mit acht Jahren am längsten online. Die Horte waren bereits seit ca. 2,5 Jahren am Netz.

Bei den Familien der vier Kinder, die ausschließlich im Hort Zugang zum Internet hatten, waren für die Computer- und Internetabstinenz der Eltern einerseits finanzielle Gründe ausschlaggebend, andererseits betonte eine der Mütter, die Geräteausstattung sei mit Blick auf das Alter ihrer neunjährigen Tochter und deren Grundschulbesuch „noch nicht nötig" (Interview 04). Ihre Ansicht wird vermutlich von vielen Eltern mit jüngeren Kindern geteilt. Denn quantitative Studien zeigen, dass erst nach dem Übergang des Kindes von der Grundschule in die Sekundarstufe die Motivation der Eltern steigt, einen auch internetfähigen Computer *speziell für ihre Kinder* zu beschaffen.[48]

Nach den Angaben der von uns befragten Eltern wurde nur in zwei Familien ein Computer mit Internetzugang wegen der Kinder gekauft. Die Elternteile zweier Kinder hoben die „Doppelfunktion" des Internetanschlusses hervor, er wurde für die eigene Arbeit, aber auch für das Kind beschafft. In vier Fällen waren ausschließlich berufliche Gründe der Eltern, in drei das private Interesse eines Elternteils ausschlaggebend. Nur einmal wurde aus der Perspektive der ganzen Familie argumentiert: „Warum haben wir das Internet angeschafft? Letztlich war es eigentlich fast ein allgemeines Familieninteresse. Also ich wollte es für mich, auch aus beruflichen Gründen, also nicht zum Vergnügen. Und für mich war es noch nicht mal so dringend, weil ich es an meinem Arbeitsplatz schon hatte. Meine Frau wollte es, weil sie Lehrerin ist und eben auch einfach einen Zugang haben und Sachen nachschauen wollte, wenn sie sich zu

48 Hinzuweisen ist in diesem Zusammenhang auf die KidsVerbraucherAnalyse 2002: Einen eigenen PC besaßen im April 2002 6,4% der 6- bis 9-Jährigen, aber 22,4% der 10- bis 13-Jährigen. Einen Internetanschluss hatten 1,3% der jüngeren, aber 14,0% der älteren Kinder (Egmont Ehapa Verlag 2002). Diese Tendenz, einen Computer etwa ab dem 12. Lebensjahr des Kindes zu beschaffen, ist auch den Daten des Hans-Bredow-Instituts zu entnehmen (Krotz u.a. 1999). In der KIM-Studie 2002 gaben 13% der Mütter der 6- bis 13-Jährigen an, dass ihr Kind einen eigenen Computer besitzt, und 5%, dass ihr Kind über einen eigenen Internetanschluss verfügt (Medienpädagogischer Forschungsverbund Südwest 2002).

Hause vorbereitet. Die Kinder wollten es, weil eben andere das auch haben, und weil sie halt letztlich auch dabei sein wollten" (Interview 08).

Während in dieser einen Familie der Vater von Mutter und Kindern so lange „getriezt" wurde, bis er endlich die Entscheidung fällte, das alte Gerät durch einen internetfähigen Computer zu ersetzen, nahm in einer anderen Familie der älteste, fast erwachsene Sohn Einfluss auf die Kaufentscheidung. In vier Fällen ergriffen die Mütter, in sechs Fällen die Väter die Initiative.

3.2.2 Internet-Infrastruktur in den Familien und Institutionen

Fast alle Familien gingen über die ISDN-Verbindung ins Netz, eine Familie nutzte den Analog-, eine andere den T-DSL-Anschluss. Neun der Familien nahmen den Online-Dienst der Telekom und jeweils eine Familie den von AOL, M-Net, Mobilcom, Otello bzw. Arcor in Anspruch. Drei Familien hatten bereits einen Pauschalvertrag über die Online-Kosten (Flatrate) abgeschlossen und eine Familie diskutierte darüber; es handelte sich hier um Haushalte, die ein Büro unterhalten und/oder in denen drei und mehr Kinder – zumeist ältere Geschwister – leben. Zwei der Familien mit Pauschalvertrag hatten mehrere miteinander vernetzte internetfähige Computer. Die Flatrate wurde besorgt, weil sich die Online-Zeiten zur „Kostenfrage" entwickelten, d.h. weil „sie sich rechnet" (Interview 17). Alle anderen Familien zahlten Gebühren nach anfallenden Online-Zeiten, die sich nach den Elternauskünften nicht immer, aber meist noch in einem vertretbaren finanziellen Rahmen hielten: „Nö, also wie gesagt, wir surfen, wann wir Lust haben und da wird nicht geguckt, ob man eine Stunde drin ist oder drei, also da wird kein Pensum gesetzt, also so und so viel im Monat. Gerade, wie man halt aufgelegt ist" (Interview 15).

Nur zwei Mütter erwähnten, dass ihnen die Internetnutzung generell zu teuer ist: Eine Mutter reichte ihr Modem aus Kostengründen an ihren „Ex-Mann" weiter, bei dem dann das gemeinsame Kind das Internet regelmäßig nutzen konnte, eine andere Mutter schränkte die Frequenz und Dauer der Internetbesuche ihrer Kinder erheblich ein. In einer anderen Familie relativierten sich dagegen die Kosten für die Online-Zeiten an jenen fürs Telefonieren: „Ja, es ist noch erträglich, die Telefonrechnung der Mädchen ist da mehr das Thema" (Interview 12).

Auf den Familiencomputern war in der Regel das Portal des Online-Anbieters als Startseite installiert, nur in drei Fällen war eine Suchmaschine (MetaGer, Lycos, Google) als Einstiegsseite in den Browser eingegeben worden. Bei der Browser-Software hatten fast alle Familien auf die Windows-Standardausstattung (Internet Explorer) zurückgegriffen, drei Familien verwendeten eine ältere Netscape-Version. Alle Familien mit Internetzugang verfügten über eine E-Mail-Adresse und nutzten diese auch, jedoch hatten nur drei Eltern für ihre Kinder eine eigene Adresse eingerichtet. Drei der befragten Familien unterhielten aus geschäftlichen Gründen eine Homepage.

Die vier Horte waren mit einem ISDN-Anschluss ausgestattet und gingen über den kommunalen Bildungsserver ins Netz. Aus der Internetnutzung resultierten für die Institutionen keine zurechenbaren Sachkosten, da von der Kommune Online-Zeiten im Umfang von zwei Stunden pro Tag zur Verfügung gestellt wurden. Um Überlastung zu vermeiden, sollten diese möglichst erst nach Beendigung des Schulunterrichts ab 13.00 Uhr in Anspruch genommen werden. In den vier Horten wurde der gängige Browser Internet Explorer verwendet, als Startseite war während des Erhebungszeitraums die Website des kommunalen Projektes der Stadt München „MuLa – MultimediaLandschaften für Kinder" installiert.[49] In der fünften Einrichtung, die über einen Computerraum für Kinder und Jugendliche verfügte, wurden die Online-Zeiten nach Dauer bezahlt. Dort wurden die neuesten Versionen sowohl von Internet Explorer als auch Netscape verwendet, auf den drei Computern waren zum Untersuchungszeitpunkt unterschiedliche Startseiten eingerichtet, nämlich google.de, web.de und für die Jugendlichen Arbeitsamt.de.

Zwei der Einrichtungen unterhielten eine Homepage, wobei eine davon nicht nur der Elterninformation, sondern auch als Plattform für die Internetbesuche der Kinder in Hort und Familie dienen sollte. Selbstverständlich hatten alle Betreuungseinrichtungen auch eine E-Mail-Adresse, im Zusammenhang mit den Internetaktivitäten der Kinder kam sie jedoch äußerst selten bzw. nicht mehr zum Einsatz.

Alle Pädagoginnen bekamen technische Hilfe nach Bedarf, Fehlfunktionen wurden von externem Personal spätestens innerhalb einer Woche behoben und neue Programme oder Plug-ins nach Wunsch installiert,

---

49 Das Projekt „MuLa – Multimedia Landschaften für Kinder" wird von SIN – Studio im Netz (http://www.sin-net.de) im Auftrag des Schul- und Kultusreferats der Landeshauptstadt München (http://www.musin.de) seit 1997 durchgeführt. Informationen zum Projekt sind veröffentlicht unter: http://www.mula.muc.kobis.de.

ein Service, von dem die meisten Eltern nur träumen konnten. Traten in den Familien technische Schwierigkeiten auf, dann dauerte es u. U. Monate, bis diese behoben waren (vgl. 3.7).

3.2.3 Standort des PCs und Zugriff der Kinder auf das Internet

Der Computer – so auch das Internet – ist kein Familienmedium, sondern eher ein häuslicher Arbeitsplatz. Nur wenn es keine anderen räumlichen Möglichkeiten gab, hatten die Eltern den Computer im Wohnzimmer – in einer Arbeitsecke – aufgestellt, ansonsten war sein Standplatz in einem abgetrennten Nebenraum, im Büro bzw. Arbeitszimmer, „Schlaf-Büro", Keller oder Gästezimmer. Die Platzwahl für den Computer weist bereits darauf hin, dass die Beschäftigung mit dem Internet eine individualisierte Aktivität der Familienmitglieder ist. Dennoch war in keinem der Haushalte der Zugang zu Computer und Internet für die einzelnen Nutzer zeitlich in irgendeiner Weise festgelegt; die befragten Eltern sahen hier auch keinen Regelungsbedarf: „Regeln? Nein! Um Gottes willen, nein, das haben wir nicht eingeführt" (Interview 15). Diente der Internetzugang (auch) beruflichen Zwecken, dann musste er „jederzeit zugänglich sein" und die geschäftliche Nutzung, insbesondere das Abrufen und Versenden von E-Mails, hatte Priorität.

Der freie Zugang zum Internet wurde dann schließlich doch relativiert, wenn es nicht um die „Familienregeln" im allgemeinen, sondern um die Möglichkeiten des Internetzugriffs der doch relativ jungen Kinder ging, die an der Studie beteiligt waren. Manche Mütter gaben an, dass ihre Kinder um Erlaubnis fragen müssen, bevor sie ins Internet gehen. Eine Mutter teilte ihrem Kind das Passwort zum Online-Zugang nicht mit. Die meisten behaupteten, beim Internetbesuch ihrer Kinder immer anwesend bzw. in Blickkontakt mit dem Geschehen am Computer zu sein. Die beiden Vorschulkinder, die an unserer Studie beteiligt waren, benötigten aufgrund ihres Alters ohnehin die Unterstützung ihrer Eltern: „Ja, alleine, das geht nicht. Kennwort, Passwort, ganz alleine ganz ohne Aufsicht, das geht auch noch nicht" (Interview 02).

In den Horten waren Standort des PCs und Zugriff auf das Internet aufs engste miteinander verknüpft. In einem Hort war der Internetzugang im Büro installiert und folglich für die Kinder ausschließlich in unmittelbarer Begleitung durch die Erzieherin zugänglich. In einem anderen Fall konnten die Hortkinder das Internet des Kindergartens, der sich ein Stockwerk tiefer befand, nach Absprache mitbenutzen. In zwei Horten stand der Computer mit Internetzugang neben anderen PCs im zum Gruppenraum gehörenden Nebenzimmer und war dadurch für die Kinder im Prinzip jederzeit verfügbar. In der anderen außerschulischen Betreuungseinrichtung war ein Computerraum mit vier vernetzten PCs vorhanden, von denen drei internetfähig waren. Dort wurden von einer Medienpädagogin für Kleingruppen an einem Nachmittag pro Woche Internetaktivitäten angeboten, an den anderen Tagen erhielten die Kinder nach individueller Anmeldung Zugang zu den PCs. In den außerschulischen Einrichtungen waren die Internetbesuche der Kinder je nach Standort der PCs entweder als Projekte, Arbeitsgemeinschaften oder frei zugängliches Angebot organisiert. Die Erzieherinnen erklärten in jedem Fall, bei den Internetbesuchen der Kinder immer anwesend zu sein und dass vor unbefugten, vielmehr unbeaufsichtigten Zugriffen das Passwort schütze, das nicht gespeichert, sondern von ihnen jeweils per Hand eingegeben werde.

3.3 Häufigkeit und Dauer der Internetbesuche der Kinder

Legt man die Definition der Marktforschungsinstitute zugrunde, dann gehörte etwa die Hälfte der Kinder, die an unserer Studie beteiligt waren und in ihrer Familie das Internet nutzten, zur Gruppe der „Heavy User", d.h. sie waren einmal und häufiger pro Woche im Internet.[50] Im Einzelnen: Ein Kind war in der Regel einmal pro Woche, vier Kinder waren zweimal pro Woche bzw. am Samstag und Sonntag, ein Junge war drei- bis viermal wöchentlich und ein Mädchen täglich im Internet. Vier Kinder besuchten seltener als einmal die Woche bzw. etwa vierzehntägig das Internet und gehörten damit bereits zur Gruppe der „Medium User". Aufgrund der geringen Fallzahl in unserer Studie ließen sich weder alters- noch geschlechtsspezifische Differenzen feststellen.[51] Drei Eltern-

50 Zur Kategorie der „Heavy User" werden in der Studie „KIC – Kinder, Internet und Computer" Kinder gezählt, die einmal in der Woche und häufiger ins Internet gehen. Den „Medium User" werden die Kinder zugerechnet, die ein- bis dreimal im Monat, den „Low User" die Kinder, die seltener als einmal im Monat ins Internet gehen (Institut für Jugendforschung 2001, Chart 16 sowie 2002, Chart 15).

51 Zu den alters- und geschlechtsspezifischen Differenzen ist auf der Grundlage von quantitativen Studien aus dem Jahr 2002, also aus dem Jahr, in dem der empirische Teil der Beobachtungsstudie begann, zu bemerken: In allen Studien wird hervorgehoben, dass die Internetnutzung altersabhängig ist, in der KIM-Studie (Medienpädagogischer Forschungsverbund 2002, S. 39f.) werden vor allem Kinder ab 10 Jahren

teile konnten zur Häufigkeit der Internetnutzung ihres Kindes keine genaueren Angaben machen. Die Mutter einer Familie mit vier Kindern, die 11 Jahre und älter sind, erklärte: „Ich habe keinen Überblick, ich kann Ihnen nicht sagen, welches Kind wie lange im Internet ist, das weiß ich nicht. Und das möchte ich eigentlich auch nicht. Ich meine, ich sehe das ja, weil sie das unten am Computer machen, und dann geht das ja von Haus aus nicht, weil ja so viele bei uns an den Computer müssen. Da kann man nicht stundenlang sein" (Interview 12).

Zu den „Low Users" zählten ausschließlich die Kinder, die nur in den Horten Internetzugang hatten. Die Größe des Hortes, der Tagesablauf und der Zugangsort trugen nach den Angaben der Erzieherinnen zu den relativ geringen Nutzungsfrequenzen bei. Das Internet wurde im Durchschnitt alle zwei Wochen oder nur während bestimmter Projektphasen, dann aber regelmäßig meist von Kleingruppen genutzt. In keinem Fall wurde das zugewiesene Kontingent von zwei Stunden pro Tag ausgeschöpft: „Das ist eine Utopie, das schaffen wir gar nicht, das können wir gar nicht. Weil um eins kommen die Kinder, dann essen wir Mittag, dann möchten die Kinder meistens raus gehen oder was spielen, dann gibt es Hausaufgaben und dann ist der Tag eigentlich gelaufen" (Interview 17 Hort).

Auch wenn das Internet den Kindern im Hort jederzeit zugänglich wäre, könnte im Durchschnitt jedes Kind pro Halbjahr etwa einmal ins Internet: So wollten in einer Einrichtung von 100 Kindern zwei Kinder von sich aus nicht ins Internet, bei zwei weiteren Kindern hatten sich die Eltern dagegen ausgesprochen, die verbleibenden 96 Kinder teilten sich zwei vernetzte Computer.[52] Eine Erzieherin bemerkte zur Frage, welche Kinder sich für das Internet interessieren: „Alle, fast alle. Ja also, wenn ich sage: ‚Heute gehen wir ins Internet, wer will?' Also dann schnellen

---

zu den interneterfahrenen gezählt. Mit Blick auf die Nutzungsintensität wird jedoch festgehalten, dass „die Online-Nutzung noch nicht fest im Alltag manifestiert ist". Über die Abhängigkeit des Zugangs zum Computer und Internet vom Geschlecht geben die Studien unterschiedliche Auskunft, übereinstimmend werden geschlechtsspezifische Unterschiede bei der Nutzungsintensität zugunsten der Jungen ausgewiesen (vgl. z.B. Medienpädagogischer Forschungsverbund 2002, S. 40; Institut für Jugendforschung 2002, S. 24).

52 Im Film „Wir sind drin. Kinder im Internet", der von Otto Schweitzer (2003) im Auftrag des Projektes „Wie entdecken Kinder das Internet?" produziert wurde, erklärt eine Erzieherin, dass die Nutzungszeit des Internets für die Kinder in ihrer Kindertagesstätte ausschließlich durch die Öffnungszeiten begrenzt sei. Diese pädagogisch eher ehrenrührige Aussage, wird vor dem Hintergrund solcher Daten ins rechte Licht gerückt.

schon mal wirklich fast alle Hände nach oben. Aber ich kann mir halt (aus Platzgründen von 25 Kindern) nur drei aussuchen" (Interview 06 Hort).

In den außerschulischen Institutionen war die Aufenthaltsdauer im Internet bei Kleingruppen auf eine Stunde beschränkt. Da maximal drei Kinder vor einem Computer sitzen können, „haben sie, Auge mal Pi, 20 Minuten Zeit. Ich achte dann schon drauf, dass nicht nur so ganz Fitte und Vorschnelle, sondern auch die anderen zu ihrem Recht kommen" (Interview 10 Hort). In den Familien lag die Nutzungsdauer der Kinder pro Internetbesuch zwischen einer halben und einer Stunde. Die Kinder, die gemeinsam mit ihren Geschwistern ins Internet gehen, hatten höhere Nutzungszeiten, in einem Fall bis zu zwei Stunden.

3.4 Pädagogische Begleitung und Kontrolle der Internetnutzung der Kinder

3.4.1 Regulierungsmotive der Eltern: Gesamtbildschirmzeit und Internetkosten

Die Daten zur Frequenz und Dauer der Internetnutzung der Kinder verweisen bereits darauf, dass sich für die meisten Eltern allein aus der Aufenthaltsdauer ihrer Kinder im Netz kaum pädagogische Probleme ergeben können. Konsequenterweise argumentierte eine Mutter bei der Frage, ob sie ihrer Tochter Auflagen macht, wenn diese ins Internet geht: „Ich denke, wenn sie es dann mal nutzt, dann soll sie da ruhig ein bissel rumschauen und es ausprobieren. Wenn ich sehen würde, sie sitzt jeden Tag zwei Stunden davor, dann würde ich das auch reglementieren, aber so wie es jetzt ist, besteht dazu kein Grund" (Interview 07). Ein Vater, der ebenfalls keinen Regelungsbedarf hatte, erwähnte aber: „Es ist manchmal so, dass man eben sagt: ‚Ach komm, jetzt sitzt du hier schon anderthalb Stunden am Computer, jetzt ist mal Schluss.' Und dann mag auch schon mal das Internet dabei sein" (Interview 08). Dies war typisch für die zeitliche Reglementierung der Internetbesuche der Kinder, die selten grundsätzlich, vielmehr nur gelegentlich erfolgte, da die meisten der befragten Eltern das aufgewandte Zeitbudget der Kinder im Kontext der Nutzung aller Bildschirmmedien sahen. Überhaupt erweckten sie den Eindruck, dass die Mediennutzung ihrer 5- bis 11- bzw. 12-jährigen Kinder kaum zu Konflikten in der Familie oder zu Erziehungsstress führt:

„Also, ich muss sagen, die sind nicht so süchtig. Auch nicht mit dem Fernseher oder Computer. Wenn ich sage, jetzt gibt's nichts mehr oder wir müssen jetzt gehen oder noch Hausaufgaben machen, die Mädchen haben dann nichts dagegen" (Interview 06).

Fast alle der befragten Eltern assoziierten mit dem Internetbesuch die gesundheitlichen Risiken, die mit langen Aufenthalten ihrer Kinder vor dem Bildschirm einhergehen. Einige Eltern beurteilten deshalb die Internetnutzung im Kontext der „Computer-" oder der „Gesamtbildschirmzeiten": Ein Vater gewährte seinen Söhnen je sieben Stunden Computerzeit pro Woche, eine Mutter ihren Söhnen je zwei Mal eine halbe Stunde pro Tag. In einer Familie gab es kein Fernsehgerät, deshalb spielten die gesundheitlichen Aspekte eine geringe Rolle für die Einschränkung der Nutzungsdauer. Eine Mutter erwähnte in diesem Zusammenhang: „Es wird dann, weil sie zu zweit sind, schon eine Stunde (...), weil das Flimmern, ich find das halt ein bissel ungesund. Fernsehen oder Computer! Von daher, wenn es (das Internet) auch schön ist und für die Kinder sehr informativ, muss ich irgendwo dann den Erzieher raushängen lassen, und dann sagen, jetzt geht einfach mal raus" (Interview 11).

Die Internetkosten waren für einige der befragten Eltern schon eher ein Motiv, den Aufenthalt der Kinder im Netz zu beschränken: „Wie gesagt, jetzt wo wir noch dieses Mobilcom haben, und das sehr teuer ist, hab' ich's eigentlich auf ne halbe Stunde begrenzt" (Interview 11). Nach einer „dreiviertel Stunde spätestens bin ich mal dabei und sag: ‚So Junge, du hast da unten deinen eigenen Computer, du kannst an dem spielen wie du willst. Da hast du zwar keinen Internetzugang, aber Internet ist jetzt mal fini'" (Interview 09). Die Internetkosten ersetzten hin und wieder die pädagogische Kontrolle der Aufenthaltsdauer der Kinder im Netz: „Aber wie gesagt, die Rechnung ist wirklich so, dass wir das noch akzeptieren können, und von daher sind das auch keine Stunden" (Interview 12). Natürlich wurden die Kosten der Internetnutzung auch im Verhältnis zum Einkommen oder zu den sonstigen Ausgaben beurteilt, und nur selten befanden sich Familien in der finanziellen Lage, dass sie sich „aus Kostengründen" überhaupt noch keine Gedanken machen mussten, „weil das nicht so ins Gewicht fällt. Ich hab also kaum mal mehr als fünfzig Mark im Monat T-Online-Kosten" (Interview 08). Schließlich war zum Befragungszeitpunkt eine Flatrate bei T-Online für den Preis von 49 DM (Winter 2001) bzw. 25 Euro (Frühjahr 2002) zu haben. In den Familien, in denen die Eltern selbst häufig online waren, wurde diese Möglichkeit, die Kosten unabhängig von der Nutzungsdauer konstant zu halten, genutzt.

3.4.2 Die Bedeutung kinder- und jugendgefährdender Internetinhalte für die Beaufsichtigung der Kinder

Durch die öffentliche Debatte zum Kinder- und Jugendmedienschutz im Internet sensibilisiert, nannten die Eltern an erster Stelle Webinhalte mit Pornografie und Gewalt, die gefährdend für ihre Kinder sein könnten. „Sexseiten" wurden deutlich häufiger genannt als „Gewaltspiele" und „Brutalosachen". Die Eltern relativierten diese Gefahrenquellen, weil ihre Kinder in einem Alter seien, in dem sie sich noch nicht für pornografische oder gewaltverherrlichende Inhalte interessierten und absichtlich solche Websites aufsuchten. Zudem beschränkten sich die Internetbesuche ihrer Kinder bislang auf wenige Einzelseiten. Etwa zwei Drittel der befragten Eltern schlossen deshalb auch ein zufälliges Zusammentreffen mit kinder- und jugendgefährdenden Inhalten aus. Auch Gefahren, die im Zusammenhang mit dem E-Mail-Verkehr auftreten können, hielten die Eltern für nicht relevant, da die Kinder sehr selten die elektronische Post nutzten. Den Eltern war aber die Problematik bewusst, die auf sie zukommen kann, sobald die Kinder mit zunehmendem Alter ihre Internetnutzung ausdehnen: „Die Gefahren kommen vor allem, wenn sie älter werden und in den Chats sind, (...) da weiß ich eben auch nicht, wer tummelt sich da sonst noch und was stellen die den Kindern für Fragen, die dann auch arglos beantwortet werden" (Interview 14).

Obwohl die Eltern es für unwahrscheinlich hielten, dass ihre Kinder mit gefährdenden Websites in Berührung kommen, hatte etwa ein Drittel von ihnen bereits Erfahrungen mit derartigen Inhalten gemacht. In einigen Fällen geschah dies sogar im Beisein der Kinder. Drei Mütter berichteten von Erlebnissen, die exemplarisch sind: Eine Mutter hatte ihrer Tochter eine E-Mail-Adresse eingerichtet, die den Kosenamen Maus enthielt. Da auch erotische Angebote diesen Beinamen benutzen, kamen im elektronischen Briefkasten der Tochter „endlos Sexseiten und halt E-Mails über Sex" an (Interview 01). Eine andere Mutter hatte sich beim Eingeben der Webadresse vertippt und war auf einer Sexseite gelandet, „dann habe ich geguckt und es wieder weggeklickt". Da alles ganz schnell ging, habe der fünfjährige Sohn davon nichts bemerkt (Interview 02). Eine weitere Mutter war mit ihrem elfjährigen Sohn beim gemeinsamen Surfen auf eine Sexseite gelangt, die sich nicht mehr schließen ließ. Erst nach einem Neustart des Computers war die Seite verschwunden (Interview 14). Bislang sei, sagten die Eltern, keines ihrer Kinder alleine auf kinder- und jugendgefährdende Seiten gelangt, und falls doch, hätten sie dies nicht erkannt oder es ihnen nicht weitererzählt.

Die sechs befragten Erzieherinnen berichteten ebenfalls von Erfahrungen mit Inhalten, die als gefährdend eingestuft werden könnten. Probleme seien bspw. bei der Nutzung von Suchmaschinen aufgetreten: Ein Kind sollte etwas über Hunde recherchieren und „auf einmal waren dann Links zu Sex mit Hunden, mit Tieren, also das passiert wirklich schnell" (Interview 06 Hort). Ein Mädchen hätte ein Fanposter gestalten und nach Bildern der Popsängerin Christina Aguilera suchen wollen, „und dann gab es da eben auch Seiten, wo die nackt drauf war" (Interview 03 Hort). Auch das Anschauen von kleinen Werbe- und Videoclips sei teilweise nicht ganz ungefährlich, denn die Filme präsentierten auch „Damen oben ohne oder nackte Hintern" (Interview 10 Hort) bis hin zu richtigen „Kleinformat Pornos" (Interview 16 Hort). Die Reaktionen der Kinder auf diese Inhalte seien unterschiedlich, die meisten würden sich nicht dafür interessieren oder die Obszönitäten gar nicht bemerken, andere würden kichern. Die Erzieherinnen gaben an, die Situation dadurch zu entschärfen, dass sie mit den Kindern offen redeten. Wenn sie den Eindruck hätten, Kinder könnten erotische Websites absichtlich ansurfen, dann sprächen sie Verbote aus.

3.4.3 Die Bedeutung von Werbung für die Lenkung der Website-Auswahl der Kinder

Online-Werbung und Online-Shopping spielen nicht nur in der öffentlichen Kinder- und Jugendschutzdebatte zum Internet eine untergeordnete Rolle, auch die von uns befragten Eltern schenkten der Ansprache ihres Kindes als Konsument bzw. der kommerziellen Ausnutzung der kindlichen Unerfahrenheit wenig Beachtung. Als Werbemedium wurde das Internet von fast allen Eltern als gegeben akzeptiert und es wurde auch gerne genutzt, um nach Produkten zu recherchieren. Eingeblendete Banner- und Pop-Up-Werbung wurden von den Eltern eher ignoriert oder als notwendiges Übel in Kauf genommen: „Ja wir haben zum Surfen Freenet, weil es billiger ist, und dann kriegt man halt andauernd immer seine Werbespots dazwischengedröhnt" (Interview 02). Nur eine Mutter berichtete, dass sie die eingeblendeten Banner bei ihrem Freemail-Account häufig nutzt, um auf Websites zu gelangen, die sie sowieso aufsuchen würde (Interview 14). Wie die Kinder mit Online-Werbung umgehen oder ob sie schon versehentlich Banner angeklickt hatten, wussten die Eltern nicht. Ihre Antworten lassen darauf schließen, dass sie sich darüber noch keine Gedanken gemacht hatten oder, dass sie erwarteten, ihre Kinder würden genauso „selbstverständlich" mit Werbung umgehen wie sie selbst. Lediglich eine Mutter meinte: „Es ist zu viel Werbung, das finde ich nicht gut" (Interview 10).

Auch die Firmen- und Promotion-Websites, die mit ihren Inhalten und Produkten direkt auf die Konsumwünsche der Kinder abzielen, stießen bei den Eltern auf wenig Bedenken. In zwei Familien diente das Angebot des Spielzeugherstellers Lego als erste Anlaufstation für gemeinsame Internetbesuche mit den Kindern. Auch die Magic-Kinder-Seite von Ferrero wurde von einigen Eltern gerne mit den Kindern besucht, obwohl der Zugang zur Website an den Kauf eines Kinderüberraschungs-Eis mit Magic-Code gebunden ist.

In den außerschulischen Betreuungseinrichtungen dagegen wurde das Thema Werbung sehr differenziert wahrgenommen. Vier Erzieherinnen berichteten über Erfahrungen mit störenden Werbebannern und Pop-Ups. Ihrer Meinung nach klicken die Kinder diese Bilder, Banner und Pop-Up-Fenster oft an, ohne zu wissen, dass sie nicht zum Inhalt der Seite gehören bzw. auf eine andere Website führen. „Manche, die sehen dann irgendwie grafisch so ansprechend aus, (...) also das Problem ist immer, (...) dass sie es ganz oft nicht lesen, und allein von der Optik her angesprochen werden und einfach drauf klicken, um mal zu gucken, was ist denn das so" (Interview 03 Hort). Sobald die Kinder bemerken würden, dass sie sich auf einer Werbeseite befinden, würden sie „genervt" reagieren, weil sie sich wieder neu orientieren müssten. Zwei der Erzieherinnen erwähnten, dass sie die Kinder auf die Banner hinweisen, damit diese nicht versehentlich angeklickt werden. Dagegen fand es eine andere Erzieherin „zur Abschreckung" ganz hilfreich, wenn sich die Kinder mal auf Werbeseiten verirrten, „dass sie das dann auch mal sehen, dass man da dann nichts mehr machen kann. Und ich sag' ihnen dann auch, das ist genau gewollt. Ich mein', vielleicht machen sie das dann irgendwann einmal nicht mehr auf" (Interview 10 Hort).

Reine Produkt- und Promotion-Websites werden beim gemeinsamen Surfen in den außerschulischen Institutionen vermieden. Die Erzieherinnen besuchen am liebsten weitgehend werbefreie Kinderseiten, wie z.B. die Blinde-Kuh, Pixelkids und das SWR-Kindernetz. „Es war dann auch so, dass ich die Internetbesuche zu Hause vorbereitet habe, weil die Kinder sehr, sehr in eine Richtung tendierten. Also das was sie kannten, z.B. Fernsehen plus die nötige Website dazu, z.B. rtl.de wurde immer wieder angesurft“ (Interview 10 Hort).

3.4.4 Einschätzung der öffentlichen Kinder- und Jugendschutzdebatte und eigene Schutzmaßnahmen

Mit Ausnahme eines Vaters hatten sich alle Eltern bereits über die potentiellen Gefahren der Internetnutzung durch Kinder Gedanken gemacht; und wiederum wurden die Gefahren relativiert. Nur eine Mutter, die das Internet selbst nicht nutzte und sich über die Öffentlichkeit informierte, hatte den Eindruck, dass es „sehr gefährlich sein“ muss (Interview 06). Einige der Eltern fühlten sich an die Neuauflage der Diskussion zum Fernsehen erinnert: „Ja, die Gefahr ist einfach dieser selbst überlassene Gebrauch von diesem Medium. Aber ich denke, das ist dasselbe, wenn ein Kind unqualifiziert stundenlang vorm Fernseher sitzt. Dann ist das genauso schädlich wie stundenlang vorm Internet sitzen“ (Interview 12). Aufgrund der Erfahrungen mit dem Fernsehkonsum ihrer Kinder argumentierten die meisten Eltern, dass der sinnvollste Schutz für die Kinder nicht durch Verbote oder Filter zu erreichen sei. Vielmehr sei die elterliche Erziehung gefordert, die die Interessen der Kinder wecken und diese in allen Bereichen unterstützen sollte, damit die Kinder auch das Internet „sinnvoll für sich einsetzen“ könnten (Interview 17).

Bei der Frage, ob die Eltern eine Kindersicherung aktiviert haben, stellte sich heraus, dass die meisten Eltern von dieser Schutzmöglichkeit nichts wussten. Nur zwei Familien setzten den Filter ihres Online-Dienstes ein; marktgängige Kinderfilter oder Kinderbrowser benutzte keine der von uns befragten Familien. Eine Familie überlegte aus aktuellem Anlass eine Filtersoftware anzuschaffen, da die Tochter auf einer Website aus Versehen an eine 0190er Nummer geraten war. Sie hatte zwar keinen Dienst in Anspruch genommen, aber allein für das Anwählen war nun eine Rechnung über 92 Euro offen.

Auch die Erzieherinnen relativierten die öffentliche Kinder- und Jugendschutzdebatte zum Internet. Die Gefahren bei der Internetnutzung, so meinten sie, seien geringer als beim Fernsehkonsum, weil die Kinder das Internet viel seltener und im Hort zudem nur in pädagogischer Begleitung nutzten. Die aktive Medien- bzw. Internetarbeit mit den Kindern sei für sie der wichtigste Aspekt des Kinder- und Jugendschutzes.

Konsequenterweise war das Thema Filtertechnologie für die Erzieherinnen nahezu irrelevant.

Mit einem die Gefahren relativierenden Vergleich argumentierten auch die Eltern, die auf die Dominanz des Fernsehens im Medienalltag der Kinder verwiesen. Eine Mutter war der Ansicht, man müsste das Fernsehen schon eher einschränken als das Internet. Ein Vater befürchtete, dass sich beim Fernsehen allmählich ein unkontrollierter Bereich kindlichen Medienkonsums auftue. Eine andere Mutter zog ausgehend vom Internet Parallelen zu Fernsehinhalten, die die Entwicklung ihrer Kinder beeinträchtigen könnten, und mahnte strengere Kriterien der öffentlichen Aufsicht an: Die Fernsehinhalte gehörten eingeschränkt, weil sie für Kinder viel einfacher als Websites zu erreichen wären.

Die herausragende Bedeutung des Fernsehens wurde durch die Aussagen der Eltern zum Stellenwert des Internets im familialen Medienensemble noch einmal bestätigt. Mit Ausnahme der Familie ohne Fernsehgerät, erklärten die Befragten, dass das Fernsehen in ihrer Familie am „stärksten" genutzt werde. Dessen ungeachtet wurde in drei Familien das Bücherlesen präferiert. Zwei Mütter bedauerten, dass in ihrer Familie Internet und Fernsehen vor Büchern rangierten und zu wenig gelesen werde, zwei andere Mütter hatten mit der Verdrängung der Bücher durch Bildschirmmedien kein Problem. Die unterschiedlichen Medieninteressen der Familienmitglieder wurden von den Befragten mehr oder weniger explizit zum Ausdruck gebracht, so könnten zum Beispiel Mutter und Kinder „leicht auf den Computer verzichten", aber der Vater nicht (Interview 06). Die Wichtigkeit der einzelnen Medien verändert sich mit dem Aufeinandertreffen der Familienmitglieder im Tagesablauf. So sehen in einer Familie die Kinder am Nachmittag fern, wenn die Eltern abwesend sind, in einer anderen Familie wird dagegen am Abend ferngesehen, wenn der Vater zu Hause ist. Das Radio fand als Baustein des familialen Medienensembles kaum Erwähnung, wohingegen Kassetten oder CDs und CD-ROMs meist ohne Einschätzung ihrer Bedeutung für den Familienalltag genannt wurden. Während eine Mutter betonte, dass für sie selber das Fernsehen unheimlich wichtig sei, reagierte eine Mutter eher sarkastisch, als sie bemerkte, dass in ihrer Familie „alles, was flimmert" eine große Rolle spielte (Interview 14).

Obwohl der Internetumgang der Kinder, schon allein wegen des Standplatzes des Computers, weit mehr als das Fernsehen der elterlichen Kontrolle entzogen ist, befürchteten die befragten Eltern keinen pädagogischen Kontrollverlust. Wenn auch aus relativer Ferne, so sind Beobachtung, Blickkontakt sowie Vertrauen die zentralen Momente der Beaufsichtigung der Internetbesuche ihrer Kinder.[53] Von den zumindest theoretisch zur Verfügung stehenden technischen Kontrollmöglichkeiten wie Filter, Cache und History hatten die meisten Eltern noch nichts gehört. Nur ein einziges Mal wurde eine solche Möglichkeit, und dies eher mit negativer Konnotation als Vertrauensbruch gegenüber dem Kind, erwähnt: „Wenn ich jetzt sage (die Lieblingsseiten sind) Maus und Harry Potter, dann sind es wahrscheinlich auch noch ganz andere, ich könnte das gar nicht so genau sagen. (...) Ich hab' auch die History, die Verlaufsliste, so eingestellt, dass man nicht alle 20 zurückliegenden Websites lädt, weil ich das aus Diskretionsgründen gar nicht gut finde" (Interview 18).

3.5 Was Eltern und Erzieherinnen über den Internetumgang der Kinder wissen

3.5.1 Wie Kinder von Websites erfahren

Die meisten Kinder erfahren von Webadressen durch die Nutzung anderer Medien. Am häufigsten wurden von den Eltern als Informationsquellen Kinder- und Jugendzeitschriften genannt, gefolgt von den Kinder- und Jugendprogrammen der Fernsehsender; aber auch die Freunde spielten eine wichtige Rolle. Die bei einigen Elterninterviews anwesenden Kinder bestätigten dies: „Ja, Micky Maus kauf ich öfters, da sind auch gute Dinger drin, denn meistens gibt es ne extra Seite, wo die drin stehen" (Interview 01). „Ich erfahre die vom Fernsehen und von Büchern, und einfach die, wo ich immer rumhöre und die mir meine Freundinnen sagen" (Interview 06). Ein Vater vermutete, dass sein 10-jähriger Sohn in Suchmaschinen nach neuen Seiten recherchiert, und zwei Eltern gingen davon aus, dass ihre Kinder beim Surfen auf Links zu neuen Websites stoßen.

---

53 Diese elterliche Internetpädagogik wird in der Studie „Internet 2002: Deutschland und die digitale Welt", der eine quantitative repräsentative Erhebung zugrunde liegt, weitgehend bestätigt: „Ein überraschendes Ergebnis der Befragung in Deutschland ist, dass die Internetnutzung in rund 70 Prozent der Haushalte, in denen Kinder und Jugendliche leben, nicht kontrolliert wird. Bei denjenigen, die Kontrollmaßnahmen einsetzen, ist das Fragen nach Erlaubnis mit 44,8 Prozent der Nennungen die häufigste Methode. Jeweils 36 Prozent der Befragten geben an, dass sie Filtersoftware einsetzen *bzw. beobachten,* was die unter 18-Jährigen im Internet machen. 26,5 Prozent praktizieren eine zeitliche Begrenzung der Internetnutzung" (Groebel/Gehrke 2003, S. 212).

In sechs Fällen gaben die Eltern an, schon selbst gezielt nach Websites für ihre Kinder gesucht zu haben. Sie recherchierten, weil „es nicht so viele interessante Websites für die Kleinen gibt“ (Interview 02), weil die Kinder noch „wenig Interneterfahrung“ haben (Interview 18), weil das Surfverhalten des Kindes gelenkt werden soll, zu „informativen Seiten, die der Schulbildung dienen, ob das jetzt Geo ist oder Biologie, in diese Richtung“ (Interview 09). Einige Eltern erwähnten, dass sie ihre Kinder informieren, wenn ihnen in Zeitschriften, beim Fernsehen oder im Internet zufällig interessante Inhalte für Kinder auffallen.

Zwei Erzieherinnen berichteten, dass die Kinder manchmal Internetadressen von zu Hause mitbringen, die sie aus dem Fernsehen kennen. In den anderen drei Einrichtungen suchen die Kinder zu Beginn der Internetbesuche nach Adressen und nutzen dazu Suchmaschinen, dabei brauchen aber alle die Hilfe der Erzieherinnen.

3.5.2 Welche Websites die Kinder bevorzugen

Nach den häufigsten Aktivitäten ihrer Kinder im Internet befragt, gaben die Eltern an, dass ihre Kinder meist Websites anschauten. Namentlich konnten von den Eltern nur wenige einzelne Websites benannt werden. Mütter von Töchtern erwähnten, dass sich diese für Popstar-Seiten wie Bro’sis, No Angels oder Britney Spears interessierten. Sie suchten dort nach Bildern der Bandmitglieder, die sie drucken oder runterladen könnten. Die Eltern der Jungen, die sich bereits im 5. Schuljahr befanden, erinnerten sich an Websites zu CD-ROM-Spielen, das Interesse ihrer Söhne richte sich dort auf Demo-Versionen oder auf Lösungswege zu den Spielen, die ebenfalls ausgedruckt bzw. heruntergeladen würden. Unabhängig vom Geschlecht ihrer Kinder nannten sowohl die Eltern als auch die Erziehrinnen TV-Homepages wie tivi.de (ZDF), toggo.de (Super RTL) oder die-maus.de (WDR), auf denen die Kinder gerne spielten. Die Homepage der Schule und der Kindertagesstätte wurde von den Eltern angeführt, deren Kind die jeweilige Institution besuchte.

Die Frage nach der Lieblingsseite ihres Kindes konnten von 14 Eltern mit Internetzugang nur fünf beantworten und weitere zwei hatten eine ungefähre Vorstellung davon, welche Seite ihrem Kind besonders gefallen könnte. Hier wurde recht Unterschiedliches, aber im Großen und Ganzen das bereits Erwähnte genannt, hinzu kamen jungenspezifische Favoriten wie lego.de, spiele.de und bei einem Musikfan audiogalaxy.com, eine Website, die bis vor kurzem noch eine Peer-to-Peer-Tauschbörse war. In den Horten wurden die Präferenzen der Kinder etwas anders wahrgenommen, neben der bekannten Website toggo.de (Super RTL) wurden von den Erzieherinnen der KinderCampus, das Kindernetz des SWR, die BR-Kinderinsel sowie Pixelkids und Nelly Net (ZDF) als Lieblingsseiten der Kinder angeführt. Geschlechtsspezifische Website-Präferenzen wurden in den Horten nicht beobachtet; dies führte eine Erzieherin auf die gemeinsamen Internetbesuche von Mädchen und Jungen zurück.

3.5.3 Was die Kinder im Internet tun

Alle Eltern und Erzieherinnen gaben an, im Prinzip darüber informiert zu sein, was ihre Kinder im Internet tun, da sie das Internet entweder gemeinsam mit den Kindern besuchten oder in räumlicher Nähe seien oder auch mit den Kindern über die Internetbesuche redeten. Fast alle Eltern erklärten, dass die häufigste Beschäftigung ihrer Kinder im Internet das Spielen sei. Einige erwähnten Spielekategorien wie Rate- und Geschicklichkeitsspiele sowie Denksportaufgaben, meist ohne Genaueres zu den Spielen und Fundorten ausführen zu können. Dagegen benannten die Erzieherinnen einige der von den Kindern bevorzugten Spielewebsites: Vor allem toggo.de werde von den Kindern speziell zum Spielen aufgesucht, darüber hinaus die Spielerubriken von Pixelkids und KinderCampus sowie vom SWR-Kindernetz. CD-ROM-basierte Netzwerkspiele und originäre Online-Spiele wurden von den Eltern und Erzieherinnen nicht explizit genannt.[54] Nur eine Mutter erwähnte mit Erstaunen, dass ihr Sohn von einer CD-ROM aus einmal – unerlaubterweise – ins Internet geriet.

Die Verwendung von Suchmaschinen gehört nicht zur Internetroutine von Kindern. Die Eltern von fünf Kindern gaben zwar an, dass ihre Kinder über Suchmaschinen gezielt nach Informationen suchten, in ihren Ausführungen wurde jedoch deutlich, dass sie dies selbst im Auftrag ihrer Kinder tun. Nur eine Mutter erzählte, dass ihre elfjährige Tochter die Suchmaschine Google alleine nutzt, um Bilder von Popstars zu su-

54 Zur Kategorisierung von virtuellen Spielen, vgl. Fritz/Fehr 2003. Eine Online-Version findet sich auf der Homepage des Forschungsschwerpunktes „Wirkung virtueller Welten“ der Fachhochschule Köln, Fakultät für angewandte Sozialwissenschaften: http://www.sw.fh-koeln.de/www/.

chen. In den anderen Fällen waren Recherchen Elternsache: So berichtete die Mutter eines zehnjährigen Mädchens darüber, wie sie gemeinsam mit ihrer Tochter eine Suchmaschine verwendete, um Seiten über Castings zu finden, da ihr Kind unbedingt einmal in einem Film mitspielen wollte. Für Kinder hätten sie allerdings nichts gefunden. Die Mutter einer Achtjährigen erwähnte, dass sie in Suchmaschinen recherchiert, wenn ihre Tochter von Dingen hört, die sie länger beschäftigen. Hin und wieder halfen Eltern ihren Kindern bei den Hausaufgaben durch Internetrecherchen. Dies geschah anscheinend immer im Zusammenhang mit kleinen Referaten, z.B. über einen Kinderbuchautor, über seltene Tiere, über geschichtliche Themen: „Da haben wir einfach mal geguckt, was wir dazu im Internet finden (...). Wir sind da ein bisschen zusammen dagesessen, und ich hab' gesagt: Schau'n wir mal, was wir finden, aber du musst entscheiden, was du nehmen willst“ (Interview 18).

Auch in den Horten nahmen die Erzieherinnen die Bedienung von Suchmaschinen selber in die Hand. Sie recherchierten überwiegend nach Webseiten mit Spielen für Kinder und zu aktuellen Themen, die im Hort bearbeitet wurden. Eine Erzieherin erläuterte zum Umgang der Kinder mit Suchmaschinen: „Das Wort eingeben, das ist schon noch o.k. – jetzt einmal abgesehen von der Schwierigkeit, dass sie es auch richtig schreiben. Schwierig wird's dann immer bei der Abfrage der Suchergebnisse: Wo stehen die? Wo sind die?“ (Interview 17 Hort). Dass die Abfrage der Suchergebnisse für die Kinder selbst zu schwierig ist, bestätigte eine weitere Erzieherin: „Tausend Hinweise auf irgendwas, aber wo stehen die (gesuchten Informationen)?“ (Interview 03 Hort). Im Zusammenhang mit den Hausaufgaben kamen Internetrecherchen „noch sehr, sehr wenig“ vor (Interview 10 Hort). Dennoch berichtete eine Erzieherin, dass sich Kinder schon darüber beschwert hätten, dass einige Lehrer Arbeiten auf Grundlage von Internetrecherchen besser bewerteten als andere.

Das Mailen und Chatten spielt bei der Internetnutzung der Kinder zu Hause und im Hort keine große Rolle.[55] In unserer Befragung gaben

55 Von den an der Untersuchung beteiligten Kindern konnten sechzehn lesen und schreiben, sie wären damit in der Lage gewesen, nicht nur das Web, sondern auch die Mail- und Chatangebote zu nutzen. Folgt man den quantitativen Kinderbefragungen, dann gibt jeweils ein Fünftel der 6- bis 8-Jährigen und der 9- bis 11-Jährigen an, dass sie E-Mails schreiben, 3% der 6- bis 8-Jährigen sowie 11% der 9- bis 11-Jährigen sagen, dass sie sich im Chat und/oder an Newsgroups beteiligen (Institut für Jugendforschung KIC-Studie 2002). In unserer Untersuchung hatten nur einzelne Kinder nennenswerte Erfahrung mit E-Mail und Chat, auch nach einer Einführung konnten diese Internetaktivitäten nur bedingte Attraktivität erreichen (vgl. Kapitel 5.5).

zwar fünf Eltern an, dass ihre Kinder auch – aber äußerst selten – mailen, dies gilt auch für die drei Kinder, die von ihren Eltern eine eigene E-Mail-Adresse eingerichtet bekommen hatten. Nur eine Mutter berichtete, dass ihre 11-jährige Tochter häufiger mailt, dies aber ausschließlich mit ihren eigenen Schwestern, mit denen sie den gemeinsamen Computer nutzt. Zwei Kinder halten hin und wieder, aber nur gemeinsam mit den Eltern Kontakt zu Verwandten, die im Ausland leben. Die meisten Eltern berichteten, dass die Kinder kein Interesse am Mailen hätten. Einige meinten, dies begründe sich daraus, dass ihre Kinder noch nicht flüssig genug lesen und schreiben könnten. Einem 10-jährigen Mädchen würde das Motiv fehlen, weil ihre Freundinnen noch nicht an den Computer dürften. Die Schwierigkeiten der E-Mail-Kommunikation zwischen Kindern wurden von einem 11-jährigen Mädchen während des Interviews auf den Punkt gebracht: „Ich wüsste nicht, wem ich schreiben sollte. Meine Freundinnen haben zwar Mail-Adressen, aber die rechnen nicht damit, dass sie eine E-Mail kriegen, und außerdem ist Telefonieren besser. Es ist praktischer, es geht schneller hin und her“ (Interview 07).

Über das Problem, per E-Mail Kontakt zwischen Kindern herzustellen und aufrechtzuerhalten, berichteten auch die Erzieherinnen. Im Zusammenhang mit einem medienpädagogischen Projekt sollte die Kommunikation zwischen Kindern der beteiligten Kindertagestätten gepflegt werden. Das Vorhaben scheiterte. Eine Erzieherin begründete dies damit, dass Kindern diese Art des Austausches zu anonym sei, sie sich nicht ausreichend für die Angelegenheiten anderer (fremder) Kinder interessierten und sie zudem nicht wüssten, was sie überhaupt schreiben sollten. Hinzu komme, dass in den Horten generell zu selten nach den E-Mail-Eingängen geschaut würde und die Kinder nicht tage- oder gar monatelang auf eine E-Mail-Antwort warten wollten. Das Desinteresse der Kinder am E-Mail-Verkehr sei deshalb verständlich. Wenn die Kinder überhaupt einmal eine E-Mail schrieben, dann höchstens ein paar Grüße oder ein Bild an die Mutter oder den Vater ins Büro oder nach Hause. Nach den Angaben der Erzieherinnen wurde der Chat in den Horten nicht genutzt. Nur zwei von den zwölf Kindern, die lesen und schreiben konnten, hatten das zu Hause „schon mal gemacht“, nämlich ein 10-jähriges Mädchen und ein 11-jähriger Junge.

3.5.4 Wie die Kinder ihre Websites wiederfinden

Die Mehrzahl der Eltern war sich zunächst sicher, dass ihr Kind eine ihnen bekannte Seite im Internet umstandslos wiederfinden könnte. Bei der Frage, wie die Kinder dabei vorgingen, stellte sich heraus, dass das Wiederfinden doch nicht so einfach ist: Die meisten Kinder, so sagten die Eltern, versuchen sich an die Adresse zu erinnern und probieren diese im Adressfeld aus. Klappt das nicht, suchen die Kinder nach Schreibfehlern oder fragen ihre Eltern nach der richtigen Schreibweise. Eine Mutter berichtete, dass sich ihr Sohn nicht nur die Adresse, sondern teilweise auch die Navigationspfade merkt. Die älteren Kinder, d.h. die 11-Jährigen, die schon etwas mehr Erfahrung mit dem Internet haben, nutzen – so die Eltern – die History-Funktion oder hin und wieder Suchmaschinen, um bereits bekannte Seiten wiederzufinden. Dabei brauchen sie, wie bereits beschrieben, häufig die elterliche Unterstützung. Drei Kinder benutzen gelegentlich die Lesezeichen- bzw. Favoriten-Funktion des Browsers, aber nur einem Kind wurde von den Eltern ein eigener Ordner eingerichtet. Der eingeschränkte Gebrauch der Lesezeichen rührt wohl daher, dass überhaupt nur fünf Eltern diese Funktion selbst verwendeten.

Drei Erzieherinnen beurteilten das Wiederfinden von Websites etwas skeptischer als die Eltern: „Wenn die (Adresse) vorher nicht aufgeschrieben wurde“, finden die Kinder sie nicht (Interview 17 Hort). Lediglich eine Erzieherin berichtete, dass die Kinder in der Regel die Seiten durch die Adresseingabe wiederfinden, Suchmaschinen werden in diesem Fall von den Kindern nicht benutzt. Auch in den Horten wird die Lesezeichen-Funktion nicht verwendet. Nur in einem Fall hat die Erzieherin zwei Ordner für die Kinder eingerichtet.

3.5.5 Neugier, Experimentierfreude und Selbständigkeit der Kinder

Kinder gelten gemeinhin als neugierig, eine Eigenschaft, die im Kindesalter durchweg positiv bewertet wird, weil sie für das Erkunden, Entdecken und Lernen der Kinder steht. Die Eltern bestätigten zwar tendenziell dieses kindspezifische Verhalten. Bezogen auf die Neugierde der Kinder im Internet wurde dieses allerdings relativiert: Die Neugier ist eher gedämpft und nicht so sehr ausgeprägt. Kein einziges Mal wurde erwähnt, dass ein Kind im klassischen Sinne „surft“ bzw. sich über Links von einer Website zur nächsten hangelt. Ganz im Gegenteil hoben die Eltern hervor, dass die Kinder „nicht so einfach rumsuchen" oder „gucken, ob sie mal was finden" (Interview 14). Sie seien neugierig, wenn sie bereits von einer neuen Adresse erfahren haben. Eine Mutter schätzte ihr Kind „schon eher als Forscher" ein, nahm dies aber für das Internet implizit zurück, als sie ergänzte „er ist schon, glaub ich, ein eher Zielgerichteter (...) Wenn er sagt, ich muss mir in Erdkunde was suchen, und er geht auf erdkunde.de, dann ist er sicher erfolgreich" (Interview 13).[56] Kinder brauchen demnach einen Anlass, um tatsächlich im Internet auf Recherche zu gehen. Ansonsten suchen Kinder „Vertrautes" auf (Interview 17) und wollen – wie es die Mutter eines Vorschulkindes zum Ausdruck brachte – „bestätigt haben, was sie schon kennen" (Interview 02). Die befragten Pädagogen sahen ihre Aufgabe vor allem darin, das Interessenspektrum der Kinder zu verbreitern bzw. ihnen neue geeignete Websites zu erschließen. Eine Erzieherin meinte lachend: „Also ich würde sagen, die sind nur so neugierig, wie ich ihnen helfe, neugierig zu sein. Die würden, wenn ich da nichts machen würde, immer das Gleiche tun" (Interview 10 Hort). Es wurde auch angemerkt, dass die Kinder „eher zurückhaltend" oder sogar „ängstlich" seien (Interview 16 Hort). Auch die befragte Medienpädagogin glaubte, dass die Eigenmotivation der Kinder gestärkt werden müsse: „Sie sind wenig neugierig (...) also da muss man immer drauf hinweisen. Also ich hab das Gefühl, man muss sie viel mehr anstupsen" (Interview 03 Hort).

Angesichts des eher gebremsten Forscherdrangs stellt sich die Frage, was Kinder überhaupt veranlasst, das Internet zu nutzen. Mehrere Eltern gingen davon aus, dass die Kinder das Internet nutzen, weil es – wie andere Medien auch – einfach da ist. Manchmal glaubten die Eltern zudem, dass ähnlich wie beim Fernsehen Langeweile oder schlechtes Wetter ein Grund für ihre Kinder sei, ins Internet zu gehen. Ein Kind bestätigte dies, zwei Kinder widersprachen ihren Müttern: Das eine Mädchen sagte, sie gehe ins Internet, wenn sie von anderen Kindern erfahre, dass es eine gute Seite gebe (Interview 07), das andere, es lese die Basteltipps aus der

56 Diese Adresse existiert zwar im Internet, enthält aber zum Zeitpunkt des Interviews keinerlei frei abrufbaren Informationen zu schulisch relevanten Erdkundethemen, sondern vor allem käufliche Angebote, wie z.B. Bücher vom Kochen oder Reisebuchungen. Allerdings kann die Interviewpassage als Hinweis gewertet werden, dass mangels eigener praktischer Erfahrung hin und wieder mit einer Vorstellung sowohl von der Funktionsweise des Internets als auch dem Vorgehen der Kinder argumentiert wurde.

Fernsehsendung Artattack nach (Interview 06). Ein Vater erklärte, dass eine Zeitschrift („Computerbild Spiele"), die sein Sohn wöchentlich beziehe, Anlass für diesen sei, gezielt die Website mit den Spieletipps aufzusuchen (Interview 09). Eine Mutter betonte ebenfalls, dass das Interesse an CD-ROM-Spielen ihren Sohn ins Netz führe (Interview 14).

Auch wenn die Kinder nur einen kleinen Ausschnitt des Internets nutzen und Anregungen benötigen, so gingen doch alle Eltern davon aus, dass ihren Kindern die Internetbesuche Spaß bereiteten. Darüber, was ihren Kindern besondere Freude macht, gaben drei Mütter Auskunft: Die Spiele erfreuten insbesondere ein Kind im Vorschulalter (Interview 15), die unterhaltenden Angebote der Popkultur ein 11-jähriges Mädchen (Interview 12) und die Internetnutzung generell gefiel einem 11-jährigen Jungen, „aber bestimmt nicht mehr als ein CD-ROM-Spiel" (Interview 14). Erzieherinnen erwähnten, dass Neuentdeckungen Spaß machen und zu einer gewissen Aufgeregtheit in der Gruppe führen (Interviews 03 Hort, 05/17 Hort). „Bei den Spielen, also wenn sie da so im Kindercampus surfen, sind sie in der Regel immer relativ ruhig. Also in der ersten Zeit, wenn sie etwas Neues entdecken, klar, geht es sofort: ‚Habt ihr schon gesehen, nun kommt doch mal rüber.' Und dann geht die ganze Bande an den anderen Rechner oder dann geht's wieder rüber an den einen (...) Aber in der Regel sehr ruhig, konzentriert" (Interview 03 Hort). Eine andere Erzieherin stellt fest, dass der Spaß solange anhält, bis ein – für die Kinder – nicht lösbares Problem auftritt. Dann beginnen sich die Kinder zu langweilen und gehen aus dem Internet raus, wenn ihnen niemand weiterhilft (Interview 10 Hort).

3.6 Informelles Lernen durch das Internet?

3.6.1 Lernaspekte im Umgang mit dem Internet

Können Kinder durch den Umgang mit dem Internet etwas lernen? Die Eltern beantworteten diese Frage recht unterschiedlich. Teilweise stützten sie sich auf die Einschätzung der breiten öffentlichen Meinung, dass das Internet eine „unverzichtbare Zukunftstechnologie" sei. Diese Eltern legten dann auch sehr viel Wert darauf, dass ihre Kinder die „technische Handhabung", „den Umgang mit modernen Technologien" üben. Damit werde, so glaubten die Eltern, ein erster Grundstein für die erfolgreiche berufliche Zukunft ihrer Kinder gelegt: „Das alles ist sehr wichtig für die Zukunft, das Karrieremachen und so weiter“ (Interview 10).

Ein anderer Teil der Eltern versuchte Lernaspekte zu benennen, die über die technische Handhabung des Internets hinausgehen. Dachten sie jedoch an die Internetaktivitäten ihrer eigenen Kinder, dann fielen ihnen eher Begriffe wie „Unterhaltung“, „Spiel“ und „Spaß“ ein. Daneben erklärten sie, holten die Kinder manchmal auch „Wissen“ oder „Informationen“ aus dem Internet. Diese Eltern beurteilten den Lerncharakter der frühzeitigen Internetnutzung zurückhaltender: „Ich denke, das lernt man so wie es kommt. Und außerdem entwickelt sich das ganze Medium so schnell, dass ich das, was ich vor fünf Jahren gelernt habe, sowieso nach fünf Jahren wieder vergessen kann“ (Interview 08). Eine Mutter bezweifelte gar, „ob man das unter Lernen versteht“ (Interview 17).

Auch für die Erzieherinnen war es nicht ganz einfach, Lernaspekte zu benennen, die für eine frühe Einführung der Kinder ins Internet sprechen. Alle Erzieherinnen glaubten, dass Kinder durch die Internetnutzung grundsätzlich schon etwas lernen könnten, aber im Einzelnen sei diese Frage schwer zu beantworten. Drei der Erzieherinnen nannten schließlich „die Handhabung des Computers“, die Kinder am besten erlernen würden, wenn sie „selbst etwas aktiv gestalten“ und sich beispielsweise an einer eigenen Homepage versuchten. Die Internetnutzung von Kindern im Vor- und Grundschulalter wurde von den Erzieherinnen nicht uneingeschränkt befürwortet, denn sie betonten immer wieder, dass die Voraussetzung dafür die Beherrschung des Lesens und Schreibens sei: „Erstklässler können damit noch nichts anfangen“ (Interview 17 Hort). Eine der Erzieherinnen hob schließlich die positiven koedukativen Effekte der Internetnutzung hervor: Die Kinder „sprechen miteinander, auch Mädchen und Buben, die sonst am Tisch nicht nebeneinander sitzen möchten, weil ‚iiihhh, das ist ja ein Bub' oder ‚iiihhh, das ist ja ein Mädchen' und wenn sie vorm PC sitzen, scheinen sie das vergessen zu haben“ (Interview 16 Hort).

Die Mütter der beiden 5-jährigen Kinder sprachen sich eindeutig für die frühzeitige Internet- bzw. Computernutzung aus, vor allem in Anbetracht der Entwicklung ihrer Kinder. Während die eine Mutter die „Übung der Feinmotorik“ und die „Abstimmung von Blick, Koordination und Bewegung“ besonders schätzte (Interview 02), war es für die andere bedeutsam, dass ihr ansonsten unkonzentriertes Kind „wirklich mal sitzen bleibt und ein Spiel von Anfang bis Ende macht“ (Interview 15).

3.6.2 Unterstützung und Hilfe der Eltern und Erzieherinnen

Obwohl die Eltern betonten, dass sich ihre Kinder in der Phase befinden, in der sie den Internetumgang erst erlernen, hoben sie hervor, dass es kaum Probleme gibt, und nannten erstaunlich wenige Situationen, in denen ihr Kind Hilfe braucht. Eine Mutter gestand, dass sie erst gar nicht um Hilfe gebeten wird, weil ihre Kinder „ganz genau wissen, dass ich ihnen nicht helfen kann" (Interview 13), in einer anderen Familie war der große Bruder für die Behebung von Fehlern zuständig (Interview 12). Auf Nachfrage führten die Eltern einige Beispiele an: Kinder brauchen die Hilfe ihrer Eltern, um „Adressen zu finden" (Interview 06), weil sie „Namen auf gut Glück" eingeben (Interview 01) oder nicht wissen, wie man auf „eine ganz bestimmte Seite" kommt (Interview 09). Kinder rufen nach ihren Eltern, wenn „der Computer nicht mehr funktioniert" (Interview 07) oder „wenn es irgendwie nicht weitergeht oder das Ding verreckt" (Interview 18). Dass dafür auch Bedienungsfehler verantwortlich sein können, wurde nur von einer Mutter erkannt: „Wenn das Gerät mal stehen bleibt, weil sie wahrscheinlich irgendwas zu schnell gemacht hat oder sonst irgendwas, dann holt sie mich, wenn das nicht mehr weitergeht" (Interview 17). Ein Vater, der selbst noch nie das Internet genutzt hatte und dies mit der Behauptung untermauerte, er könne eine „Waschmaschine nicht von einem Computer unterscheiden", geht Probleme eher psychologisch an: „Wenn seine Geduld zu Ende ist, dann geht er raus. Ich hab nur einen Tipp oder Vorschlag: Ein bisschen Geduld haben, es gibt so viele Sachen, langsam, guck mal, du brauchst nicht klick, klick, klick mit der Maus machen. Nur einmal! Du musst denken, das ist wichtig!" (Interview 10). Des Weiteren wurden Hilfestellungen bei Irritationen der Kinder durch zu viele geöffnete Fenster und bei den Vorschulkindern durch zu schwierige Spiele genannt. Nur in einem Einzelfall erwähnte eine Mutter die englischsprachigen Fenster, „die sich dann auftun. Wobei, ich versteh sie dann auch nicht (lacht). Ja, und dann gucken wir zusammen, was könnte es sein, und kriegen das dann hin" (Interview 14).

Da in den Betreuungsinstitutionen den Kindern immer ein Ansprechpartner zur Verfügung steht, sind die Hilfestellungen der Erzieherinnen eher von pädagogisch begleitender Natur: „Die rufen mich nicht, ich mach's halt dann, wenn irgendwas hängt oder auf Englisch kommt" (Interview 06 Hort). Eingegriffen wird „wenn irgendwas nicht klappt, wie das halt so ist, wenn die Kleineren im Internet sind" (Interview 17 Hort).

Bei „Kleinigkeiten“ wie Fehlermeldungen, die „zwischendurch“ auftreten, ist Hilfe nötig (Interview 03 Hort). Und manche Sachen, wie das Runterladen, „das muss wirklich geübt werden“, weil die Kinder von alleine nicht darauf achteten, wo sie die Dateien ablegten, welche Namen sie hätten, und diese deshalb nicht mehr finden könnten (Interview 10 Hort). Hilfestellung beim Schreiben von Adressen, beim Suchen, nach dem was sie wollen, ist aufgrund der zielgerichteteren Internetnutzung im Hort eher eine Selbstverständlichkeit.

3.6.3 Die Interneterfahrungen der Eltern ...

Bevor das Internet in den eigenen Haushalt kam, hatten etwa ein Drittel der Eltern, vor allem die Väter, ihre ersten Interneterfahrungen am Arbeitsplatz gesammelt. Eine Mutter lernte das Internet bei Nachbarn kennen. Drei der vier Eltern, die sich ohne vorgängige Erfahrung einen Anschluss beschafften, besorgten sich diesen für ihr Büro. Es war also auch bei einigen Eltern in unserer Untersuchung so, wie vielfach behauptet, dass das Interesse an einem heimischen Internetzugang in Arbeitszusammenhängen geweckt worden war.[57] Inwieweit die zunehmende Verbreitung von Internetadressen in Werbung und Public Relation sowie die Werbung für das Online-Sein zum Bedürfnis führte, den „Anschluss“ an die gesellschaftliche Entwicklung nicht zu verpassen bzw. „up-to-date“ zu sein, ist offen.[58] Für lediglich drei Eltern war es wichtig, auf dem „neuesten Stand“ zu sein, „damit man nicht hinterherhinkt“.[59]

57 In der ARD/ZDF-Online-Studie 1999 (S. 402 f.) wird z.B. festgehalten: „Waren Onlinedienste und speziell das Internet noch Anfang 1997 Angebote, die vornehmlich am Arbeitsplatz oder an der Ausbildungsstätte kennen gelernt und angewandt wurden, hielten Onlinedienste ab Mitte/Ende 1997 verstärkt Einzug in die deutschen Privathaushalte. Dabei verschafften sich vor allem diejenigen einen Zugang ins Netz, die nicht über ihre Arbeits- oder Ausbildungsstätte die Möglichkeit des Zugriffs auf das Internet und die Angebote der kommerziellen Provider hatten. 1998 und 1999 stellen diese ausschließlich privaten Nutzer die größte Gruppe unter den Anwendern. 1999 geht der Zuwachs an Onlinenutzern vor allem von den Nutzern aus, die bereits an ihrem Arbeitsplatz einen Netzzugang haben.“

58 Es ist wohl eine Mischung aus Arbeitserfahrung, Werbung und Erziehungsanspruch, die Eltern dazu veranlasst, einen Internetzugang zu beschaffen (vgl. Livingstone 2001, S. 59).

59 Die Medienausstattung der Familienhaushalte mit Kindern im Alter zwischen 6 und 13 Jahren hat sich nach den Ergebnissen der KIM-Studie allerdings grundlegend verändert: War 1999 in 47% der Haushalte ein Computer vorhanden, so stieg der Anteil im Jahr 2000 um 10 Prozentpunkte auf 57% und bis Mitte des Jahres 2002 um weitere 10 Prozentpunkte auf 67% an. Noch extremer ist die Zunahme der Internetan-

Dass sich die häusliche Interneterfahrung von der betrieblichen fundamental unterscheidet, darauf wiesen die Eltern häufiger hin. Dies hatte weniger mit den Inhalten als mit den technischen Schwierigkeiten und Problemen zu tun, für deren Behebung die Familie zu Hause selbst zuständig ist. Sieht man von den „Technikern" unter den Eltern ab, so ist folgendes Zitat charakteristisch: „Bei uns im Haus finde ich das Internet sehr negativ, da weiß ich aber nicht, liegt's am Provider, den wir haben, oder so. Ich kenn' mich da, muss ich gestehen, überhaupt nicht aus (...). Das war bei mir im Büro wesentlich besser, da hatte ich das WWW und dann kam das (...) und bei mir zu Hause kommt da nur eine Seite oder es kommen 20 Seiten. Ich versteh' den Unterschied oft nicht" (Interview 13). Häufig führten auch die geringen Übertragungsraten zu Verdruss, so wechselte ein Elternpaar nach einem Jahr aufgrund der mangelnden Funktionsfähigkeit des Internets den Provider, um dann erst festzustellen, dass das vorhandene Modem nicht zum (veralteten) Computer passte (Interview 11). War das Internet einmal angeschafft, dann verspürten die Eltern relativ schnell den Druck, die Ausstattung zu modernisieren oder zu modifizieren: „Wir haben ganz klein angefangen – wie heißt das jetzt – mit einem externen Modem. Und jetzt haben wir eben ISDN und das gesteigert" (Interview 01). „Wir hatten zuerst AOL (...) Das hat total lange gedauert (...) und dann haben wir uns irgendwann einen ISDN-Anschluss legen lassen und sind umgestiegen auf T-Online" (Interview 07). „Wir hatten ein analoges Modem und wenn wir dann reingegangen sind, war natürlich die Telefonleitung blockiert. Und das war sehr unangenehm. Und dann haben wir uns ISDN angeschafft" (Interview 17).

Ihr Verhältnis zur Neuen Technologie beschrieben die Eltern eher ambivalent. In technischer Hinsicht war das Internet zunächst eine Herausforderung: „Ich kam bis zu einem gewissen Punkt, dann wusste ich nicht mehr weiter. Dann musste ich erstmal die Telefonkabel wieder richtig zusammenstöpseln" (Interview 14). In inhaltlicher Hinsicht reichten die ersten Eindrücke vom Internet von „aufregend" (Interview 08), „chaotisch" (Interview 11), „verwirrend" (Interview 14) bis „gigantisch" (Interview 17), und schließlich „ist man ein bisserl stolz, wenn man es schafft" (Interview 12). Hatten die Eltern das „totale Neuland" in Besitz genommen, wurden einzelne von ihnen von der Alltagsrealität eingeholt: „Also wir hatten uns eigentlich mehr erwartet. Wir haben gedacht, das

---

schlüsse. Ausgewiesen werden 8% für 1999, 27% für 2000 und 47% für 2002 (Medienpädagogischer Forschungsverbund Südwest 2001, S. 15 sowie 2002, S. 16).

nützen wir total gut und machen da einen Haufen Zeug damit (...) für die Schule, zur Information und zum Rumschauen. Und dann haben wir das eigentlich nur ein paar Mal ausprobiert und oft ist dann entweder der Rechner abgestürzt oder die (aufgerufene) Seite war noch gar nicht eingerichtet, da kam dann irgendwie so eine Meldung, wird zur Zeit erst aufgebaut oder so (...) irgendwann war uns das dann zu doof und dann haben wir das gar nimmer benützt" (Interview 07).

Von einigen Ausnahmen abgesehen scheint es so zu sein, dass das Internet, vor allem das zunächst faszinierend reichhaltige Potential des World Wide Web im Privatbereich nur in sehr kleinen Ausschnitten genutzt wird. Fast alle Eltern gaben an, den E-Mail-Account zu verwenden und mehrere Familien wickelten ihren Geldverkehr online ab. Bei den Angaben zum Surfen blieben die Eltern zunächst ungenau, sie machten „Recherchen" und suchten nach „Informationen". Auf Nachfrage wurden die Befragten etwas konkreter, ihre Ausführungen bezogen sich auf folgende Gebiete: Nachrichten und Wetter, sportliche Ereignisse wie Formel 1, Fußball oder Golf, Reisen oder Urlaubsplanung, Radiohören. Darüber hinaus interessierten sich zwei Mütter für Versandhauskataloge, ein Vater las internationale Zeitungen. Ihren beruflichen Interessen gingen zwei Mütter im Internet nach, während eine andere Mutter „grundsätzlich in der Firma viel im Internet gucken muss" und deshalb „den Computer zu Hause kaum noch anmacht" (Interview 14). Aufgrund der direkten Frage nach Erfahrungen mit dem Online-Kauf stellte sich heraus, dass sich alle Eltern schon einmal im Internet über Produkte informiert hatten, am häufigsten über Reisen und Bücher. Den Schritt zur Online-Bestellung bzw. zum Online-Kauf hatten nur einige Eltern als Einmalversuch vollzogen. Die Eltern waren aufgrund der – auch in der Öffentlichkeit breit diskutierten – Sicherheitsrisiken nicht dazu bereit, auf Bestellformularen ihre Kreditkartennummer oder Bankverbindung preiszugeben. Einzelne Eltern, die in den traditionellen Versandhäusern wie Quelle und Otto online bestellten oder bei ebay Produkte ersteigerten, taten dies gegen Rechnung bzw. per Nachnahme.

3.6.4 ... und die Internetkompetenzen ihrer Kinder

Aufgrund ihrer eigenen Interneterfahrungen oder gerade wegen der Schwierigkeiten, die das Internet Erwachsenen wie Kindern bereiten kann, teilten die meisten Eltern keineswegs die häufig zu hörende Auffassung, dass Kinder im Umgang mit Neuen Medien und Internet kompetenter als Erwachsene seien. Die meisten Eltern hoben zwar hervor, dass Kinder im Umgang mit dem Internet geschickter und flotter sind, weil sie „unbefangener", „offener" oder „ungenierter" seien, weil sie nicht glauben, dass sie was verkehrt oder kaputt machen könnten, weil überhaupt Kinder schneller lernten. Aber unter den Kompetenzbegriff wollten nur zwei der befragten Elternteile diese Aussagen zur schnellen Auffassungsgabe der Kinder und zu ihrer Unvoreingenommenheit gegenüber technischen Geräten einordnen. Für die anderen Eltern war Kompetenz im Umgang mit dem Internet eine Qualifikation, die ihre Kinder erst erwerben müssten, die aus zunehmender Erfahrung, sprich aus der Nutzung des Internets, resultiere: Irgendwann einmal könnten die Kinder kompetenter sein, „wenn sie es häufiger nutzen als wir Erwachsene" (Interview 07) oder „wenn sich die Kinder da ordentlich einwuseln, dann haben sie sicher mehr Kompetenz als ein Erwachsener, der sich gar nicht darum bemüht" (Interview 13). Folglich glaubten nur die befragten Elternteile, die das Internet selbst kaum oder gar nicht nutzen, dass sich ihr Kind besser im Internet auskenne als sie selbst (Interviews 10 und 13).

Kinderspezifische Internetkompetenzen wurden von den Eltern kaum genannt. Zwei Eltern stellten fest, dass ihre Kinder in der Lage sind, sich schnell die notwendigen Vorgehensweisen anzueignen; eine Mutter verglich das Internet mit dem „Gameboy und anderen Dingen", das Kind wisse ziemlich schnell, welche Knöpfe es drücken müsse (Interview 13). Es wurde aber auch darauf hingewiesen, dass Kinder nicht umstandslos das Internet nutzen könnten: Ein Vater beklagte den Mangel an Konzentration seines Kindes, der ihm das Suchen und Finden im Internet erschwere (Interview 10), eine Mutter hob die notwendigen Lese- und Schreibfertigkeiten hervor, die bei ihrem Kind noch nicht ausgebildet seien (Interview 02), und eine weitere Mutter glaubte, dass ihr 10-jähriges Kind noch nicht in einem Alter sei, in dem es den Aufbau eines Computers und die Struktur des Internets durchschauen könne (Interview 03).

Die Erzieherinnen nahmen die Internetkompetenz der Kinder in gleicher Weise wie die Eltern wahr, d.h. sie hoben die Spontaneität und das schnelle Begreifen der Kinder beim Gebrauch des Internets hervor. Besondere kinderspezifische Internetkompetenzen wurden auch von ihnen nicht genannt. Der Meinung, dass Kinder dieses Medium kompetenter als Erwachsene nutzen würden, schlossen sich die Erzieherinnen ebenfalls nicht an. In diesem Zusammenhang wurden Argumente wiederholt, wie z.B. das Lesen- und Schreibenkönnen, folglich die spezifischen Anforderungen mitbedacht, die das Internet an die Grundqualifikationen der Kinder stellt.

3.7 Ergebnisse aus der Nachbefragung

Die Eltern der zehn Kinder, die zu Hause Internetzugang hatten, und die sechs Erzieherinnen der acht Kinder, die zu Hause und/oder nur in einer außerschulischen Institution ins Internet gingen, wurden zu Beginn der zweiten Beobachtungsphase noch einmal befragt.[60] Der Schwerpunkt des Interviews lag auf der Erhebung möglicher Veränderungen der Internetausstattung und des Internetumgangs der Kinder. Bei den Interviews zur ersten Beobachtungsphase war in den Familien trotz aller Befürwortung des Internets auch Missmut gegenüber der Funktionsfähigkeit des Internets zum Ausdruck gebracht worden; dies meist verbunden mit der Ankündigung, sich um eine Verbesserung zu bemühen. In den meisten Familien war es bei den Vorsätzen geblieben. Zwei Familien hatten unverändert Schwierigkeiten überhaupt ins Internet zu kommen, weil sie die Anmeldeprozedur beim Online-Dienst nicht durchschaute (Interview 14) oder „der Computer spinnt" (Interview 15). Drei Familien kämpften nach wie vor mit den geringen Übertragungsraten, ein Vater rechnete diese seinem veralteten Computer zu, zwei Familien kamen auf die Idee, die Festplatte zu säubern, weil die Kinder dort eine unüberschaubare Menge an mp3-Musikdateien abgelegt hatten (Interview 13). Eine dieser Familien glaubte, mit der Beschaffung einer neuen Software die Probleme beim Runterladen der mp3-Dateien beheben zu können (Interview 12).

Drei Familien hatten ihre Ausstattung verbessert: Eine Familie hatte, wie geplant, T-DSL und eine Flatrate angeschafft (Interview 11). Eine Familie war zu einer Internetverbindung über „wireless LAN" übergegangen (drahtloser lokaler Netzwerkzugang), seither kann die zum Befragungszeitpunkt 10-jährige Tochter vom Kinderzimmer aus über den

60 Die Eltern des inzwischen 6-jährigen Jungen, der aus familiären Gründen nicht mehr an der zweiten Beobachtungsphase teilnehmen konnte, wurden kein zweites Mal befragt; ebenso die Eltern eines nun 12-jährigen Jungen, der zu Hause keinen Zugang mehr hatte. Ein anderer 12-jähriger Junge brachte zur 2. Phase seine 10-jährige Schwester mit, die sich nun auch an der Studie beteiligen wollte, auf das Elterninterview hatte dies keinen bedeutenden Einfluss, da meist – worauf bereits hingewiesen wurde – sowieso aus der Familienperspektive erzählt wurde.

eigenen Computer ins Netz (Interview 17). Dagegen ging ein Vater, beschäftigt bei der Kundenhotline eines Online-Dienstes, dazu über, seine Tochter vom Internet auszusperren. Er beschaffte und installierte – wohl auch aus beruflichem Eigeninteresse – die neueste Software für den Privatbereich (PC Control, Firewall, zwei Festplatten, eine unverschlüsselt und eine verschlüsselt) sowie das Betriebssystem XP, das es ihm ermöglichte, seinem Kind einen eigenen Benutzer-Account ohne Internetzugang einzurichten. Er wollte die zunehmende Interneteuphorie seiner Tochter „bremsen" und die Kontrolle über die Internetbesuche nicht verlieren (Interview 06). Zwei weitere Mädchen gingen nach der ersten Beobachtungsphase zu Hause nicht nur häufiger, sondern auch länger ins Internet als vorher. Dies mag einerseits auf die Teilnahme der Kinder an der Studie zurückzuführen sein, andererseits aber hatten gerade diese Familien das Engagement der Mädchen mit der Aufrüstung ihrer Internetausstattung unterstützt. Obwohl eine Mutter das abnehmende Interesse ihres Jungen am Internet auf das sommerliche Wetter und das Spielen im Freien zurückführte, kann ein Zusammenhang zwischen einer befriedigend laufenden Internetverbindung und der Häufigkeit der Internetnutzung der Kinder vermutet werden. Denn die veraltete Ausstattung führte auch dazu, dass es ein Kind gänzlich aufgab, von zu Hause aus ins Internet zu gehen und das Internetinteresse von zwei weiteren Kindern hatte nachgelassen, weil die Websites, die sie während der Studie kennen gelernt hatten, zu Hause nicht funktionierten. Nur drei Eltern gaben an, dass Häufigkeit und Dauer der Internetaufenthalte ihrer Kinder unverändert geblieben seien.

Nahezu alle Eltern behaupteten, dass ihre Kinder durch die Teilnahme an der Studie im Umgang mit dem Internet sicherer und routinierter geworden seien und „etwas" dazugelernt hätten. Nach wie vor aber setzten sie den pädagogischen Wert des Internets relativ niedrig an, da es überwiegend Unterhaltungsnutzen habe, man „allenfalls den Spaß mit dem Nützlichen" (Interview 06) verbinden könne. Die Kinder müssten erst „Sucherfahrung sammeln" (Interview 08) und lernen, „Informationen zu beherrschen" (Interview 17). Der eher an den schulischen Anforderungen orientierte Blick der Eltern auf das Lernen der Kinder lässt die lebensweltlichen Aspekte des Online-Seins außen vor. Dies mag vor dem Hintergrund der Tatsache verständlich sein, dass sich die meisten der an der Studie beteiligten Kinder entweder in der ersten Klasse des Gymnasiums oder kurz vor dem Übergang in die über die Schullaufbahn entscheidende Sekundarstufe I befanden.[61] Äußerst selten wurde zum Ausdruck gebracht, dass sich die Internetinteressen des eigenen Kindes gegen Ende der Vorpubertät verändert haben (Interview 01) oder die zunehmende Internetkompetenz des Kindes zu mehr Anerkennung unter den eigenen Geschwistern oder Freunden führt (Interview 12). Die nur schemenhaften elterlichen Vorstellungen von den Internetpräferenzen der Kinder rücken das Lernen der Handhabung des Internets gegenüber der Bedeutung der Inhalte für die Kinder in den Vordergrund.

Erzieherinnen hoben dagegen die emotionale Bedeutung des Online-Seins für die beteiligten Kinder hervor, auch wenn das Internet in den außerschulischen Betreuungsinstitutionen zwischen den beiden Beobachtungsphasen kaum genutzt wurde. Genannt wurden Aspekte der Chancengleichheit und der sozialen Anerkennung sowie die vom Internetthema unabhängige Tatsache, dass es den Kindern gut getan hatte, die ungeteilte Aufmerksamkeit des Beobachters zu erfahren.

Zu erwähnen bleibt, CD-ROMs spielen bei der Computernutzung der Kinder in Familie und Hort derzeit noch eine wesentlich bedeutendere Rolle als das Internet, sowohl den Eltern als auch den Erzieherinnen fiel es deshalb manchmal schwer, im Gespräch bei der Internetnutzung der Kinder zu bleiben bzw. andere Arten des Computerumgangs davon abzutrennen.

3.8 Zusammenfassung

Obwohl der Erwerb von Kompetenzen im Umgang mit Computer und Internet gemeinhin als unverzichtbar für die schulische und berufliche Zukunft der Kinder gilt, ist es doch so, dass bei der Entscheidung der Eltern, einen Internetzugang zu beschaffen, pädagogische Gründe eine recht untergeordnete Rolle spielten. Das Alter ihrer Kinder, die zu Beginn der Untersuchung zwischen fünf und elf Jahre waren, war sicherlich ein maßgebender Faktor dafür, erzieherische Aspekte der Internetnutzung außen vor zu lassen. Hinzu kommt aber auch, dass sich den Eltern ebenso wie den Erzieherinnen das Lernpotential des Internets bislang

61 Aufgrund des einjährigen Kontaktes zu den Kindern wurden den Beobachtern auf unterschiedlichste Weise Schulprobleme zur Kenntnis gebracht. Entweder erzählten die Kinder selbst von ihren Schwierigkeiten oder Termine wurden in dieser Situation dann meist von den Vätern abgesagt oder die Mütter berichteten über den Druck, der, ausgelöst durch das Zwischenzeugnis, auf ihrem Kind laste.

nicht erschlossen hat. Vor dem Hintergrund der Internetnutzung der Kinder betonten sie zwar den Unterhaltungswert der Angebote, hoben aber hervor, dass für die Kinder vieles zu schwierig sei. Konsequenterweise bestätigten sie deshalb nicht, dass Kinder im Umgang mit neuen Technologien kompetenter seien als Erwachsene, sondern erklärten ausschließlich die Unbefangenheit im Umgang mit Computer und Internet als Stärke der Kinder. Von einer Überschätzung oder auch Mystifizierung der Internetkompetenzen ihrer Kinder – im Sinne der öffentlichen und wissenschaftlichen Diskussion zur „generation @" – sind Eltern und Erzieherinnen weit entfernt.

Der Computer mit Internetanschluss wird in der Regel von den Familienmitgliedern geteilt, auch wenn er von den einzelnen unterschiedlich häufig oder überwiegend nur von den Kindern genutzt wird. Eines von achtzehn Kindern aus unserer Studie hatte einen Online-Anschluss im eigenen Kinderzimmer. Dennoch wird angenommen, dass sich das Internet zum Bestandteil einer Kinderzimmerkultur entwickeln wird, welche die weitere Abtrennung der Kinder vom Haushalt und den Verzicht auf das Familienleben mit umfasst, – eine These mit äußerst geringer erwartbarer empirischer Valenz (Holloway/Valentine 2003, S. 102 ff.). Zieht man nämlich die quantitativen Ergebnisse aus der KIM-Studie 2002 als Orientierungswerte für eine sich abzeichnende Entwicklung der Ausstattung der Kinder mit eigenen Geräten heran, so stellt man fest, dass selbst die Annahme des Weiterreichens veralteter Computer an die Kinder zu relativieren ist: 13% der 6- bis 13-Jährigen verfügen über einen eigenen Computer und 5% über einen eigenen Online-Anschluss (Medienpädagogischer Forschungsverbund 2002, S. 18). Gerade alte Geräte genügen weder den multimedialen Anforderungen der PC-Spiele noch jenen des Internets.

Ein betriebsstabiler Computer und eine schnelle Online-Verbindung sind Voraussetzungen dafür, dass sich das Internet in den Familien überhaupt auf Dauer etabliert. Dass Defizite in der Ausstattung den Spaß am Internet verderben, brachten die Eltern einerseits hinlänglich häufig zum Ausdruck, andererseits aber auch, dass temporäre Probleme mit dem Internet aufgrund fehlender Eigeninitiative auf Dauer gestellt werden: Man hat zwar einen Zugang, nutzt ihn aber nicht (mehr). Ein Mangel an technischer Kompetenz auf Seiten der Eltern ist schnell konstatiert, angesichts einer fragilen und nutzerunfreundlichen Technik aber unangebracht. Viel eher ist es eine Aufgabe von Wirtschaft und Gesellschaft, die praktische „Usability" des Internets und das pädagogische „Empowerment" der Eltern zu fördern (vgl. auch Livingstone 2001, S. 62; Groebel/Gehrke 2003, S. 311 ff.).

Unterscheidbare „Medienerziehungsstile" haben sich mit Blick auf den Internetgebrauch der Kinder offensichtlich noch nicht entwickelt. Die relativ geringe Nutzungshäufigkeit und Nutzungsintensität der Kinder mag dafür eine Erklärung sein. Dennoch fällt auf, dass bewahrpädagogische Sichtweisen auf die Internetnutzung der Kinder keinerlei Rolle spielten, dagegen partnerschaftliche Einstellungen der Eltern, das Zu- und Vertrauen gegenüber den Kindern die Regel waren. Dies spiegelte sich in den nahezu nicht vorhandenen pädagogischen Regulierungs- und Kontrollaspekten wider. Nicht nur vor dem Hintergrund der öffentlich diskutierten Gefahren des Internets für Kinder mutet die Geringschätzung von Schutzmaßnahmen in den Familien dann doch erstaunlich an, sondern auch in Anbetracht der Tatsache, dass die Eltern über die Internetnutzung ihrer Kinder und deren inhaltliche Präferenzen relativ wenig wussten. Der pädagogische Blickkontakt als Kontroll- und Schutzmaßnahme war nicht nur zufälliger, sondern auch unzuverlässiger Natur: So spielten bei der Wahl des Standortes des Computers bzw. Online-Zugangs die räumlichen Gegebenheiten – manchmal auch ästhetische Gesichtspunkte – die primäre Rolle, und häufiger stimmten die Informationen der Eltern über den Internetumgang ihrer Kinder nicht mit unseren Beobachtungen überein. In den Horten sieht man den Schutz der Kinder durch pädagogische Begleitung garantiert, doch generell wird das Internet dort zu selten genutzt, um auch den Kindern aus Offliner-Familien genügend Erfahrungsspielräume zu bieten.

Die Entwicklung von weiteren Informationen für Eltern und auch Erzieherinnen scheint notwendig zu sein. Zugleich aber sollte über die Distributionswege nachgedacht werden, denn selbst interessierten Eltern und Erzieherinnen waren die medienpädagogischen Empfehlungen zum Umgang von Kindern mit dem Internet bislang nicht bekannt.

4 Die beobachteten Kinder: Kurzporträts und typisierende Beschreibung

In den Kurzporträts sind einige Daten zu den beobachteten Kindern zusammengefasst, die zu Projektbeginn erhoben wurden und für eine Einschätzung ihrer Interneterfahrungen und zum Verständnis ihres Internetumgangs wichtig sind. Um den bei kleinen Fallzahlen notwendigen Persönlichkeitsschutz so weit wie möglich zu gewährleisten, wurden die Namen anonymisiert und die Beschreibungen zur Person auf ein Minimum reduziert. Die nachstehende „Typisierung" der Kinder folgt weitgehend den Kriterien, wie sich das Kind dem Internet näherte, wofür es sich interessierte oder welche seiner Kompetenzen bzw. Fertigkeiten es beim Internetumgang einbrachte. Die Frage, was typisch für den Internetumgang eines Kindes ist und worin es anderen ähnlich ist, führt dazu, dass letztendlich ein Kriterium gegen die anderen festgehalten wird, und das Kind in seinem Handeln nur aus einer Perspektive – die ihm „ungerecht" erscheinen mag – dargestellt wird. Um der Individualität der Kinder nicht Gewalt anzutun, wurden über die achtzehn Fälle sechs Typen gebildet. Die Gruppierung der „leseunkundigen Vorschulkinder" (4.1) und der „männlichen, schon jugendlichen Computerspielefans" (4.6) ließ sich eindeutig nach den Merkmalen instrumentell-technische Kompetenzen, Lesefertigkeiten und alterspezifische Internetinteressen vornehmen. Bei der Typisierung der „unsicheren, aber lernbegierigen Mädchen" (4.2) und der „lese- und entdeckungsfreudigen Mädchen" (4.3) trug vor allem die Dimension des Selbstwertgefühls zur Unterscheidung bei, das Merkmal Lese*fertigkeit* ist in diesen beiden Gruppen nicht trennscharf. Während sich die „spontan-experimentierfreudigen Kinder" (4.4) und die „engagierten und ambitionierten ‚Internet-Spieler'" (4.5) in ihrer Lesevermeidungsstrategie ähneln, liegt in ihrem Problemlösungsverhalten – eher planlos versus überlegt – bei auftretenden Schwierigkeiten im Internet das trennende Merkmal.

4.1 Die leseunkundigen Vorschulkinder

Tim (männlich, 5 Jahre, Kindergarten) ist Einzelkind; er lebt mit seinen Eltern am südöstlichen Stadtrand Münchens. Vor kurzem haben die Eltern einen Internetanschluss angeschafft. Dies nahm die Mutter zum Anlass, ihren Sohn für die Studie anzumelden. Da sie selbst und ihr Kind noch äußerst wenig Erfahrung mit dem Internet hatten, erhoffte sie sich von der Teilnahme eine Mutter-Kind-Fortbildung. Das Missverständnis wurde ausgeräumt, und Tim nahm alleine am Projekt teil. Tim ist ein kleiner, sehr zarter Junge, zurückhaltend und intellektuell sehr aufgeschlossen. Seine Computererfahrungen beschränken sich auf ein Minimum, deshalb hat er Probleme mit dem Bedienen und Navigieren der Maus. Tim braucht viel Bewegung, weckt ein Spiel auf einer Website sein Interesse, dann ist er über längere Strecken aufmerksam. Die Familie besitzt kein Fernsehgerät. Seine Freizeit verbringt Tim größtenteils mit Freunden.

Martina (weiblich, 5 Jahre, Kindergarten) ist Einzelkind und wohnt mit ihren Eltern am westlichen Stadtrand Münchens. Sie besucht einen Kindergarten, in dem medienpädagogische Projekte eine lange Tradition haben. Nicht nur dort hat Martina Zugang zum Internet, sondern auch zu Hause. Den Computer nutzt sie hauptsächlich für Edutainment-Spiele. Ihre Erfahrungen spiegeln sich bei der Internetnutzung wider, denn der Umgang mit der Maus und das Navigieren auf den Kinderwebsites bereiten ihr nur wenige Probleme. Martina kennt schon die meisten Buchstaben des Alphabets und kann diese auch schreiben. Sie ist ein aufgeschlossenes und resolutes Mädchen, das sich nicht überfordern lässt. Während der Internetbesuche sucht sie das (Beratungs-)Gespräch mit dem Beobachter. Braucht sie Bewegung oder Abwechslung, dann steht sie vom PC auf, geht im Zimmer umher, schaut aus dem Fenster oder beschäftigt sich mit anderen Dingen.

Der Internetumgang der leseunkundigen Kinder war daran gebunden, dass der Beobachter den Zugang zum Internet bereitstellt und sie dauerhaft bei ihren Internetbesuchen begleitet und unterstützt. Das Hauptinteresse der Vorschulkinder galt dem Spielen, dem Anschauen von Bildern und dem Ausmalen von Figuren auf Teilen von Websites, die sie mit Hilfe des Beobachters fanden. Aber nur wenn die Kinder auf den Websites dann eigenaktiv sein konnten, hatten sie am Internetbesuch Spaß. Auch wenn die Kinder auf animierte Figuren und Tonsignale mit erhöhter Aufmerksamkeit reagierten, so kam es doch vor, dass sie von diesen beim Spielen und Malen abgelenkt wurden. Die instrumentellen Fertigkeiten waren bei Tim und Martina unterschiedlich entwickelt, aber beide hatten noch Probleme mit der Auge-Hand-Koordination. Ihre Bedienkompetenzen entwickelten sie im Verlaufe der Studie durch Übung, d.h. durch den regelmäßigen Umgang mit den Eingabegeräten und der Browsersoftware. Die Aufmerksamkeitsgrenze war sowohl bei Tim als auch bei Martina nach ca. 20 Minuten erreicht: Die Internetbesuche strengten die Kinder sehr an, da das Spielen am Computer viel Konzentration erfordert. Die Spiele im Internet geben den Kindern keinen Raum, Spielverläufe assoziativ zu gestalten und die Spielhandlung nach ihrer eigenen Phantasie zu entwickeln. Sie haben sich nicht nur an die computergesteuerten Regeln zu halten, sondern müssen die Folgen ihrer manuellen Eingaben bzw. Mausbewegungen auf den Spielverlauf kognitiv antizipieren. Den Kindern gelang dies nicht immer. Manchmal entzogen sie sich den Anforderungen der Spiele im Internet, stellten ihre eigenen Regeln auf bzw. überlagerten das Spiel mit eigener Phantasie: Der Spaß daran, das Spiele-Inventar auf dem Bildschirm zu bewegen oder zu sehen, was passiert, war dann wichtiger als ein Spiel zu lösen oder zu gewinnen.

4.2 Die unsicheren, aber lernbegierigen Mädchen

Hülya (weiblich, 8 Jahre, 2. Klasse Grundschule) besucht nachmittags einen Hort. Sie ist die Mittlere von fünf Geschwistern. Mit ihrer Mutter, dem Stiefvater und den Geschwistern lebt sie am westlichen Stadtrand von München. Zu Hause gibt es einen PC ohne Internetanschluss, den nur der ältere Bruder nutzt. Im Hort hat Hülya die Gelegenheit, Computer- und Interneterfahrungen zu sammeln. Bislang hat sie das Internet nur selten benutzt und deshalb viel Respekt davor. Sie freut sich daher über die Unterstützung des Beobachters und erfolgreiche Aktionen, wie z.B. über das Ausdrucken von Bildern oder das Versenden einer E-Mail. Hülya ist ein herzliches Mädchen. Zu Beginn war sie zurückhaltend, fasste dann aber Zutrauen zu sich selbst und zur Beobachtungssituation. Im Internet bevorzugt sie mädchenspezifische Fanwebsites und schreibt mit Vergnügen E-Mails an ihre Idole.

Silke (weiblich, 10 Jahre, 4. Klasse Grundschule) lebt mit ihren Eltern im Zentrum Münchens. Zugang zum Internet hat sie in deren Geschäftsräumen. Dort verbringt sie mit ihrer Mutter einen großen Teil ihrer Freizeit. Auf die Teilnahme an der Studie legt Silke großen Wert. Aus ihrer Perspektive handelt es sich um einen Internet-Kurs, bei dem sie mitmachen darf; ihre Lernbereitschaft ist entsprechend hoch. Silke befindet sich in der Pubertät, sie interessiert sich vor allem für mädchenspezifische Websites bzw. weibliche Vorbilder. Ihre Informationen zum Webangebot bezieht sie überwiegend aus Mädchenzeitschriften und von den Hörkassetten ihrer „Kindertage".

Nadine (weiblich, 11 Jahre, 5. Klasse Gymnasium) wohnt mit ihrer jüngeren Schwester und ihren Eltern im Münchener Osten. Sie nutzt das Internet zu Hause oder bei einer Freundin. In der Grundschule hat sie bereits eine Internet-Arbeitsgemeinschaft besucht: Sie hat von Suchmaschinen gehört und weiß, dass und wie man über diese Informationen finden kann. Wenn eine Website nicht auf Anhieb ihren Erwartungen entspricht, verliert sie schnell das Interesse. Nadine ist in der Pubertät, Selbstbild und Fremdwahrnehmung sind ihre Themen. Sie begeistert sich für Websites zum Thema junge Mode, aber auch für Online-Spiele. In ihrer Freizeit betreibt sie verschiedene Sportarten, darüber hinaus spielt sie ein Instrument.

Die Unsicherheit der drei Mädchen drückte sich weniger in speziellen Problemen beim Umgang mit dem Computer und dem Internet aus, als vielmehr in ihrer Strategie, sich vor jeder Aktion beim Beobachter rückzuversichern. Der Beobachter war für sie eine Autorität, der sie mit Respekt begegneten. Anfänglich war das Verhältnis zum Beobachter weniger partnerschaftlich als hierarchisch und die Beobachtungssituation schulähnlich. Die Mädchen wollten beim Internetumgang keine Fehler machen, sich keine Blöße geben, und legten an sich selbst strenge Maßstäbe an, nach denen sie ihre „instrumentellen Fertigkeiten" beurteilten. Dies äußerte sich zunächst darin, dass sie zögerlich auf die Website-Inhalte zugingen, selten spontan navigierten oder ein Spiel einfach ausprobierten. Bei Hülya und Silke war dieses Verhalten sehr viel stärker ausgeprägt als bei Nadine, sie suchten bevor sie „klickten" den Blickkontakt zum Beobachter und warteten auf Bestätigung. Nadine traute sich dagegen mehr zu, zeigte hohe Leistungsbereitschaft und geriet dabei nicht selten unter Stress. Sie machte ihrer Anspannung meist mit Ärger auf das Internet Luft. Hülya und Silke dagegen zeigten solche Reaktionen nicht: Gab es Probleme mit dem Internet, dann war die 8-jährige Hülya überrascht und wandte sich erneut an den Beobachter, während die 10-jährige Silke sich selbst der „Dummheit" bezichtigte. Der Beobachter versuchte den emotionalen Druck, dem sich die Mädchen aussetzten, durch Kooperation zu reduzieren. Waren es bei Hülya die geringen Lese- und Schreibfertigkeiten im Deutschen, die sie belasteten, so war es bei Silke das mangelnde Selbstwertgefühl, bei Nadine dagegen der Anspruch, neue Aufgaben auf Anhieb zu bewältigen. In dieser sozialen Konstellation der Beobachtungssituation war angelegt, dass die Mädchen sowohl aufgrund ihrer Eigenmotivation als auch durch die eingeforderte Hilfe des Beobachters, verglichen mit den anderen Kindern, am meisten über das Internet lernten. Das handlungsleitende Thema der Mädchen war offensichtlich die Suche nach der eigenen Identität. Bei Hülya war es die klassische Mädchenfrage „Bin ich schön?“, unter diesem Aspekt beschäftigte sie sich auf Websites mit den weiblichen Sängerinnen verschiedener Popgruppen. Bei Silke und Nadine stand „Mädchensein“ und „Frauwerden“ im Vordergrund und damit verbunden Körperbewusstsein und Mode, aber beide präferierten (noch) die Kinderwebsites.

4.3 Die lese- und entdeckungsfreudigen Mädchen

Lena (weiblich, 9 Jahre, 3. Klasse Grundschule) lebt mit ihrer älteren Schwester und beiden Elternteilen im Münchener Osten. Im Elternhaus ist ein Internetanschluss vorhanden, den sie auch nutzen könnte, was sie jedoch eher selten tut. In der Schule hat sie sich zu einer Computer-Arbeitsgemeinschaft angemeldet. Lena ist ein selbstbewusstes, lustiges Mädchen. Sie ist unerbittlich, wenn es darum geht, Probleme mit dem Computer, den Websites oder den Spielen zu lösen; sie gibt niemals auf. Folglich ist sie leicht für Neues im Internet zu interessieren. Auch in ihrer Freizeit ist sie sehr aktiv und hat vielseitige Interessen: Sie spielt ein Instrument, liebt klassische Musik und Pferde.

Jasmin (weiblich, 9 Jahre, 3. Klasse Grundschule) geht nachmittags in einen Hort, in dem sie das Internet kennengelernt hat. Sie lebt als Einzelkind mit ihrer Mutter im Münchener Norden. In der Familie steht zwar kein Computer zur Verfügung, aber auch die Mutter ist aus beruflichen Gründen mit Internet und E-Mail etwas vertraut. Jasmin interessiert sich sehr für Computer(lern)spiele und das Internet. Zur Beobachtung hat sie nicht nur eine interneterfahrene ältere Freundin aus dem Hort mitgebracht, sie bereitet sich auch auf die Termine vor. Jasmin ist ein ernsthaftes und emotionales Mädchen, das sich häufig über neue Erfahrungen mit dem Internet freut. Sie hat ausgeprägte geschlechtsspezifische Vorlieben, die sie auch im Internet verfolgt. Jasmin liebt das Schreiben, das drückt sie auch in ihrer Leidenschaft für das Sammeln von buntem Schreibwerkzeug aller Art aus.

Theresa (weiblich, 11 Jahre, 5. Klasse Gymnasium) ist Einzelkind und wohnt mit ihren Eltern im Münchener Osten. In der Grundschule hatte sie bereits eine Internet-Arbeitsgemeinschaft besucht, im Gymnasium hingegen ist in ihrer Klassenstufe kein Internetunterricht vorgesehen. Derzeit geht sie nur zu Hause ins Internet. Theresa ist ein sehr selbständiges, ruhiges und gelassenes Kind. Sie ist recht vielseitig interessiert und in der Lage, das Internet relativ selbständig zu nutzen. Bei Schwierigkeiten hilft ihr der Vater weiter. In ihrer Freizeit besucht sie die Musikschule und übt einen asiatischen Kampfsport aus.

Valerie (weiblich, 11 Jahre, 5. Klasse Gymnasium) ist die jüngste unter vier Geschwistern, die gemeinsam mit ihren Eltern in einer Ortschaft im südlichen Umland von München wohnen. In der Familie gibt es zwei Computer mit Internetanschluss, die über ein Netzwerk miteinander verbunden sind. Das Internet spielt in der Familie eine große Rolle. Valeries ältester Bruder ist ein eingefleischter Computer- und Internetfan, auch die Eltern nutzen das Internet häufig. Valerie spielt hauptsächlich mit CD-ROM- und DVD-Spielen, gelegentlich geht sie ins Internet, um sich über Film- und Popstars zu informieren und Spiele zu spielen. Sie ist ein introvertiertes, ruhiges Kind. Valerie ist empfänglich für Anregungen aus ihrer Umgebung, sie wird dann aktiv und ist sehr konzentriert bei der Sache. Auf ihre Vorliebe für das Lesen ist wohl das ausführliche Studium der Textpassagen auf den Websites zurückzuführen. In ihrer Freizeit nimmt sie Musikunterricht. Ihr Wunsch ist, einmal eine Laptop-Klasse besuchen zu dürfen.

Die vier Mädchen waren dem Internet gegenüber sehr aufgeschlossen: Sie hatten großes Interesse an Fragen zur „Internettechnik" und erschlossen sich das Internet weniger durch Ausprobieren als durch die Orientierung an Texten. Obwohl auch diese Mädchen nur einige wenige „traditionelle Kinderwebsites" bevorzugten – wie z.B. die Blinde Kuh, das SWR-Kindernetz und die BR-Kinderinsel –, so waren sie doch dazu bereit, sich auf Neues einzulassen und z.B. auf Anregung des Beobachters hin und wieder etwas im Internet zu suchen. Nicht nur die 11-Jährigen, sondern auch die 9-Jährigen hatten keine großen Probleme im

Umgang mit der Tastatur, auch wenn sie, wie es bei Kindern üblich ist, mit kreisenden Händen die einzelnen Zeichen suchen mussten; und sie hatten ersichtlichen Spaß am Schreiben. Die jüngeren Mädchen hatten häufiger Probleme mit der Navigation und der Orientierung auf den Websites, aber auch beim Scrollen, da sie Schwierigkeiten hatten, die linke Taste der Maus gedrückt zu halten und gleichzeitig zu ziehen. Doch sie waren selbstbewusst, ließen sich bei Problemen nicht entmutigen und wollten die Anforderungen bewältigen. Die jüngeren Mädchen sprachen über all die auftretenden Probleme mit dem Beobachter und holten Hilfe en passant ein. Das laute Denken, mit dem sie ihre Aktionen begleiteten, war dem Erkennen von Schwierigkeiten und Lösen von Problemen förderlich. Die älteren Mädchen gingen schon relativ souverän mit dem Internet um. Bei Problemen blieben sie gelassen – lasen z.B. bei Misserfolg im Spiel erstmal nach, was zu tun gewesen wäre – und probierten die Ratschläge des Beobachters selbständig aus. Von einem systematischen Umgang mit dem Internet kann auch bei den beobachteten lese- und entdeckungsfreudigen Mädchen noch nicht gesprochen werden, aber sie versuchten bereits, sich dem Internet analytisch zu nähern.

4.4 Die spontan-experimentierfreudigen Kinder

Miriam (weiblich, 8 Jahre, 3. Klasse Grundschule) besucht nachmittags einen Hort. Sie hat zwei fast erwachsene Geschwister und wohnt mit diesen und ihren Eltern am östlichen Stadtrand Münchens. Außer Miriam hat jedes Familienmitglied im eigenen Zimmer einen eigenen Computer. Der Vater hat im Keller einen Router installiert, der allen den zeitgleichen Zugang zum Internet ermöglicht. Das Internet wird im Familienalltag täglich für Beruf, Studium oder Freizeit genutzt. Da sich der erweiterte Familienkreis auf internationalem Parkett bewegt, kommen auch Webcam und Messenger zum Einsatz. Miriam ist ein noch kindliches Mädchen. Sie ist aufgeschlossen, kommunikationsfreudig und interessiert sich für alles, was in der Welt um sie herum passiert. Das Internet gehört zu Miriams Familienalltag, hat jedoch für sie selbst keine herausragende oder besondere Bedeutung.

Karin (weiblich, 9 Jahre, 3. Klasse Grundschule) besucht nachmittags einen Hort. Sie lebt mit ihrem älteren Bruder und ihrer Mutter am östlichen Stadtrand Münchens. Einen Computer gibt es bei ihr zu Hause nicht. Sie hat jedoch die Möglichkeit, das Internet im Hort zu nutzen. Zu den Beobachtungsterminen hat Karin ihre Freundin mitgebracht, die schon etwas mehr Erfahrung mit dem Internet hat. Karin ist ein schmales und zerbrechliches, aber zugleich ein konfliktbereites und schroffes Mädchen, das schon erwachsen wirkt. Während der Beobachtungszeit am späten Nachmittag ist sie häufig schon sehr müde. Für das Internet interessiert sie sich nur sehr bedingt, sobald es aber darum geht, ein strategisches Problem zu lösen, ist sie mit Aufmerksamkeit bei der Sache.

Markus (männlich, 10 Jahre, 3. Klasse Sonderschule) lebt im westlichen Stadtgebiet Münchens. Das Internet nutzt er hauptsächlich in einem medienpädagogischen Projekt, das er oft und gerne besucht. Dort hat er auch seine ersten Internetkenntnisse erworben (Internetführerschein). Das Internet besucht er während der Beobachtungszeit gemeinsam mit zwei Freunden, an der Studie nimmt er jedoch alleine teil. In seiner Peergroup ist er der Experte für Computerspiele und Internet. Er kennt viele kommerzielle Websites für Kinder und ist auf einigen als Mitglied angemeldet. Markus ist ein zierlicher Junge, was er teilweise mit coolem und jugendlichem Auftreten zu überspielen versucht. Er ist gewitzt und macht sich auch gerne mal zum Clown. Da sein Interesse immer auch dem gilt, was sich bei den anderen Kindern auf dem Bildschirm tut, ist seine Aufmerksamkeit während der Internetaktivitäten breit gestreut.

Obwohl Miriam und Karin über altersspezifische Lesefertigkeiten verfügten, teilten sie mit Markus, der Schwierigkeiten mit dem Lesen und Schreiben hatte, das Verhalten, Texten offensiv aus dem Wege zu gehen und den Zugang zu Websites mit Hilfe von Bildern und Symbolen zu suchen. Diese Kinder beschäftigten sich ausschließlich mit Spielen im Internet. Kommunikations- und Mitmachangebote wurden von ihnen nicht angenommen. Führten die Bilder oder Icons nicht zum gewünschten Ziel auf der Website, benötigten sie als Orientierungshilfe den Beobachter. Manchmal aber lasen sie die Bezeichnungen der Rubriken auch selbst. Dabei verhielten sie sich wie die anderen Grundschulkinder, sie bewegten den Mauszeiger entlang der zu lesenden Worte und lasen diese laut mit. Auch ihre seltenen Eingaben über die Tastatur begleiteten sie durch lautes Mitsprechen. Die Kinder schätzten den Unterhaltungswert des Internets über alles und sie versuchten, sich die Spiele durch verschiedene Methoden, aber niemals über die Spielanleitung zu erschließen. Während der PC-erfahrene Markus versuchte, das Funktionieren eines

Spiels durch Drücken verschiedener Tasten und deren Wirkung herauszufinden, überlegten Miriam und Karin, ob sie ein ähnliches Spiel nicht bereits aus ihrem Alltag kannten, und wandten die so gefundenen Regeln auf die Spiele im Internet an. Ihr assoziierendes Denken ging auch den umgekehrten Weg: Entdeckten sie Dinge im Internet, die ihnen bekannt vorkamen, erzählten sie dem Beobachter über ihre alltagsrelevanten Erfahrungen. Gemeinsam war den Kindern darüber hinaus, dass sie ihre sozialen Kompetenzen ins Spiel mit einbrachten. Begünstigt durch den gemeinsamen Internetbesuch mit anderen Kindern konnte beobachtet werden, wie sich die Kinder wechselseitig unterstützten und beim Spielen anspornten. Insbesondere Karin war Meisterin der Logik und Kombinatorik, sie konnte aus Fehlern im Spielverlauf die Spielregeln erschließen und half ihrer jüngeren Freundin Miriam gerne weiter.

4.5 Die engagierten und ambitionierten „Internet-Spieler"

Faruk (männlich, 9 Jahre, 3. Klasse Grundschule) besucht nachmittags einen Hort. Er wohnt mit seinem Zwillingsbruder und seinem Vater in einem zentrumsnahen Münchener Stadtteil. Faruk hat die Möglichkeit, das Internet sowohl im Hort als auch zu Hause zu nutzen. Den Internetanschluss hat der Vater ausdrücklich für die beiden Söhne angeschafft, aber Faruk nutzt den Computer hauptsächlich für Edutainment-Spiele. Grundkenntnisse im Umgang mit dem Internet hat er im Hort erworben. Faruk ist ein kleiner Junge mit ausgeprägtem Interesse für elektronische Unterhaltungsmedien (Gameboy, Playstation) und Comics, im Internet beschäftigt er sich vor allem mit Spielen. Seine Hobbys sind Fußball und Breakdance.

Tobias (männlich, 9 Jahre, 3. Klasse Grundschule) wohnt mit seinem jüngeren Bruder und seinen Eltern im nördlichen Zentrum von München. Die Familie hat einen Computer mit Internetanschluss, der primär für die Kinder angeschafft wurde. Tobias ist der Computerfan in der Familie. Er ist einerseits noch sehr kindlich, andererseits an eher männlichen Attributen und jungenspezifischen Aktivitäten interessiert: Teddybär und Ferrari-Kappe sind für ihn noch kein Widerspruch. Aikido und Keyboardspielen lernt er in Kursen. Sein herausragendes Interesse gilt dem Fußballspielen, konsequenterweise sind Fußball-Websites seine Favoriten im Internet.

Ulrike (weiblich, 10 Jahre, 4. Klasse Grundschule) wird im Herbst ins Gymnasium übertreten. Derzeit besucht sie noch den Hort. Ulrike wohnt mit ihren Eltern und einer jüngeren Schwester im Münchener Norden. Sie wurde von Jasmin als Begleitperson für den „Internetkurs" ausgesucht. Ulrike hat sehr viel Spaß am Internet. Da sie nicht nur im Hort, sondern auch zu Hause einen Internetanschluss nutzen kann, verfügt sie über einige Internetkenntnisse. Sie gehört zu den Kindern, die die einschlägigen Kinderwebsites kennen, deren Adressen sie aus dem Fernsehen oder von ihrem Vater erfährt. Ulrike ist ein schmales und blasses Mädchen in der Wachstumsphase, das sehr ernsthaft ist. In ihrer Freizeit interessiert sie sich für Musik, Tanz und Sprachen. Obwohl sie täglich im Internet ist, glaubt sie, dass sie auf den Computer leicht verzichten könnte.

Diesen drei Kindern war gemeinsam, dass sie in Familien aufwuchsen, in denen der Umgang der Kinder mit Computer und Internet gefördert wurde und die Eltern im Internet eine wichtige Zukunftstechnologie sahen. Charakteristisch für die beiden Jungen und das Mädchen waren ihre Unbefangenheit und Aufmerksamkeit gegenüber der „Technik" sowie ihre „Warum-Fragen", wenn etwas anders war als erwartet oder etwas nicht funktionierte. Ihre Vorliebe galt – geschlechtsspezifisch ausgeprägt – den Spiele-Bereichen auf den Kinderwebsites, die ihnen bestens bekannt waren. Meistens beschäftigten sie sich dort mit ihrem jeweiligen Lieblingsspiel. Neuen Spielaufgaben waren sie gewachsen, entschlüsselten die Regeln durch Ausprobieren und sie verfügten bereits über erhebliche instrumentelle Kompetenzen beim Bedienen von Maus und Tastatur. Während des Spielens waren die Kinder sehr motiviert, konzentriert und emotional beteiligt, so dass sie manchmal die Zeit vergaßen. Aber es zeigte sich, dass die durch Spielen erworbenen Kompetenzen nicht auf andere Situationen im Internet übertragbar waren. Beim Umgang mit dem Browser, bei der Orientierung auf der Website und beim Erinnern an den einmal eingeschlagenen Navigationsweg durch eine Website hatten sie die gleichen Probleme, wie die an der Studie beteiligten Kinder gleichen Alters. Dennoch sahen sich die Kinder als Experten im Internet. Dies ist verständlich, weil für sie elektronische Spiele und Internet weitgehend zusammenfielen und weil sie tatsächlich über mehr Erfahrung verfügten als die Kinder in ihrem jeweiligen sozialen Umfeld.

4.6 Die männlichen, schon jugendlichen Computerspielefans

Jan (männlich, 11 Jahre, 5. Klasse Gymnasium) wohnt mit seiner jüngeren Schwester und seiner Mutter in einem südlichen Vorort von München. Der Internetanschluss in der Familie wird vor allem von Jan genutzt. Der Umgang mit Computer und Internet bereitet ihm keine Schwierigkeiten. Jan ist ein zurückhaltender, ruhiger und zielstrebiger Junge. Besonders auffällig ist sein technisches Interesse. Im Internet sucht er ganz gezielt nach Cheats für Computerspiele, andere Themen begeistern ihn nur am Rande. Neben dem Computer hat Jan noch weitere Freizeitinteressen: Er spielt ein Instrument und macht Sport in einem Verein.

Lukas (männlich, 11 Jahre, 5. Klasse Gymnasium) wohnt mit seinen Eltern und seinem jüngeren Bruder in einem südlichen Vorort von München. Die Familie hat einen Computer mit Internetzugang im Keller aufgestellt. Lukas nutzt den heimischen PC vor allem für Computerspiele (CD-ROMs), ins Internet geht er hin und wieder. Lukas ist ein unruhiges, etwas zappeliges Kind und ein schneller, undeutlicher Sprecher; dies lässt ihn unkonzentriert erscheinen. Er befindet sich in der Pubertät und beginnt sich modisch zu stylen. Während des Untersuchungszeitraums ist das Internet für ihn ausschließlich dafür da, sein Hobby zu pflegen, nämlich die Lösungen zu seinen Computerspielen zu finden. Andere Dinge im Internet interessieren ihn nicht.

Christian (männlich, 11 Jahre, 5. Klasse Realschule) ist Einzelkind und lebt mit seiner Mutter in einem nördlichen Vorort von München. Bei seiner Mutter hat er einen eigenen Computer, um mit CD-ROMs spielen zu können, das Internet nutzt er am Wochenende bei seinem Vater. Da sich Christian im Internet noch nicht allzu gut auskennt, hofft er durch die Teilnahme an der Studie mehr über das Internet zu lernen. Deshalb bereitet er sich auf jedes Treffen vor und hat ganz gezielte Anliegen oder Fragen. Christian ist ein sehr aufgeschlossener und lustiger Junge, der in der Pubertät ist. Sein Auftreten ist vom jugendkulturellen Stil geprägt. Christian hat viele Interessen (Musik, Sport) und lässt sich leicht für Neues begeistern.

Die 11-jährigen Jungen waren dem „Kinderweb“ schon weitgehend entwachsen. Als ausgeprägt individualistische Persönlichkeiten hatten sie dennoch eine Gemeinsamkeit: Ihr Interesse an Websites rund um ihre favorisierten Computer- oder Konsolen-Spiele war außerordentlich hoch. „Desperados“, „Stronghold“, „Creatures“, „Anno 1602“, „Die Siedler“, „Worms“ und „Tony Hawks Skateboarding“ zählten zu ihren Favoriten. Diese Titel sind zwar typische Spiele für Jungen, aber nicht alle waren für ihre Altersgruppe freigegeben. Die Vorliebe der Jungen galt den Websites Cheats.de und Cheatz.de, auf denen Lösungswege zum Erreichen der Levels in der Spielhierarchie angeboten wurden, aber sie besuchten auch die dazugehörigen Promotion- und Fanwebsites.

Ihr Rezeptionsverhalten war jedoch sehr unterschiedlich: Jan ging bei der Suche nach Cheats systematisch vor, klickte die Rubriken gezielt an, las die zahlreichen Informationen durch und druckte nur die Cheats aus, die er brauchen konnte. Lukas dagegen überflog die Trefferlisten mit den Cheats zu seinen Spielen derart schnell, dass nicht klar wurde, was er davon überhaupt wahrnahm. So suchte er z.B. den Bildschirm noch lange nach Cheats zum Spiel „Mafia“ ab, obwohl er bereits sämtliche Lösungen ausgedruckt vorliegen hatte. Websites mit Cheats enthalten ausschließlich Text. Christian, ein Legastheniker, war deshalb auf die Hilfe des Beobachters angewiesen und verließ sich auch darauf, dass er diese bekam. Er bereitete sich vor, um gemeinsam mit dem Beobachter seine Interessen im Internet zu verfolgen. Für Jan war der Beobachter Gesprächspartner, mit dem er nicht nur über die besuchten Websites, sondern auch über seine Alltags- und Medienerlebnisse sprach. Während Jan und Christian das Internet auch dafür nutzten, aktuellen jugendkulturellen Themen (Kino, Fernsehen, Musik) nachzugehen, blieb das Internetinteresse von Lukas auf den Bereich Computerspiele beschränkt. Sein Interesse am „Ins-Internet-Gehen“ ist bis zum Schluss der Studie abstrakt geblieben, weil er sich dafür eigentlich nicht interessierte, vielmehr brachte er seine Computerspiele mit, um sie dem Beobachter zu zeigen und mit ihm zu spielen.

Der Umgang mit Tastatur und Maus war für die Computerspieler eine Selbstverständlichkeit und den Browser bedienten sie intuitiv. Es zeichnete sich ab, dass sie damit begannen, erste Internetroutinen zu entwickeln, und zwar unabhängig vom „rationellen Gebrauch“ des Browsers. Zum Habitus gehörte u.a. auch, Meldungen des Computers nicht zu beachten und einfach wegzuklicken. Nur wenn sie Schwierigkeiten mit und auf den Websites hatten, fiel ihnen auf, dass das Internet nicht ganz so funktioniert, wie sie es sich vorstellten, und fragten den Beobachter um Rat.

5 Beobachtungen zum Internetumgang der Kinder: Ergebnisse

5.1 Fragestellung und Methode

Über welche Fähigkeiten und Fertigkeiten sollen Kinder im Umgang mit dem Internet verfügen, um sich die Inhalte des Internets aneignen zu können? Zur Beantwortung dieser Frage ist es notwendig, die Anforderungen, die das Internet aufgrund seiner inhaltlichen und technischen Struktur an die Nutzer stellt, ins Verhältnis zu dem zu setzen, was Kinder vom Internet wollen. Von Kindern als Internetnutzern wird vor allem erwartet, dass sie die Rolle des „bloßen Medienrezipienten" hinter sich lassen, sich möglichst interaktiv und kommunikativ im Internet bewegen sowie ihre Partizipationschancen kreativ gestaltend wahrnehmen. Eine Vielzahl von medienpädagogischen Projekten wendet sich deshalb der aktiv gestaltenden Aneignung des Internets zu: Mit Kindern werden Homepages erstellt, E-Mail-Kontakte gepflegt und Communities gegründet. Nutzen Kinder das Internet aber in ihrer Freizeit, dann wird es überwiegend „nur" rezipiert. Die Kinder setzen sich dabei zwar aktiv mit dem Internet und seiner Handhabung, mit den Inhalten der Websites sowie mit ihren eigenen Interessen auseinander, aber den Vorstellungen, dass das Internet eine besondere Kultur des Informierens fördert, das Lernen informalisiert und das Denken in hypertextuellen Strukturen schult, entspricht der Umgang der Kinder mit dem Internet nicht. Aus bildungsbürgerlicher Perspektive sind daher eher enttäuschte Töne zu hören. So hält Sonia Livingstone (2004, S. 105) zu ihren Beobachtungen der Internetnutzung von Kindern in England fest: „Viele der jüngsten Kinder sind einfach nur an Popstars oder Fernsehserien interessiert und kennen nur wenige für sie wichtige Website-Adressen, vielleicht vier oder fünf, die sie aber auswendig eingeben können. Einige gehen immer nur auf eine einzige Seite. Für die kommerziellen Webseiten, die sie normalerweise besuchen, besteht wenig Anreiz, Links zu fremden Seiten anzubieten, und das Surfen von diesen Zentren aus erweitert wahrscheinlich auch nicht gerade ihren Horizont."

Die in der Studie „Wie entdecken Kinder das Internet?" beobachteten 5- bis 12-jährigen Mädchen und Jungen aus München und Umgebung unterscheiden sich in ihrem Internetumgang nicht von ihren englischen Altersgenossen. Aber: Ist der Internetumgang der Kinder tatsächlich bedeutungslos für ihren Bildungsprozess oder sind die Bildungserwartungen mit Blick auf die frühe und schnelle Qualifizierung internetkompetenter Kinder einfach zu anspruchsvoll? Vor dem Hintergrund der Rahmenbedingungen, die das Internet dem Nutzer setzt, wird deshalb folgenden Fragen nachgegangen:

- Inwieweit ist das Internet ein Medium, das über seine besonderen Anforderungen das Spektrum der Internetnutzung der Kinder begrenzt?
- Entspricht das selektive Internetinteresse der Kinder ihren alters- und entwicklungsbedingten Kompetenzen?
- Welcher Art sind die Versäumnisse der Erwachsenen, die zu einer relativ eingeschränkten Internetnutzung der Kinder führen?

Die Forderung, Kinder bei der Entwicklung ihrer Medienkompetenzen zu unterstützen, ist schnell in den Raum gestellt. Bezüglich des Internets ist jedoch noch weitgehend unklar, wo die altersspezifischen Kompetenzen der Kinder liegen, auf die sich Vorschläge zur Förderung der digitalen Kompetenzen sinnvoller Weise beziehen müssen. Zu bedenken ist darüber hinaus, dass das Internet auch für Eltern und Pädagogen ein neues Medium ist, dessen Handhabung von ihnen erlernt werden muss. Vor allem aber gibt es noch kein kinderkulturelles Kulturgut, auf das Erwachsene aufgrund eigener Kindheitserfahrungen zurückgreifen könnten, um an Kinder verlässliche Empfehlungen weiterreichen und Hilfen geben zu können.

Methode: Der Überblick zur Internetnutzung über alle Fälle der beobachteten 5- bis 12-jährigen Kinder basiert auf einer Sequenzanalyse, die am Beobachtungsmaterial der einzelnen Kindern durchgeführt wurde (vgl. 2.7). Die Darstellung folgt internetrelevanten Verhaltenskategorien, d.h. die Ergebnisse aus den Einzelfallbeobachtungen wurden nach Fertigkeiten der Kinder im Umgang mit dem Internet, ihrer Vorgehensweise bei Website-Besuchen bzw. ihren Nutzungs- und Orientierungsstrategien gruppiert. Soweit dies bei der geringen Fallzahl möglich ist, wird nach alters- und geschlechtsspezifischen Auffälligkeiten differenziert. Die Darstellung bleibt auf deskriptivem Niveau und damit dem interpretativen Paradigma qualitativer Sozialforschung treu. Im Sinne des explorativen Charakters der vorliegenden Studie werden verallgemeinernde Thesen zur Internetkompetenz von Kindern abgeleitet.

5.2 Anfänger- und kinderspezifische Probleme beim Umgang mit dem Internet

Die Schwierigkeiten, die auf Kinder während ihrer Internetbesuche zukommen, sind vielfältiger Art. Einige basieren auf fehlerhafter Internettechnik und Website-Programmierung sowie auf schlampigem Webdesign, andere auf mangelnden Interneterfahrungen der Kinder. Insofern unterscheiden sich die Hürden, die von den Kindern bei der Internetnutzung genommen werden müssen, zunächst nicht von jenen, die sich dem erwachsenen Anfänger stellen, viele Schwierigkeiten sind in der Technologie und der oft wenig benutzerfreundlichen „Oberfläche" begründet.

Die Kinder, die an der Studie teilnahmen, hatten unterschiedlich ausgeprägte Erfahrungen im Umgang mit dem Internet. Während die Neulinge mit Anfängerproblemen bei der Handhabung des Browsers, bei der Navigation durch eine Website oder beim Durchschauen des Aufbaus bzw. der Struktur einer Website zu kämpfen hatten, stellte sich bei den routinierteren Kindern heraus, dass sich ihr Expertenwissen in dem jeweils eingeübten Umgang mit der Software erschöpfte. Sie waren zufrieden, wenn alles „irgendwie" und „irgendwann" funktionierte. Der Erwerb und die Erweiterung der eigenen instrumentell-technischen Fertigkeiten ist aber eine Daueraufgabe, da die Internettechnologie ständig weiterentwickelt wird. Zumindest die „ge-wusste" Bedienung der Software, also grundlegende Kenntnisse der Zusammenhänge von Modulen und deren Funktionen sind notwendig, um dieser Anforderung gewachsen zu sein, z.B. angesichts eines unbekannten Browsers oder auch Seitenaufbaus. Die vorschnelle Anerkennung der Unerschrockenheit der Kinder gegenüber dem Computer als technische Kompetenz verdeckt den Mangel an Rationalität beim Internetumgang, der häufig zum Scheitern und zur Frustration der Kinder führt. Zum Einwand einiger Pädagogen, der Erwerb des technischen Basiswissens werde gegenüber den analytischen und evaluativen Kompetenzen bzw. der Medienanalyse und Medienkritik überbetont, ist festzuhalten, dass das Internet im strengen Sinne kein Massenmedium, sondern eine Infrastruktur ist. Was das Internet dem einzelnen Kind bietet, hängt – weit vor der Option, eigene Beiträge zu gestalten – von der Erreichbarkeit der Inhalte und damit vom individuellen Geschick des Kindes bei der Bedienung von Hard- und Software ab. „Medienkunde" ist in diesem Zusammenhang nicht mehr nur ausschließlich Hintergrundwissen, wie Medien und Mediensysteme funktionieren, sondern praktische Voraussetzung, das Internet überhaupt nutzen zu können. Im Rahmen der Interneterziehung von Kindern kommt dem Erwerb von technischen Kompetenzen deshalb weit mehr Bedeutung zu, als nur Bedingung für eine selbstbestimmte aktive Medienarbeit zu sein, obwohl er aus medienpädagogischer Perspektive zugleich sehr viel weniger anspruchsvoll ist: Die instrumentell-technischen Fertigkeiten sind schlicht und einfach Rezeptionsbedingung für das Internet.

Über welche Fertigkeiten im Umgang mit dem Internet und über welche Problemlösungsstrategien verfügen Kinder? Viele der in den folgenden Abschnitten beschriebenen instrumentell-technischen Schwierigkeiten mit der Materie und den individuellen Unzulänglichkeiten beim Internetumgang sind jedem Nutzer aus eigener Erfahrung wohlbekannt, allerdings stellen sie sich vor dem Hintergrund der alters- und entwicklungsbedingten Grenzen der Internetnutzung von Kindern nicht als Versagen vor den Anforderungen des Netzes, sondern als Lernprozess dar.

Grundqualifikation – Lesen und Schreiben: Das Internet ist ein textbasiertes Medium. Dies gilt auch für das Kinderweb, denn hinter der bunten Aufmachung der Startseiten verbirgt sich insbesondere bei Angeboten, die Kindern mehr als nur Spiele liefern wollen, jede Menge Lesestoff. Beobachtbar war, dass sich ein Teil der Kinder auf den Websites über die Bilder, ein anderer über die Texte orientierte. Die „Bildleser" gerieten jedoch mit der zunehmenden Komplexität einer Website ins Hintertreffen. Dies liegt weniger daran, dass sie sich im „Hypertext", wenn man auf Kinderwebsites von einer solchen Struktur überhaupt sprechen kann, eher verirrt hätten als die „Textleser". Schon eher war es deren strategisches Informationsverhalten – man liest mal schnell nach, was bei der Aufgabe oder bei dem Spiel zu tun ist –, das ihnen zum Vorteil gereichte. Wenn bei Kindern das beziehungsstiftende Denken noch nicht hinreichend ausgebildet ist, dann erweist sich das „Nachschlagen" zumindest in neuen unbekannten Situationen als erfolgreicher als das Zuordnen oder die Analogie zu Bekanntem. Lesekundige und vor allem lesefreudige Kinder haben deshalb mehr vom Web als andere, selbst dann, wenn sie im Internet nur spielen wollen. Sie sind in der Lage, die Spielanleitungen zu lesen, auf Mitmachangebote einzugehen, und sie können auftretende Probleme schneller lösen. Aufgrund ihrer Textorientierung ärgern sie sich häufiger über die ikonodulen Web-Designer, die es nicht für notwendig halten, ihre Bilder auf den Startseiten zusätzlich mit knappen Schlagworten zu versehen. Auch das Sichtbarmachen der Titel über die

Maus kostet Zeit, insbesondere wenn die Verbindung ins Netz langsam ist. Die Leser lieben zwar auch die bunte Aufmachung, sie wollen sich aber von dieser nicht beim schnellen Überblick übers Angebot behindern lassen. Kinder, die sich weniger an Texten als an Bildern auf den Websites orientieren, finden die für sie relevanten inhaltlichen Sparten und deren Unterrubriken zwar ebenfalls auf Anhieb, lassen sich aber schneller verunsichern, brauchen bei Schwierigkeiten eher Hilfe des Erwachsenen und suchen, vor allem wenn Fehler auftreten, die „Schuld" häufiger bei sich.

Altersspezifische Grenzen der Internetnutzung: Bei den jüngeren Kindern sind es insbesondere ihre fehlenden oder noch geringen Lese- und Schreibfertigkeiten, die ihre Internetnutzung sehr einschränken. Speziell auf die Bedürfnisse jüngerer Kinder ausgerichtete Websites sind bislang selten, obwohl die Technologie inzwischen so weit fortgeschritten ist, dass audiovisuell aufbereitete Angebote Standard sein könnten. Bei den Vorschulkindern ist deshalb die Begleitung durch Erwachsene oder ältere Geschwister unabdingbar, die mit ihnen gemeinsam eine Website auswählen, vorlesen und mit ihnen spielen. Ähnlich wie beim Fernsehen konzentrieren sich Vorschulkinder im Internet nur auf Ausschnitte einer Website. Sie benötigen ein stabiles Erscheinungsbild der Startseite, damit sie „ihre" Website überhaupt wiedererkennen können, und ein stabiles inhaltliches Angebot, damit sie ihrem Bedürfnis nach Wiederholung von Spielen, Geschichten und anderen Aktivitäten nachgehen können. Beim Umgang mit dem Internet lernen sie die Struktur von Internetadressen kennen und beginnen damit, Adressen zu buchstabieren und zu tippen, bevor sie im eigentlichen Sinne schreiben können. Vorschulkinder erkennen nach einiger Zeit das Bild einer Fehlermeldung, einer Anmeldeprozedur oder eines Spiele-Startformulars, um dann nachzufragen, auf welche Schaltfläche wie „ok", „ja" oder „nein" sie klicken müssen. Im wesentlichen werden beim Internetbesuch der Umgang mit Tastatur und Maus geübt und erste Erfahrungen mit Spiele-Modulen gesammelt. Die Internetbesuche erfordern die Aktivität der Kinder, ein hohes Maß an Konzentration, Auge-Hand-Koordination und aufgrund des Spielens am Bildschirm manuelle sowie körperliche Kontrolle. Die von uns beobachteten Vorschulkinder waren etwa nach einer Aufmerksamkeitsspanne von 20 Minuten erschöpft. Sie machten Pause, indem sie den Beobachter in Gespräche verwickelten, im Zimmer herumliefen oder aus dem Fenster guckten, um dann zur Website zurückzukehren. Die Frage, ob es für die Kinder einen erkennbaren Unterschied zwischen Bildschirmaktivitäten im Internet und auf einer CD-ROM gibt, kann derzeit eher verneint werden. Ob Vorschulkinder „Bob, der Baumeister“ oder das „Strohhalmspiel“ (Mausspiele, aus der Reihe Sendung mit der Maus) auf CD-ROM oder im Internet spielen, macht für sie keinen Unterschied, sondern ist eher eine Frage der Kosten, die die Eltern aufwenden müssen. Für die jüngeren Kinder hatten CD-ROM-ähnlich aufgemachte Spiele hohe Attraktivität, dabei genossen sie aber insbesondere die ungeteilte Aufmerksamkeit des Beobachters während ihrer Internetbesuche.

Etwa ab acht oder neun Jahren sind die Kinder nur noch auf begleitende Hilfen von Erwachsenen angewiesen. Kinder in diesem Alter sind in der Lage, sich relativ selbständig durch „ihre Website“ zu bewegen und – wenn auch eingeschränkt, das heißt ihren Fertigkeiten im Lesen und Schreiben sowie ihrer Lese- und Schreiblust entsprechend – die kommunikativen Angebote zu nutzen. Eine klare Einweisung ist allerdings erforderlich, und zwar in die verschiedenen Varianten der Browserführung bzw. Navigation, in die Funktionen des E-Mail-Account und des Chats. Diese Einführung ins Internet erhielten die Kinder, auch wenn dies in einer Beobachtungsstudie nicht korrekt erscheinen mag, von den Beobachtern. Ausschlaggebend dafür war zum einen, dass die Kinder von der Studie erwarteten, etwas dazuzulernen, und zum anderen, dass die Kinder, wenn etwas nicht klappte, recht schnell aufgaben und dann enttäuscht waren.

Sieht man von der Verwendung von Suchmaschinen ab, dann können die 10- bis 11-Jährigen in Abhängigkeit von ihren bereits erworbenen Interneterfahrungen, aber insbesondere je nach ihrem individuellen Ehrgeiz, die Sache in den Griff zu kriegen, das Internet schon weitgehend ohne Hilfe von Erwachsenen bzw. alleine nutzen. Den älteren Kindern war ein Internetaufenthalt von einer Stunde – vorausgesetzt die Verbindung war schnell genug – häufig zu kurz. Das „Absurfen“ einer Website kostet Zeit, wollten die Kinder zudem noch ihrer Hauptbeschäftigung im Internet nachgehen, nämlich dem Spielen, dann lief ihnen die Zeit davon.

Die Schwierigkeiten im Umgang mit dem Internet wurden bei den älteren Kindern erst im Laufe der Beobachtungen sichtbar. Im Vordergrund standen bei ihnen vor allem Orientierungs- und Navigationsprobleme sowie die Einordnung von Fehlermeldungen. Alle an der Untersuchung beteiligten Kinder benötigten zu irgendeinem Zeitpunkt die Hilfe der Beobachter, auf deren aktive teilnehmende Rolle sie sich sowieso verließen. Es wurde dabei nicht nur um technische, sondern auch um inhaltliche Beratung nachgesucht, denn das Interesse der Kinder galt dem Internet generell. Sie hatten, wie auch ihre Website-Kenntnis belegte, eine unklare Vorstellung davon, was man dort überhaupt finden kann. Teilweise waren sie erstaunt und erfreut über das, was sie entdeckten, aber auch enttäuscht, dass sie nur so wenig damit anfangen konnten.

Die Internetsprache als Hürde – Anglizismen, Latinismen und Metaphern: Das Internet ist nicht nur ein überwiegend textbasiertes Medium, die Verkehrssprache ist zudem Englisch. Im deutschsprachigen Kinderweb schlägt sich dies in unterschiedlicher Weise nieder. Zu nennen ist zunächst die Akkommodation der Website-Anbieter an einen vermeintlich unter Kindern verbreiteten jugendkulturellen anglophilen Sprachstil oder die dem kindlichen Wortschatz äußerliche Subsumtion von Inhalten unter die Internetfachsprache. Die Webangebote für Kinder werden z.B. HelpMails, kids hotline, Kids-Info-Access, kidlane, kids' space, Kidstation, Kidsville, learnetix, loveline, Milkmoon, saftykids oder splash kids benannt. Schon der Titel solcher Websites führt bei Kindern, die noch gar nicht oder nur wenige englische Worte kennen, zu Erklärungsbedarf, zudem kann er nicht gut im Gedächtnis behalten werden. Die 11-jährige Nadine will wissen: „Wie heißt jetzt diese Suchmaschine da?" Beobachter: „Milkmoon." Nadine: „Mohn oder Mond?" Beobachter: „Moon." Nadine: „Also Mond eigentlich."

Diese fremdsprachigen Namen der Angebote stellten nicht nur die jüngeren Kinder, sondern auch noch die 11- und 12-jährigen vor ernsthafte orthographische Probleme, da sie in der Regel nur ein paar englische Wörter kannten und noch in den Anfängen des Englischspracherwerbs steckten. Das Auseinanderfallen von Aussprache und Schreibung der ohnehin fremden Wörter verunmöglichte es den Kindern, die Websites durch das von ihnen im allgemeinen praktizierte Schreiben nach Gehör aufzufinden. Selbst nach mehrfachen Besuchen auf einer Website wurde von den älteren Kindern, z.B. vom 11-jährigen Christian, anstelle „Disneychannel" „Disneychenne" in die Adresszeile des Browsers eingegeben, und der 11-jährige Lukas suchte die Website „Cheat" mit dem Wort „Chiet". Das Schreiben des englisch-deutschen Kompositums „magic-kinder.com", der Name einer der Websites von Ferrero für jüngere Kinder, konnte sogar von der 9-jährigen schreib- und lesemächtigen Lena nur mit Hilfe des Beobachters bewältigt werden. Der 9-jährige Tobias dagegen las die englischen Wörter auf Deutsch und ließ sich schließlich die Suchmaschine „Gockel" vom Beobachter als „google" vorbuchstabieren. Hatte sich eine falsche Assoziation zu einem Wort bei einem Kind einmal als Wortbild etabliert, z.B. bei der 9-jährigen Jasmin das Münchener Kindern geläufige (Fußball)-„Stadion" für „Station", dann konnte nur noch eine vom Beobachter geschaffene „Eselsbrücke" weiterhelfen: „Denke an die Haltestelle von der Straßenbahn, die Trambahnstation."[62] Die Probleme im Umgang mit der englischen Sprache schränken den selbständigen Gebrauch des Internets durch Kinder ein: Christian (11 Jahre) wollte z.B. über das in der Öffentlichkeit debattierte Spiel Counterstrike und dessen Gefahren für jugendliche Computerspieler mehr wissen, er suchte nach „caunterstreik" und konnte folglich keine Informationen finden. Zur vollständigen Verwirrung trägt bei, dass Erwachsene ihr (Wort)-Spiel mit den Schwierigkeiten der Kinder treiben, so ist die Bezeichnung für die im Internet notwendige Software „Browser", aber es gibt einen CD-ROM-basierten „Kinderbrauser", eine Browser-Oberfläche, die Kinder sicher ins Internet führen soll.

Dass die Kinder auch im Deutschen Probleme mit der Rechtschreibung bzw. dem Buchstabieren hatten, soll hier nicht verschwiegen werden, und die Schulkinder wissen dies auch: „So ups; ich bin in der 4. Klasse und kann noch nicht mal selber Wörter schreiben", bemerkte z.B. die 10-jährige Silke etwas verzweifelt, als sie das Mailen ausprobierte. „Keine Ahnung wie man ‚Blinde Kuh' schreibt", bekennt der Sonderschüler unter den Kindern, als er dazu angeregt wird, die Website zu suchen. Auch die Gymnasiasten erkundigten sich hin und wieder nach der Schreibweise von Wörtern.

Das besondere Problem mit den „fremden Wörtern" besteht für Kinder darin, dass sie sich deren Sinn nicht erschließen können. Erstaunlicherweise nehmen die Website-Macher, die ausschließlich für den deutschsprachigen Kinderwebsite-Markt produzieren, auf die Sprachhürden der Kinder keine Rücksicht, dies zeigt sich auch an der Bezeichnung der Rubriken einer Website, die immerhin eine Gliederungs- bzw. Navigationshilfe für Kinder sein soll: „Games" für Spiele und „Friends" für Freunde war den jüngeren Kindern gerade noch verständlich, aber

62 Kidstation.de ist das Internetportal für 7- bis 13-Jährige des Mineralölkonzerns Aral, mit dem das Unternehmen einen Beitrag zur Sicherheit von Kindern im Straßenverkehr und im Internet leisten will. Da lediglich ein Firmen-Logo auf der Website auf Aral verweist, liegt es nahe, dass die Marketer mit der englischen Namensgebung „station" an eine Tankstelle erinnern wollten, die jedoch von den Kindern nicht assoziiert wird.

bereits bei „News" für Nachrichten oder gar bei der Wortschöpfung „InfoNews" (Informationen und Nachrichten) oder „on tour" für unterwegs wussten die meisten nicht mehr, wovon die Rede ist. Gegenüber den ihnen unbekannten Bezeichnungen von Rubriken verhielten sich die meisten Kinder so, wie sie es bei einer für sie rätselhaften Bildsprache auf den Startseiten taten, sie ignorierten sie. Da sich die Kinder relativ zielstrebig auf den Websites bewegten, d.h. bei Bekanntem aufmerksam wurden, motivierten die fremden Bezeichnungen nicht zum Anklicken.

Am häufigsten sind die Kinder auf den Websites ihrer Popstars mit Rubriken wie Pics, Pictures, Images, Gallery, Thumbnails u.ä.m. konfrontiert. An die Marketingsprache im Kontext der Vermarktung der Stars gewöhnt, ist hier die Bereitschaft der Kinder höher, einfach mal rumzuklicken. Doch die 8-jährige Hülya vermutete z.B., dass sich hinter „Diaries" ein englischsprachiger Text befindet, den sie sowieso nicht lesen könne. Einzelne Kinder fragten den Beobachter nach der Bedeutung der Wörter, wie z.B. die 11-jährige Valerie, die es nicht einmal wagte, das Wort „ECARD" – der Bindestrich war weggelassen – auf irgendeine Art und Weise auszusprechen, sondern auf den Bildschirm deutete und fragte: „Was heißt das?"

Darüber hinaus werden die Kinder mit einer Vielzahl von fachsprachlichen Anglizismen konfrontiert, mit denen Funktionsweise, Programme und Aktionen am Computer und im Internet benannt und erklärt werden. Die Kinder kannten viele dieser Termini vom Hörensagen, deren Bedeutung lernten sie dann häufig erst während des Umgangs mit dem Internet kennen. E-Mail, Chat, Surfen z.B. gehören zum Standardvokabular, das in die deutsche Sprache importiert wurde. Den Kindern im Grundschulalter waren diese Worte bereits geläufig. Die Älteren hatten teilweise die „denglische" Verbform in ihren Sprachgebrauch aufgenommen. Sie sagten: „Ich habe dir gemailt.", „Ich bin rumgesurft.", „Ich hab mir das downgeloadet.", aber nach wie vor „drucken" sie etwas aus, „spielen" ein Spiel oder „schauen" eine Website an; sie „googeln" auch nicht, sondern suchen. Wörter wie Desktop oder Server waren einzelnen Kindern ebenfalls bekannt. Zu diesem Sprachwechsel oder zur Sprachmischung, die beim Sprechen über die Aktivitäten im Internet verwendet wird, kommt noch der Gebrauch von Latinismen hinzu, die in beiden Sprachen vorhanden sind, aber im Deutschen meist zum bildungsbürgerlichen Hochdeutsch gehören. Das Browser-Fenster wird beispielsweise minimiert oder maximiert; so kommuniziert zumindest der Computer mit den Kindern: „Quickinfo: Maximieren".

Die fremden Wörter, die während der Internetnutzung auftauchten und die Aktionen der Kinder unterbrachen, oder die der Beobachter benutzte und die Kinder irritierten, animierten die Kinder dazu, nach deren Bedeutung zu fragen: So entdeckte der 11-jährige Jan bei ebay ein Auto, das von Prominenten signiert zur Versteigerung angeboten war, sofort fragte er: „Signiert? Was heißt das?“ Die 9-jährige Lena z.B. spielte mit der „Grimassen-Maschine“ auf der Kinderinsel des Bayerischen Rundfunks. Mit ihr kann man Gesichter „nach Herzenslust verziehen“. Lena beginnt ein Gesicht zu entstellen: „Ja, das sieht ja cool aus.“ Macht weiter: „Ja, das sieht ja cool aus.“ Sie sieht auf dem Bildschirm die zum Spiel gehörende Funktionsleiste: „Undo – Stop – Reset“. Lena: „Stop! Was heißt hier Stop?“ Lena wusste natürlich, was „Stop“ bedeutet, allerdings kannte sie die beiden anderen Wörter nicht, in die das „Stop“ eingebettet ist, und die ihr dann erst vom Beobachter erklärt wurden. Die 11-Jährigen waren dagegen schon in der Lage, hin und wieder die richtigen Wörter bzw. Wortbedeutungen zu assoziieren. Der Beobachter erklärte z.B. Theresa die englischsprachige Spielanleitung einer Pacman-Variante mit Minimalangaben auf den Schaltflächen und sie erkannte sofort, dass das „p“ für „play, zum Spielen“ steht. Die Jungen, die sehr viel Erfahrung mit Computerspielen hatten, kamen mit den etwas elaborierteren Rubriken nicht zurecht, für „Hints and Tips“ oder „Return to Trail“ brauchten sie ebenso den Beobachter als Übersetzungshilfe wie für die im Internet übliche Abkürzung „FAQ“ (frequently asked questions). Der zum Teil noch unbekannte internetspezifische Wortschatz bzw. dessen Bedeutung wurde von den Kindern beiläufig, eingebunden in ihr Internethandeln, gelernt.

Eine Spezialauswertung zu den Verständnisschwierigkeiten zwischen Beobachtern und Kindern erbrachte, dass jüngere Kinder insbesondere die „bildhafte Sprache“, die so genannten Metaphern, nicht verstehen.[63] Es ist zwar möglich, Vorschulkindern zu sagen, dass man im Browser „Fenster schließen“ oder „zumachen“ kann, dass der Computer „abstürzen“ kann, der Computer bzw. die Website beim Laden „hängen bleibt“, aber in den seltensten Fällen wird ihnen die Übertragung der Bedeutung

63 Während eines Forschungspraktikums am Deutschen Jugendinstitut München führte Aivars Glaznieks für das Projekt „Wie entdecken Kinder das Internet?“ eine Analyse zu den Sprechakten zwischen Kindern und Beobachtern aus germanistischer Perspektive durch. Die Ergebnisse wurden im Bericht „Computer- und internetspezifische Sprache: Verständnisschwierigkeiten bei Kindern“ zusammengefasst und auf der Projektwebsite veröffentlicht (vgl. Glaznieks 2004).

aus ihrer ersten Erfahrungswelt in den Computerjargon gelingen. In Abhängigkeit vom situativen Kontext der Internetnutzung interpretieren sie derartige Reden aus ihrer Ich-Perspektive. Ein Beispiel: Während ein Spiel lädt, zappelt die 6-jährige Martina vor dem Laptop hin und her. Sie sitzt auf einer Bank ohne Lehne, sie lehnt den Oberkörper nach hinten zum Boden und zieht gleichzeitig am Tischbein, das bringt den Laptop in Bewegung. Beobachter: „Du pass auf, damit das nicht auch noch abstürzt." (Pause). „Das mögen die Geräte nicht so gern." Martina: „Ich stürz nicht ab." Beobachter beugt sich zum Tisch. Martina bestimmt: „Ich stürz gar nicht ab." Beobachter: „Du nicht, aber der Computer." Martina lacht und schüttelt verständnislos den Kopf (vgl. Glaznieks 2004).

Bewusster Umgang mit Sprache ist erforderlich: Metaphern im Computer- und Internetbereich sind eine Quelle für Missverständnisse mit zum Teil fatalen Konsequenzen, denn den Kindern ist es nicht möglich rück- oder nachzufragen, weil sie glauben, verstanden zu haben. Während dem Erwachsenen mit Metaphern, d.h. mit Bildern aus der Alltagswelt, die abstrakte Computerwelt anschaulich gemacht wird, ist es bei Kindern umgekehrt, sie können nicht von ihrer Alltagswelt abstrahieren und das bemühte Bild in eine andere Situation übertragen. Dies sollte Erwachsenen bewusst sein, wenn sie sich mit Vorschulkindern ins Internet begeben und mit ihnen bei dieser Gelegenheit im bildsprachlichen Fachjargon sprechen.

Nicht nur der Fach- und Jugendjargon, auch die Kostenminimierung bei Kinderwebsites führt zur Rücksichtslosigkeit gegenüber den Kindern. Internationale Angebote werden in deutschsprachige Websites eingebunden, aber wenn überhaupt, dann nicht tief genug übersetzt. Kinder, die noch dabei sind, ihre Lese- und Schreibfertigkeiten im Deutschen zu festigen, zu vertiefen und auszubauen, werden dadurch verunsichert und das Internet erscheint ihnen durch derartige Nachlässigkeiten schwieriger zu handhaben als es ist. Nicht zuletzt, keines der teilnehmenden Kinder fühlte sich als „Kid" angesprochen oder gar ernstgenommen.

5.3 Das Informationsverhalten der Kinder: Bekanntes neu entdecken

Allein aus sprachlichen Gründen schrumpft das „globale Dorf" für Kinder bereits auf das deutschsprachige Netz und hier insbesondere auf das deutsche Webangebot zusammen. Letzteres ist wohl als Ergebnis der

Größe des deutschen Kinder- und Internetmarkts zu werten, die sich typischerweise in der Verwendung der Länderkennung „de“ für das multinationale deutschsprachige Webangebot zeigt. Ob österreichische oder deutschschweizerische Kinder die länderspezifische Internetgrenze „at“ oder „ch“ eher oder häufiger überschreiten, wäre zu prüfen, zumal sich Kinder aus ihrem eigenen persönlichen primären und sekundären Erfahrungsraum heraus für Inhalte im Internet interessieren. Wenn Kinder von sich sagen, dass sie im Internet nach Informationen suchen, dann sollte Erwachsenen bewusst sein, dass es Kindern primär um Unterhaltung, Spaß, Genuss im Internet und die Auseinandersetzung mit ihren fiktionalen und realen Identifikationsfiguren geht. Insofern picken sie sich aus ihrer subjektiven Perspektive die „Rosinen“ heraus, sind dabei aber leider auf das selbstreferentielle System des Medienverbunds verwiesen. Dies schränkt das Nutzungsspektrum erheblich ein. In der Schule mag es – wie heute vielfach kritisiert – vorkommen, dass die Internetnutzung zum Selbstzweck wird, im Freizeitbereich ist und bleibt das Internet Werkzeug oder Mittel zum Zweck. Kinder müssen aber erst lernen, dieses zu beherrschen, und wenn sie „Glück“ haben bzw. ihre Entdeckungslust geweckt wird, besteht die Chance, dass sie dabei das Informationspotential kennenlernen, bevor sie die Lust am Internet verloren haben.

Vorerfahrungen – Die Website-Kenntnis der Kinder: Zu Beginn der Untersuchung hatten wir die Kinder im Gespräch danach gefragt, welche Websites sie kennen und zu ihren Lieblingsseiten zählen. Dabei stellte sich heraus, dass sie sich nur an einige wenige Websites erinnerten und in der Regel auch keine Lieblingsseite nennen konnten. Aufgezählt wurden vor allem „lego.de“, „die Seite vom Kinderüberraschungs-Ei“, „CD-ROM-Seiten“. Explizit pädagogisch ambitionierte Websites waren nur den Kindern bekannt, die schon einmal an einem schulischen oder außerschulischen Projekt teilgenommen hatten. Aber auch sie hatten Schwierigkeiten sich zu erinnern und erkannten die Website erst beim erneuten Sehen wieder. Schließlich wurden den Kindern als Erinnerungshilfe Screenshots von Startseiten gängiger Kinder- und Fanwebsites vorgelegt, aus denen sie die ihnen bekannten auswählen sollten. Berücksichtigt worden waren Websites, die Eltern und Erzieherinnen in den Interviews erwähnten, und solche, die im Untersuchungszeitraum die medienpädagogischen Empfehlungslisten beherrschten. Zunächst wurden zwanzig Screenshots hergestellt. Diese mussten bereits während der ersten Beobachtungswelle aktualisiert werden, da einige der Websites vom Netz genommen worden waren; weitere Screenshots wurden wegen des Interesses der Kinder an Fanwebsites hinzugefügt. Für die Vorschulkinder wurde die Auswahl auf zehn Websites mit altersspezifischen Inhalten reduziert.

Tabelle 6: Erinnerungshilfe – Liste der Screenshots (alphabethisch sortiert)

AutoLernWerkStadt (VW) http://www.autolernwerkstadt.de	KiKu Online (Kinderzeitschrift) http://www.kiku.at
BR-Kinderinsel (Bayerischer Rundfunk) http://www.br-kinderinsel.de	KinderCampus http://www.kindercampus.de
Bravo (Jugendzeitschrift) http://www.bravo.de	Kindersache (Deutsches Kinderhilfswerk) http://www.kindersache.de
Britney Spears (Teeniestar) http://www.britneyspears.de	Lilipuz: WDR-Kinderradio http://www.wdr5.de/lilipuz
Bro'Sis (Teenie-Band) http://www.brosis.de	No Angels (Teenie-Band) http://www.no-angels.tv
Die Blinde Kuh (Kindersuchmaschine) http://www.blinde-kuh.de	Pixelkids http://www.pixelkids.de
Diddls Käsepäitsch http://www.diddl.de	Pokémon (Nintendo) http://www.pokemon.de
FC Bayern München http://www.fcbayern.de	„ran" (Fußballsendung) http://www.sat1.de/ran
Funonline (Ehapa-Verlag) http://www.funonline.de	Sasha (Teenieschwarm) http://www.wea.de/sasha
Geolino (Kinderzeitschrift) http://www.geo.de/geolino	Schuelerweb http://www.schuelerweb.de
Greenpeace Kinderseite http://kids.greenpeace.de	Sendung mit der Maus http://www.die-maus.de
Harry-Potter-Fanclub http://www.hp-fc.de	Sowieso (Kinder- und Jugendzeitung) http://www.sowieso.de
Internet-ABC (Bertelsmann) http://www.internet-abc.de	SWR-Kindernetz http://www.kindernetz.de
Janosch http://www.janosch.de	TIVI (ZDF) http://www.tivi.de
Kicker Online (Fußballzeitschrift) http://www.kicker.de	Toggo (Super RTL) http://www.toggo.de
4Kidz.de http://www.4kidz.de/index_st.html	TSV 1860 München http://www.tsv1860.de
Kidsville (Mitmachstadt für Kinder) http://www.kidsville.de	Was ist Was (Wissensmagazin) http://www.wasistwas.de

Einige dieser Websites, z.B. die der Fernsehsender oder vom FC-Bayern, hatten die Kinder zumindest schon einmal gesehen oder ausprobiert, das Gros der abgebildeten Onlineangebote gehörte jedoch nicht zum Allgemeingut. Da auch der Umgang der Kinder mit unbekannten bzw. neuen Websites beobachtet werden sollte, wurden sie aufgefordert, sich nach Gefallen eine der Seiten aus dem „Angebot" auszuwählen. Den Kindern dienten die Screenshots zudem als Anregungsmaterial, wenn sie selbst neue Websites kennenlernen wollten. Damit deutet sich bereits an, dass die Internetkenntnis der Kinder während der Studie und ursächlich durch diese – auch wenn dies methodisch problematisch ist – angewachsen ist. Das heißt, sie lernten angeregt durch die Beobachter nicht nur Websites kennen, sondern erhielten darüber hinaus bei der Handhabung des Internets Unterstützung, weil sie Hilfestellung einforderten.

Die Informationsquellen der Kinder: Die Kinder erfahren von Webadressen im Alltagsleben, im Internet recherchieren sie nicht (vgl. 5.7). Sie hören darüber von Freunden und im Fernsehen, sie lesen sie in Zeitschriften und Zeitungen oder finden sie auf den Covers ihrer Kassetten, CDs oder CD-ROMs. Hin und wieder werden sie auch von ihren Eltern informiert. Zu den Beobachtungsstunden wurden von den Kindern häufiger neue Webadressen mitgebracht. Sie hatten sich diese entweder auswendig gemerkt oder auf kleinen Notizzetteln gesammelt. Immer bezogen sie sich auf das Interessensgebiet oder das aktuelle (Entwicklungs-)Thema des jeweiligen Kindes.

Abbildung 8: Recherchezettel, vorbereitet von Silke (10 Jahre)

Vorderseite

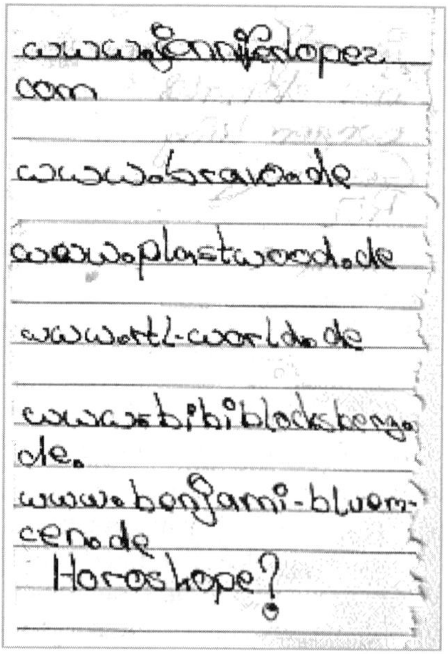

Rückseite

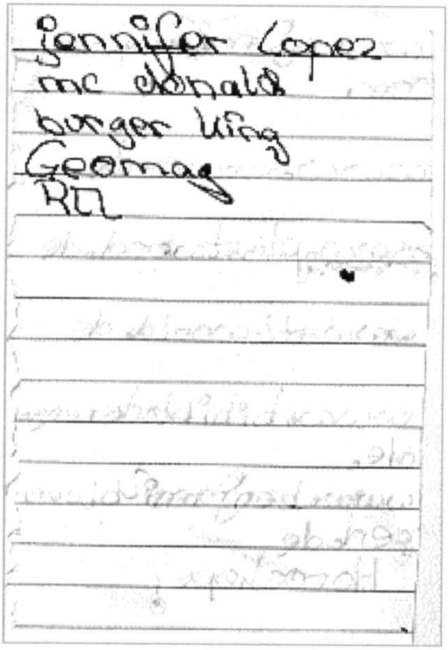

Die 10-jährige Silke war gegen Ende ihrer Grundschulzeit körperlich bereits mitten in der Pubertät, doch es fiel ihr sehr schwer, ihren Kinderstatus aufzugeben. Sie brachte dies unter anderem mit ihren Präferenzen für dezidierte Kinderwebsites zum Ausdruck, obwohl sie bereits dazu überging, sich hin und wieder über die in der Zeitschrift „Popcorn“ erwähnten Stars im Web zu informieren. Der 11-jährige Lukas wollte prinzipiell nur Websites mit gewaltbetonten Spielen besuchen, deren Adresse er sich aus der Zeitschrift Computerspiele-Bild besorgt hatte. Einmal brachte er sogar die Demoversion eines Spieles mit, weil er vom Beobachter lernen wollte, wie man diese installieren, die dazu gehörige Software aus dem Internet herunterladen und online spielen kann. Nicht nur Lukas, der wusste, dass sein Interesse zu Hause und in der Schule mehr als kritisch gewürdigt wird, testete aus, wie weit ihm der Beobachter zu Willen ist, auch der 10-jährige Markus pokerte mit Website-Vorschlägen wie „Sex“ und „Christina Aguilera“, über die Jugendliche in seinem sozialen Umfeld sprachen. Nur der an Technik interessierte 11-jährige Jan „sammelte“ Hinweise auch im Internet. Er merkte sich z.B. die Adressen aus der Rubrik „Coole Links: Roboter“ der Geolino-Website auswendig, die auf der Statuszeile des Browsers angezeigt werden, sobald man mit der Maus über die Titel fährt. Allerdings hatte er nicht auf die Linkbeschreibung geachtet und war dann erstaunt, dass zwei der Websites in englischer Sprache und deshalb für ihn nicht geeignet waren. Die Adressauswahl der 11-jährigen Valerie war wesentlich von ihren älteren Geschwistern bestimmt, ebay und Filmwebsites waren ihr Metier.

Bei den älteren Kindern war somit bei der Website-Auswahl eine individuell inhaltliche Schwerpunktsetzung erkennbar, bei den jüngeren Kindern herrschte dagegen der Zufall oder die Empfehlung des Beobachters vor. Ihre individuellen Vorlieben zeigten sich erst in der Detailauswahl innerhalb einer Website: Die 5-jährige Martina freute sich, als sie die Werbe-Mikrosite von Barbie auf der Toggo-Website sah, der 5-jährige Tim schwärmte von Lego, einer Website, deren Inhalte für ihn viel zu schwierig waren. Die Grundschulkinder waren gegenüber allen Angeboten offen, sofern diese spielerischen Charakter hatten.

Das instrumentelle Sammeln von Webadressen über die Favoriten- bzw. Lesezeichenfunktion des Browsers war allen Kindern unbekannt. Die Beobachter führten die Kinder in die Verwaltung von Webadressen ein. Der Vorgang wurde von den Kindern mit Aufmerksamkeit zur Kenntnis genommen und auch ausprobiert. Dennoch wurde das Ablegen der Adressen von den Kindern nicht habitualisiert, sobald sich die

Aufmerksamkeit auf die Website richtete, war das internetstrategische Vorgehen wieder vergessen.

Welche Websites wurden während der Studie aufgesucht? Aus der Quersicht auf das empirische Material ergibt sich, dass von den Kindern eine Vielzahl an Websites besucht wurde, die breite Streuung ist allerdings nur scheinbar. Insgesamt wurden von den achtzehn Kindern während der ersten beiden Beobachtungsphasen 154 verschiedene Websites angesehen.[64] Im Durchschnitt ist dies nicht einmal eine „neue Website" pro Beobachtungsstunde. Hinzu kommt, dass die meisten neuen Websites von den Kindern an dem Beobachtungstag gesichtet wurden, als sie aufgefordert worden waren, im Internet zu suchen. Die Suche war nach individuellen Interessen gestaltet und meist situationsabhängig initiiert, d.h. an den Fall gebunden, dass das Kind den Beobachter nach etwas fragte. Das Suchspektrum reichte von Pferd über Golfzubehör bis hin zu Sprachrobotern, Vulkanbildern und Orten, an denen die Familien die Sommerferien verbringen wollten. Die gefundenen Websites wurden meist nur ein einziges Mal angeschaut. Die Gründe dafür waren unterschiedlich:

- ein einmaliger Besuch reichte aus, um die gesuchten Informationen zu finden,
- der Inhalt entsprach nicht den Erwartungen,
- die Website funktionierte nur unzureichend und/oder enthielt zu viele „tote" Links,
- die Website war zu schwierig, d.h. auf zu hohem Sprachniveau, zu umfangreich, zu textlastig oder auch in einer fremden Sprache.

Sieht man von den Suchmaschinen „Google" und „Blinde Kuh" ab, die aufgrund der Suchaufforderung von allen Kindern, mit Ausnahme der Jüngsten, aufgerufen wurden, besuchten fast alle Kinder die expliziten Kinderwebsites mit diversifizierten altersübergreifenden Inhalten, wie etwa Super-RTL-Website Toggo (www.toggo.de), das Kindernetz des Südwest Rundfunks (www.kindernetz.de), die Kinderinsel des Bayerischen Rundfunks (www.br-kinderinsel.de), die Website des Kinderkanals (www.kika.de), den KinderCampus (www.kindercampus.de) und das Angebot des Deutschen Kinderhilfswerks (www.kindersache.de). Auf die-

64 Die dritte Beobachtungsphase wurde zwar noch durchgeführt, aber aus zeitlichen Gründen nicht mehr ausgewertet (vgl. 2.4). Im Wesentlichen haben sich die Kinder während dieser Zeit auf den gleichen Websites wie in den ersten beiden Phasen bewegt.

sen Websites hielten sie sich auch am häufigsten auf. Des Weiteren richtete sich das Interesse der Kinder mit dem Kinostart von Harry Potter auf die dazugehörige Website www.harry-potter.de und mit der Marketing-Aktion von Ferrero zum Kinderüberraschungs-Ei auf www.magic-kinder.com. Viele Websites interessierten nur einzelne, wie beispielsweise eine Peer-to-Peer-Musikbörse, das Flugzeugbasteln bei Revell, eine Schülerhilfe oder auch Breakdance. In der Regel besuchten die Kinder, die schon selbständig Adressen eingeben konnten, in der ersten Beobachtungsphase pro Stunde höchstens zwischen zwei und drei Websites; in der zweiten Phase waren es noch weniger, weil sich die Kinder nun ihren individuellen Favoriten zuwandten.

Die Vorschulkinder schauten im Unterschied zu den älteren Kindern viele verschiedene Websites an, aber jeweils nur ausschnitthaft. Für sie war die Auswahl der Screenshots ein Spiel, das sie liebten und in jeder Beobachtungsstunde wiederholen wollten. Bei der Selektion ließen sie sich von den Prinzipien Bekanntes und Layout leiten. Erkannten sie eine Figur oder einen Protagonisten aus den Medien wieder oder war die Seite mit vielen Bildern gestaltet und besonders bunt, wurde sie eher ausgewählt als andere. Beim Auswahlprozess legten sie zudem großen Wert auf die Beratung der begleitenden Beobachtungsperson.

Die Grundschulkinder bzw. die 8- bis 10-Jährigen nutzten die Screenshots nur anfänglich, um sich eine Übersicht zu verschaffen, sie bevorzugten Bekanntes aus ihrem medialen und sozialen Umfeld. Dies zeigte sich insbesondere daran, dass sie ihre Kassetten nach URLs absuchten oder auch Kassetten, Zeitschriften und Bücher mitbrachten und die entsprechenden Internetangebote anschauen wollten. Von Interesse waren auch für sie die bereits erwähnten Websites der Rundfunk- und Fernsehsender, der Fernsehserien sowie Musik- und Sport-Fanwebsites. Nur Mädchen interessierten sich für Teeniebands und Popstars wie „No-Angels“, „Bro‘Sis“ und „Britney Spears“, des Weiteren hatte für sie die Diddl-Website hohe Attraktivität. Die Favoriten der Jungen waren die Lego-Website und der ohne Anmeldung zugängliche Bereich von KinderCampus mit den Links zu DaimlerChrysler und der Deutschen Bahn. Den „Magic Code“ aus dem Kinderüberraschungs-Ei wollten alle unabhängig von Geschlecht und Alter ausprobieren.

Während die älteren Mädchen ähnlich wie die Grundschulkinder bei ihrer Website-Auswahl zwischen Kindheits- und Jugendstatus schwankten, hielt sich die Auswahlstrategie der 11-jährigen Jungen an folgendes Prinzip: War die Website für Kinder gestaltet, dann hatte sie keine Chance ausgewählt zu werden. Sie waren selten bereit, auf Websites, die das Wort „Kinder" oder „Kids" im Namen führen, auch nur einen Blick zu werfen. Sie wurden von vornherein als „kindisch" und für Kleine gemacht abgelehnt. Die älteren Jungen waren an den „Mogel-Websites" www.cheats.de und www.cheatz.de interessiert, auf denen Lösungen zu CD-ROM-Spielen veröffentlicht sind, die die unterschiedlichen Level erschließen. Die 11-jährigen Mädchen interessierten sich für die Kinder-Homepages im SWR-Kindernetz und für Harry Potter, aber auch für Mode und Filme, wie z.B. „Kick it like Beckham", und Filmstars, wie z.B. Julia Roberts und Brad Pitt.

Kinder brauchen Beratung: Dass die Vorlage von Screenshots Einfluss auf das Auswahlverhalten der Kinder hatte, ist kaum von der Hand zu weisen, da die Informationen der Kinder zum Webangebot zu Beginn der Untersuchung doch relativ gering waren. Festgestellt werden konnte jedoch, dass die Kinder bei der Website-Auswahl ihren präformierten Interessen folgten und die Internetvarianten ihrer kinderkulturellen Medienwelt bevorzugten. Will man Kinder dazu anregen, über das Internet auch Neues kennenzulernen, dann sind sie auf Beratung angewiesen. Weil Kinder ihre Informationen aus ihrer unmittelbaren sozialen Umgebung beziehen, genügt es nicht, pädagogisch ausgewählte Links auf Kinderwebsites zu platzieren oder Linklisten für Kinder ins Internet zu stellen. Hinweise in Kinderzeitschriften, auf Kinder- und Jugendseiten der Zeitungen sowie das Verteilen von Faltblättern für Kinder in Schulen und Horten erscheinen nicht nur beim derzeitigen Erfahrungsstand der Kinder mit dem Internet eine breitere Wirkung zu haben, solche Informationsmedien haben auch den Vorteil, dass man sie anfassen und bei Bedarf griffbereit neben den PC legen kann.

5.4 Die Selektionsstrategie der Kinder: inhaltliche Präferenzen mit Schwerpunkt Spiel

Beim Auswahlverhalten der Kinder ist zwischen der „Selektion" aus dem Webangebot und aus den Inhalten einer einzelnen Website zu unterscheiden. Vor dem Hintergrund des Informationsverhaltens der Kinder (vgl. Kap. 5.3.) kann in Anlehnung an die Erforschung des Umgangs der Kinder mit den klassischen Medien formuliert werden, dass Kinder dem Internet „thematisch voreingenommen" begegnen (Charlton/ Neumann

1990, S. 46) oder dieses nach ihrem „handlungsleitenden Thema“ wahrnehmen (Bachmair 1990, S. 104). Im Internet bezieht sich dies allerdings weniger auf die Besonderheit des Rezeptionsprozesses und die subjektiv-individuelle Verarbeitung der Inhalte, als vielmehr darauf, was von Kindern überhaupt als betrachtenswert in Erwägung gezogen wird. Denn eine Selektion aus einem unüberschaubaren Web- und Informationsangebot findet bei Kindern im eigentlichen Sinne nicht statt. Da sie sich außerhalb des Internets über das Internet informieren, steuern sie direkt auf schon Bekanntes zu und sie freuen sich, wenn sie ergänzende Aspekte zu ihrem Thema entdecken. Im Extremfall wird kontrolliert, ob das Internet tatsächlich Neues bietet. So brachte z.B. die 9-jährige Jasmin ein Buch zur KI.KA-Fernsehserie „Schloss Einstein“ mit, das sie im Bücherbus ausgeliehen hatte, um die darin enthaltenen Informationen zu den Stars mit jenen auf der Website www.schloss-einstein.de zu vergleichen.

Tendenziell waren zwei unterschiedliche Umgangsweisen der Kinder mit dem Webangebot zu beobachten: Die einen besuchten einige wenige Websites, verweilten dort und versuchten, möglichst alle Inhalte zu entdecken. Deshalb durchforsteten sie die Rubriken sehr genau und waren schwer zu bewegen, auch einmal eine neue Website aufzusuchen. Die anderen wollten möglichst viele Websites anschauen, sie entschieden sehr schnell bzw. auf den ersten Blick, ob ein Angebot ihren Erwartungen entsprach und gefiel. Langes Suchen nach geeigneten Inhalten innerhalb einer Website schreckte sie eher ab. Diese Kinder hatten meist Webadressen dabei, die sie während der Beobachtungsstunde „abarbeiten“ wollten. Beide Strategien können sinnvoll sein, wenn es darum geht, Webangebote zu sichten. Aufgrund des doch relativ kleinen Website-Spektrums, das den Kindern bekannt war, kann auf unterschiedliche Interessen am Internet als solchem geschlossen werden. Während sich die einen erst einmal einen Überblick verschaffen wollten, was das Internet überhaupt für sie zu bieten hatte, wollten die anderen von einem bestimmten Angebot mehr wissen. Die Konzentration auf eine – möglicherweise einzige – Seite kommt Kindern entgegen, die zunächst Unsicherheiten im Umgang mit dem Internet überwinden wollen und das Bekannte oder die Wiederholung lieben, wie es häufig – über alle Medienarten hinweg – bei jüngeren Kindern der Fall ist.

Auch wenn sich die Mädchen insbesondere über ihre Pop- und Serienstars und die Jungen über ihre Computerspiele informierten, galt das primäre Interesse der Kinder, unabhängig vom Alter und Geschlecht, den Spielen, die auf den einzelnen Websites angeboten wurden. Sieht man von den Vorschulkindern ab, dann wurde die Spiele-Rubrik auf der jeweiligen Startseite oder im Navigationsrahmen auf Anhieb gefunden. Dies gilt nicht für einzelne bereits bekannte Spiele: Manchmal konnten sich die Kinder nicht mehr an die Website erinnern, auf der sie das Spiel gesehen hatten, und manchmal war die Website umgestaltet worden und eine Neuorientierung erforderlich. Letzteres war bei www.toggo.de (Super RTL) häufig der Fall, da dort Spiele zu den jeweils aktuellen Fernsehserien und Werbeschaltungen direkt auf der Startseite platziert werden. Wenn aber die Kinder einmal ein Lieblingsspiel gefunden und noch nicht „ausgespielt" hatten, konnte sie das neue Angebot nicht zum Spielen verlocken. Aber der Weg ins Spiele-Archiv ist unübersichtlich gestaltet und zu weit, als dass Kinder, die keine regelmäßigen Toggo-Nutzer sind, die von der Startseite abgesetzten Spiele rund um „Angela Anaconda" oder „The Powerpuff Girls" wiederfinden könnten.

Soweit das Spiele-Angebot im Kinderweb überhaupt interaktiv und multimedial aufgebaut ist, folgt es linearen Strukturen, ein Anreiz zur Entwicklung einer „mentalen Landkarte" über hypertextuelle Strukturen kann von den Spielen folglich nicht erwartet werden (vgl. auch Aufenanger 2000). Nur bei den CD-ROM-Spielen mit Netzzugang oder deren Demoversionen, die vom Internet heruntergeladen werden können, hängen Spielumgebung *und* Spielverlauf von den Aktionen des Spielers bzw. der Spieler ab. Die Palette der im Internet angebotenen und schließlich auch von den Kindern genutzten Spiele umfasst nahezu die gesamte „Spiele-Welt": Memories, einfache Puzzles und sehr schwierige Schiebepuzzles, Strategie-, Sport- und Geschicklichkeitsspiele; des Weiteren Ratespiele, Kreuzworträtsel, Gedächtnisspiele und Wissensquiz. Spiele also, die der Offline-Welt entnommen und für Computer und Internet programmiert wurden. Sie können entweder allein oder mit anderen gemeinsam vor dem PC oder mit Partnern im Netz gespielt werden. Darüber hinaus werden Spiele angeboten, die originär nur am Computer durchgeführt werden können, wie z.B. Jump'n'Run, dreidimensionale Adventure-Spiele, Verwandlungsspiele (Morphing) und virtuelle Hege- und Pflegespiele. Die Spielinhalte sind variabel oder austauschbar, aber sie entscheiden darüber, in welchem Gewand Aktion, Interaktion oder Rollenspiel erscheinen. Sind sie nicht abstrakt gestaltet, dann bestimmen sie wesentlich mit, welcher Art das emotionale Engagement der Kinder ist und mit welchen figuralen und realen Protagonisten bzw. Rollenbildern sie sich zumindest während des Spielverlaufs identifizieren: Kosmetik-

oder Schminkspiele auf der Barbie-Website für kleine Mädchen und Grand-Prix-Rennen auf der Mercedes-Benz-Kinderwebsite für kleine Buben einerseits, eine zu pflegende Pflanze im Garten der Bibi-Blocksberg-Website und das Fußballspiel auf der Lego-Website andererseits, setzen auf geschlechtsspezifische Zielgruppenbindung. Das traditionelle Geschlechterkonzept der kommerziellen Anbieter geht in der Lebensphase der Identitätsfindung weitgehend auf und es findet sich auf den „großen" Websites wieder, die neben den Mädchen- und Jungenspielen auch geschlechterübergreifende und geschlechterunabhängige Spiele bieten.

Vorerfahrungen der Kinder: Wie in der Altersgruppe üblich, hatten fast alle Jungen umfangreiche Erfahrung mit CD-ROM- bzw. Computerspielen, bei den Mädchen waren es nur einzelne. Aufgrund der Orientierung an interaktiven Action- und Adventure-Spielen hätten zumindest die 11-jährigen Jungs auf potentielle Kenntnis hypermedialer Spielstrukturen zurückgreifen können. Diese sind jedoch im Spiele-Angebot des Kinderwebs nicht nötig (vgl. oben). Die unterschiedlichen Vorerfahrungen der Kinder machten sich einerseits in den Spiele-Präferenzen geltend, andererseits waren generelle Schwierigkeiten bei der Auge-Hand-Koordination sowohl erfahrungs- als altersbedingt nur bei den beiden Vorschulkindern beobachtbar (vgl. Kap. 5.6). Häufig deuteten sie nicht mit der Maus, sondern mit ihrer Hand auf den Bildschirm, um Spielanweisungen zu geben oder Spielhinweise zu erfragen oder sich zu orientieren. Hin und wieder war dies auch bei älteren Kindern zu beobachten. So löste beispielsweise die 9-jährige Lena die Rechenaufgaben, die zum Spiel „Cypertop" auf der Website von www.magic-kinder.com gehörten, zwar im Kopf: „0 und 6 ist 6, und 5 ist 11; 1 an 1 gemerkt. 8 und 3 ist 11, und 2 ist 13; 3 an 2 gemerkt…", kontrollierte aber die Zahlenkolonnen mit den Fingern am Bildschirm. Im Unterschied zu den älteren Kindern hatten die Vorschulkinder unabhängig davon, ob sie nun gewannen oder nicht, Spaß am bewegten Spiel und den dazugehörigen Tönen (vgl. Kap. 4.1). Bei den älteren Mädchen und Jungen waren senso-motorische Unterschiede bei der Spielbewältigung nur zu Beginn der Beobachtungen bemerkbar: Die Erfahrenen unter ihnen wussten eher, wie Spiele navigiert werden, welche Tastenkombinationen für die Spielzüge zur Verfügung stehen, reagierten schneller auf bewegte Gegenstände oder Hindernisse im Spiel, und sie trauten sich mehr zu. Aber bereits nach einigen wenigen Spielen hatten die Unerfahrenen aufgeholt, und es zeigten sich bei Bedienung und Geschick nur noch minimale Unterschiede.

Der Spielerfolg hing viel eher davon ab, ob die zu bewältigende Aufgabe und die Regeln zu ihrer Lösung durchschaut wurden. Die Spielbeschreibungen sind zwar häufig unzureichend, sie wurden von den meisten Kindern aber sowieso nicht gelesen, denn sie setzten darauf, dass sich ihnen ein unbekanntes Spiel von selbst erschließt. Sie scheiterten dann oft, denn der Spielgegner Computer lässt, auch wenn die Kinder ihn beschimpfen, keine Debatte oder Rücknahme eines Spielzuges zu. Aufregung und Langeweile, Freude und Frustration waren deshalb beim Spielen aufs engste miteinander verknüpft.

Nur der immer strategisch mit minimalistischem Aufwand vorgehende 11-jährige Jan monierte: „Da stehen ja nirgendwo richtig die Regeln" – die allerdings in einer Geschichte verpackt sind – als er beim Geduld- und Knobelspiel „Die Türme von Hanoi" zu scheitern drohte; während er die Spielregeln zu „Senet – Lieblingsspiel im alten Ägypten" liest, urteilt er im Vorfeld: „Das ist mir zu kompliziert", und murmelt angesichts der Spielanleitung „sehr lang", versucht es dann aber doch (beide Spiele, www.blinde-kuh.de). Ähnlich wie Jan, bewahrte auch die 9-jährige Karin immer emotionale Distanz zum Spiel, beobachtete genau den Einfluss ihrer Eingaben auf den Spielverlauf und löste mit Vorliebe und großem Geschick Spiele, die Strategie oder Kombinatorik erforderten, wie etwa ein Schiebepuzzle oder „Licht aus" (www.kindersache.de), ein Spiel, an dem die meisten Kinder scheiterten.[65] Häufig ließen sich die Kinder vom Spiel gefangennehmen und machten ihrer Anspannung bei kognitiver und spielstrategischer Überforderung Luft. Zum Strategie-Spiel „Licht aus" kommentierte die 11-jährige Nadine: „Nein!!! Oh Gott! Oh Shit! Scheiße, das ist ja schrecklich, das mach ich nicht mehr!"

Die Spielevorlieben der Mädchen und Jungen: Bei allen Kindern waren die aufwendiger gestalteten adventure-ähnlichen (Mini-)Spiele, die überwiegend auf der Website von Super RTL zu finden sind, sehr beliebt: Ge-

65 Beide Kinder erzielten beim CFT-Test (vgl. Anhang) im Bereich Erkennen von Regelhaftigkeiten bei figuralen Problemstellungen (Matrizen) hervorragende Ergebnisse. Jan konnte darüber hinaus als einziges Kind alle Aufgaben zur Topologie lösen, die nur in der Testversion für die älteren Kinder enthalten waren. Interessant ist deshalb auch, dass er beim zweidimensionalen Computerspiel „Die Türme von Hanoi" sein räumliches Vorstellungsvermögen ins Spiel brachte und ein dreidimensionales Spiel antizipierte: „So was kann man sich ja eigentlich zu Hause selber bauen. Wenn ich das zu Hause nachbaue, vielleicht hätt' ich dann mehr Zeit." Er hätte zwar nicht mehr Zeit, könnte aber die nach komplexen Regeln umzusortierenden Scheiben anfassen. Er löst dann aber doch das Spiel (mehrfach) am Computer.

schlechtsspezifische thematische Orientierungen fielen jedoch auf. Spiele mit männlichen Identifikationsfiguren, die zugleich Action oder Fahrspaß boten, wie „Lego-Racers", „X-Duckx - Xtreme Skating", „Typisch Andy!, „Mr. Bean – Fahr den Mini" wurden von den Mädchen nicht gespielt. Von den Jungen wurden durchgehend „The Powerpuff Girls", drei Mädchen mit Superkräften, ignoriert. Dagegen waren „Oggy's kleine Welt" und „Oggy – Die Frittenschlacht", Spiele mit einem kleinen Kater, „Q-Boot", ein Wissensquiz, für Mädchen und Jungen gleichermaßen attraktiv. Bei den Spielen um die Seriencharaktere „Jimmy Neutron", eine männliche, aber kindliche Zeichentrickfigur, und „Angela Anaconda", eine moderne Pipi Langstrumpf, war es ebenso, aber das Interesse an diesen Spielen hörte bei den 10-Jährigen auf.

Nur noch die offizielle Website zu Harry Potter mit dem „Quidditch-Training" sprach Mädchen *und* Jungen an. Der Besuch der anderen „großen" Websites differenzierte nach Geschlecht: Der „KinderCampus" war eindeutig die Spiele-Seite der Jungen. Die „BR-Kinderinsel" mit Schwerpunkte Rätsel, die „Blinde Kuh" und „Kindersache" mit vorwiegend Denk- und Knobelspielen, das „SWR-Kindernetz" mit seinem kunterbunten Spiele-Angebot wurden von den Mädchen präferiert.

Die meisten Spiele wurden innerhalb einer Beobachtungsstunde mehrfach gespielt, manche über mehrere Wochen immer wieder ausprobiert: Insbesondere das Adventure-Spiel „Gina Lash und das Geheimnis der Zimtschnecke" (Reihe „Angela Anaconda", www.toggo.de) war für die jüngeren Mädchen eine große spielstrategische Herausforderung, die sie erst nach mehrfachen Versuchen und in Abhängigkeit von ihrer Merkfähigkeit, was den Spielaufbau und das für den erfolgreichen Spielverlauf mitzunehmende „Inventar" betraf, meistern konnten. Ähnlich attraktiv war das Jump'n'Run-Spiel „Monsterbergwerk" (SWR-Kindernetz) für die älteren Mädchen. Die älteren Jungen hatten Probleme, Attraktives auf Kinderwebsites zu finden. Die Spiele im Internet sind nicht so komplex wie ihre Computerspiele, das „Rumgucken" auf den Cheat-Websites hat vermutlich auch damit zu tun.

Genre-Vorlieben konnten nur begrenzt beobachtet werden, Mädchen hatten kein Interesse an Autorennen, während Jungen die Rätsel und Wissensquiz links liegen ließen. Darüber hinaus fiel auf, dass die Spiele-Interessen bei jüngeren Kindern noch nicht verfestigt waren, ihre Bereitschaft alle Spiele auf einer Website mal kurz anzuspielen, war sehr hoch.

Geschlechtsspezifisches Verhalten beim Spiel: Den Spielen schenkten Mädchen wie Jungen ausnahmslos viel Aufmerksamkeit und sie widmeten sich ihnen mit hoher Konzentration. Die Bereitschaft, Herausforderungen anzunehmen, war gleichermaßen hoch. Die Unterschiede im Geschick beim Spielen waren eher individuell-persönlicher als geschlechtsspezifischer Natur. Zwei Mädchen, die häufiger Versagensängste äußerten, fühlten sich aufgrund ihres Selbstwertgefühls schneller überfordert als andere, sie wurden nervös und äußerten ihre Unsicherheit in selbstbezichtigenden Kommentaren zum Spiel („Ich bin dumm!"). Dagegen gingen zwei Jungen, ein Legastheniker und ein Sonderschüler, mit ihrem Handikap offensiv um, sie ließen manchmal andere für sich schreiben und lesen; bei Misserfolgen bewahrten sie die Ruhe („Schon wieder zwei falsch. Warte, vielleicht, wenn ich die überkreuze, wenn ich das so mache, …") und ihre Freude am Spielen brachten sie mit ungebrochenem Selbstbewusstsein zum Ausdruck („Da bin ich der Superheld."). Geschlechtsspezifische Unterschiede im Verhalten der Kinder fielen bei der Verarbeitung sowohl von positiv als auch von negativ erlebten Spielverläufen auf.

Die Mädchen wirkten bei Spielbeginn eher verhalten und trauten sich nicht so viel zu, obwohl sie sehr motiviert und auch ehrgeizig waren, ein Spiel zu gewinnen. Bei ihren Spielen agierten sie eher überlegt und kommentierten das Spielgeschehen und die nächsten Spielzüge. Die 11-jährige Nadine spielte „Verflixtes Chaos" auf der Website des Kinderkanals: „Ja, man muss da hingehen und dann muss man, (Pause), dann steht man hier, und dann kann man so und so (...). Nun selbstsicher: „Also jetzt so und so und dann gehe ich jetzt, ahhh." Zum Beobachter: „Aber eigentlich macht das Spaß." Ihn nun mit einbeziehend: „Jetzt müssen wir es da drüben genauso machen." Ein erfolgreicher Spielverlauf überraschte die Mädchen und die Freude über das Erfolgserlebnis war ihnen trotz ihrer Zurückhaltung anzumerken.

Die Jungen waren bei der Durchführung der Spiele etwas experimentierfreudiger als die Mädchen, so probierten z.B. Christian (11 Jahre) und Faruk (9 Jahre) beim Spielen verschiedene Tasten aus und fanden heraus, wie man mit den Spielfiguren springen kann: „Ah, jetzt hab ich's kapiert, man muss erst drücken und wenn man wieder los lässt, dann springt er." Im Gegensatz zu den Mädchen waren sie sehr selbstbewusst und von ihrem spielerischen Können überzeugt. Diese Selbstsicherheit spiegelte sich auch in der Körpersprache der Jungen wider. Um ihrer Freude über einen Spielerfolg Ausdruck zu verleihen, stellten sie sich gerne in verschiedenen Siegerposen dar und zeigten ihre Freude sehr deutlich mit dem Ballen der Faust oder dem Spiel mit den Muskeln. Die Jungen trugen somit ihren Stolz über erreichte Erfolge zur Schau, während die Mädchen sich eher verhaltener freuten.

Tabelle 7: Geschlechtsspezifische spielbegleitende Kommentare bei erfolgreichem Spielverlauf

Mädchen	Jungen
– Boh, juhu, das ist cool. – Pahh, Stufe 10! – Echt, habe ich jetzt so viele gefangen? – Mmh, ich habe gar nicht gemerkt, dass ich so viele gefangen habe. – Cool, ich habe ihn bekommen, oder? – Ach Gott, ich habe schon fast 6859. Das ist voll gut. Ja, jetzt habe ich gewonnen. – Eine Eule, auf die muss ich aufpassen, die dürfen mich nicht verletzen. – Ja juchhu. Das ist irgendwie cool. Ich liebe solche Spiele. – Ich bin echt ganz gut in Memory. – Gewonnen? – Das macht echt Spaß. – Schön! – Super! Das stimmt.	– Boah, ich hab das eins zu null, äh, das 1:3 knapp gerettet. Jaaa, is rein! – Natürlich wieder ich, ich werd immer besser! – Ich bin natürlich super, da bin ich der Superheld! – Ich bin gut, ich weiß schon, ich bin der Beste! – Die haben gar keine Chance gegen mich, bin viel zu gut. – Hm, des war auch kein Problem für mich. – Keiner kann mich mehr aufhalten. – Jetzt bin ich aber ganz schön gut. – Ich bin schlau, den schlauen Tobias kann man nicht besiegen! – Ja, man muss nur so schlau sein wie ich, dann kann man allen ausweichen.

Bei negativ erlebten Spielsituationen, wenn also ein Spiel nicht so gut klappte, nicht durchschaut wurde oder sich immer wieder Misserfolg einstellte, reagierten die Kinder unabhängig vom Geschlecht mit Enttäuschung. Sie verloren den Spaß am Spiel, begannen sich zu langweilen, und wollten ein anderes, mehr Erfolg versprechendes Spiel machen oder ein neues Spiel ausprobieren. Die Kommentare zum Spiel ließen auf die jeweilige Frustrationstoleranz des Kindes schließen: „Mensch, das langweilt!“ (Markus 10 Jahre; Cedy on Skates, Cedy’s World), „Meio! Jetzt will ich dann das auch nicht mehr spielen!“ (Tobias, 9 Jahre; U-Boot-Spiel, Kellogg). „Ich mag ein anderes Spiel, was ganz anderes“ (Hülya, 8 Jahre; Quidditch-Training, Harry Potter). „Ja, siehst du, das geht nicht, ich mach das nicht mehr, das ist doof“ (Silke, 10 Jahre; K-Racer, Kidstation); „Nein, nein, nein. Ich bin, ich bin nicht bei den Ersten. Ich geh lieber woanders hin“ (Christian, 11 Jahre; Typisch Andy!, Toggo); „Machen wir es (das Level im nächsten Spiel) ganz einfach, ganz ganz ganz einfach“ (Jan, 11 Jahre; Ice-Track-Derby, IceAge).

Es fiel auf, dass Mädchen und Jungen ihre Verärgerung und Enttäuschung bei Misserfolgen gleichermaßen stark zum Ausdruck brachten und ihr emotionales Engagement teilweise mit extremen Gefühlsausbrüchen – garniert mit deftigen Ausdrücken – begleiteten: „Huch Scheiße, was ist passiert?“ (Tobias, 9 Jahre; U-Boot-Spiel, Kellogg); „Ach leck, ach leck mich!“ (Markus, 10 Jahre; Bau Dir ein Auto; Cedy's World); „Ich hasse dieses Spiel“ (Nadine, 11 Jahre; Verflixtes Chaos, KI.KA). Manche Kinder reagierten animistisch, sie begannen mit dem Computer bzw. dem virtuellen Gegner zu sprechen: „Geh mal weg blödes Teil, das nervt, ja geh, geh, geh da hin, oh, wenn ich drauf drück, drückt der auch drauf, och Mist!“ (Silke, 10 Jahre; Oggymania, Toggo). Die älteren Mädchen waren bei Enttäuschung erste sarkastische Bemerkungen zum Spielverlauf zu vernehmen: „Ach ne, jetzt darf ich wieder von vorne anfangen, na wunderbar“ (Valerie, 11 Jahre; Quidditch-Training, Harry Potter).

Unterschiede nach Geschlecht zeigten sich auch bei der Erklärung von Misserfolg oder missratenen Spielzügen. Mädchen suchten die Ursache eher bei sich und ihren begrenzten Spielerfahrungen, während die Jungen weniger an ihrem Können zweifelten und die Spiele selbst oder den langsamen Rechner als Schuldige ausmachten.

Tabelle 8: Geschlechtsspezifische spielbegleitende Kommentare bei Misserfolg im Spiel

Mädchen	Jungen
– Mh, das war dumm, sehr dumm. Sehr, sehr dumm. – Oh, ist das fies, oh Mann, ich kann das nicht, ich fahr viel zu schnell. – Ach, Mist. Ich bin da drauf gekommen. – Nee, da muss ich erst überlegen. Jetzt habe ich es schon wieder falsch gemacht. Ich hätte das hier hin tun müssen. – Huch, was ist jetzt passiert? Was bin ich jetzt schon wieder tot? – Hey, wie geht das? Wie soll ich die denn bewegen? Hä? Also das kapier ich jetzt nicht. – Uh, ups! Ach, ach, das ist, das kann ich nicht. Hä, wie ist das jetzt gekommen? – Aber das kapier ich irgendwie überhaupt gar nicht. – Ach, das ist ein blödes Spiel, ich check das nicht.	– Ach Manno, die Maus bewegt sich so langsam, da kann ich nichts dafür. – Was? Habe ich doch gar nicht berührt! Nein!!! – Nein, das stimmt nicht, ich bin doch auf Z gegangen! So ein Scheiß! – He, ich kann gar nicht anders lenken. – Der Blödmann hat mich rausgeschubst. – He? Habe ich doch gar nicht berührt, nein!!! – Ich bin doch gar nicht über Rot gefahren, du lügst. – Manno, den hab ich doch abgewehrt. – Ohhh! Ohrrr! Wieso ging das da jetzt nicht rein? – Leck mich am Arsch, Mann. – Außerdem ist es etwas blöd, dieses Spiel! Ich will das Spiel beenden!

Allerdings zeigten die Jungen etwas häufiger als die Mädchen den Ehrgeiz, das Spiel, obwohl es ihnen eigentlich keinen Spaß mehr machte oder zu kompliziert war, zu Ende oder noch einmal zu spielen. Faruk (9 Jahre) hat beim Spiel „Smarageddon“ (KinderCampus) ein Leben verloren: „Nein! Des war Pech. Jetzt komm ich nirgendwo hin, außer hier hin, jetzt hab ich alles vermasselt. Nein, schon wieder, also irgendwann macht es keinen Spaß mehr.“ Beobachter: „Es macht dir keinen Spaß mehr?“ Faruk: „Nö, aber ich probier es noch ein allerletztes Mal.“

Geringe Bedeutung von Online-Spielgegnern: Die meisten Spiele im Internet sind so konzipiert, dass sie alleine gespielt werden können. Saßen, wie in den Horten, zwei Kinder vor dem PC, dann wechselten sie sich beim Spielen ab. Die Kinder in den Horten spielten immer nur alleine, aber unterstützten und berieten sich wechselseitig beim Fortkommen. Die anderen Kinder wollten hin und wieder den Beobachter zum Spielpartner, teilweise lag dies auch an der Spielauswahl, so war beispielsweise bei einem der Fußballspiele ein Torwart und ein Spieler erforderlich. Online-Spiele im genuinen Sinn wurden zwar mehrfach angeschaut, aber nur von zwei 11-Jährigen, einem Mädchen und einem Jungen, gespielt. Beide gingen dazu auf die Bravo-Website, auf der einfachste Online-Spiele und fast zu jeder Zeit Mitspieler zu finden sind. Voraussetzung für den Zugang ist die Anmeldung bei der „Community“, eine einfache, aber doch langwierige Prozedur auf einem Formular, aus dem schließlich für jedes Mitglied eine Visitenkarte generiert wird. In der „Playzone“ ist es möglich, über ein kleines Chat-Textfeld andere Onliner zum Spielen einzuladen und sich während des Spiels miteinander oder über das Spiel auszutauschen. Auch die Visitenkarten der (Mit-)Spieler können dort ausgewählt und gelesen werden. Die 10-jährige Silke war von ihrer 15-jährigen Schwester über die Möglichkeiten und Funktionsweise der Spiele auf der Bravo-Website aufgeklärt worden, sie hatte Spaß daran, eine Mitspielerin zu finden, über die sie sich dann auf der Visitenkarte informierte. Mehrfach spielte sie mit einer „anonymen“ Gegnerin das Online-Brettspiel „Dame“. Christian (11 Jahre) wandte sich dem „Schiffe versenken“ (Seabattle) zu, verstand aber zunächst nicht, dass er nicht gegen den Computer spielt, sondern ein anderer Onliner mit ihm „spricht“ und mit ihm spielen will. Christian wollte einfach nur Spielen, während Silke mit dem Potential des Internets experimentieren wollte (vgl. auch 5.5).

Bei anderen Onlinespielen, für die sich die Jungen interessierten, senkten komplizierte Anmeldeprozeduren, erforderliche Downloads oder fehlende Online-Mitspieler meist die Motivation zum Mitmachen. Hinzu kommt, dass stundenlanges Üben erforderlich ist, um überhaupt mitspielen zu können. Den 11-jährigen Jungen erschien es rationeller, nach Cheats zu suchen und diese auszudrucken oder abzuschreiben, die sie für ihre Computerspiele zu Hause offline verwenden konnten. Selbst der ausschließlich an Spielen interessierte 11-jährige Lukas hatte zu wenig Erfahrung und vor allem Geduld, um bei seinen Favoriten „Die vierte Offenbarung“, „Stronghold“ und „Desperados“ über eine Besichtigungstour der Spiele-Umgebung hinauszukommen. Zudem fehlte ihm das Verständnis von den strukturell-technischen Voraussetzungen eines Online-Spiels. Als er sich bei „www.galaxywars.de“ anmelden wollte, erschien die Meldung: „Der Server ist überlastet. Zur Zeit sind keine Anmeldungen möglich. Wenn Sie ihre E-Mail-Adresse angeben, werden Sie benachrichtigt, sobald wieder Anmeldungen möglich sind.“ (Worüber der Beobachter angesichts fehlender Alterskennzeichnung des Spiels erleichtert war.) Er erklärte: „Das ist mir egal“, und begann erneut damit, sich einzuloggen.[66]

Was das Spiele-Angebot auf den Kinderwebsites betrifft ist festzuhalten, dass die interaktiven Möglichkeiten des Internets weitgehend unge-

---

66 Es war kaum einzuschätzen, wo die Internet- und Spiele-Kompetenzen Lukas‘ lagen, die er manchmal dem Beobachter zu beweisen versuchte. Eindeutig war, dass er Zustimmung und Bestätigung, aber zugleich die Auseinandersetzung mit dem Erwachsenen über die Spielinhalte und seine eigene Spielstrategie suchte. Er hielt zwar verbal große Stücke auf das Internet, doch war es ihm völlig egal, ob er im Internet war oder nicht. Er wollte Computerspiele machen, die er mitbrachte, wir aber eine Studie zum Internetverhalten der Kinder. Schließlich war zu diskutieren, wie in einer teilnehmenden Beobachtung mit einem sogenannten schwierigen Kind umzugehen ist. Lukas kam sehr gerne und sehr zuverlässig zur Beobachtungsstunde, er fragte sogar nach, ob er anschließend im Büro die Hausaufgaben machen könne, um hinterher wieder zu spielen. Dieses Ansinnen wurde abschlägig beschieden, aber er konnte, wie zu Beginn der Studie vereinbart, an allen drei Beobachtungsphasen teilnehmen. „Der Beobachter“ war weiblich, keine Expertin und Liebhaberin von Computerspielen der Art, wie Lukas sie präferierte, und vor allem zu alt, um mit ihm über die Spiele auch nur annähernd auf einer Ebene kommunizieren zu können. Sie gab sich zwar Mühe, seinen Bedürfnissen entgegenzukommen, zeigte aber auch Grenzen auf, und wollte, dass Lukas aus seinem zirkulären Spielverhalten und, wenn er im Internet war, aus seinem stereotypen Rezeptionsverhalten herauskommt, das sich auf ein äußerst schnelles und endloses Scrollen über Spiele-Websites konzentrierte, zumal er die Dinge, die er dann wahrnahm und manchmal für zu Hause ausdruckte, mitzunehmen vergaß. Für die dritte Phase wurde für ihn ein jugendlicher männlicher Computerspiele- und Internetexperte engagiert, der mit ihm auf „seine“ Websites ging, ihm aber auch Spielalternativen anbot und ihm zeigte, was im Internet und am Computer dafür zu tun ist. Wie bei der Beobachterin fand er vieles „cool“, was er erfuhr, aber ein eigenaktives Interesse an Neuem oder an der Kommunikation mit dem Jugendlichen zeigte er nicht.

nutzt bleiben. Manche Website-Betreiber denken auch an die Online-Kosten, die beim Spielen im Internet entstehen und fordern die Kinder dazu auf, die Spiele auf den Rechner herunterzuladen und offline zu spielen.

Wenn Kinder im Internet nur spielen, was dann? Auch wenn die Kinder im Internet nur spielen wollen, so lernen sie doch völlig neue Spiel-Varianten kennen. Während sie sich zu Haus am Computer, bedingt durch die elterliche Initiative, mit Edutainment- und Lernspiel-Software auseinandersetzen, sind die meisten Spiele im Internet einfacher programmiert, dafür aber abstrakter gestaltet. Die simple Spielumgebung führt die Kinder relativ schnell zum „Kern" der Aufgabenstellung, aber die Regeln zu ihrer Lösung liegen nicht immer auf der Hand. Spielstrategisch waren die Kinder häufiger überfordert, zumal es ihnen anfänglich an der Motivation fehlte, sich mit Spielanleitungen auseinanderzusetzen. Dennoch probierten sie, die Spiele auf eigene Faust zu erschließen, und waren mit vollem Einsatz bei der Sache. Konzentration, Aufmerksamkeit, Merkfähigkeit waren gefordert, und sie erwarben beim Spielen nicht nur bedientechnisches Geschick in Sachen Navigation und Tricks, sondern auch Kenntnisse über die logische Struktur der Spiele. Vor allem aber waren sie in den Spielsituationen, d.h. im Umgang mit den eigenen Erfolgen und Misserfolgen, emotional gefordert. Während für die einen Kinder die Erfahrung der Grenzen ihrer eigenen Kompetenzen im Spiel eine Herausforderung war, neigten andere dazu, ihre Kompetenzen zu unter- oder überschätzen. Mädchen hatten allerdings ein feineres Gespür, wenn es darum ging, die eigenen Fähigkeiten zu bewerten, die Jungen sahen sich häufiger in einer kämpferischen Rolle während der Spielbewältigung und deshalb, wenn alles gut ging, als „Helden". Weil die Kinder dazu neigen, auf einer Website *alle* Spiele durchzuprobieren, besteht die Chance, dass sich alle Kinder sowohl mit „Mädchen"- als auch mit „Jungenspielen" beschäftigen. Sicher ist, dass die Kinder beim Spielen Kompetenzen im Umgang mit dem Computer erwerben, ihre sensomotorischen Fertigkeiten schulen, ihre Orientierungsfähigkeit verbessern. Ob aber das Spielen im Internet auf andere (Lern-)Bereiche transformierbare kognitive, personale und soziale Kompetenzen hervorbringt, ist – wie jüngst auch für Computerspiele diskutiert (vgl. Gebel/Gurt/Wagner 2004) – noch offen.

5.5 Kommunikation im Netz: erste Experimente

Die Kommunikationsangebote und -dienste im Internet bieten technisch gesehen einfache Wege, um Kinder an der Gestaltung von Websites zu beteiligen, mit ihnen in den Dialog zu treten und diesen aufrechtzuerhalten sowie die Kommunikation über Themen und zwischen Kindern zu fördern. Im Unterschied zu den Ergebnissen aus den quantitativen Studien hatten bei den beobachteten Kindern E-Mail, Chat und Beteiligungsangebote keine große Relevanz. Dies galt auch für die Mädchen, obwohl sie sich weit mehr als die Jungen für das Schreiben interessierten, – soweit man dies bei der geringen Anzahl der beobachteten Kinder zulässigerweise konstatieren kann.

Das E-Mailen ist an die Lese- und Schreibfertigkeiten der Kinder gebunden, als Angebot für die Jüngeren scheidet es deshalb aus. Aber auch die Kinder ab 8 Jahren hatten kein ausgeprägtes Interesse an einer *kontinuierlichen* virtuellen Kommunikation. Verschiedene Faktoren spielten dabei eine Rolle: Einige der an unserer Untersuchung beteiligten Kinder hatten noch keine eigene E-Mail-Adresse und das Gleiche galt für ihre gleichaltrigen Freunde, folglich wussten sie nicht, an wen sie mailen sollten. Schrieben sie an ihre Eltern oder, wie die 8-jährige Hülya, eine Fan-Mail an die Bands „Bro'Sis“ und „No Angels“, erwies sich die elektronische Post nicht mal als Schneckenpost, denn die Kinder erhielten keine Antwort. Zuverlässig reagierten nur die Computer bzw. Server, wenn sich die Kinder einen E-Mail-Account einrichteten, sich Nicknames und Passwörter bei Anmeldeprozeduren auf Websites schriftlich bestätigen ließen oder wie die 10-jährige Silke per E-Mail an einem Ratespiel auf der Bibi-Blocksberg-Website teilnahmen. Wenn die Kinder anderen Kindern mailten, sicherten sie sich ab: Dass eine E-Mail versandt worden war, bekam der Empfänger auf dem Schulhof oder per Telefon mitgeteilt. Sie wussten wohl, dass der Posteingang zu selten kontrolliert wird und Nachrichten deshalb nicht zuverlässig wahrgenommen werden. Und sie hatten Erfahrung damit, dass ihre eigenen Mails aufgrund von Fehlern bei der Adresseingabe häufig nicht ankamen.

Einige der Kinder nahmen ihre Teilnahme an der Studie zum Anlass, das Mailen auszuprobieren. Die 10-jährige Ulrike hatte sich von zu Hause aus auf der Kinderwebsite „Kidstation“ eine E-Mail-Adresse eingerichtet und die 9-jährige Jasmin tat dies während der Beobachtung. Die beiden Mädchen schrieben sich wechselseitig und kommunizierten zudem mit einer Schulfreundin. Ihr Interesse galt weniger den Nachrichten, die sie in der Regel schon kannten, als vielmehr dem „Postspielen“, dem Öffnen des Posteingangs, dem Geheimnis um den Nickname in der E-Mail-Adresse, dem Schreiben und der Gestaltung der Mails. Beobachtet werden konnte, dass die Kinder den Funktionen auf dem E-Mail-Formular keinerlei Beachtung schenkten und deshalb häufig den Beobachter um Hilfe baten, bis dieser schließlich die Initiative ergriff und sie in das E-Mail-Programm einwies. Bei der Gestaltung ihrer E-Mails orientierten sich die Mädchen am Briefeschreiben, das sie in der Schule schon gelernt hatten.

Abbildung 9: Beginn einer E-Mail-Kommunikation zwischen zwei Freundinnen (Nicknames: Losia, Chenoa)

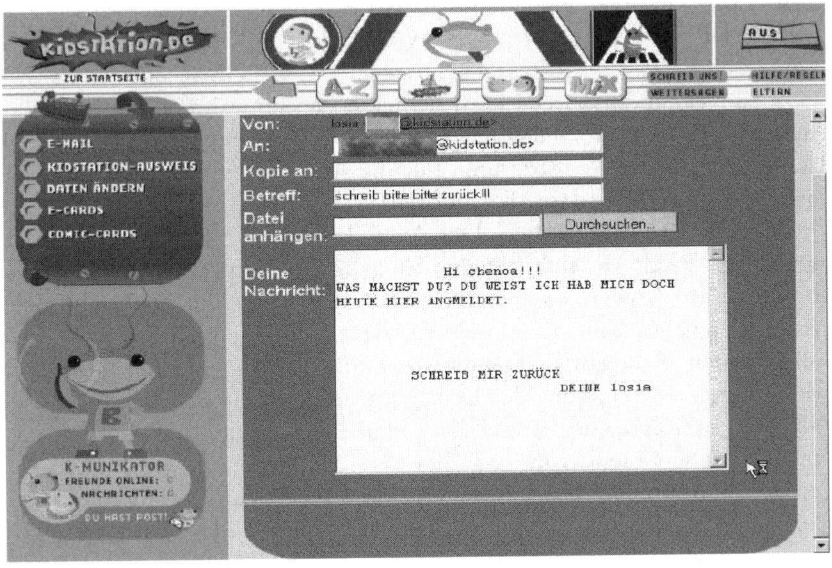

© (Mail-Tool) Aral AG, Bochum

Am liebsten hätten sie ihren elektronischen Brief mit einem bunten Zierrand versehen, ein Anliegen, das auf „Kidstation“ nicht realisierbar ist. Die 10-jährige Silke, die beim E-Mailen ähnlich wie Jasmin und Ulrike vorging, fand bei Web.de das, was sie wünschte. Sie probierte die verschiedenen virtuellen Briefpapiere mit Herzchen, Sonnenblumen und Sektgläsern aus, als sie ihrer Mutter schreiben wollte. Die Kinder, die sich noch in der Phase des Schrifterwerbs befanden, legten nicht nur großen Wert auf Rechtschreibung und Interpunktion, sondern auch auf Form und Stil. Das Korrigieren war für die Kinder sehr zeitaufwendig, weil sie meist spontan auf die entdeckten Fehler reagierten, d.h. schnell mit der „Rücktaste" den ganzen Satz bis zur entsprechenden Stelle löschten und dann erneut mit der Eingabe beginnen mussten. Dass die mit viel Aufregung verbundenen Formatierungen beim Versenden verloren gingen, wurde von den Kindern nicht wahrgenommen. Als der Beobachter mit Jasmin darüber sprach und den Sachverhalt am Beispiel der versendeten Nachrichten visualisierte, wurde dies von ihr als Zugewinn an Kompetenz gewertet und die Zeit und Ärger sparende Neuigkeit den anderen Mädchen mitgeteilt.

Die Kinder konnten, wenn sie wollten, auch von einer speziell auf dem DJI-Mailserver eingerichteten Adresse aus das Mailen ausprobieren.[67] Vier Mädchen und ein Junge wollten keine „Kinder-Mail", sondern eine „echte" E-Mail-Adresse bei Anbietern wie GMX oder Web. Mit dem Einverständnis ihrer Eltern richteten sie sich während der Beobachtungsstunde einen E-Mail-Zugang ein. Auf erste Schwierigkeiten stießen sie bereits bei der Registrierung. Für die Anmeldung waren so viele Angaben erforderlich, dass die meisten schon beim bloßen Anblick des Formulars aufgeben wollten. Das Ausfüllen war für die Kinder anstrengend, z.B. taten sie sich bei der Eingabe des computergerechten Geburtsdatums schwer. Langwierig gestaltete sich zudem die Suche nach einer geeigneten Adresse und einem leicht zu merkenden Passwort. Den allgemeinen Geschäftsbedingungen (AGB) wurde einfach zugestimmt, denn Länge und Sprache der Dokumente hielten die Kinder vom Lesen ab. Nach erfolgreicher Anmeldung wurde das Mailen meist gleich ausprobiert. Die Orientierung auf den Freemail-Accounts war für die Anfänger mühsam. Die Einstiegsseiten sind unübersichtlich, voll mit aktuellen Meldungen und Werbemitteilungen, während das Anmelde- bzw. Log-In-Feld leicht zu übersehen ist. Überwältigt waren die Kinder auch von den vielen Rubriken und Ordnern. Was ist eine Inbox? Wo muss man klicken, um ein Mail schreiben zu können? Wo kommt die E-Mail-Adresse rein? Eine Einführung durch die Beobachter war erforderlich.

67 Die Mailadresse wurde aus Gründen des Kinder- und Jugendschutzes eingerichtet, da die Start- und Log-out-Seiten der Freemails Werbung für Sex aller Art enthielten. Die Adresse konnte über das Web aufgerufen werden, war aber nicht besonders attraktiv, weil die E-Mail-Verwaltung nicht wie in einem normalen E-Mail-Programm funktionierte. Ausgehende E-Mails konnten dort z.B. nicht gespeichert werden.

Es stellte sich heraus, dass das Mailen eher Versuchscharakter hatte. Ähnlich war es wohl bei den Kindern, die schon eine eigene E-Mail-Adresse hatten, sie hatten sie zum Teil schon so lange nicht mehr verwendet, dass sie das Passwort für ihren Zugang vergessen hatten. Einige Kinder kannten die E-Mail-Adressen ihrer Freunde oder Eltern, denen sie schreiben wollten, nur ungefähr, „unsent messages" waren das Ergebnis. Die meisten Kinder erhielten keine Antworten, die Motivation zum erneuten Mailen sank. Darüber hinaus wussten die Kinder häufig nicht, was sie schreiben sollten. Wenig erstaunlich ist deshalb, dass in unserer Studie nur die Kinder mehrfach mailten, die generell Freude am Lesen und Schreiben hatten.

Das Chatten stellt erheblich höhere Anforderungen an die Lese- und Schreibfertigkeiten der Kinder als das Mailen, denn das Lesen und Schreiben muss fast parallel erfolgen. Sieben Mädchen und zwei Jungen haben das Chatten mit Kindern ausprobiert, vor allem im „Schwatzraum" bei Kindersache. Darüber hinaus meldete sich der 11-jährige Jan beim Chat Sat-1-Alf an, um dem Beobachter die Chat-Symbole zu zeigen, die dort regelmäßig ergänzt werden. Er schien als einziger Erfahrung im Chatten zu haben, aber er tat dies in Anwesenheit eines erwachsenen Beobachters nicht.

Für die Kinder, die einen Chat besuchen wollten, gestaltete sich die Auswahl eines Nickname meist schwieriger als erwartet. Die Namen waren entweder bereits vergeben oder wurden aus nicht plausiblen Gründen verweigert. Vermutlich war der Server ausgelastet und wies die Kinder bei jedem Anmeldeversuch automatisch ab. Nur bei www.toggo.de wird den Kindern bei Auslastung als Alternative der „Chatbot" angeboten. Die jüngeren Kinder verstanden jedoch nicht, dass ihr Gegenüber eine „Maschine" ist. Der 9-jährige Tobias gab z.B. ins Dialogfeld des Chatbot „Wer will mit mir chatten?" ein.

Im Chat waren es dann vor allem die Sprache und die Geschwindigkeit der Unterhaltung, die die Kinder irritierten. Auch die 9-jährige Jasmin will auf eine Website „wo andere Kinder sich Briefe schicken irgendwie und ich auch irgendwie mitmachen kann". Nach der Anmeldeprozedur im Chat angelangt, tippt Jasmin z.B.: „Schreibt mir mal." Ihre eigene Nachricht an die anderen kann sie jedoch nicht finden: „Und, wo steh ich? Es geht so schnell." Jasmin macht nun das, was bei allen jüngeren Kindern beobachtet werden konnte, sie schreibt, wenn auch fehlerhaft, in vollständigen Sätzen. Bis diese Sätze geschrieben sind, ist der anvisierte Gesprächspartner meist nicht mehr anwesend. Kinderchats zeichnen sich nämlich durch ständig wechselnde Besucherströme und Meldungen des Computers – XY betritt den Raum, YX verlässt den Raum – aus. Aufgrund ihres bei „Kindersache“ ausgewählten Avatars, das aber auch von vielen anderen Kindern ausgewählt worden war, ist Jasmin sicher, dass „Sabse“ mit ihr chattet. Sie schreibt zurück: „Liebe Sabse, ich weis das du mir Schreibst aber das ist so schnel das ich dich nicht sehen kann.“ Jasmin ist fieberhaft bei der Sache und merkt doch, dass das Chatten für sie zu schwierig ist. Sie hat vollständig die Orientierung verloren, weil sie nicht gleichzeitig Lesen und Schreiben kann. Hinzu kommt, das sie als Neuling das Chatten ernster nimmt als es üblicherweise zwischen Kindern verläuft, und enttäuscht ist, den Kontakt mit der gefundenen Schreibfreundin nicht halten zu können.

Da viele Kinder Nachrichten an „Alle“ und nicht an einen ausgewählten Kommunikationspartner schreiben, was zwar einfacher ist, aber erheblich zur Unübersichtlichkeit beiträgt, fand die 11-jährige Valerie das Chatten im Kinderchat „ziemlich blöde“. Die anderen beiden 11-jährigen Mädchen brachten zum Ausdruck, dass das Chatten doch eine recht komplizierte Sache sei und sie sich auch mit den Kommunikationsinhalten nicht anfreunden konnten. Am meisten Spaß hatte wohl der 10-jährige Markus, der von Beginn an ausschließlich mit seinen eigenen Freunden persönliche Nachrichten austauschte, die gleichzeitig mit ihm im Computerraum an anderen PCs saßen: „Hallo, meine Fans!“ Die 10-jährige Silke rief: „Hilfe, so viele!“ als sie dem rollenden Text nachsah. Sie las zunächst mit, was im „Schwatzraum“ von www.kindersache.de so geredet wird, und ging dann auf die Website www.hausaufgaben.de, um sich dort im Chatten zu versuchen (vgl. Beispiel S. 177).

Interaktion und Kommunikation wird auf den gepflegten Kinderwebsites „groß geschrieben“. Die Kontaktmöglichkeiten stießen bei den Kindern, die an unserer Studie teilnahmen, ebenfalls auf keine große Resonanz. Nur drei Mädchen, die 9-jährige Lena sowie Nadine und Theresa, beide 11 Jahre, nahmen das Angebot wahr, sich auf dem SWR-Kindernetz eine eigene Homepage einzurichten. Alle Mädchen kamen mit den vorformatierten Modulen, aus denen die Homepage zusammengesetzt werden kann, gut zurecht. Bei der inhaltlichen Gestaltung, die sich im Kindernetz auf die Selbstdarstellung beschränkt, achteten sie eifersüchtig auf Individualität und Originalität. Die beiden 11-jährigen Mädchen trugen

Typischer Chat-Dialog – Silke (10 Jahre) im „Hausaufgaben-Chat"

Bevor Silke in den Chatraum kann, ist ihre Anmeldung auf der Website erforderlich (www.hausaufgaben.de). Dabei kämpft sie mit den üblichen Schwierigkeiten bei der Eingabe von Benutzername, Passwort und E-Mail-Adresse: Als Benutzernamen gibt Silke zunächst ihren Kosenamen an, der allerdings bereits vergeben ist. Als sie es dann mit ihrem Familiennamen versucht, schreitet der Beobachter ein und weist sie darauf hin, dass sie sich nicht mit ihrem richtigen Namen, sondern mit einem Phantasienamen anmelden soll. Silke beginnt von vorne und gibt nun den Benutzernamen „minnie" ein. Erneut wird gemeldet: „Benutzername ist bereits vergeben". Schließlich probiert sie es, nach einer Beratung mit dem Beobachter, mit „hundi10". Der Benutzername wird akzeptiert, aber Silke hat vergessen, das Passwortfeld auszufüllen. Prompt erscheint die Fehlermeldung: „Nicht alle benötigten Felder ausgefüllt." Sie trägt das Passwort nach, bestätigt es, gibt eine E-Mail-Adresse ein und ist nun auf der Website angemeldet. Sie klickt auf den Link zum Chat „schnellsprung zur hausaufgaben-party" und muss sich hier erneut anmelden: Silke wählt ihren Benutzernamen „hundi10" als Nickname und entscheidet sich für die Schriftfarbe „türkis", bevor sie auf den Button „Login" klickt und sich schließlich im Chatraum befindet.
In das Textfeld tippt Silke „hhhhaaaaallllooooo" und schickt ihre Begrüßung *an alle* Chatteilnehmer ab. Als ihr Ruf unerwidert bleibt, sucht sie sich aus der Teilnehmerliste „Buffy" für einen Zweier-Chat aus. Sie klickt auf den Link „Dialog", ein separates Chatfenster „Dialog mit Buffy" öffnet sich. Es entwickelt sich folgendes Gespräch:

Hundi10: Hallo bist du w
Buffy: Ja
Hundi10: Ich auch
Hundi10: wie alt bist du?
Buffy: 12
Buffy: und du
Hundi10: 10j
Hundi10: wo wohnst du?
Buffy: hamburg
Buffy: und du
Hundi10: in münchen
Buffy: cool
Buffy: hast du schon einen Freund
Hundi10: hast du geschwister?
Buffy: ja
Hundi10: nein
Buffy: in welche klasse gehst du?
Hundi10: in die 4. und du?
Buffy: 6.
Hundi10: hast du schwester oder bruder? Wie alt
Buffy. Habe einen Bruder der ist 10
Hundi10: ich eine schwester die 15 ist
Buffy: streitet ihr euch oft
Hundi10: Jaaaaaaaaaaaaa
Buffy: ich aaaaaaaaauch
Hundi10: wie groß bist du
Buffy: cu

Diese Szene ist typisch für Chat-Anfänger wie Silke. Sofort nach der Begrüßung folgt der sog. „ASL-Check" (age, sex, location), die Fragen nach Alter, Geschlecht und Wohnort. Für die Kinder von Interesse sind auch weitere persönliche Daten des Chat-Partners (z.B. Körpergröße, Einzelkind oder Geschwister). Diese Informationen bieten den Kindern Vergleichsmöglichkeiten mit ihrer eigenen Person und Situation und manchmal auch Anknüpfungspunkte für die weitere Unterhaltung. So wollte Silke die Unterhaltung noch fortführen, „Buffy" aber verabschiedet sich mit „cu" (see you). Wie in dieser Szene wird von Kindern der Dialog im Chat, nachdem die wichtigsten Fragen gestellt und beantwortet sind, meist beendet, weil einer der beiden Chatter dann den Chatraum verlässt (vgl. auch Orthmann 2004, S. 108).

ihre von Konkurrenz geprägte Freundschaftsbeziehung über den Vorwurf des „Ideenklaus“ bei der Gestaltung und über „gemeine Nachrichten“ aus, die über den Link „Briefkasten“ auf den Homepages öffentlich einsehbar sind. Als bei Theresa schließlich noch ein unverständliches Scherz-E-Mail von jemand anderem aus dem „Wohnviertel“ des Kindernetzes einging, verlor sie die Freude an ihrer Homepage vollständig, sie fühlte sich nicht ernstgenommen. Sie löschte ihre Homepage und die anderen taten es ihr gleich, damit war – so schien es – auch der Konflikt zwischen den Mädchen beigelegt.

Generell ist es wohl so, dass die Mitmachangebote ähnlich wie das Mailen nur für Kinder mit Freude am Lesen und Schreiben attraktiv sind. Die 8-jährige Miriam und die 9-jährige Karin lehnten es beispielsweise wiederholt lauthals ab, überhaupt etwas im Internet zu lesen. Nach der Schule und nach der Beendigung der Hausaufgaben hatten sie von Anstrengungen genug, und sie jammerten – ob nur spielerisch, ist nicht eindeutig – so lange „Oh nein, nicht schon wieder lesen!“, bis der Beobachter diese „Arbeit“ für sie übernahm. Bei www.kindersache.de können Kinder „Geschichten spinnen“, das heißt den vorgegebenen Anfang einer Bildgeschichte fortschreiben. Auf das, was sie da sahen, reagierten beide Mädchen mit Entsetzen: Miriam: „Nein, oh nein, wie kommt man da weg? Oh nein, nicht, nicht, nicht! Also, ich will nie wieder eine Geschichte nacherzählen.“ Karin: „Weil wir Aufsätze schreiben müssen (...). Ja, bei uns stehen manchmal nur vier Sätze da und wir sollen die weiterschreiben (...).“ Miriam forderte erneut Navigationshilfe ein: „Wie kommt man da weg?“

Kommunikation im Netz fördern? Aus der Perspektive der Kinder ist Mailen und Chatten eine anspruchsvolle Sache. Dies gilt für die Bedienung des Mailprogramms ebenso wie für die Anmeldung zum Chat. Jenes können sie zwar mit Hilfe von Erwachsenen bewältigen und einfach lernen, aber die E-Mails der Kinder werden einerseits nicht ernstgenommen und selten in einem für Kinder angemessenen Zeitraum beantwortet, andererseits fehlen Kindern für eine Kommunikation mit Unbekannten oder Personen, für die sie sich nicht interessieren, mitteilenswerte Inhalte. Letzteres gilt auch für das Chatten, denn das Flirten im Chat, wie es unter Jugendlichen üblich ist, ist für die Kinder noch nicht aktuell. Sie haben zwar hin und wieder Chats beobachtet und sich so über das Chatten informiert, aber daran nicht beteiligt. Nur Silke (10 Jahre), die während der Beobachtung hochmotiviert alles über das Internet lernen wollte, probierte auch dies. Für jüngere Kinder, die sich mit ihren sozialen Kontakten auf ihre unmittelbare Umgebung und Nachbarschaft konzentrieren, mag die Kommunikation im Netz ein einmaliges Spiel sein, als Ergänzung zu den Sozialkontakten ihrer Nahumwelt erscheint eine solche Internetaktivität jedoch als verfrüht.

5.6 Das Orientierungsverhalten der Kinder: Navigation in Hypertexten

Das „Angucken" von Websites erfordert Basiskenntnisse vom Aufbau der graphischen Benutzeroberfläche des Browsers, von seinen Funktionen und Grundfertigkeiten im Umgang mit ihm. Kinder lernen den Umgang mit dem Browser, bevor sie die Struktur einer Website als „Hypertext" durchschauen. Und das Navigieren wird ihnen dadurch nicht leicht gemacht: Es ist nicht nur so, dass sich Kinder auf einer Website verirren, wenn ihnen die Einführung durch Erwachsene in die unterschiedlichen Möglichkeiten des Blätterns fehlt, auch die Tücken des Layouts und des Webdesigns tragen dazu bei. Die technologischen Neuerungen wie der Übergang von der klassischen Framekonstruktion einer Website mit einer klar abgegrenzten Navigation zu den Redaktionssystemen, die die Websites aus Datenbanken generieren, haben zur Veränderung des Erscheinungsbildes von Websites beigetragen. Die Navigation in Pop-Up-Technik führt dazu, dass die Gliederung des Inhalts nicht jederzeit offen liegt. Manchmal sind in diesen Pop-Up-Fenstern die Links nur schwer zu treffen, manchmal aber öffnen sich die Unterseiten allein durch das Drüberfahren mit dem Mauszeiger. Die Handhabung einer derart sensiblen Navigation fällt Kindern nicht leicht. Durch die neuen Techniken werden die Navigationsoptionen auch im Kinderweb vervielfacht, aber im Einzelfall zugleich reduziert. Wegen dieser Entwicklung ist es für die Kinder nicht selten ein Mysterium, einen einfachen und von ihnen gewollten Weg durch eine Website zu finden.

Das Geschick im Umgang mit Maus und Tastatur: Probleme im Umgang mit Maus und Tastatur waren insbesondere bei den jüngeren Kindern zu beobachten. Erste Schwierigkeiten machte oft schon das Öffnen des Browsers, denn das schnelle Doppelklicken verlangt eine kontrollierte feinmotorische Bewegung, die noch nicht alle Kinder ausreichend beherrschten. So klickte der 5-jährige Tim häufig dreimal, viermal oder öfter auf das

Icon des Browsers. Je nachdem wie schnell er klickte, öffnete sich das Browserfenster dann mehrfach oder auch gar nicht. Bisweilen verwechselten die Jüngsten auch die rechte mit der linken Maustaste. Auch bei den Älteren war mehrmaliges Doppelklicken zu beobachten. Dies lag nicht an ihrer Unsicherheit, sondern an ihrer Ungeduld, hervorgerufen durch die manchmal langen Ladezeiten. Wenngleich die meisten älteren Kinder souverän mit der Tastatur umgingen, mussten sie beim Tippen zum Teil lange nach den selten vorkommenden Buchstaben und Sonderzeichen suchen. Zusätzliche Erläuterungen zu einigen Tasten und Funktionen, die teilweise auch noch verschieden beschriftet sind, wie z.B. „Delete/Löschen", „Return/Enter/Pfeil" oder „Shift/Pfeil", waren für die meisten Kinder wichtig.

Fertigkeiten im Umgang mit dem Browser: Mit Ausnahme der älteren Jungen kannten die Kinder zu Beginn der Studie den Begriff „Browser" nicht und die Funktionen des Browsers waren ihnen nicht ganz klar. Für sie war alles gleichbedeutend mit „Internet" oder „ins Internet gehen". Auf die Frage, welchen Browser sie zu Hause verwenden, erntete man häufig verdutzte Blicke oder Nachfragen, so auch von der 11-jährigen Nadine: „Hm, was, Browser?" Der Beobachter führte aus: „Ja, mit dem du ins Internet gehst", und wies gleichzeitig auf die Icons auf dem Desktop hin. Nadine zeigte auf den Internet Explorer: „Ach so, mit dem hier." Der Startseite wurde von den Kindern keine Beachtung geschenkt, sie gaben gleich nach dem Öffnen des Browsers eine URL in die Adresszeile ein, um auf eine Website zu gelangen. Die „Autovervollständigung" der Webadresse irritierte einige: Wollte ein Kind z.B. zur Website von „Kindersache" und war zuvor bei „KinderCampus", „Kidstation" oder „Kidsville", dann blendete sich bereits nach der Eingabe der ersten beiden Buchstaben die blau unterlegte Adresse der zuletzt besuchten Seite ein. Die Kinder, die immer wieder auf dem Bildschirm ihre Rechtschreibung kontrollierten, brachte das öfter durcheinander, denn die eingeblendete Adresse musste überschrieben werden. Den 9-jährigen Tobias irritierte dies derart, dass er häufiger die Adresse noch einmal vollständig löschte und mit der Eingabe von vorne begann.

Die älteren Jungen nutzten öfter das Pull- oder Drop-Down-Menü der Adressleiste, um nachzuschauen, ob die Adresse dort bereits vorhanden war. Sie wollten sich die Eingabe sparen und eventuelle Schreibfehler vermeiden. Komplizierte URLs wurden ebenfalls erst in der Auswahlliste gesucht, wie z.B. die Kinderwebsite von DaimlerChrysler www.mercedes-benz.com/omb/d/about/kids/, die heute über die Adresse www.cedysworld.de zu erreichen ist. Markus (10 Jahre), der den Internetzugang mit anderen Kindern teilte, setzte das Pull-Down-Menü auch ein, um nachzuschauen, welche Seiten die anderen in den Stunden zuvor angeschaut hatten, und um sich Anregungen für die eigenen Internetbesuche zu holen. Die Ablagesortierung der Adressen war ihm unklar, wie den anderen Kindern auch. Einige Male wunderten sie sich, warum diese oder jene Seite gar nicht oder nicht mehr aufgeführt war.[68]

Nach dem Aufrufen einer Seite warteten alle Kinder gespannt auf das Öffnen der Seite. Tat sich auf den Bildschirm einige Sekunden lang nichts, beobachteten sie den in der unteren Statusleiste abgebildeten blauen Balken, der die Ladezeit und den Ladefortgang anzeigt. Nur zwei mit dem Internet eher unerfahrene Kinder kannten den Ladebalken nicht. Nachdem sie einmal auf dessen Funktion hingewiesen worden waren, orientierten auch sie sich an ihm. Besonders bei langen Ladezeiten wurde der Balken genauestens beobachtet: Die 8-jährige Hülya verfolgte ihn dann mit dem Finger, um erkennen zu können, ob die Seite überhaupt noch lädt. Bei den meisten Kinderwebsites ist der Ladebalken inzwischen innerhalb der Seiten und manchmal auch spielerisch gestaltet, um den Kindern die Wartezeiten zu erleichtern. Theresa (11 Jahre) hatte besonders viel Spaß an einem Pinball-ähnlichen Ladespiel. Als der Beobachter zuerst verwundert meinte, „das ist aber nicht das richtige Spiel“, klärt sie ihn auf: „Doch, doch, das ist das richtige Spiel. Das Ladespiel halt, das macht mir Spaß.“

Kinderwebsites, die mit Pop-Ups arbeiten und/oder deren Einzelseiten eine Bildschirmgröße nicht überschreiten, ersparen den Kindern zwar meist das Scrollen, sind aber aufgrund der kleinen Darstellungsfläche manchmal sehr unübersichtlich. Auch wenn sich diese Technik zunehmend durchsetzt, so gehört das Scrollen nach wie vor zum Website-Besuch von Kindern. Die meisten Kinder bewegten den Scrollbalken durch das nach unten und oben „Ziehen“ der Bildlaufleiste mit der Maus. Vor allem die älteren Kinder, die schon in der Lage waren, selektiv zu lesen, verschafften sich so einen schnellen inhaltlichen Überblick. Auch der 11-jährige Christian scrollte vorwiegend über das „Ziehen“ der Maus, er bewegte sich aber darüber hinaus mit den Pfeiltasten der Tasta-

68 Beim Internet Explorer werden die letzten 25, bei Netscape die letzten 30 von Hand eingegebenen URL's aufgelistet. Nicht aufgeführt sind angeklickte Unterseiten und Seiten, die über externe Links oder über eine Suchanfrage angesteuert wurden.

tur auf den Seiten. Anders ging der 9-jährige Faruk vor, er klickte ins Scrollfeld. Weil dabei Teile des Seiteninhalts übersprungen werden und mit dem Auge nicht zu verfolgen sind, klickte er in kleinsten Abständen, um die Orientierung zu behalten. Ganz anders wiederum war die Technik zweier jüngerer Mädchen: Die 8-jährige Hülya und die 9-jährige Lena bewegten die Seiten zunächst ausschließlich über das Anklicken der Richtungspfeile auf der Laufleiste. Das Scrollen dauert bei ihnen relativ lange, weil sie den Pfeil mit der Maus öfter nicht richtig trafen oder die Maus während des Klickens verrutschte. Als sie das „Ziehen" entdeckten, kombinierten sie beide Vorgehensweisen.

Navigation und Orientierung auf einer Website: Wie generell, ist auch auf den Kinderwebsites die Führung durch das Angebot recht unterschiedlich gestaltet. Im Untersuchungszeitraum gab es hauptsächlich fünf Navigationsvarianten, um zwischen der Homepage und den Unterseiten zu manövrieren: Erstens über die Schaltflächen des Browsers, zweitens über die Inhalts-Rubriken der Navigationsleiste auf der Website, drittens über die Schaltflächen innerhalb der Einzelseiten einer Website, viertens über ein Drop-Down-Menü zur Schnellsuche, fünftens über die Task-Leiste, falls sich die Inhalte in neuen Fenstern öffnen. Je nach Gestaltung und technischem Aufbau konnte man auf einer einzigen Website auf bis zu drei Arten navigieren, was für die jüngeren Kinder verwirrend war.

Nur die erfahrenen Kinder, wie der 11-jährige Jan, nutzten die unterschiedlichen Varianten aus. Aber auch er bevorzugte, wie alle anderen, die Steuerung über die „Zurück"- und „Vorwärts"-Pfeile auf dem Browser. Auffallend war, dass der „Zurück"-Pfeil sehr viel häufiger zum Einsatz kam, als der „Vorwärts"-Pfeil. Einerseits kann dies darauf zurückgeführt werden, dass „Vorwärts" erst dann aktiviert wird, wenn auf der Website mindestens einmal zurückgeblättert wurde. Andererseits konnte beobachtet werden, dass die Kinder meist nur zu einem Ausgangspunkt „zurück" wollten, um von da aus einen neuen Pfad einzuschlagen. Die Kinder fragten z.B. beim Betrachten einer Website niemals: "Wie komm ich da wieder hin?", sondern nur: „Wie komm ich da wieder raus?" Das Bewegen durch eine Website über Links ist für Kinder kein Problem, solange sie ihren eigenen linearen Weg nicht zurückgehen müssen oder sich einen Fixpunkt merken können, über den sie zu einer „Surfbasis" (die nicht die Startseite sein muss) zurückfinden können. Das Navigieren war dadurch erschwert, dass das Prinzip, wann welche Navigation funktioniert und wann nicht, den meisten Kindern unklar blieb. Häufig ist auf den Websites die Navigationsführung nicht konsequent durchgehalten und deshalb irreführend.

Besonders schwierig wurde das Navigieren für die Kinder, wenn die Schaltflächen des Browsers deaktiviert waren oder nicht funktionierten, weil sich der angeklickte Inhalt in einem neuen Browser-Fenster öffnete. Der 9-jährige Tobias z.B. gerät auf einen externen Link, als er sich auf der Website zur Fußballweltmeisterschaft 2002 aufhält. Während er sich die Bilder verschiedener Nationalmannschaften ansieht, klickt er auf ein abgebildetes Trikot, dadurch öffnet sich die Website der Firma Adidas. Tobias bemerkt nicht, dass er die Website gewechselt hat. Er kommentiert: „So, dann tun wir halt die Artikel hier angucken." Und öffnet mehrere Adidas-Unterseiten mit verschiedenen WM-Produkten. Nach etwa einer Minute hat er keine Lust mehr, die Artikel anzuschauen und klickt mehrmals auf „Zurück" im Browser. Aber die Seite verändert sich nicht zur Website der Fußballweltmeisterschaft. Während er klickt, ruft er: „Zurück, zurück, zurück, zurück, zurück." Tobias ist verärgert und wirkt verunsichert. Der Beobachter erkundigt sich: „Wo willst du denn hin?" Tobias entgegnet ungeduldig: „Ich war doch noch wo anders!" Schließlich entdeckt er mit Hilfe des Beobachters in der Task-Leiste die gesuchte Seite und klickt sie an.

Nur die versierten 11-Jährigen konnten selbständig die in der Task-Leiste angezeigten Kürzel entziffern und den richtigen Websites zuordnen, zumal die Kinder häufig recht viele Fenster gleichzeitig geöffnet hatten. Aber den Älteren machten beim Navigieren die technischen Neuerungen Schwierigkeiten, z.B. integrierte und animierte Schaltflächen in Pop-Up-Fenstern, wie sie z.B. auf der Website www.iceagemovie.com zu finden sind. Die jüngeren Kinder, Miriam (8 Jahre) und Karin (9 Jahre), wunderten sich darüber, dass sich das Benjamin-Blümchen-Apfelfangspiel in so einem „kleinen Fenster" öffnete, das sich nicht durch „Ziehen" vergrößern ließ und sie beim Spielen behinderte. Jasmin (9 Jahre) und Ulrike (10 Jahre) warteten schließlich minutenlang vor einem animierten Intro-Pop-Up zur Website von Bro'Sis, dass etwas passiert oder ein Navigationsrahmen erscheint. Im Extremfall präsentieren sich die Pop-Ups sehr unübersichtlich: So öffnet sich z.B. im Internet Explorer bei der Website „Kidstation" ein Pop-Up-Vollbild, das sowohl die Navigationsleiste des Browsers als auch die Taskleiste komplett verdeckt, die Symbole für das „Minimieren", „Maximieren" und „Schließen" fehlen. Die seiteninterne Navigation ist zwar an bekannte Browsersymbole angelehnt, es gibt z.B. einen „Zurück"-Pfeil, aber die Schaltfläche „Aus", die man zum Verlassen der Seite anklicken muss, ist aus der Reihe der Navigationssymbole ausgelagert und nicht unmittelbar als Schließsymbol zu erkennen (vgl. Abbildung 9, S. 173). Bei jeder technischen Neuerung (und bei Fehlern in Design und Programmierung) brauchen die Kinder also etwas Zeit, um sich darauf einzustellen bzw. sich neu zu orientieren.

Orientierungspunkte der Kinder: Es wurde bereits darauf hingewiesen, dass Gestaltungsmerkmale für Kinder ein entscheidendes Kriterium bei der Website-Auswahl sind (vgl. Kap. 5.3). An den Motiven, der Bildgestaltung und der Farbgebung erkennen sie, dass die Website „für Kinder gemacht ist" (Silke, 10 Jahre). Vor allem die jüngeren Kinder richteten ihre Aufmerksamkeit auf bewegte Bilder: Die 5-jährige Martina amüsierte sich z.B. über die animierten E-Cards mit Geräuschen auf der Website der „Sendung mit der Maus" und spielte mit ihnen: „Hey, das bewegt sich, das ist lustig." Der 9-jährige Tobias liebte es, als Besucher bei „KinderCampus" per Raumtaxi zu den Rubriken der Website gebracht zu werden. Bei den älteren Kindern waren zu bunte und zu großflächige Darstellungen ein Hinweis, dass die Inhalte für sie zu kindisch sind. Das Webdesign spielt also eine Rolle.

Ein speziell auf die Bedürfnisse der späten Kindheit zugeschnittenes Angebot für Kinder, die sich nicht für „Yellow-Press-Themen" rund um Idole und Stars interessieren, gibt es nicht. Die Kinder benötigen Orientierungshilfen, um aus dem Angebot für Jugendliche und Erwachsene Ansprechendes für sich selbst auswählen zu können. Bekommen sie diese nicht, dann orientieren sie sich – so die Beobachtungen – an den Webinteressen ihrer Eltern und älteren Geschwister (ebay, SAT1, mp3 u.ä.m.).

An Navigationshinweisen und Hilfstexten lernen Kinder sich zu orientieren, falls man sie darauf aufmerksam macht. Die Hinweise sind auf nahezu allen Kinderwebsites zu finden, leider aber oft versteckt, in unverständlicher Sprache oder auf Englisch. Häufig sind sie in zu kleiner Schrift verfasst, stehen in einem zu kleinen Fenster und lassen sich nicht ausdrucken.

Wie meistern Kinder Orientierungsprobleme? Kinder nehmen die „Sitemap" einer Website nicht in ihrer Struktur als sogenannten Hypertext, sondern linear wahr, in der Art, wie sie sich selbst durch den Text bewegen. Dies liegt einerseits an den Inhalten, die Kinder präferieren, nämlich an den

Spielen, und andererseits an der Website-Gestaltung, die sich heute im Kinderbereich dadurch auszeichnet, dass Inhalte isoliert für sich stehen, manchmal sogar in einem eigenen Fenster mit eigenständiger Navigation. Die Navigationsroutinen, die Kinder während der Internetbesuche entwickeln, werden aufgrund der raschen technologischen Entwicklung ständig in Frage gestellt. Im Internet sind es die Kinder gewohnt, dass Dinge nicht so funktionieren, wie sie es erwarten. Die Bereitschaft, sich damit zu arrangieren, ist bei ihnen hoch. Da sie die Fehlerquelle gerade bei Orientierungsverlusten nicht lokalisieren oder gar analysieren können, bleibt die erfolgreiche Navigation bei komplexeren Websites – beim Übergang von Kinder- zum Jugend- und Erwachsenenangebot – die Ausnahme. Dass Kinder ihre bedientechnischen Kompetenzen nur zum Teil in neuen virtuellen Umgebungen einsetzen können und immer wieder neu dazulernen müssen, darf deshalb nicht überraschen.

5.7 Die Suchstrategien der Kinder: Trial and Error

Die Website-Suche über Suchmaschinen mag für manche Erwachsene zum Standard der Internetnutzung gehören, für Kinder ist sie zu schwierig. Dafür gibt es mehrere Gründe: Kinder suchen nach Websites, die sie bereits kennen oder von denen sie schon einmal gehört haben, folglich recherchieren sie nicht systematisch im umfassenden Angebot des World Wide Web. Ihre Such- und Selektionskriterien sind singulär auf ein ganz bestimmtes Angebot gerichtet. Im einfachen Fall geben Kinder eine Website-Adresse in die Adresszeile des Browsers ein, die stimmt; im schwierigen Fall ist sie falsch und die richtige muss gesucht werden.

Suchen heißt dann in der Regel – so wurde es beobachtet –, Adressvarianten auszuprobieren. Natürlich konnten die Kinder, die noch nicht lesen und schreiben können, auch so nicht suchen, den 9-Jährigen war es möglich, sich mit Hilfe von Erwachsenen zurechtzufinden, sogar für 11-Jährige waren Suchmaschinen kein „Werkzeug“, auf das sie im Bedarfsfall selbständig zurückgegriffen hätten.

Die technisch-instrumentellen Kompetenzen sind bei Kindern noch nicht hinreichend entwickelt, um Suchmaschinen erfolgversprechend bedienen zu können. Einerseits ist dies auf den Mangel an Erfahrung zurückzuführen, andererseits, was viel wesentlicher erscheint, setzt das Suchen im Internet ein „mentales Lexikon“ voraus. Neben der Lese- und Schreibfertigkeit nehmen Einfluss: Umfang des Wortschatzes und seine

Strukturierung in Wortfeldern, Abstraktions- und Verallgemeinerungsfähigkeit durch Begriffsbildung und Kategorisierung sowie kontextabhängige Differenzierung der Begriffe nach ihrer Bedeutung. Über diese Fähigkeiten und Fertigkeiten verfügen die Kinder zwar schon, allerdings altersabhängig begrenzt und je nach sozialem Umfeld unterschiedlich ausgeprägt. Schon häufiger wurde der Stellenwert des Internets für Kinder mit einer „Wundertüte" gleichgesetzt, sie sind ganz erpicht darauf, ohne zu wissen, was drin ist. Unter dem Gesichtspunkt gezielter Suche ist das Internet für Kinder eher ein „Buch mit sieben Siegeln", es ist verschlossen und gibt keinerlei Anhaltspunkte zu seinen Inhalten preis und damit auch keine Suchkriterien an die Hand. Im Unterschied zum Fernsehen, aus dem nach einem Knopfdruck Bilder und Töne kommen, oder zum Buch, das einen Titel auf einem gestalteten Umschlag hat, präsentiert sich das Internet mit einer Browseroberfläche, die nicht für Kinder definiert ist. Kinder können deshalb im World Wide Web nur nach Dingen suchen, von denen sie Kenntnis haben, ihr Internetinteresse ist deshalb eng mit ihrer Erfahrungswelt verknüpft. Wenn also Kinder im Internet fast nie nach „Informationen" suchen, dann liegt das daran, dass sie keine Vorstellung davon haben, welche Informationen dort vorgehalten werden, geschweige denn, wo und wie diese zu finden sind. Das internetspezifische Problem, wie Informationen reduziert werden können, lässt sich zwar teilweise per Suchstrategie lösen, bezogen auf Kinder bleibt dies aber hypothetischer Natur. Es gehört demnach zu den Aufgaben der Erwachsenen, den Kindern nahe zu bringen, wie man sich das Internet erschließen kann.

Vorerfahrungen mit dem Suchen: Vor der Studie hatten die Kinder nur vereinzelt schon einmal Suchanfragen gemeinsam mit ihren Eltern oder Erzieherinnen durchgeführt. Dennoch kannten fast alle Kinder die Suchmaschine „Google" dem Namen nach; einige von ihnen „MetaGer" und die Kindersuchmaschine „Blinde Kuh". Nur der 11-jährigen Valerie, die erheblich ältere Geschwister hat, waren auch Suchmaschinen wie „Altavista" und „Lycos" sowie das Verzeichnis von „Web.de" bekannt. Trotzdem recherchierte auch sie ebenso wenig wie die anderen Kinder aus Eigeninitiative nach einer Website per Suchmaschine. In der Regel wussten die Kinder bereits vorher, was sie im Internet betrachten wollten. Sie gaben auf Verdacht eine URL in die Adresszeile des Browsers ein und glaubten, so die „richtige" Website zu finden: www.geo.de schrieb beispielsweise die 11-jährige Nadine, um nach „coolen Bildern" zu suchen, die aus der Zeitschrift GEO irgendwann einmal in einer Ausstellung in Berlin gezeigt worden waren.

Das Grundproblem – Was ist eine Suchmaschine? Die verschiedenen Varianten, wie Adressen gefunden oder wiedergefunden werden können, sind für Kinder ohne eine stringente Einführung ins Suchen sehr verwirrend. Es kam vor, dass Kinder glaubten, die History-Liste (Verlaufsliste) sei eine Suchmaschine, weil sie dort Webadressen von bereits besuchten Seiten finden konnten. War eine Adresse plötzlich nicht mehr da, weil sie an einem anderen PC saßen oder die im Browser vorgesehene Speicheranzahl überschritten worden war, wussten sie nicht, was zu tun war. Verwendeten die Kinder eine Suchmaschine, dann verwechselten sie ausgesprochen häufig das Suchfeld mit dem Adressfeld des Browsers, sie gaben keine Wörter oder Phrasen ein, sondern in Analogie zu der von ihnen gepflegten Browser-Suchstrategie Adressen: www.name.de. Nur in Einzelfällen fielen den Kindern die einstellbaren Suchoptionen auf, z.B. bei MetaGer die Drop-Down-Menüs oder bei Google die Bilder-Suche. Die Funktion der Optionen war ihnen dann jedoch nicht klar. Eine Suche für Fortgeschrittene ist sowieso viel zu komplex, als dass sie von Kindern verwendet werden könnte (vgl. Tabelle 9, S. 190 f.). Selbst bei scheinbar einfachen Dingen benötigten die Kinder Bedienungshinweise vom Beobachter. Sie mussten z.B. darauf aufmerksam gemacht werden, dass sie das Feld „Seiten auf Deutsch“ oder „Start bzw. Suchen“ aktivieren, mit der Bildlaufleiste zu den Suchergebnissen scrollen oder auf weitere Seiten mit Suchergebnissen klicken können.

Alltagsweltbezogene Suchmotivation: Wie Erwachsene brauchen auch Kinder einen Anlass, um im Internet zu suchen. Im Unterschied zu jenen tun dies Kinder einerseits sehr viel seltener, andererseits viel zielgerichteter, d.h. sie schauen nicht einfach mal so, nach Maßgabe ihrer Interessen, im Internet herum. Nur wenn die Kinder ein persönliches Anliegen hatten, eine Website zu finden, dann war die Motivation zur Recherche ausgesprochen hoch. Auch Fehlversuche konnten die Kinder nicht davon abhalten, es immer wieder zu versuchen. So suchten die 9-jährige Jasmin und die 10-jährige Ulrike gemeinsam über zwei Beobachtungsstunden hinweg nach Fotos, die letztlich im Internet gar nicht vorhanden waren: Die 9-jährige Jasmin hatte an einem Skikurs teilgenommen, der Skilehrer hatte versprochen, Fotos im Internet zu veröffentlichen und den Kindern wohl einen Zugangscode ausgehändigt. Jasmin konnte sich allerdings nicht mehr so genau erinnern, was der Skilehrer gesagt hatte, und ging davon aus, dass die Fotos auf der Website des stadtbekannten Veranstalters veröffentlicht sind. Obwohl der Beobachter darauf hinwies, dass die Bilder sicherlich ausschließlich von den Teilnehmern betrachtet werden könnten und ohne weitere Angaben nicht zu finden seien, suchten die beiden Mädchen unermüdlich die Seite des Sportgeschäftes ab. Dazu verwendeten sie die seiteninterne Suchmaschine und gaben sich jede erdenkliche Mühe, geeignete Suchworte zu finden: Schi-Foto und Ski-Foto mit und ohne Bindestrich, Foto in der Ein- und in der Mehrzahl, Schi- und Skikurs, Skilehrer, Österreich, Name des Schilehrers. Schließlich forsteten sie die Rubriken „Events", „Presseabteilung" und ähnliches mehr durch. Als sie dann auf Bilder mit Skifahrern in den Bergen stießen, die für einen Skiurlaub warben, stieg ihre Hoffnung beträchtlich, das gesuchte Bild doch noch zu finden. Hinzu kam, dass Ulrike wiederholt behauptete, dass sie die Bilder von Jasmin bereits im Internet gesehen hätte. Um den Kindern weitere Enttäuschungen zu ersparen, bot der Beobachter an, eine E-Mail an den Veranstalter zu schreiben und die Sache zu klären. (Eine Antwort ging niemals ein). Schließlich fiel Ulrike ein: „Wir können ja auf Google gehen, des is ne Suchmaschine." Jasmin: „Ich weiß, des is ne gute Suchmaschine." Ulrike: „Google, oder?" Jasmin zu Ulrike: „Darf ich eingeben?" Bei „www.g" wird Google aus der History hochgefahren. Beide Kinder riefen laut: „Google!!!" Ulrike: „Ja! Die Suchmaschine ist da!!!" Die Suche nach den Bildern begann von vorne.

Die Suchmaschine Google, die im Untersuchungszeitraum allmählich MetaGer den Popularitätsrang streitig machte, war für die meisten Kinder die Suchmaschine schlechthin. Für die jüngeren Kinder hatte sie mystischen Charakter, denn nicht nur die 9-jährige Jasmin glaubte, es genüge einfach ein Wort in das Suchfeld zu schreiben und die Maschine wisse dann schon, was sie wolle, auch die 8-jährige Miriam war der Ansicht, Google finde alles. Obwohl die „Erwachsenensuchmaschinen" weder für Kinder zum Suchen geeignet sind, noch Ergebnisse hervorbringen, die von Kindern nach ihren Interessen sondiert und deren Inhalte verstanden werden könnten, war eine Beschränkung der Suche auf die Kindersuchmaschinen nicht durchsetzbar. Bei den Kindern hatte sich der „gute Ruf" von Google – vermutlich ausgehend von ihren Eltern – verfestigt, so dass sie sofort auf Google zurückgriffen, wenn die „Blinde Kuh" kein Suchergebnis brachte. „Milkmoon" war für die Kinder keine richtige Alternative, denn mit einem Blick auf die Suchergebnisse bemerkte die 9-jährige Lena sofort: „Das ist ja genau (stockt einen Moment), also das ist genau genau das Gleiche wie bei der Blinden Kuh." Wird die Vernetzung der Kinderwebsites weiter vorangetrieben (vgl. Kap. 1.2.2), dann scheint es bezüglich des Teilbereichs Kindersuchmaschine notwendig zu sein, sich nicht nur durch die Suchmaske zu unterscheiden, sondern auch ein gewisses Maß an Eigenständigkeit zu bewahren oder herzustellen, da Kinder sonst keinen Grund sehen, auf unterschiedlichen Adressen zu suchen. Dass der 10-jährige Markus die „Blinde Kuh" gar nicht als Suchmaschine wahrnahm, weil es dort so viele attraktive Spiele gibt, blieb die Ausnahme (vgl. Tabelle 9, S. 190 f.). Aber immer war es so, dass die Kinder, wenn sie auf dieser Website waren, ausgiebig spielten.

Suchbegriffe: Generell ist die Verwendung einer Suchmaschine an die Fähigkeit zur Kategorisierung und Abstraktion gebunden, die bei Kindern allein wegen ihres Alters noch nicht hinreichend entwickelt ist. Ebenso bereitet ihnen die Einschränkung einer Suche über die Verbindung von Wortfeldern mit Sachbereichen noch Probleme. Wenig erstaunlich ist deshalb, dass die Kinder vor allem damit Schwierigkeiten hatten, einen passenden Suchbegriff zu finden. Und immer wieder brauchten sie Rechtschreibhilfen. Nicht nur der Legastheniker und der Sonderschüler unter den Kindern versicherten sich immer wieder, wie man ein Wort schreibt, auch die Fans von Computerspielen ließen sich Namen wie „Desperados" buchstabieren. Die häufig gestellte Frage „Wie schreibt man das?" wurde insbesondere von den jüngeren Kindern hin und wieder nur rhetorisch gestellt, denn sie begannen zeitgleich mit dem Tippen, begleitet vom Mitsprechen der Silben und der Buchstaben: „Di-no-sau-r -i-e-r". „Ro-bot- (Lena: „Zwei t?" Beobachter: „Nein.") e-r" (Lena: „Das hätt' ich jetzt nicht gewusst."). Das laute Sprechen bzw. Buchstabieren war Ausdruck höchster Konzentration, denn die Kinder wussten, bei Schreibfehlern funktioniert das Internet nicht so, wie sie es wollten. Die Kinder machten z.B. die Erfahrung, dass es ein großer Unterschied ist, ob www.desperados.de (Computerspiel) oder www.desperado.de (Reiseportal) oder www.desperados.com (Umleitung zu einem E-Mail-Account) oder www.desperado.com (Fan-Website) in die Adresszeile des Browsers eingegeben wird. Bewusstes Schreiben und die Rechtschreibung wird mit der zunehmend selbständigen Internetnutzung zu einem wichtigen Thema der Kinder.

Tabelle 9: Kinderspezifische Suchmethoden – Ausschnitt aus der Sequenzanalyse

Markus (10 Jahre) ist gemeinsam mit seiner Freundin und einem Jungen im Computerraum. Er will zum „Kinderclub“, einer Seite, die er am Tag vorher besucht hatte. Nachdem er aber am Beobachtungstag an einem anderen PC sitzt, kann er die dazugehörige Adresse in der History nicht finden. Er beginnt zu suchen, wobei der Beobachter (abgekürzt: B.) ihn dazu anhält, nicht aufzugeben. Die Suche verläuft ergebnislos. Dauer: 16 Minuten.

URL Seiten	*Verbale Interaktion: Beobachter/Kind*	*Spielbegleitender Kommentar*	*Auf die Website bezogene Tätigkeit/Aktion des Kindes*
Voreingestelltes MetaGer-Fenster öffnet sich			Markus klickt auf den Auswahlpfeil, der die History-Liste des Browsers öffnet, und sucht die Adressen ab. Fährt dazu mit der Maus auf und ab. Findet nicht das, was er sucht.
		Sagt leise vor sich hin: „Wo ist denn der Kinderclub?“	
	Freundin: „Was brauchst du denn?“ Markus etwas schroff: „Den Kinderclub, manno.“ (…)		Mausklick ins MetaGer-Suchfeld. Klickt dann ins Drop-Down-Menü, scheint Suchbegriffe oder Adressen zu erwarten. Hier sind aber die Suchoptionen festgelegt. Ändert nichts, lässt die Vorauswahl.
		Murmelt: „Kinderclub.“	Tippt ins Suchfeld; langsam, weil er die Buchstaben suchen muss: „kiender“
	Markus fragend zu B.: „Irgendwie habe ich Kinder falsch geschrieben oder?“		Schaut auf seine Eingabe. Verbessert eigenständig seinen Fehler.
	Markus: „Schreibt man Club mit b oder p?“		Tippt weiter Kinderclub. Ohne Hilfe schreibt er das Wort richtig.
			Greift zur Maus und klickt auf „Suchen“.
Fenster mit Ergebnissen öffnet sich			Markus erkennt nicht, dass er bereits auf den Suchergebnissen ist, er müsste weiter nach unten scrollen, um sie zu sehen.
Bannereinblendung von Freenet mit Suche-Button			Er klickt noch einmal auf „Suchen“, aber auf den Button im Banner.
Kleines Freenet-Fenster öffnet sich			Markus vergrößert das Fenster, durch Mausklick ins Rechteck am oberen rechten Rand.
			Sucht auf der Seite rum, scrollt nach unten.
			Er merkt, dass das die falsche Seite ist, schaut sich nun die Adresse an. Klickt dann auf den Auswahl-Pfeil im Browser und öffnet die History-Liste, sucht noch mal die Adressen ab. Markiert nun Freenet in der Adresszeile, löscht sie mit „Entf“-Taste.
	B.: „Wo gehst du hin, Markus?“ Markus: „Zum Kinderclub.“	Markus sagt laut vor sich hin „www.kinderclub“ Er schaut zu B., fragt: „de oder?“	Beginnt mit einem Finger ins Adressfeld einzutippen. Schaut immer wieder kontrollierend zum Bildschirm. Wiederum muss er einige Buchstaben auf der Tastatur lange suchen.
		B. nickt bejahend.	Tippt „.de“. Bestätigt mit „Return“ und nimmt die Hände von der Tastatur.
		B. versichert sich: „Warst du schon mal auf der Seite?“ Markus: „Ja, gestern.“	

<table>
<tr><td>www.kinderclub.de ändert sich in www.hotrobot.de und öffnet sich.

Auf der Seitenmitte prangt die Rubrik: Erotik</td><td>B. etwas verwirrt: „Jetzt sind wir aber ganz woanders gelandet.“ Markus reagiert nicht.

B. bestimmt: „Da wollen wir nicht hin, oder?“ Markus „Nein. Dann machen wir Starwars.“</td><td></td><td>Greift zur Maus.

Markus fährt mit der Maus auf der Seite umher und klickt wahllos rum.

(Beobachter löscht Adresse und gibt selbst www.kinderclub.de ein.)</td></tr>
<tr><td colspan="4">Der Vorgang mit Hotrobot wiederholt sich. B. fragte Markus daraufhin, ob er nicht eine andere Suchmaschine kenne. Markus weist B. darauf hin, er habe schließlich mit „medaleer oder wie die heißt“ gesucht, aber das Suchen gehe nicht. Gleichzeitig öffnet er die History, klickt nebenbei auf MetaGer und versucht es erneut.</td></tr>
<tr><td>www.metager.de

Suchergebnisse erscheinen

Die ersten beiden führen wieder zu Hotrobot,

das dritte führt auf Thoddys-Website.</td><td>B.: „So jetzt kommen sie hier (die Ergebnisse), schau.“

B.: „Das ist aber nicht das, was wir suchen.“

B.: „Das vielleicht?“ Markus: „www.wolfkinderclub.de?“</td><td></td><td>Klickt selbständig in das Suchfeld.
Beginnt wieder damit „kinderclub“ einzutippen (nur mit einer Hand).
Greift zur Maus und klickt auf „Suchen“.

Greift wieder zur Maus und scrollt, scheint sich nicht zurecht zu finden.
Markus fährt mit der Maus an der Ergebnisliste entlang.

Markus klickt Thoddys-Kinderclub an.</td></tr>
<tr><td colspan="4">Markus erklärt, dass das nicht das Gesuchte sei, „das war da, wo ich gespielt hab“. B. will, dass das Kind weitersucht und zwar mit der „Blinden Kuh“. Markus: „Aber die Blinde Kuh ist doch keine Suchmaschine!“ Für ihn ist die Blinde Kuh eine Seite mit vielen Spielen, aber noch einmal tut er dem Beobachter den Gefallen und sucht.</td></tr>
<tr><td>www.blindekuh.de

Unterrubrik Spiele lädt

Startseite

Suchergebnisse laden

Meldung: nichts gefunden

Unterrubrik Spiele</td><td>B. weist ihn an: „Geh nochmal zurück, da kannst du suchen.“

B.: „Glaubst du da kommt was?“ Markus nickt bejahend.

B. fragt Markus: „Hieß die Seite vielleicht kidsclub?“ Markus etwas genervt: „Nein.“

Freund wird aufmerksam und sagt. „So viele Spiele gibt's da.“ Markus stolz: „Na klaro.“</td><td>„Egal.“</td><td>Schaut auf den Bildschirm und greift zur Maus.

Klickt gleich auf Spiele.

Klickt auf „Zurück“ im Browser, dann ins Suchfeld und gibt relativ zügig mit einer Hand „kinderclub“ ein; betätigt den „Suchen“-Button.

Markus liest vor: „Ich habe leider nichts gefunden“ und zeigt die Meldung dem Beobachter. Greift zur Maus, klickt auf „Spiele“.

Fährt mit der Maus über alle Spiele und schaut sich die Abbildungen an.

Liest einige Spiele laut vor.

Wählt das Spiel "Fang den Clown“ durch Anklicken aus.
Fängt an zu spielen.</td></tr>
<tr><td colspan="4">Schließlich stellte sich heraus, dass Markus nach dem KinderCampus-Club suchte, in dem die Gruppe angemeldet ist. Bevor er mit der Suche begann, hatte ihn seine Freundin, die auf KinderCampus spielte, auf den Club hingewiesen. Er ignorierte sie vermutlich deshalb, weil er davon überzeugt war, dass die Seite Kinderclub heißt und er zudem die KinderCampus-Adresse nicht in seiner History vorfand.</td></tr>
</table>

Sondieren der Suchergebnisse: Die von den Kindern nahezu ausschließlich verwendete „Einwortsuche", die häufig auch von Erwachsenen praktiziert wird, führt bekanntlich zu einer unüberschaubar langen Ergebnisliste. Die Reaktionen der Kinder darauf waren unterschiedlich: Sie reichten von „Oh Gott!" (Silke, 10 Jahre, Google-Liste: Suchwort Pferd) über „104, Uha!" (Nadine, 11 Jahre, Milkmoon-Liste: Suchwort Mädchen) bis dahin, dass einfach die erste Adresse auf der Liste angeklickt wurde (Faruk, 10 Jahre, Google-Liste: Suchwort Breakdance). Das Auswählen von Seiten aus der Trefferliste bereitete den Kindern erhebliche Probleme. Es war demotivierend, da sehr viel Text zu den Links zu lesen war, dessen Inhalt und Formulierung von den Kindern häufig nicht verstanden wurde. Selbst beim Gebrauch der Kindersuchmaschine „Blinde Kuh" war die Beratung durch Erwachsene erforderlich, denn auch sie bringt für den „ungeübten User" zu viele Ergebnisse hervor: Zum Thema „Pferd" z.B., zu dem zwei Mädchen recherchierten, listete die „Blinde Kuh" 81 Treffer auf, darunter auch Websites mit Titeln wie „Domestikation von Pferden" oder „Evolution der Pferde". Die 10-jährige Silke wusste zwar nicht, was damit gemeint war, fand die Suchergebnisse dennoch „cool". Trotz der genannten Schwierigkeiten griffen die Kinder im Verlauf der Studie manchmal auf Suchmaschinen zurück. Allerdings suchten sie meist nur auf Anregung des Beobachters nach neuen Websites, sie selbst konzentrierten sich auf die Suche von Websites, deren Adressen sie vergessen hatten. Einerseits erleichterte das Vorwissen die Selektion aus der Ergebnisliste, andererseits verließen sich die Kinder darauf, dass ihnen der Beobachter – falls nötig – immer helfen würde.

Ob eine Suche im Web oder innerhalb einer Seite gestartet wird, die Anforderungen an die Kinder sind sehr ähnlich. Ein Beispiel: Christian (11 Jahre) bringt einen vorbereiteten Zettel mit. Auf der bei den Jungs beliebten Website www.cheats.de wollte er nach Lösungswegen für das Spiel „Tony Hawk's Pro Skater" suchen. Christian klickt „Cheats für Playstation" an. Die Ergebnisliste erscheint. Aufgrund ihrer Länge ist sie in mehrere Unterseiten aufgeteilt. Christian beginnt die Liste zu sichten, am Ende der ersten Seite angelangt, schaut er fragend zum Beobachter. Er glaubt wohl, dass die gesuchten Cheats nicht dabei sind. Beobachter: „Da gibt es mehrere Seiten. Du musst nur richtig schauen." Christian: „Ach so." Er schaut noch einmal auf die Ergebnisse und erkennt, dass die Liste sehr sehr lang sein muss: „Ähhh." Vor Schreck streckt er die Zunge raus. Dann wendet er sich hocherfreut zum Beobachter: „Danke." Der Beobachter gibt noch einen Hinweis: „Und jetzt kannst du auch sehen, dass das noch alphabetisch geordnet ist. Wenn das hier E ist, dann kommt T erst…?“ – der Beobachter gibt abwärts winkende Handzeichen. Christian sieht den Beobachter an und flüstert: „e, f, g, h, l, m, n, o“, schaut entsetzt, streckt sein Gesicht ganz nahe zum Bildschirm und ruft: „Tom(a)Hawk.“ Er greift nach seinem Zettel und schaut nach, wie man „Tony Hawk's“ schreibt, sucht das Cheat raus und freut sich: „Oh, ein neues Spiel!“ Er streckt seine Faust in Siegerpose in die Höhe. Gut gelaunt, fängt er an zu singen und druckt das Gefundene aus.

Weil die Kinder eine sehr konkrete Vorstellung hatten, nach was sie suchten, hielten sich Zufriedenheit und Enttäuschung über die Suchergebnisse nicht die Waage. Wenn ein Kind zielgerichtet nach „Haflinger“ recherchiert und schließlich das Suchwort „Pferd“ eingibt, weil die Suchmaschine kein Ergebnis hervorbrachte, um dann wiederum aus einer Vielzahl von – u.a. auch nicht funktionierenden und halbfertigen – Websites, eine über „Pferderassen“ auszuwählen, die wiederum eine interne Suchmaschine enthält, die nun aber auf das Suchwort „Haflinger“ reagiert, ist die Freude, dass man überhaupt etwas gefunden hat, schon wegen des ungeheueren Aufwandes groß. Doch häufig wurde das Singuläre nicht gefunden, das Ferienhaus z.B., das die Mutter über das Internet gemietet hatte, oder die Website vom Kinderclub, auf der man spielen wollte. Während sich die jüngeren Kinder noch über den Suchvorgang selbst freuen konnten, fiel es den älteren am Ergebnis orientierten Kindern schwer, die Internationalität des Internets zu akzeptieren. Sprachhürden wurden als persönliche Enttäuschung erlebt: „Das ist in Englisch, das hätte ich jetzt nicht gedacht“ (Jan, 11 Jahre); „Ich kann nicht wirklich Englisch, ich hab' Latein“ (Theresa, 11 Jahre); „Ich kann doch kein Dänisch!“ (Nadine, 11 Jahre).

Die primäre Suchmethode der Kinder: Die bevorzugte „Suchmaschine“ der Kinder war der Browser, die bevorzugte „Suchmethode“ www.name.de. Die Kinder wurden in ihrem Vorgehen durch das starre Schema der Glieder einer Adresse bestärkt, das für Deutschland typisch ist. Dies hatte zur Konsequenz, dass niemals nach deutschsprachigen Websites mit den Endungen at (Österreich) oder ch (Schweiz) Ausschau gehalten wurde. War die Adresseingabe erfolglos, griffen die Kinder auf ihr Erfahrungswissen zurück und gaben an Stelle der Länderkennung „com“ ein: „Wenn ich nach Computerspielen suche“, erklärt der 11-jährige Lukas, „dann tippe ich „www und den Namen vom Spiel und dann entweder de oder com.“

Automatische Umleitungen wurden nur hin und wieder wahrgenommen: Tobias (9 Jahre) will „Racers", ein Autorennen von Lego, spielen, das es auch auf www.toggo.de als Werbe-Website gibt. Er denkt kurz über die Adresse nach und gibt dann www.lego.de ein. Die Startseite erscheint relativ schnell, dagegen dauert der Ladeprozess der ausgewählten Unterseite „Racers" sehr lange. Er versucht, diesen einerseits durch heftiges und zielloses Herumklicken und andererseits durch „Aktualisieren" und erneutes Nachschauen in der History zu beschleunigen. Weil er darüber hinaus noch eine andere Unterseite anwählt, beginnt er die Übersicht über seine eigenen Aktivitäten zu verlieren. Zur Orientierung richtet er seine Aufmerksamkeit auf die Adresszeile des Browsers, überrascht fragt er: „Wieso bin ich jetzt auf lego.com?" Es war ihm noch nie zuvor aufgefallen, dass er von www.lego.de automatisch zu www.lego.com/deu umgeleitet wird. Der Beobachter hebt an, den Sachverhalt aufzuklären. Auf potentielle Tippfehler reagieren einige Website-Anbieter mit Korrekturprogrammen: Die Firma „Kellogg Deutschland" (www.kellogg.de), die die bei Kindern bekannten Frühstücksflocken produziert, führt ihren Namen in den Produktnamen im sächsischen Genitiv mit, „Kellogg's". Bei der Schreibweise www.kelloggs.de wird das S automatisch gestrichen, und das zweite G, falls es vergessen wurde, ergänzt. Tobias hat das zweite G weggelassen, aber nicht das S. Während ihm die erste Korrektur nicht auffällt, möchte er vom Beobachter wissen: „Warum verschlucken die eigentlich immer das S?"

Abweichend von den Suchregeln der Kinder sind beispielsweise die Bastelanleitungen zur Fernsehsendung „Art Attack" (Super RTL) weder unter www.artattack.de noch auf der Super-RTL-Website www.toggo.de zu finden. Sie sind auf der englischen Website www.artattack.co.uk veröffentlicht. Dies ist einer der Fälle, in dem die Mädchen im Grundschulalter, die sich dafür interessierten, von sich aus wollten, dass der Beobachter mit ihnen eine Suchmaschine verwendet.[69]

---

69 Es kam vor, dass die Kinder überzeugende Berichte über die Inhalte der Websites lieferten, die sie besuchen wollten. Die Beobachter gingen selbstverständlich davon aus, dass die Kinder die Website bereits kannten, und wurden dann während des Suchprozesses oder durch die Reaktion auf das Suchergebnis eines Besseren belehrt. Die begehrte Website von Art Attack (www.artattack.co.uk), auf der es „so tolle Bastelsachen gibt", wurde auf Wunsch der Kinder über Google nach Anleitung des Beobachters recherchiert. Auf die Frage, ob die Seite denn in englischer Sprache sei, antwortet Ulrike: „Kann schon sein." Während des Ladevorgangs erscheint der Text „Please wait, while the site loads..." Ulrike ist verunsichert, weil sie die Meldung nicht verstehen kann, und will – wie sie es von „Intro überspringen" auf anderen Websites kennt – den Text anklicken, damit es weitergeht. (Aufgrund der vielen Bil-

Kein einziges Kind versuchte Adressen mit Subdomains direkt aufzurufen. Der 11-jährige Jan war allerdings in der Lage, sich schwierige Adressen vollständig auswendig zu merken und fehlerfrei zu tippen: www.realrobots.de, www.creatures.de, www.datcadogs.de, www.fairad.de. Häufig kam es vor, dass die Kinder die Adressen nicht korrekt eingaben, wie z.B. www.merzedesbends.de, um „Cedy's World“ (Mercedes Benz) zu finden. Oder sie suchten nach einer für sie subjektiv relevanten Einzelseite bzw. nach einem Ausschnitt einer Website, wozu es keine eigenständige Adresse gab: www.kinderclub.de (vgl. Tabelle 9, S. 190 f.).

Bei Fehlversuchen wurde zuallererst der Beobachter nach der richtigen Adresse gefragt. Da der Beobachter nicht, wie von einem Teil der Kindern vermutet, allwissend und die Erkundung der Suchstrategien der Kinder ein Teil der Studie war, wurden sie in solchen Situationen von ihm dazu angehalten, selbst nach der Adresse zu suchen.

Kommerzielle Kinderkultur – Der direkte Weg ins Netz: Wenn Kinder weder Links verwenden, die von einer Website zur nächsten führen, noch über Suchmaschinen nach Websites suchen, wie erfahren sie dann von den Internetangeboten? Wie bereits erwähnt wurde: Sie hören sich um, erfahren von Websites im Fernsehen, von Freunden, aus Zeitungen und Kinder- und Jugendzeitschriften oder sehen auf den Rückseiten ihrer Kassetten-, CD- und CD-ROM-Cover nach. Dieses Informationsverhalten der Kinder führt dazu, dass sie sich bei ihren Internetbesuchen auf die kommerziellen Websites konzentrieren und sich nahezu ausschließlich

---

der betrug die Ladezeit 1,36 Minuten.) Nachdem die ersten Bilder erschienen waren, versichert sie: „Ja, des is es, genau!“ Der Beobachter versucht, die Rubriken zu übersetzen, um Ulrike, die nun große Unsicherheiten beim Navigieren zeigt, zu unterstützen und herauszufinden, woher sie die Sicherheit hinsichtlich der zu erwartenden Inhalte nimmt. Natürlich aus dem Fernsehen. Aber die Serie läuft in England und Deutschland nicht zeitgleich: „On this page you'll find fact sheets for all the Art Attacks featured in over the last few series. We're adding fact sheets for each Art Attack in the new series every week, too.” Und die Anleitungen zu den „tollen” Sachen aus dem Fernsehen, die sie nachbasteln will, kann sie nicht lesen. Ulrike, die zweisprachig aufwächst, hat zum einen Erfahrung mit mehrsprachigen Websites, zum anderen übersetzt sie für ihre Mutter im deutschsprachigen Alltag. Sie fragt: „Kann man das auch auf Deutsch machen?“ Als der Beobachter verneint, versucht sie die Bilder zu entschlüsseln und lässt sich „den Rest“ übersetzen. Ähnliches erlebte ein anderer Beobachter mit der 11-jährigen Theresa, die sich über die Bewegungsform „Poomse“ auf einer ganz bestimmten Taekwondo-Website informieren wollte. Abgesehen davon, dass sie sich darüber amüsierte, dass „Google“ nicht nur fragte: „Meinten Sie ‚Pommes'?“, sondern auch noch ein paar Links zu Pommes-Frites-Seiten lieferte, stellt sich nach einem langwierigen Suchprozess heraus, dass sie die Inhalte der Website bislang nur vom Hören-Sagen kannte.

im Medienverbundsystem und auf den Teeny-Popwebsites bewegen. Lena erklärte z.B. auf die Frage des Beobachters, was sie heute im Internet machen wolle: „Ich wollt mal auf die Seite von Bibi Blocksberg schauen. Weil ich hab's zu Hause probiert und da ging es irgendwie nicht." Sie tippt die Adresse www.bibiundtina.de ein. Da ein Kind, das zur Website von Bibi Blocksberg will, normalerweise www.bibiblocksberg.de eingeben würde, erkundigt sich der Beobachter während die Seite lädt: „Und woher hast du das gewusst, Bibi und Tina, wenn du zu Bibi Blocksberg willst?" Lena: „Ja, äh, ich hab so ne Kassette zum (10.) Geburtstag gekriegt von Bibi und Tina. Und da sagen die am Schluss: ‚Beinah hätten wir was Wichtiges vergessen. Bibi und ich haben jetzt eine eigene Homepage', und so." Die Werbemaßnahmen für das interaktive Spiel mit den Protagonisten der kommerziellen Kinderkultur stoßen bei Kindern auf hohe Bereitschaft, die Websites auch anzunehmen. Daneben haben Kinder aber so viel Erfahrung mit dem Internet, dass sie einfach mal gucken, ob es zu ihren Lieblingen und Helden auch eine Website gibt. Folglich ist in den letzten Jahren die Adresse einer Website (URL) Teil der Marketingstrategie geworden: Es machten nicht nur kuriose Fälle von sich reden, wie Ferrerro, die Firma, die das Wort „Kinder" in einer URL für sich gerichtlich schützen lassen wollte; auch die „Sendung mit der Maus", erreichbar unter www.wdrmaus.de, hat eine für Kinder griffige zweite Adresse: www.die-maus.de.

Suchen muss gelernt werden: Auch wenn die an der Studie beteiligten Kinder bis zu 12 Jahren beim Suchen weitgehend auf die Hilfe der Beobachter angewiesen waren, so zeigen die Beispiele doch, dass Kindern auch dann, wenn sie selbst nach dem Versuch-Irrtum-Prinzip vorgehen, einige Grundregeln des Suchens verständlich gemacht werden können. Es geht folglich weniger darum, das Fehlen von Grundfertigkeiten bei Kindern im Umgang mit dem Internet pädagogisch zu beklagen, als vielmehr darum, Kinder nicht mit Ansprüchen an die Art und Weise, wie sie das Internet nutzen sollten, zu überfordern. Der bildungsbürgerlichen Vorstellung vom Internet als Wissens-, Informations- und Recherchemedium stehen nicht nur die kulturellen Interessen der Kinder entgegen. Der Erwerb der instrumentellen Fertigkeiten, der Bedienkompetenzen, ist Voraussetzung dafür, die im Falle des Internets die Kulturtechniken „Lesen und Schreiben" mit umfasst. Zur Zeit sieht es eher danach aus, als ob man Kinder „rumwurschteln" lässt, weil das Internet angeblich so einfach zu handhaben ist. Auch wenn Kinder beim „Learning by Doing" eine ganze Menge über das Internet erfahren können, sollte man ihnen die Gelegenheit geben, sich von diesem im Internet doch eher frustrierenden Prozess zu emanzipieren. Nur dann kann man verhindern, dass sie noch im Erwachsenenalter, wie heute häufig beobachtbar, auf die gleiche Weise wie die Kinder im Internet suchen.

5.8 Werbung und Datenabfragen: Verunsicherung bei Kindern

Zur Werbekompetenz gehört u.a., Werbung identifizieren zu können, zwischen Produktinformationen und Werbung unterscheiden zu können, die Funktion von Werbung und die Intention der Auftraggeber entschlüsseln zu können und die vielfältigen Werbeformate und Werbestrategien erkennen und benennen zu können (vgl. Baacke u.a. 1999). Da die Werbekompetenz über die Einsichtsfähigkeit sehr eng mit kognitiven Kompetenzen verknüpft ist, ist eine kritische Haltung zur Werbung altersabhängig. Die meisten Kinder im Vorschulalter können Programm und Werbung voneinander unterscheiden, sobald sie deutlich voneinander abgetrennt sind, und knapp die Hälfte von ihnen sieht Werbung gern. Wenn die Grenzen zwischen Inhalt und Werbung verschwimmen, wie beim Product Placement oder bei Game Shows, fällt es den jüngeren Kindern schwer, Werbung zu erkennen. Aber bereits die 10-Jährigen besitzen eine den Erwachsenen vergleichbare Werbekompetenz, dementsprechend nimmt die Glaubwürdigkeit der Werbebotschaften mit zunehmendem Alter ab (vgl. Charlton u.a. 1995 sowie Vollbrecht 1996). Die Ergebnisse wurden im Kontext der Fernsehwerbung erzielt. Im Internet aber wird es Kindern viel schwerer gemacht, Werbung zu erkennen. Der interaktive Charakter gibt der Werbung den Anschein, als würde sie tatsächlich gemacht, um Kinder zu unterhalten und nicht um die Nachfrage zu steigern. Die Werbebotschaft geht häufig im Spielangebot auf und wird von Kindern in der direkten bzw. aktiven Auseinandersetzung mit dem Produkt kaum durchschaut. Hinzu kommt, dass die analytischen Kompetenzen der Kinder noch nicht so weit ausgebildet sind, um die Doppelstrategie der Anbieter erkennen und hinterfragen zu können, die Kinder über traditionelle Werbeformen zur Werbung im Internet führt (vgl. Kap. 5.3). So erklärte die 5-jährige Martina, die sich mit dem Barbie-Werbespiel auf der Website von Toggo beschäftigt, dass es bei Super RTL keine Fernsehsendung, aber Werbung zu Barbie gibt.

Dass sich auf Toggo ebenfalls nur die beworbene Barbie befand, merkte sie nicht, weil sie nun im Unterschied zur Fernsehwerbung mit ihr spielen konnte.

Dass sich Kinder im Zusammenhang mit Werbung auch an Gewinnspielen beteiligen und dabei persönliche Daten hinterlassen, ist kein neues Phänomen. Neu für Kinder ist, dass sie im Internet einerseits sehr häufig nach ihren persönlichen Daten gefragt werden, andererseits aber zugleich davor gewarnt werden, diese Daten preiszugeben. Und dies in unterschiedlichsten Kontexten. Da sich nahezu jede Datenabfrage als Ausnahme von der Regel vorträgt, ist das Verunsicherungspotential groß.

Zum Umgang von Kindern mit Werbung im Internet: Public-Relation-Websites von Firmen, die von Kindern bewusst aufgesucht wurden, wurden ebenso wenig als Werbung wahrgenommen wie die als Werbung gekennzeichneten Micro-Websites bei Super RTL (www.toggo.de). Für die jüngeren Kinder, die sich für Barbie, Benjamin Blümchen oder Lego interessierten, war es gleichgültig, auf welchem Weg sie – ob direkt über die Adresseingabe oder indirekt über eine Werbe-Schaltfläche – zu ihren präferierten Inhalten kamen. Es kann nicht erwartet werden, dass Kinder Werbe-Schaltflächen erkennen, die sich innerhalb einer Homepage präsentieren, und zugleich bemerken, dass sie zielgerichtet auf Websites mit Spielzeug, Kindergeburtstagstorte u.a.m. gelenkt werden. Ob sich ein Werbespiel dann innerhalb der ursprünglich aufgesuchten Website oder außerhalb in einem neuen Fenster öffnet, ist sowieso kein Merkmal, an dem man Werbung auf einer kommerziellen Website erkennen kann, sondern eine Frage der gekauften bzw. verkauften Lizenz. „Content" und „Werbung" verschmelzen. Kindern ist es zudem gleichgültig, ob sich das virtuelle Lego-Spiel als Werbung auf der Toggo-Website oder als originärer Inhalt auf der Lego-Website befindet, solange das gewünschte Ziel im Internet erreicht wird. So nutzte z.B. der 10-jährige Markus regelmäßig die Werbeschaltfläche auf der Website KinderCampus, um zu „Cedy's World" von Mercedes Benz zu gelangen und die Eingabe der recht schwierigen Webadresse zu vermeiden. Der 9-jährige Faruk, der eigentlich ein Basketballspiel bei KinderCampus suchte und nicht fand, klickte zwar bewusst auf den Link „Cedy's World", nahm diesen aber nicht als Werbung wahr, und war dann sehr überrascht, als sich eine neue Webseite in anderem Design öffnete: „Huch, wo bin ich jetzt?"

Sobald Werbung den Rezeptionsprozess stört, wird sie von den Kindern auch als Werbung wahrgenommen. Die Pop-Ups verärgerten bereits die jüngeren Kindern, und sie wurden von ihnen weggeklickt: Tobias (9 Jahre), der auf der Website von SAT 1 nach Asterix-Spielen suchte, wurde mit einem Pop-Up zum Formel-1-Rennen auf dem Hockenheimring konfrontiert. Obwohl er ein Fan des Motorsports ist, bemerkte er: „Schon wieder!" Der 11-jährige Christian wechselte von der Website des Rappers „Eminem" zur Kinderwebsite Toggo, die erwartete Startseite wurde von einem Gewinnspiel überdeckt; frustriert stöhnte er: „Da kommt immer solche Scheiße." Valerie (11 Jahre) begegnete Werbe-Pop-Ups aufgrund ihrer Erfahrung eher gelassen, weil sie wusste, „wenn man neue Seiten anklickt, dann kommt so was immer". Als sie schließlich auf ein Pop-Up traf, das sich immer wieder neu öffnet, war auch sie genervt: „Das ist ja doof."

Ein Werbe-Pop-Up wird von den Kindern fast immer erkannt, wenn es sich im Lay-out deutlich von der aufgerufenen Website unterscheidet oder den gewünschten Inhalt weitgehend überdeckt. So bemerkte die 10-jährige Ulrike das Gewinnspiel sofort und klickte es weg, als sie auf einem spanischen Portal (www.portalmix.com) nach Liedern der Popsängerin „Chenoa" Ausschau hielt. Auch die 10-jährige Silke urteilte mit einem Blick auf die Website von „Shakira": „Das brauchen wir ja nicht", und schloß ein Werbefenster.

Aber nicht immer fiel den Kindern auf, dass sich Werbung auf ihrem Bildschirm befand. Hatten sie sowieso schon Probleme damit, sich auf einer Website zu orientieren, dann kam es vor, dass Werbung angeklickt wurde. Christian (11 Jahre) gab eine Suchanfrage versehentlich ins Suchfeld des Pop-Ups von Amazon.de ein und merkte erst nach einem Hinweis vom Beobachter, dass er sich auf der falschen Website befand: „Amazon? Ups, was ist denn das für ne Scheiße?" Ausschlaggebend für den Irrtum waren die Ähnlichkeiten in Gestaltung und Inhalt von Website und Pop-Up. Als Christian auf Cheat.de die Rubrik „Playstation" anklickte, hatte sich sofort Amazon.de mit seinem Angebot zu „Computer- und Videospielen" geöffnet. Ähnlich verwirrt war Jan (11 Jahre), als auf der englischsprachigen Website „IceAge" ein Werbe-Pop-Up einer Versicherungsgesellschaft erschien. Mangels Sprachkenntnis konnte er es nicht als Werbung einordnen, aber er wusste, dass er nur eine Seite angeklickt hatte, und versicherte sich beim Beobachter: „Wer hat das aufgerufen?" Aber auch hier war es so, dass die Werbung sehr viele Textelemente enthielt, die das intuitive Erkennen erschwerten.

Zunächst schien es, als würden die Kinder Bannerwerbung nicht beachten, die meistens am oberen, manchmal auch am unteren Bildschirmrand platziert ist. Aber Reaktionen auf Unerwartetes, z.B. Erotik, bewiesen das Gegenteil: Die 8-jährige Hülya besuchte die Bravo-Website, um sich über die Band „No Angels" zu informieren. Auf einem roulierenden Banner warb ein männliches Unterhosen-Model unter dem Titel „Besser als Sex" für Bravo-Abonnements. Hülya schaut auf den Bildschirm, schweigt einige Sekunden und sagt schließlich zum Beobachter: „Ich mach's wieder zu." Der 11-jährige Christian stieß bei Cheats.de auf einen Werbebanner mit „Frauenhintern in Tangas" (www.vivazzi.de). Er lässt sich nur sehr kurz vom Lesen ablenken und kommentiert unerschrocken, an den weiblichen Beobachter gewendet: „Hier guck mal, die Ärsche, die würde sich XY anschaun."

Mit derartigen Inhalten auf Bannern werden Kinder nur konfrontiert, wenn sie sich außerhalb des „eigentlichen" Kinderwebs bewegen. Aber auch die anderen Beispiele zeigen, dass Werbe-Pop-Ups von den Kindern überwiegend im „Netz für Große" wahrgenommen werden. Im Kinderweb verzichtet ein Teil der Anbieter auf Werbung, ein anderer Teil bewirbt die Zielgruppe offensiv. Kinderspezifische Werbung trifft auf das Interesse der Kinder, knüpft an Vertrautem an, und wenn sie interaktiv verpackt ist, also „Mehrwert" = „Spielwert" bietet, wird Werbung von den Kindern als Inhalt einer Website akzeptiert. Die kritische Distanz geht mit dem „Spaß-Faktor" der Werbung verloren.

Online-Shops: Auch wenn Kinder auf Websites Links zu Online-Shops vorfanden, wurden diese selten angeklickt. Viel eher wurden Online-Shops bewusst aufgesucht. Ebay war für den 11-jährigen Jan eine günstige „Einkaufseite", die er von seiner Mutter kannte. Er schaute nicht nur, was sein ausrangiertes Spielzeug noch Wert war, sondern auch wie er seine Wünsche möglichst billig realisieren konnte. Als er eine Spielekonsole von Nintendo für 11 Euro entdeckte, wollte er mitsteigern und hatte wegen des äußerst knappen Termins für ein letztes Gebot seine liebe Not, denn er musste erst seine Mutter informieren und sie überreden, ein Angebot bei ebay abzugeben. Als Jan in der Sendung „Welt der Wunder" einen Bericht über Luftkissenboote sah, ging er erneut auf die ebay-Website, um sich über den Preis einer ferngesteuerten „Hovercraft" zu informieren. Auch der 9-jährige Tobias suchte nach einem Online-Shop, um dort einen „WM-Fußball aus Leder" zu finden, den es im Sportladen nicht mehr gab, den er sich aber dringend von seinem Großvater wünschte. Darüber hinaus sah er sich häufiger die Lego-Produkte an. Dass man im Internet bestellen und kaufen kann, wusste auch Tobias von seiner Mutter. Die 11-jährige Nadine informierte sich auf der Website „Pimkie – Mode für girls und junge Mädchen“ über die neuesten Klamotten (www.pimkie.de). Der 11-jährige Christian besuchte zweimal die Website von Revell, um sich das Modellbau-Angebot anzusehen. Und der 9-jährige Faruk ging auf eine Sammlerseite mit Pokémon-Karten, um dem Beobachter alles über die Pokémon-Charaktere zu erklären.

Zum Umgang der Kinder mit Datenabfragen: Die Bereitschaft der Kinder, persönliche Daten anzugeben, hängt vom Schwierigkeitsniveau der Formulare ab. Enthält ein Formular viele Felder, die auszufüllen sind, dann kann damit gerechnet werden, dass Kinder nicht willens sind, es überhaupt zur Kenntnis zu nehmen. Ist aber bei der Anmeldung zu einer Kinderwebsite das Datenformular mit einigen wenigen Einträgen zu bewältigen, besteht die Gefahr, dass Kinder damit beginnen, es einfach auszufüllen. Meldeten sich die Kinder auf einer Website an, dann fiel es ihnen anfänglich schwer, dies anonym zu tun.

Vorschulkinder können weder den Vorgang einer Anmeldung auf einer Kinderwebsite, noch beim gemeinsamen Ausfüllen des Formulars mit einem Erwachsenen die „Richtlinien“ für Kinder im Netz verstehen. Sie tippen gerne in die Felder und wollen überall ihren eigenen Namen eintragen, denn sie sind stolz darauf, ihn schreiben zu können. Die 5-jährige Martina, die einen Code aus dem Kinderüberraschungs-Ei mitbrachte, war zunächst bereit, auf der Website als Passwort „Barbie“ einzugeben, aber ein zweites Mal auf gar keinen Fall, sie wollte es unbedingt mit ihrem eigenen Namen bestätigen. Auch Hülya (8 Jahre) war nur bedingt dazu bereit, im Internet unter fremdem Namen aufzutreten. Das Absehen von der eigenen Person ist insbesondere Kindern, die dabei sind zu entdecken, wer sie sind, was sie können und „wie groß sie schon sind“, nicht wirklich vermittelbar, sie folgen, wie es bei ihnen noch häufig der Fall ist, den Anweisungen der Erwachsenen.

Auch ältere Kinder tendierten dazu, ihren richtigen Namen in die Namen-Felder einzugeben, obwohl sie eine vage Ahnung davon hatten, warum sie das nicht tun sollten. Die Mitteilung, Name und ggf. die Adresse anzugeben, die streng geheim gehalten würden, und die widersprechende Warnung, niemals auf einer Website persönliche Daten anzugeben, irritierten sie. Die Kinder wussten nicht genau, wann das eine und wann das andere gilt, zumal die Gefahren, die ihnen aus dem Netz drohen können, nicht deutlich genug beschrieben werden. Die 9-jährige Lena und die 11-jährige Nadine waren offensichtlich von ihren Eltern zum Thema Datenschutz im Internet aufgeklärt worden. Lena schreibt im Kindernetz nur Nachrichten ohne Ortsangabe, „weil man keine persönlichen Daten angeben soll". Nadine weiß, dass im Chat der eigene Name nicht verwendet werden soll, als sie sich dann aber eine Freemail-Adresse besorgt, wird sie unsicher und will wissen: „Ist es egal, wie alt ich bin?" Um das Problem mit der Verschleierung der eigenen Identität im Kindesalter anzudeuten: „Ich soll da eine E-Mail-Adresse eingeben, die es gar nicht gibt?" fragt Valerie (11 Jahre), tippt lilli.müller@gmx.de ins Feld einer Musik-Website, sie gibt dann aber auch an, dass sie „mindestens 21 Jahre" ist. Nur der 11-jährige Jan fragt sich, ob die Daten für den Websitebetrieb überhaupt von Belang sein könnten. Er überlegt: „Brauchen die die überhaupt?" als er bei der Anmeldung zu Cedy's World nach der E-Mail-Adresse gefragt wird, und nur widerwillig gibt er sie preis, um per E-Mail ein Passwort für die Teilnahme an einem Spiel zu erhalten.

Kinder wissen häufig nicht, warum sie sich auf einer Website anmelden und dafür Daten eingeben sollen. Insbesondere Kinder, die Mitglied in Vereinen sind, sehen in der Anmeldung auf einer Website ein Stück Verbindlichkeit, die sie nicht eingehen wollen, weil sie ja nur mal auf einer Website rumgucken. Die 11-jährige Theresa lehnte z.B. die Harry-Potter-Website ab, bei der man einen Benutzernamen für den Zugang zu den Spielen benötigt: „Das kann man ja gar nicht machen, wenn man da nicht Mitglied ist. Das ist ja total bescheuert!" Beobachter: „Nein, man braucht einen Benutzernamen, den kriegt man, wenn man sich da anmeldet. Das geht ganz einfach." Theresa: „Ja, ich weiß, aber dann bin ich da ja Mitglied." Theresa ist zu dieser Zeit schon Mitglied im SWR-Kindernetz und das genügt ihr. Den Unterschied zwischen einer Anmeldung auf einer Website und einer Registrierung als Mitglied kennt sie nicht und sie kann ihn auch nicht kennen, weil man gemeinhin von Anmeldung spricht.[70]

Geschlossene Benutzerzonen, für die ebenfalls eine Anmeldung erforderlich ist, werden eher als „Katze im Sack" wahrgenommen. Auch

70 Eine Anmeldung auf einer Website ist aus technischen Gründen für das sog. Session-Management notwendig. Ein personalisiertes Cookie wird für einen bestimmten Zeitraum angelegt, z.B. wenn es zu den Spielen eine Highscore-Liste gibt, auf der man sich eintragen kann. Bei der Anmeldung bzw. Registrierung als Mitglied werden weitere Daten, z.B. E-Mail-Adresse, Geschlecht und Geburtsdatum abgefragt, die Erstellung von Nutzerprofilen bzw. Analyse der Nutzung des eigenen Angebots ist dann möglich.

die 10-jährige Silke versuchte zunächst, die Diddl-Website ohne Registrierung im „Freundeklub“ zu erkunden. Schließlich merkte sie, dass die Angebote auf einigen Kinderwebsites ohne Clubzugehörigkeit nur eingeschränkt wahrgenommen werden können; sie meldete sich nicht nur bei Diddl an, sondern auch noch bei Toggo und Bravo sowie nach Bedarf im „Schwatzraum“ bei Kindersache. Eine Anmeldung in einem Club bedeutet allerdings nicht, dass die Kinder ihre „Rechte“ als Mitglied in der Community wahrnehmen, häufig wollen die Kinder nur wissen, was es dort für sie gibt. Zur Verunsicherung der Kinder trägt auch bei, dass sie nicht überschauen können, ob die Mitgliedschaft Geld kostet oder nicht, und dass sie hin und wieder die E-Mail-Adresse ihrer Eltern für Rückmeldungen angeben müssen sowie Textfelder mit Datenschutzerklärungen oder allgemeinen Geschäftsbestimmungen, die sie meist nicht verstehen, bestätigen sollen.

Auf einigen Websites ist es möglich, sich ausschließlich über die Eingabe eines Spitznamen oder Nickname anzumelden, die Eingabe einer E-Mail-Adresse ist häufig optional. Christian (11 Jahre) versuchte sich bei Toggo anzumelden, als auch nach dem 14. Versuch die Meldung erschien: „Dieser Nickname ist leider schon vergeben“, stutzte er und fragte sich: „Hey, wer hat die gleichen Ideen wie ich?“ Nach dem 21. Versuch rief er: „Spinnen die völlig?“, und gab auf. Die Wahl des Nickname ist für die Kinder zunächst ein schmerzhafter Prozess. Dies liegt nicht an den vielen Versuchen, die sie benötigen, um auf einer der großen Websites mit ihrem Namen als Mitglied akzeptiert zu werden. Ausschlaggebend ist, dass die Kinder, wenn sie schon nicht mit ihrem eigenen Namen auftreten dürfen, einen Nickname wählen, mit dem sie sich identifizieren, der für sie also Bedeutung hat. Wird dieser abgelehnt, ist die Enttäuschung groß.

Erst dann, wenn die Kinder einige Anmeldeversuche auf Websites hinter sich gebracht haben, wie die 10-jährige Silke, ist der Nickname nicht mehr ganz so wichtig; es geht dann vornehmlich darum, dass er „funktioniert“. Silke hat am Beispiel anderer gelernt, dass eine Kombination aus Buchstaben bzw. Name und Zahlen Erfolg bei der Anmeldung verspricht. Aber auch sie versuchte, noch einen kleinen Rest ihrer wirklichen Identität im Nickname zu bewahren, in „Hundy10“, hat sie ihre Altersangabe versteckt (vgl. Kap. 5.5). Das Spiel mit der Identität, wie es häufig in der Internetliteratur beschrieben wird, war zumindest den beobachteten Kindern bis zu 12 Jahren fremd. Die Kinder sind nicht dazu bereit, ihre virtuelle Identität wie ein Hemd zu wechseln, weil sie für sie nicht fiktiv ist. Die Kinder wählen zwar einen Nick- bzw. Spitznamen aus, weil man sie dazu auffordert, aber auf ihren Steckbriefen, Visitenkarten oder Homepages berichten sie von sich selbst. Die 11-jährige Theresa, die eine Homepage aus vorformatierten Modulen ins „Kindernetz" stellte, schrieb z.B.: „Ich bin ein ziemlich sportlicher Typ und 11 Jahre alt, außerdem habe ich 2 Katzen und einen Hund. Du auch?... Meine Lieblingsfarben sind blau und rot. Die Fächer Mathe, Deutsch und Kunst mag ich besonders gerne. Zu meinen Hobbys gehört außer Sport und Tieren auch Roller fahren..."

Selbst die Visitenkarte, die bei Bravo aus einem Fragebogen mit Antwortoptionen automatisch generiert wird, enthält für die 10-jährige Silke Angaben zu ihrer eigenen Person, weil sie ihre Antworten mit sehr viel Ernst auswählt. Als der Beobachter Silke nach Abschluss der Studie zufällig wieder traf, erzählte sie über ihre Schwierigkeiten Chat- und Spiel-Partnerinnen zu finden. Noch immer war sie Mitglied der Bravo-Community, bedauerte aber, dass sie beim Anmelden ihr „echtes" Geburtsjahr ausgewählt hatte. Sie hatte festgestellt, dass sie im Vergleich zu den anderen Mitgliedern zu jung war und führte ihre Schwierigkeiten darauf zurück, dass „die glauben, ich bin zu klein". Der Versuch, das Geburtsjahr auf der Visitenkarte zu verändern, war fehlgeschlagen. Auf die Frage des Beobachters, warum sie sich nicht einfach noch mal neu anmeldet, erklärte die inzwischen fast 12-jährige Silke, das Geburtsjahr zu verändern, ginge gerade noch, „weil das alle machen". Eine Steckbrief-Doublette unter einem neuen Nickname, quasi eine virtuellen Doppelgängerin, wollte sie nicht haben, dies hätte vermutlich ihre virtuelle und zugleich reale Identität als einzigartige Persönlichkeit in Frage gestellt.

Nützt es, Kinder aufzuklären? Auch wenn man aus dem kommerzialisierten Website-Angebot für Kinder folgert, dass die Werbekompetenzen der Kinder ausgebildet und gestärkt werden müssten, ist festzustellen, dass die gesellschaftliche Akzeptanz des „umworbenen Kindes" in etwa mit der Kommerzialisierung des Kinderwebs Schritt hält. Das Bewusstsein, dass Kinder auf den Websites, die sie bevorzugt besuchen, mit Produkten und Marken spielen, ist auch bei Erwachsenen wenig ausgeprägt, sobald sich die Inhalte harmlos und nett aufgemacht präsentieren. Ob die Stärkung der analytischen Kompetenzen der Kinder und die kritische Beurteilung kommerzieller Websites den beabsichtigten Effekt eines offensiven Zielgruppenmanagements relativieren können, ist angesichts der relativ frühen Abgeklärtheit der Kinder in Sachen Werbewirkungen auf die eigene Person offen. Zumindest aber sollten die Kinder wissen, dass die Werbespiele bestimmte Ziele mit ihnen verfolgen, sie möglichst lange auf der Produkt-Website halten wollen und die Anbieter an ihnen als Konsumenten und Käufer interessiert sind. In diesem Zusammenhang ist es auch wichtig, Kinder darüber aufzuklären, wann und warum es überhaupt notwendig ist, sich auf einer Website anzumelden. Nur dann ist es möglich, kritisch zu prüfen, ob die Datenabfragen das notwendige Maß überschreiten. Als sicher kann gelten, dass die beobachteten Kinder die „Communities" auf den Websites nicht als Maßnahme der Anbieter zur Zielgruppenbindung wahrnahmen. Es war ihnen nämlich nicht klar, wann eine Anmeldung zum „Sammeln von Kindern als Mitgliedern" einer Website dient, deren Anzahl eine Website ökonomisch legitimiert und die manchmal gerade dann gewinnträchtig wird, wenn Kinder mit der Werbung spielen. Aber selbst dann, wenn Kinder dies wissen, wird die Neugier der Kinder auf das Angebot die Werbedistanz überflügeln.

5.9 Zusammenfassung: Erfahrungen, Interessen und Internetkompetenzen der Kinder

Obwohl die einzelnen Kinder, wie am empirischen Material aufgezeigt wurde, recht unterschiedlich mit dem Internet umgingen, lassen sich einige allgemeine Aussagen über alters- und erfahrungsabhängige Internetkompetenzen der Kinder treffen. Zunächst ist festzuhalten, dass Dauer und Umfang der Interneterfahrungen der beobachteten Kinder bei Untersuchungsbeginn in etwa dem durchschnittlichen „Normalmaß" der Altersgruppe entsprachen (vgl. Kap 3.3). An der Untersuchung war also kein Kind beteiligt, das als „Internet-Szene-Kind" bezeichnet werden könnte, wie es im Bericht zur Nutzungs- und Lerngeschichte des 13-jährigen David von Eva Schäfer (2000) der Fall ist. Ebenso wenig hatte eines der Kinder vereinseitigte Internetkompetenzen wie es von Otto Schweitzer (2003) in einer Sequenz des Films „Wir sind drin" dokumentiert wird: Der 12-jährigen Galip kann im Internet zwar keine Informationen finden, aber alles demonstrieren, was man tun muss, um mit anderen Counterstrike online zu spielen. Das Internethandeln der an der Beobachtung beteiligten Kinder ist am besten damit beschrieben, dass bei ihnen Internetnutzung und informell-entdeckendes Lernen zusammenfielen. Diese Art der Auseinandersetzung mit dem Internet war begleitet von Herausforderung und Langeweile, Erfolg und Scheitern, Spaß und

Frustration, von Erlebnissen also, mit denen die Kinder ganz unterschiedlich umgingen.

Die leseunkundigen Vorschulkinder: Ihre Erfahrungen mit dem Internet und ihre Interessen am Internet waren eng an die pädagogischen Ambitionen ihrer Bezugspersonen gekoppelt (vgl. Kap. 4.1). Während ihrer Internetbesuche erwarben die Kinder instrumentell-technische Fertigkeiten im Umgang mit Maus und Tastatur, mit Browser-Schaltflächen und Dialogboxen und verfestigten diese durch Übung. Trotzdem schienen sie den Eindruck zu haben, nur mit dem PC zu interagieren, sogar wenn sie einige für sie relevante Internet-Adressen hersagen konnten. Dennoch bahnte sich das kognitive Verständnis interaktiver virtueller Vorgänge über die Verknüpfung von visuellen Sinneseindrücken und haptischen Aktionen an. Wie beim Computerspielen schulten die Kinder an den Internetinhalten ihre Wahrnehmung, z.B. ihr räumliches Vorstellungsvermögen sowie ihre feinmotorischen Fertigkeiten, indem sie die Lage von Gegenständen im (zweidimensionalen) Raum erkennen und durch die sich zunehmend verbessernde Koordination von Augen und Hand bewegen lernten. Die leseunkundigen Kinder benötigten während ihrer Internetbesuche das Gespräch über das, was sie sahen, sowie unterstützende und verstärkende Kommentare, die ihre Aktionen im Internet „gut" und „richtig" hießen. Hervorzuheben ist, dass die Kinder einen großen Teil ihrer Aufmerksamkeit auf das Eintippen von Buchstaben richteten und so ihr alterspezifisches Interesse am Lesen- und Schreibenlernen dokumentierten.

Die unsicheren, aber lernbegierigen Mädchen: Trotz unterschiedlicher Zugangsvoraussetzungen zum Internet und damit Vorerfahrungen näherten sich einzelne der 8- bis 11-jährigen Mädchen den Webangeboten sehr zögerlich: Sie trauten sich nicht zu, eigene Wege zu neuen Inhalten zu bahnen, aus Angst, etwas „falsch" zu machen bzw. die Folgen eigener interaktiver Aktionen nicht richtig einschätzen zu können. Aber diese Mädchen forderten vehement die Unterstützung des Beobachters ein: Sie versicherten sich ihrer beabsichtigten Handlungsschritte, bevor sie diese über eine Klick- oder Mausaktion in die praktische Tat umsetzten. Wissen um die Vorgänge, die sie mit der Navigation auf einer Website auslösen, war bei den Mädchen vorhanden, sie bedurften aber des emotional verstärkenden Zuspruchs des Beobachters, um tatsächlich selbst aktiv zu werden. Das gezielte Nachfragen und Zuhören der Kinder spiegelt auch ihre extrem hohe Lernmotivation wider, die in ihrer Bereitschaft zum Ausdruck kam, unter Anleitung die unterschiedlichsten Funktionen des Internets auszuprobieren. Mit zunehmender Routine im Umgang mit dem Internet verbesserten sie nicht nur ihre instrumentell-technischen Fertigkeiten, sondern wurden auch aufgeschlossener gegenüber Neuem und trauten sich selbst mehr zu. Die Rolle des begleitenden Erwachsenen war bei diesen Kindern also nicht nur auf praktische Hilfestellungen beschränkt, sondern hatte eine wichtige sozial-emotionale Stützungsfunktion.

Die lese- und entdeckungsfreudigen Mädchen: Auch die Interneterfahrungen dieser Mädchen waren unterschiedlich stark ausgeprägt, ohne dass diese ihr Verhalten im Netz stark beeinflusste (vgl. Kap. 4.3). Sie brachten vor allem ihre Schreib- und Lesekompetenzen ein, was ihnen nicht nur die Rezeption der Inhalte erleichterte, sondern auch ermöglichte, mit aktiv-kreativen Angeboten wie E-Mail und Homepage-Modulen zu experimentieren. Die analytisch-evaluativen Fähigkeiten dieser Mädchen waren bereits so weit entwickelt, dass sie in der Lage waren, sowohl die Attraktivität des Angebots im Kinderweb als auch ihre instrumentell-technischen Fertigkeiten im Umgang mit dem Internet kritisch zu reflektieren. Folglich wollten sie Unterstützung bei inhaltlichen und technischen Fragen. Obwohl sie sehr viel Spaß mit und im Internet hatten, nahm ihr Interesse mit der Kenntnis, was das Internet Kindern bietet, ab. Dies ist einerseits ein Indiz dafür, dass diese Mädchen in einer Phase waren, in der sie das Internet an sich kennenlernen wollten. Andererseits sahen sie sich überfordert, im Internet nach Inhalten gemäß ihrer eigenen Themen zu recherchieren und waren dabei auf Anregungen und Anleitungen angewiesen.

Die spontan-experimentierfreudigen Kinder: Der Internetumgang dieser drei Kinder zwischen 8 und 10 Jahren war insbesondere von ihrer emphatischen Zuwendung geprägt. Der Lebensweltbezug von Informationen war ihnen ebenso wichtig wie das emotionale Engagement, das ein Spiel für sie erst interessant machte (vgl. Kap. 4.4). Verstehen und Bewältigen von Netzvorgängen und Spielaufgaben blieben bei ihnen assoziativ und immer an der „realen" Alltagserfahrung orientiert. Solch wenig systematische Annäherung an das Internet mag auf den durchaus altersgemäßen Entwicklungsstand der Kinder zurückzuführen sein, bedingt aber, dass kontinuierlich Hilfestellungen beim Zurechtfinden mit und im Internet notwendig sind. Ob sich das Internet allein mit sozial-emotionaler Alltagsorientierung erschließen lässt, bleibt ungewiss, da damit ein hohes Maß an Frustrationstoleranz gegenüber dem Scheitern an seinen Regeln gefordert ist. Dass die Motivation zur Internetnutzung bei diesen Kindern eng mit den eigenen Interessen verknüpft war, kommt dem medienpädagogischen Ziel, Medien genießen und für eigene Zwecke nutzen zu können, sehr nahe. Für den weitergehenden hohen Anspruch, das Internet in seiner Informations- und Wissensfunktion wahrzunehmen, der Kinder im übrigen generell überfordert, scheint die emphatische Zugangsweise nicht ausreichend zu sein.

Die engagierten und ambitionierten „Internet-Spieler“: Diese Kinder im Alter zwischen 9 und 10 Jahren hatten umfangreiche Erfahrungen mit Computerspielen und brachten ihre instrumentell-technischen Fertigkeiten beim Spielen im Internet ein (vgl. Kap. 4.5). Ihre nahezu ausschließlich handlungsorientierten Internetkompetenzen hatten mit Blick auf das Funktionieren des Internets eine tendenziell analytische Basis, denn die Kinder waren oft in der Lage, auftretende Schwierigkeiten als Fragen an den Beobachter zu formulieren. Aber sie neigten auch manchmal dazu, bei Problemen ihre Identität als Internetexperte wahren zu wollen und dann den Dingen nicht auf den Grund zu gehen. Die Konzentration auf das Spielen gab ihnen eine Sicherheit im selbständigen Umgang mit dem Internet, die sie beim Navigieren durch die Rubriken einer Website, beim Suchen und Finden oder beim E-Mailen vermissten. Diese Kinder brauchen Ermutigung und Anregung, auch unbekanntes Terrain im Internet zu erkunden, damit ihr Selbstbild die Entwicklung ihrer Internetkompetenzen nicht beschränkt.

Die männlichen, schon jugendlichen Computerspielefans: Die Aufmerksamkeit dieser 11- bis 12-jährigen Jungen richtete sich im Internet auf alles, was mit Bildschirmspielen zu tun hatte. Aufgrund ihrer Computererfahrungen und ihrer Lese- und Schreibkompetenzen konnten sie das Internet weitgehend selbständig nutzen. Wegen ihres schon umfangreichen Textverständnisses waren gerade für sie Fachjargon, fremdsprachige Wörter und Anglizismen ein die Rezeption hemmendes Ärgernis. Die Jungen verfügten bereits über einige Hardware- und Software-Kenntnisse, die sich aber für das Multi-Player-Online-Spiel als noch nicht ausreichend erwiesen. Die Grundprinzipien der Bedienung einer Suchmaschine beherrschten sie noch nicht. Demnach fehlte ihnen die Voraussetzung dafür, das Internet als neue Informationsquelle zu nutzen. Wohl als problematisch einzuschätzen ist, dass die Jungen mit ihren Computer- und Internetkompetenzen sich selbst überlassen blieben: Als Schüler des ersten Jahrgangs in der Sekundarstufe I sind sie „die Kleinen", die keinen Zugang zu den Computerräumen haben; für die Eltern sind sie schon „die Großen", die selbständig sind und kaum mehr Unterstützung brauchen; für die Website-Anbieter sind die Jungen zwischen Kinder- und Erwachsenenstatus keine Zielgruppe, für die es sich zu produzieren lohnt. So sind sie bei der (Weiter-)Entwicklung ihrer Internetkompetenzen einerseits darauf angewiesen, Autodidakten zu sein, und andererseits verharren sie in ihrem Rezeptionsverhalten – mangels inhaltlicher Alternativen – auf der vereinseitigenden Interessenslage „Computerspiele". Dass kritisch-analytische bzw. evaluative Kompetenzen beim Internetumgang nicht vorrangig eine Altersfrage sind, trat bei diesen Jungen deutlich zu Tage. Ihre Bereitschaft, die soziale Lebenswelt und deren mediale Repräsentanz zu hinterfragen, war zwar individuell unterschiedlich entwickelt, aber es fiel auf, dass ihre instrumentell-technisch Kompetenz sie in die Lage versetzte, sich auf wichtige analytisch-reflektierende Fragen zu konzentrieren: Ist die Eingabe von persönlichen Daten wirklich nötig? Entspricht die Information meinen Erfahrungen und wo kommt sie her? Welche Informationen brauche ich und wo und wie kann ich sie finden? Den männlichen Kindern bzw. Jugendlichen in diesem Alter sollte daher mehr fördernde Aufmerksamkeit gewidmet werden, die ihnen auch umfassend neue interessante Bereiche und Inhalte des Netzes nahe bringt.

Informelles Lernen: Lernzuwächse waren bei allen Kindern unabhängig vom Alter beobachtbar, was vornehmlich auf die kontinuierliche Beschäftigung der Kinder mit dem Internet in der Beobachtungszeit zurückzuführen ist. Bei den jüngeren Kindern dominierte das manuelle Üben durch das wiederholte Besuchen gleicher oder ähnlicher Webangebote, bei den älteren die Klärung von Fragen, die während ihrer Internetbesuche auftauchten. Bei jedem Kind gab es aber auch Stagnation. Es war entweder damit zufrieden, was es gelernt hatte, oder es hatte durch die zeitweise relativ intensive Beschäftigung mit dem Internet genug davon und wandte sich wieder anderen Freizeitinteressen zu. Das Internet, und dies ist auch vom internet-begeisterten Kind nicht einfach zu verkraften, verweist über seinen interaktiven Charakter unmittelbar auf die Grenzen der eigenen Fähigkeiten und Fertigkeiten im Umgang mit ihm. Ist das Interesse der Kinder nicht vorwiegend technischer Natur, wird ihre Internetnutzung zum „Projekt", das sie für sich abschließen, sobald sie meinen, jetzt besser zu wissen, was es ist und bietet. Vermutlich wird dieses individuell geprägte und sporadische Interesse von Kindern am Internet so lange „die Regel“ bleiben, bis das Internet zum allgemeinen Werkzeug im Kinderalltag geworden ist, und damit die Besonderheit des Mediums hinter dem verschwindet, was es inhaltlich zu bieten hat.

6 Pädagogische Konsequenzen

Die Erwartungen, die in der Öffentlichkeit in den Informations- und Bildungswert des Internets für die nachwachsende Kindergeneration gesetzt werden, sind angesichts der inhaltlichen Präferenzen der Kinder und ihrer entwicklungsbedingten Grenzen für ein selbständiges Agieren im Netz zu hoch. Das Internethandeln der Kinder ist, wenn auch unterschiedlich ausgeprägt, in jedem Alter an Hilfen durch Eltern und Pädagogen gebunden. Obwohl dem informell-entdeckenden Lernen im Freizeitbereich gegenüber dem formal-zielgerichteten in der Schule hohe Wertschätzung entgegengebracht wird, ist für den Internetumgang von Kindern – im beobachteten Alter zwischen 5 und 12 Jahren – festzuhalten, dass die zahlreichen Widrigkeiten, die das Internet bereithält, nicht allein durch Ausprobieren zu bewältigen sind. Kindern muss beim Umgang mit dem Internet vieles demonstriert und erklärt werden. Sie brauchen Anleitung, will man sie nicht überfordern und ihnen die Freude am Medium nicht verderben. Als Wissensspeicher und Informationsmedium wird das Internet von den Kindern kaum wahrgenommen, ihre Vorliebe liegt eindeutig beim Spiel.

Die Annahme, dass der Erwerb von „digitaler Kompetenz“ oder die Befähigung zur Internetnutzung vom Kindesalter an die gleiche Wichtigkeit wie das Lesen, Schreiben und Rechnen erlangen wird, demnach in seiner Bedeutung mit den drei Kulturtechniken gleichzieht, mag als bildungspolitisches Statement im Kontext der Digitalisierung von schulischen Lernumgebungen und gesellschaftlichen Dienstleistungsstrukturen verständlich sein (vgl. Kap. 1.1). Ob sie jedoch jemals empirisches Gewicht erhält, erscheint fraglich, weil das Internet nach wie vor ein textbasiertes Medium ist. Seine Nutzung setzt umfangreiche Lese- und Schreibkompetenzen voraus, so dass Kinder relativ schnell an die alters- und entwicklungsbedingten Grenzen ihrer Fähigkeiten und Fertigkeiten stoßen, sich selbst das Internet zu erschließen. Neben den Unwägbarkeiten der Internettechnologie und des Webdesigns, mit denen auch Erwachsene zu kämpfen haben, kommen als erschwerende Rezeptionsbedingungen hinzu: Kinderwebsites, deren Sprachniveau und Slang an Kindern vorbeizielt; Kinderwebsites, deren aktive Beteiligungsangebote die Kinder an Schul- und Hausarbeiten erinnern; Kinderwebsites mit einem großen Angebotsspektrum, aber nach Alter undifferenziertem Zielpublikum. Da das Internet auf dem Weg ist, sich zu einem Alltagsmedium zu entwickeln, werden – wie das bei Print-, Hör- und audiovisuellen Medien längst der Fall ist – immer jüngere Kinder als Zielgruppe anvisiert. Alterspezifische Inhalte werden an die Internettechnik adaptiert und wiederum ins Medienverbundsystem integriert, so dass bereits heute sowohl „Mutter-Kind-Websites“ als auch Online-Lernspiele gegen Gebühr für Vorschulkinder im Netz zu finden sind, die von den Jüngsten gemeinsam Eltern genutzt werden können.

Eltern und Erzieherinnen heben den Unterhaltungswert des Internets für Kinder hervor und widersprechen zugleich dem weit verbreiteten Bild vom „internetkompetenten Kind“ (vgl. Kap. 3.6). Selbstkritisch und bedauernd nehmen sie wahr, dass sie mangels eigener Kompetenzen den Kindern nicht immer die notwendige Hilfestellung zukommen lassen können. Bedenkenswert dabei ist aber: Je weniger die Erziehenden selbst über das Internet wissen, umso höher schätzen sie tendenziell die Fähigkeiten und Fertigkeiten der Kinder beim Umgang mit dem Internet ein. Dabei kann allein der Mangel an eigenen Internetkompetenzen und -erfahrungen von Eltern und Erzieherinnen die notwendige pädagogische Begleitung der Kinder entscheidend hemmen. Soll Kindern der Weg ins Internet erleichtert werden, sind „internetpädagogische Kompetenzen“ bei Eltern und Erzieherinnen erforderlich. Sie umfassen neben den eigenen Interneterfahrungen Informationen zum Webangebot für Kinder, zum Datenschutz sowie Kinder- und Jugendschutz, Kenntnisse über die sozialisatorische Bedeutung des Internets für Kinder sowie Methoden und Techniken der Begleitung der Kinder durchs Internet (vgl. auch Kobbeloer 2002, S. 4). Die Internettechnik ist zu komplex und zu labil, als dass auf Erklärungen und Tipps, auf „richtiges Lernen“, verzichtet werden könnte. So mag sich ein Kind seinen Gameboy oder sein Computerspiel auto-didaktisch erschließen können, im Internet kommt es mit Ausprobieren nicht weit. Auch wenn im Erwerb von „technischen Kompetenzen“ häufig eine Verengung des Medienkompetenzbegriffs gesehen wird, für den Internetumgang ist technisches Basiswissen unverzichtbar (vgl. auch Gilutz/Nielsen 2002). Die Erklärung auch der scheinbar einfachsten Dinge erleichtert Kindern den Internetumgang, wie z.B. die Erläuterung der Browser-Symbole, der Hinweis auf minimierte Browser-Fenster (Websites) in der Taskleiste, das Anlegen von Lesezeichen oder Bookmarks, das Führen eines Adressbuchs im E-Mail-Programm, das Einrichten einer Startseite oder eine begleitende Einführung ins Navigieren. Die Kenntnis der Vorgänge an Computer und Browser entmystifiziert das Geschehen auf dem Bildschirm, macht es durchschaubar. Die Förderung der Internetkompetenzen der Erziehenden setzt deren Eigeninteresse am Medium voraus und ist im Bereich der beruflichen Fort- und Weiterbildung von Erwachsenen angesiedelt. Im Kontext der Öffnung der pädagogischen Institutionen und der dort vorhandenen IT-Ausstattung sollte über neue Wege nachgedacht werden, wie die traditionelle „Elternarbeit" mit Elternbildungsangeboten zum Internet verknüpft werden kann. Ziel sollte die Einführung der Eltern ins Internet mit Schwerpunkt Förderung der Medienkompetenzen der Kinder sein (vgl. Kap. 1.3). Dies schließt die Aufklärung über die alters- und entwicklungsspezifischen Voraussetzungen auf Seiten ihrer Kinder ein.

Zur Internetkompetenz von Kindern: Die Kinder können ihre *handlungsorientierten Fähigkeiten* in der aktiven Auseinandersetzung mit dem Internet, soweit es sich um einfache bedientechnische Basisfertigkeiten im Umgang mit dem Browser handelt, entwickeln. Sobald die erforderlichen instrumentell-technischen Fertigkeiten mit dem analytischen Verständnis von Inhalten, Betriebssystem- und Internetvorgängen zusammenhängen, treten für die Kinder erste Schwierigkeiten auf. So können sie z.B. heruntergeladene Dateien nicht wiederfinden, weil sie nicht darauf achten, wohin diese kopiert werden oder wie sie heißen; Orientierungsprobleme entstehen sobald sich neue Fenster öffnen, weil dieser Vorgang von den Kindern häufig nicht bemerkt wird; Beteiligungsangebote können oft nicht wahrgenommen werden, weil Kinder noch zu wenig Erfahrung im Umgang mit Formularen und Modulen haben, aus dem gleichen Grund werden Anmeldeprozeduren nicht durchschaut; mit dem Suchen im Internet sind Kinder häufig kognitiv überfordert (vgl. Kap. 5). Wenn Kinder die Websites mit allen ihren Möglichkeiten nutzen möchten, ist eine Einführung in die Handhabung der angebotenen Dienste erforderlich.

Die analytischen Kompetenzen der Kinder sind noch nicht so weit ausgebildet, dass sie zwischen kommerziellen, medienpädagogischen und an Sach- oder Schulthemen orientierten Websites unterscheiden. Für sie kommt es darauf an, auf den Websites ihre Interessen wiederzufinden, vorwiegend heißt das, Unterhaltung und Spaß mit den Spielen zu haben. Bei der Website-Auswahl lassen sich die Kinder von ihren alltagsweltlichen Erfahrungen und präformierten Interessen leiten, die entwicklungs- und identitätsrelevante Themen mit einschließen können. Dem Festhalten an Bekanntem und einmal Bewährtem wird gegenüber dem explorativem Erkunden des Internets der Vorzug gegeben. Dies ist u.a. darauf zurückzuführen, dass auch die älteren Kinder noch nicht über die kognitiven

Fähigkeiten verfügen, sich das Angebotsspektrum im World Wide Web selbständig z.B. über Suchmaschinen zu erschließen. Abstraktionsvermögen und sprachliches Kategoriensystem sind noch nicht so weit entwickelt, dass Kinder ihre Interessensgebiete durch Schlagworte und Themenbereiche, insbesondere durch Meta-Suchbegriffe, gliedern und wieder zusammenführen können.

Die *evaluativen Fähigkeiten* der Kinder sind aufgrund ihrer Präferenzen auf die Bewertung von Spaß, Spannung und Funktionsfähigkeit der Spiele gerichtet, ein kritisches Verhältnis zum Anbieter oder der Einschätzung seiner Interessen an Kindern kann von ihnen nicht erwartet werden. Kinder beurteilen die Webangebote, die sich an sie wenden, nach „Geschmack", d.h. danach, ob sie von Thema und Ästhetik emotional angesprochen werden, und nach den instrumentellen Anforderungen, die an sie gestellt werden. Bei Überforderung macht das Spielen auf der Website keinen Spaß (vgl. 5.4). Auch wenn das Diddl-, Lego-, Barbie-, Benjamin-Blümchen-Spiel u.ä.m. im Internet nur als virtuelle Ergänzung der allgegenwärtigen Spielzeug-Welten der Kinder erscheinen mag, vor dem Hintergrund der vielfältigen kommerziellen Interessen im Netz, der Refinanzierungsstrategien von Kinderwebsites, der „Mehrwert-Konzepte" im Kontext von Kinderprodukt-Informationen, der Werbe- und Gewinnspiele und der damit zusammenhängenden Datenabfragen sind die *kritisch-reflexiven Kompetenzen* der Kinder zu stärken. Dabei dürfen Kinder nicht überfordert werden. Die Skepsis von Kindern gegenüber Datenabfragen kann sicherlich ebenso geschärft werden wie die Routine gebremst werden kann, jeden OK-Button zu bestätigen, aber ein prinzipieller Verzicht auf die kommerzielle Kinderkultur im Internet ist aufgrund deren sozialer Alltagsrelevanz nicht *gegen* die Kinder durchsetzbar. Alternative Angebote, also die pädagogisch-erzieherische Gegenwelt zur Macht des Marktes, sollten im Internet gestärkt und unter den Kindern bekannt gemacht werden, auch wenn sie es mit hoher Wahrscheinlichkeit nicht vermögen, so viele Kinder anzuziehen wie das selbstreferentielle Medienverbundsystem. Das Internet bietet primär eine – mehr oder weniger – professionell aufbereitete virtuelle Kultur für Kinder, die aufgrund ihrer interaktiven und kommunikativen technischen Möglichkeiten mit einschließt, als Basis für eine „Kultur von Kindern für Kinder" genutzt zu werden. Noch werden die Beteiligungschancen von den Kindern zu selten wahrgenommen, da es ihnen an aktiver Unterstützung fehlt, die kommunikativen Möglichkeiten des Internets zu erkennen und zu nutzen.

Zur Notwendigkeit altersspezifischer Förderung: Die Angebote für die leseunkundigen Kinder sind häufig zu banal, wie etwa ausdruckbare Ausmalbildchen, oder zu schwierig, wie interaktive Schiebespiele. Die zielgruppenspezifischen elaborierteren Inhalte unterscheiden sich meist nicht von einer Edutainment-Software auf CD-ROM. Die Frage, wozu man mit Vorschulkindern ins Internet gehen soll, ist deshalb unter pädagogischem Gesichtspunkt nicht ganz unberechtigt. Lässt man den Aspekt des unmittelbaren pädagogischen Nutzens der Internetinhalte für das Kind außen vor und zieht das Internet als integrierendes Medium im Familienalltag in Betracht, rückt die gemeinsame Beschäftigung der Eltern oder älteren Geschwistern mit dem Kind und damit die emotionale und soziale Bedeutung der Internetbesuche für die Entwicklung des Kindes in den Mittelpunkt und nicht zuletzt die Anerkennung, die man ihm über das Teilhabenlassen am eigenen Interesse am Internet entgegenbringt. Leseunkundige Kinder können also das Internet besuchen, falls die Eltern oder älteren Geschwistern für sie die Website auswählen, ihnen vorlesen und sie bei der Navigation unterstützen.

Etwa ab acht oder neun Jahren sind die Kinder in der Lage, sich relativ selbständig durch „ihre Website" zu bewegen und – wenn auch eingeschränkt – die kommunikativen Angebote zu nutzen. Die Kinder beginnen damit, habituelle Nutzungsmuster auszubilden, insbesondere gilt dies für das Ansteuern ihrer präferierten Websites und der Angebotsausschnitte, die sie dort interessieren. Die Wiederholung von Bekanntem macht Kindern Spaß und im Internet gibt sie vor allem Sicherheit. Im virtuellen Raum Neues zu erkunden bedeutet für Kinder dieses Alters dagegen häufig, sich in unerwartete, überfordernde Situationen zu begeben. Sie stoßen z.B. auf Teile einer Website, die ihr Textverständnis überschreiten, auf Navigationspfade, aus denen sie nicht mehr herausfinden oder auf Spiele und Lernangebote, deren Programmierung nur „richtig" und „falsch" bzw. „versuch es noch mal" kennt, also Kindern nicht weiterhilft. Deshalb sind Kinder nicht nur auf Empfehlungen zur Erweiterung ihres Website-Fundus angewiesen, sondern auch auf adhoc-verfügbare begleitende Hilfen beim Lernen in Problemsituationen.

Sieht man von den Suchmaschinen ab, dann finden sich die 10- bis 11-Jährigen schon weitgehend alleine im Internet zurecht; die bisher erworbenen Interneterfahrungen, vor allem aber der individuell unterschiedlich ausgeprägte persönliche Ehrgeiz, das Internet beherrschen zu lernen, spielen dabei eine entscheidende Rolle. Unterhaltung, d.h. „Spielen" ist immer noch das primäre Motiv zur Internetnutzung, zweckorientiertes Handeln nach dem Vorbild der Erwachsenen – z.B. Recherchen bei ebay, das Einholen von Informationen zu Kinofilmen oder Tour-Daten von Musikgruppen – zeichnet sich in seinen Anfängen ab. Erste vergleichende Urteile zu Qualität, Aufbau und Navigationsführung einer Website werden gefällt. Ältere Kinder – insbesondere die Jungen – präferieren Erwachsenenangebote, sobald sie sich mit ihren Interessen an Technik, Mode u.ä.m. sowie mit ihrem Selbstwertgefühl auf den Kinderwebsites nicht mehr aufgehoben fühlen.

Solange Kinder nur ein sehr begrenztes Spektrum an Internetseiten und dort vor allem die Spiele nutzen, stellt sich die klassische Frage noch nicht, wie Orientierungsverlusten in der Informationsflut zu begegnen ist und die Selektionsstrategien zu fördern sind. Es ist eher umgekehrt: Kinder verfahren sowohl im Internet als auch auf den Websites sehr selektiv und blenden dabei insbesondere Sachinformationen und Nachrichten aus. Dies liegt nicht nur, aber auch daran, dass sich Kinder überwiegend auf kommerziellen Websites bewegen, auf denen bekannte Produkte aus der Warenwelt als attraktive Spiele angeboten werden, um Kinder emotional an die eigene Website zu binden. In einer Phase, in der Kinder ihre Interessen noch entwickeln, wären anregende Website-Informationen für Kinder notwendig. Da Kinder selten die angebotenen Links zu einer anderen Website nutzen (vgl. Kap. 5.3) oder gar selbständig im Internet suchen (vgl. Kap. 5.7), sondern ihre Website-Adressen ganz traditionell – auf Notizzetteln – sammeln, bieten sich die Schrift- bzw. Printmedien zur Präsentation solcher Informationen für Kinder an.

Ein besonderes Problem stellt für Kinder die Anforderung dar, aus Gründen des eigenen Schutzes im Internet anonym zu bleiben bzw. ihre eigene Identität zu verschleiern. Schließlich wachsen sie mit dem Gebot „Du sollst nicht lügen!" auf und stehen nun vor einer Situation, in der Erwachsene von ihnen Selbstverleugnung verlangen. Aber im Internet müssen manchmal auch die „echten" Daten eingegeben werden. Wann ist die Wahrheit, wann die Lüge gefragt, eine auch für 12-Jährige bei Datenabfragen noch schwer abzuschätzende Situation. Aufklärung, die über die Beschreibung potentieller Gefahren hinausreicht, ist hier notwendig, damit Kinder auch emotionale Sicherheit im Umgang mit dem Internet erlangen können. Während Jugendliche mit dem Identitätswechsel spielen, z.B. in Chats, wollen Kinder sie selbst sein und bleiben. Ihre emotionale Beteilung an dem was sie selbst sind und tun, schließt es aus, fraglos in Distanz zu sich selbst zu gehen und die Perspektive eines virtuellen Anderen einzunehmen. Auf dem Weg zum Nickname, der Spaß macht und schützt, brauchen Kinder weiterhin begleitende Unterstützung.

Hinweise für Website-Anbieter: Sieht man das Website-Angebot aus der Perspektive der Schwierigkeiten, die Kinder im Umgang mit ihm haben, dann kann zusammenfassend festgehalten werden: Eine bunt aufgemachte Startseite, die ein nicht nach Alter differenziertes Angebot enthält, erschwert Kindern den Zugang zu den Inhalten. Ältere Kinder vermissen die beschrifteten Rubriken, die ihnen die schnelle Orientierung ermöglichen, die jüngeren erwarten ein für sie geeignetes Angebot, werden dann aber mit vielen und häufig auch zu schwierig formulierten Texten enttäuscht. Ein breit gefächertes Angebot sollte zur Orientierung für Kinder zumindest verlässliche Hinweise auf Altersgruppen enthalten, denn die Kinder verlieren bei überfordernden Inhalten sehr schnell die Lust, eine Website weiter zu durchforsten. Auch technische Spielereien auf den Startseiten finden nicht immer die Zustimmung der Kinder, aufklappbare Menüs z.B. kosten insbesondere bei langsamer Verbindung unnötig Zeit und die Kinder sind nicht immer so geschickt, dass sie den dann erscheinenden relevanten Link auf Anhieb anklicken könnten.

Die meisten Kinder verstehen Anglizismen, (vermeintliche) Jugendsprache und Internet-Fachjargon nicht, auf einen kindgerechten Sprachgebrauch wäre deshalb zu achten. Auch wenn aus Kostengründen insbesondere Spiele als Lizenz-Angebote übernommen werden, an der Übersetzung von Navigation-Buttons und Spielanleitungen sollte nicht gespart werden. Die Annahme, dass sich Kinder aufgrund ihrer Erfahrung mit Computerspielen auch Online-Spiele intuitiv erschließen können, ist eine Fehleinschätzung, die zur Folge hat, dass keine Druckfunktion für die Spielanleitung angeboten wird. Auch wenn einige Kinder zunächst das Lesen meiden, so widmen sie dem Lesen und Schreiben mit zunehmender Interneterfahrung höchste Aufmerksamkeit, weil sie sehr schnell lernen, dass die Computer- und Internettechnologie keinen Fehler verzeiht.

Bemerkenswert erscheint darüber hinaus, dass sich mit der Fortentwicklung der Internettechnologie und der Content-Managementsysteme die optische Qualität, die Übersichtlichkeit und Navigationsfreundlichkeit der Website-Angebote für Kinder erheblich verschlechtert hat. In Redaktionssysteme gepresst, erscheinen vormals bildschirmfüllende, in ihrer Ästhetik ansprechende Websites nun in kleinen Fenstern oder in Pop-Ups, die sich an irgendeiner Stelle über die immer sichtbare Startseite legen, manchmal aber auch für Kinder unauffindbar auf der Taskleiste ablegen. In der Regel ist dann die Schriftgröße zu klein und die Navigation nicht an das Prinzip der Website angepasst. Die Kinder stehen vor einem Navigationswirrwarr und finden sich deshalb nicht mehr zurecht. Dessen ungeachtet stellt sich die Frage, warum ein aufwendiges Webdesign betrieben wird, das aufgrund der standardisierten Einbindung in ein Gesamtangebot seine ästhetische Wirkung gar nicht entfalten kann.

Auch im Internet geht es nicht an, dass der Zweck die Mittel heiligt. Dies gilt insbesondere für die recht mühseligen Anmelde- oder Registrierungsprozeduren zur Teilnahme an Spielen, Communities oder Chats. Das Verhältnis von notwendiger und überflüssiger Datenabfrage bei Kindern sollten Website-Betreiber und ihre Kontrollinstanzen sorgfältiger abwägen. Auf mehr Transparenz ist hier ebenso zu achten wie bei den Inhalten auf Kinderwebsites, die Werbung und Redaktionelles zu einer „gelungenen" Einheit vermischen. Die Aufklärung von Eltern und Kindern insbesondere auf diesem Feld tut Not. Allerdings scheint es manchem Website-Anbieter auch nicht bewusst zu sein, wo die rechtlichen Grenzen seiner Methoden und seines Einwirkens auf das Kind als Konsument liegen. Die öffentliche kinder- und jugendschutzpolitische Diskussion ist vor dem Hintergrund der Selbstverantwortung der Wirtschaft wohl dauerhaft zu suchen (vgl. Kap. 1.2.3).

Fördern statt Fordern: Insbesondere können durch handlungsorientierte Ansätze die Internetkompetenzen der Kinder gefördert werden. In der direkten Auseinandersetzung der Kinder mit dem Internet spielen nicht nur die alterspezifischen Besonderheiten der Kinder im Umgang mit dem Internet eine Rolle, sondern auch ihre individuell recht unterschiedlichen Zugangsweisen und Voraussetzungen. Wenn Lernprozesse von Kindern erwartet werden, sind verschiedene medienpädagogische Perspektiven miteinander zu verknüpfen: Im Internet existieren zu dekodierende Mediensymboliken überwiegend als ikonographische Verweise auf das den Kindern weithin bekannte (Kinder)-Fernsehen, auch internetspezifische narrative Skripts, die zur Identifikation einladen, sind kaum vorhanden. Sieht man von Spielen ab, dann ist das primäre Transportmittel für Inhalte im Internet die Schriftsprache. Diese Tatsache sowie das Sprachniveau schließen Kinder bereits von einem Großteil des Informationsangebots im Internet aus. Es gilt deshalb vor allem, die Lesekompetenz mit und neben der „Informationskompetenz" der Kinder zu fördern. Dies umfasst nicht nur die Unterstützung bei der Suche und Auswahl von Informationen sowie bei deren Beurteilung, sondern auch

Hinweise auf virtuelle Plattformen und Netzwerke, die Kindern altersspezifisch Aufbereitetes anbieten.

Vor dem Hintergrund des neuen Kinder- und Jugendmedienschutzgesetzes ist mit Elterninformationen zum Schutz der jüngsten Internetbesucher zu rechnen. Wie diese Informationen optimal in den „Internetalltag“ von Familie und Kindern implementiert werden können, ist noch offen. Von großer Bedeutung für eine realistische Einschätzung der Gefährdung und einen angemessenen Schutz der Kinder sollte jedoch der pädagogische Diskurs zwischen Eltern, Erziehern und Lehrern sein. Von ihrer Bereitschaft, neue medienpädagogische Herausforderungen anzunehmen, wird es abhängen, ob für Kinder ein „Walled Garden“, eine mit Zäunen umstellte Internetwelt geschaffen wird oder ob sie freien Zugang zu ihrer sowieso noch eingeschränkten Wahrnehmung der Angebote erhalten.

Nicht nur aus Gründen des Kinder- und Jugendschutzes ist überlegenswert, ob ein an den Interessen der älteren Jungen orientiertes Internetportal oder eine spezielle Suchmaschine entwickelt werden sollte, z.B. nach dem Vorbild der „Blinden Kuh“, die von Kindern und im beginnenden Jugendalter auch noch von Mädchen genutzt wird. Solch ein spezielles Angebot könnte den Jungen sowohl das für sie geeignete Spektrum an Websites erschließen als auch als Einstiegshilfe in die Internetrecherche dienen. Die männliche Zielgruppe zwischen 11 und 13 Jahren ist mit knapp 1,5 Millionen potentiellen Nachfragern den kommerziellen Anbietern für die Entwicklung eines Spezialangebots sicherlich aus ökonomischen Gründen zu klein. Aus jugendhilfepolitischer und bildungspolitischer Perspektive allerdings wäre dies ein förderungswürdiges und erprobungswertes Vorhaben. Denn die zu erwartende Filtertechnologie, die Jugendliche von gefährdenden Internetinhalten ausschließt, unterstellt das fehlgeleitete, aber recherchekompetente „Kind“, das in der vorliegenden Studie nicht beobachtet werden konnte. Den Kindern im beginnenden Jugendalter dienen zwar die Eltern und ggf. die älteren Geschwistern als Vorbild, aber ihrem altersspezifischen Bedürfnis nach Abgrenzung und Eigenständigkeit wird insbesondere im pädagogischen Konfliktfall mit den Eltern nicht Rechnung getragen. Die Zwischenschaltung einer Filtersoftware ist daher als „negativer Beitrag“ zur Förderung der Internetkompetenz, im Sinne der Nichterreichbarkeit von Inhalten zu bewerten. Positive Empfehlungen und Förderung der Internetkompetenzen gerade für diese Altersgruppe wären aber wünschenswert. Ein engerer, komplementärer Bezug zwischen außerschulisch-informellem und schulisch-formellem Lernen könnte ein erster Schritt dazu sein.

Literatur

Aktion „Schau hin!". Hrsg.: Schau hin! GmbH, Hamburg, http://www.schau-hin.info, [Letzter Zugriff: 17.05.2004]

Amtsblatt der Europäischen Union (2003): EG des Europäischen Parlaments und des Rates vom 5. Dezember 2003 über ein Mehrjahresprogramm (2004-2006) für die wirksame Integration von Informations- und Kommunikationstechnologien (IKT) in die Systeme der allgemeinen und beruflichen Bildung in Europa (Programm „eLearning"). Entscheidung Nr. 2318/ 31.12.2003

AOL.de (Hrsg.): Hinweis [zum Jugendschutz mit ICRA-Verfahren]. http://www.aol.de/shared/erotik/keinzugang.jsp [Letzter Zugriff: 01.06.2004]

AOL Deutschland (Hrsg.) (Juni 2002): Studienergebnisse im Überblick „Kinder im Umgang mit den Neuen Medien". Emnid-Studie im Auftrag von AOL-Deutschland. Hamburg. http://www.aol-deutschland.de

Arcor-JuniorNet (2002): Sicherer Internet-Zugang für Kinder. Arcor kooperiert mit KinderCampus.de. http://www.golem.de/0203/18585.html [Letzter Zugriff: 16.04.04]

Arcor-JuniorNet – jetzt auch in Schulen und Kindergärten! Zur Entwicklung und Förderung der Medienkompetenz unserer Kinder. http://www.arcor.de/juniornet/school.php [Letzter Zugriff: 17.05.2004]

ARD/ZDF-Online-Studie (1999): Wird Online Alltagsmedium? In: Media Perspektiven. Heft 8, S. 401-414

Aufenanger, Stefan (2000): Die Vorstellungen von Kindern vom virtuellen Raum. In: Diskurs. Studien zu Kindheit, Jugend, Familie und Gesellschaft. Heft 1, S. 25-27

Aufenanger, Stefan (2001): Multimedia und Medienkompetenz – Forderungen an das Bildungssystem. In: Aufenanger, Stefan/ Schulz-Zander, Renate/ Spanhel, Dieter (Hrsg.): Jahrbuch Medienpädagogik 1. Opladen: Leske + Budrich, S.109-122

Aufenanger, Stefan (2002): Medienerziehung und Medienkompetenz. In: Gruber, Thomas (Hrsg.): Was bieten die Medien? Was braucht die Gesellschaft. Chancen und Risiken moderner Kommunikation. München, S.119-123

Baacke, Dieter (1996): Medienkompetenz als Netzwerk. Reichweite und Fokussierung eines Begriffs, der Konjunktur hat. In: medien praktisch, Heft 2, S. 4-10

Baacke, Dieter/ Sander, Uwe/ Vollbrecht, Ralf/ Kommer, Sven u.a. (1999): Zielgruppe Kind. Kindliche Lebenswelten und Werbeinszenierungen. Opladen: Leske + Budrich

Bachmair, Ben (1990): Interpretations- und Ausdrucksfunktion von Fernseherlebnissen und Fernsehsymbolik. In: Charlton, Michael/ Bachmair, Ben (Hrsg.): Medienkommunikation im Alltag. Interpretative Studien zum Medienhandeln von Kindern und Jugendlichen. München: Saur Verlag, S. 103-145

Bachmann, Birgit/ Müller, Stefan R. (06.12.2002): Förderung der Blinden Kuh durch das Bundesministerium für Familie, Senioren, Frauen und Jugend (BMFSFJ). http://www.blinde-kuh.de/informationen/zukunft.html

Beck, Gertrud/ Scholz, Gerold (2000): Teilnehmende Beobachtung von Grundschulkindern. In: Heinzel, Friederike (Hrsg.): Methoden der Kindheitsforschung. Ein Überblick über Forschungszugänge zur kindlichen Perspektive. Weinheim und München: Juventa, S. 147-170

Behr-Heintze, Andrea/ Lipski, Jens (April 2004): Schule und soziale Netzwerke. Abschlussbericht. München: DJI

Best, Petra (2003): Auf Entdeckungsreise – Was das Internet für Kinder bietet. In: Schüler 2003 – Lesen und Schreiben. Seelze: Erhard Friedrich Verlag, S.92-95

Bewertungsleitfaden für die Programmaufsicht im Rundfunk (Januar 2002). Hrsg. v. Gemeinsame Stelle Jugendschutz, Programm, Medienkompetenz und Bürgermedien der Landesmedienanstalten.. http://www.blm.de/jugendschutz/allgemeines/pdf/bewertungsleitfaden02.pdf

Breunig, Christian (2002): Onlineangebote für Kinder. Angebotsstruktur, Inhalte und Nutzung kinderspezifischer Internetseiten. In: Media Perspektiven, Heft 8, S. 389-402

Breunig, Christian (2003): Internet: Auf dem Weg zu einem kommerziellen Medium? Inhaltliche Entwicklungen und Finanzierungsformen von Onlineangeboten. In: Media Perspektiven, Heft 8, S. 385-393

Bundesarbeitsgemeinschaft Kinder- und Jugendschutz (Hrsg.) (2003): Die Ordnung der Medienkontrolle in Deutschland. Das neue System – Die neuen Regelungen. [Reihe: argumente 3] Berlin: BAJ e.V.

Bundesministerium für Bildung und Forschung (2002): IT-Nutzung an deutschen Schulen erfolgreich. Pressemitteilung 32 vom 18.2.2002. http://www.bmbf.de/press/569.php

Bundesministerium für Bildung und Forschung (Hrsg.) (Juli 2003): IT-Ausstattung der allgemein bildenden und berufsbildenden Schulen in Deutschland. Bestandsaufnahme 2003 und Analyse 2001 bis 2003. Bonn. [Onlineversion: http://www.bmbf.de/pub/it-ausstattung_der_schulen_gesamt_2003.pdf]

Cattell, R.B./ Weiß, Rudolf H./ Osterland, J. (1997): Grundintelligenztest Skala 1 CFT 1. Göttingen u.a.: Hogrefe, 5. revidierte Auflage

Charlton, Michael/ Neumann, Klaus (1990): Medienrezeption und Identitätsbildung. Tübingen: Gunter Narr Verlag

Charlton, Michael/ Neumann, Klaus (1990): Rezeptionsforschung als Strukturanalyse. In: Charlton, Michael/ Bachmair, Ben (Hrsg.): Medienkommunikation im Alltag. Interpretative Studien zum Medienhandeln von Kindern und Jugendlichen. München: Saur Verlag, S. 25-56

Charlton, Michael/ Neumann-Braun, Klaus/ Aufenanger, Stefan/ Hoffmann-Riem, Wolfgang u.a. (1995): Fernsehwerbung und Kinder – Das Werbeangebot in der Bundesrepublik Deutschland und seine Verarbeitung durch Kinder. Opladen: Leske + Budrich

Cobra. Youth Communications für alle Kunden auch 2004 weiterhin aktiv. Pressemitteilung (15.01.2004), Hrsg.: Cobra. Youth, Berlin

Cornelißen, Waltraut/ Blanke, Karen (2004): Zeitverwendung von Mädchen und Jungen. In: Statistisches Bundesamt (Hrsg.): Alltag in Deutschland – Analysen zur Zeitverwendung. Schriftenreihe Forum der Bundesstatistik Bd. 43, Stuttgart [im Druck]

Datenbank: „Websites für Kinder". Hrsg.: Deutsches Jugendinstitut, München. http://www.dji.de/www-kinderseiten/default.htm [Letzter Zugriff: 01.06.2004]

Datenschutz geht alle an! Datenschutzerklärung. http://www.kika.de/_inhalte/ueberkika/datenschutz/index_erklaerung.shtml [Letzter Zugriff: 17.05.2004]

Decker, Regina/ Feil, Christine (2003): Grenzen der Internetnutzung bei Kindern. Beobachtungen aus dem Projekt „Wie entdecken Kinder das Internet?". In: merz wissenschaft, Heft 5, S. 14-27

Deutscher Werberat (1998): Verhaltensregeln des deutschen Werberats für die Werbung mit und vor Kindern in Hörfunk und Fernsehen. http://www.mabb.de/start.cfm?content=Gesetze&template=gesetzeanzeige&id=251 [Letzter Zugriff: 01.06.2004]

Die neuen Jugendmedienschutzbestimmungen (Überblick) (2003). In: FSM Freiwillige Selbstkontrolle Multimedia Dienstanbieter. http://www.fsm.de/?s=Die+neuen+ Jugendmedien-+Schutzbestimmungen [Letzter Zugriff: 13.04.2004]

Droell, Stefan (2004): Advergaming und Internet. In: Deutscher Multimedia Verband (dmmV) e.V. http://www.dmmv.de/ww/de/7_pub/themen_neu/e_marketing/werbeformen/marketingkonzepte/werbeformen_advertainment.cfm [Letzter Zugriff: 02.05.2004]

Egmont Ehapa gibt Funonline auf (18.02.2003): http://www.wuv.de, wuv-online

Egmont Ehapa Verlag (Hrsg.) (2003): KidsVerbraucherAnalyse – KVA 2003. Junge Zielgruppen 6 bis 13 Jahre und 14 bis 19 Jahre. Filderstadt: Egmont Ehapa Verlag

Eibl, Thomas (2004): Hypertext. Geschichte und Formen sowie Einsatz als Lern- und Lehrmedium. Darstellung und Diskussion aus medienpädagogischer Sicht. München: kopaed

Eimeren, Birgit van (2003): Internetnutzung Jugendlicher. In: Media Perspektiven, Heft 2, S.67-75

Eimeren, Birgit van/ Gerhard, Heinz/ Frees, Beate (2003): Internetverbreitung in Deutschland: Unerwartet hoher Zuwachs. ARD-ZDF-Online-Studie 2003. In: Media Perspektiven, Heft 8, S.338-358

Erfolgreicher Start für den Toggolino Club im Internet (03.09.2003). In: Teachersnews http://www.teachersnews.net/index.php?shownews=2530 [Letzter Zugriff: 11.3. 04]

Erfurter Netcode – Jugendschutz durch Qualität (2004): Text des Erfurter Netcodes. http://www.erfurter-netcode.de/pdf/erfurter-netcode-neu.pdf [Letzter Zugriff: 21.04.2004]

European Commission, Directorate-General for Education and Culture. Working Group „ICT in Education and Training" (2003): Implementation of „Education & Training 2010". Work Programme. Progress Report: November 2003

Exkurs: Kommisson für Jugendmedienschutz (KJM). In: Arbeitsgemeinschaft der Landesmedienanstalten (Hrsg.), http://www.alm.de/index2.htm, Rubrik: Gemeinsame Stellen [Letzter Zugriff: 01.06.2004]

Feil, Christine (Hrsg.) (2001): Internet für Kinder. Hilfen für Eltern, Erzieherinnen und Lehrer. Opladen: Leske + Budrich

Feil, Christine/ Decker, Regina/ Schön, Sandra (2001): Websites für Kinder – eine Datenbank des Deutschen Jugendinstituts. In: Feil, Christine (Hrsg.): Internet für Kinder. Hilfen für Eltern, Erzieher und Lehrer. Opladen: Leske + Budrich, S. 23-84

Freundorfer, Stefan (25.3.2004): Spielen und Lernen auf Abruf, „Games on Demand Kids": Breitband-Haushalte können exzellente Kindersoftware mieten. In: Süddeutsche Zeitung Nr. 71, S. 17

Fritz, Jürgen/ Fehr, Wolfgang (Hrsg.) (2003): Computerspiele. Virtuelle Spiel- und Lernwelten. Bonn: Bundeszentrale für politische Bildung.

FWU – Institut für Film und Bild in Wissenschaft und Unterricht (Hrsg.) (2002): Kinderbrauser. Einführung ins Internet für Klasse 3 bis 6. CD-ROM. Bundesrepublik Deutschland 2002. In: http://www.fwu.de, Rubrik: FWU-Katalog [Letzter Zugriff: 01.06.2004]

Gangloff, Tilmann P. (2002): Jugendschutz ohne Zensur. In: tv diskurs, Ausgabe 22, Oktober 2002, S. 102-103

Gebel, Christa/ Gurt, Michael/ Wagner, Ulrike (2004): Kompetenzbezogene Computerspielanalyse. In: merz wissenschaft, Heft 3, S. 18-23

Gehle, Tobias (1998): Kinder im Netz. Internet-Nutzung zwischen 6 und 13 Jahren (Textband und Anlagenband). Dortmund: Universität Dortmund, Institut für Journalistik

Gerhards, Maria/ Mende, Annette (2003): Offliner 2003: Stabile Vorbehalte gegenüber dem Internet. In: Media Perspektiven, Heft 8, S.359-373

Gibbs, Graham R./ Friese, Susanne/ Mangabeira, Wilma C. (2002): Technikeinsatz im qualitativen Forschungsprozess. Einführung zu FQS Band 3(2) [34 Absätze]. Forum Qualitative Sozialforschung [Online Journal], 3(2). http://www.qualitative-research.net/fqs/fqs.htm [Letzter Zugriff: 04.07.2002]

Gilutz, Shuli/ Nielsen, Jakob (2002): Usability of Websites for Children: 70 design guidelines based on usability studies with kids. California: Nielsen Norman Group

Glaznieks, Aivars (2004): Computer- und internetspezifische Sprache: Verständnisschwierigkeiten bei Kindern – Eine Analyse aus germanistischer Perspektive. DJI München. http://www.dji.de/www-kinderseiten/default.htm

Groebel, Jo/ Gehrke, Gernot (Hrsg.) (2003): Internet 2002: Deutschland und die digitale Welt. Internetnutzung und Medieneinschätzung in Deutschland und Nordrhein-Westfalen im internationalen Vergleich. Opladen: Leske + Budrich

Groebel, Jo/ Konert, Bertram (2002): Fernsehen und Internet – Neue Risiken, neue Regulierungsfragen. Diskusssionspapier zum Workshop am 21.02.2002 in der LfR Nordrhein-Westfalen, Düsseldorf. http://www.eim.org/Events/Downloads/paper_WS.pdf [Letzter Zugriff: 06.05.2004]

Hasse, Edgar S. (13.04.2004): Klingeltöne treiben Kinder in die Pleite. In: Die Welt, http://www.welt.de/data/2004/04/13/263738.html?prx=1 [Letzter Zugriff: 27.4.04]

Hintergrund der Gründung von seitenstark. Übereinkunft der Gründungsmitglieder zu Motivation und Absicht. http://www.seitenstark.de/hintergrund.html [Letzter Zugriff: 13.05.2004]

Hoffmann, Dagmar/ Münch, Thomas (2003): Mediale Aneignungsprozesse im Netz. Zum Gebrauchswert des Internet für jugendliche Intensivnutzer. In: medien + erziehung, Heft 5, S. 39-51

Hoffmann-Riem, Wolfgang/ Engels, Stefan (1995) : Einfach-gesetzliche Regelungen der Fernsehwerbung mit Kindern und für Kinder. In: Charlton, Michael/ Neumann-Braun, Klaus/ Aufenanger, Stefan/ Hoffmann-Riem, Wolfgang u.a. (Hrsg.): Fernsehwerbung und Kinder – Das Werbeangebot in der Bundesrepublik Deutschland und seine Verarbeitung durch Kinder. Band 2: Rezeptionsanalyse und rechtliche Rahmenbedingungen. Opladen: Leske und Budrich, S. 355-415

Holloway, Sarah L./ Valentine, Gill (2003): Cyberkids. Children in the Information Age. London: RoutledgeFalmer

Holly, Werner/ Habscheid, Stephan (1997, 2000): Die sprachliche Aneignung von Computermedien. Germanistische Sprachwissenschaft. Ein Teilprojekt der Forschergruppe „Neue Medien im Alltag: Von individueller Nutzung zu soziokulturellem Wandel“ an der Technischen Universität Chemnitz. Darstellung des Forschungsvorhabens (Dezember 1997), Stand der Arbeiten (Juni 2000). http://www.tu-chemnitz.de/phil/germanistik/sprachwissenschaft/projekte/computer/

Huhn, Norbert/ Dittrich, Gisela/ Dörfler, Mechthild/ Schneider, Kornelia (2000): Videographieren als Beobachtungsmethode in der Sozialforschung am Beispiel eines Feldforschungsprojektes zum Konfliktverhalten von Kindern. In: Heinzel, Friederike (Hrsg.): Methoden der Kindheitsforschung. Ein Überblick über Forschungszugänge zur kindlichen Perspektive. Weinheim und München: Juventa, S. 185-202

IconKids & Youth International Research (2002): Internetboom bei Kindern: 50% mehr Online-Kids. Pressemitteilung vom 7.8.2002. München

IconKids & Youth International Research (Hrsg.) (2003): Trend Tracking Kids Kids 2003. Ergebnisse zu High Interest Themen bei 6- bis 16-jährigen Kindern und Jugendlichen in Deutschland. München: IconKids & Youth International Research

Impressum. In: KAMBA – Startseite, http://www.kamba.de

Informationen zur Blinden Kuh: Unsere Robots. http://www.blinde-kuh.de/robots.html [Letzter Zugriff: 13.05.2004]

Infos zur Blinden Kuh: Wen schützt das Over-Blocking? http://www.blinde-kuh.de/schutz.html [Letzter Zugriff: 26.04.2004]

Initiative D21 (2002): Medienausstattungen an allgemeinbildenden Schulen. Eine Zusammenstellung von Bundes-, Landes- und Unternehmensinitiativen in Deutschland. Stand: Juli 2002. Berlin. http://www.initiative21.de

Institut für Jugendforschung (Hrsg.) (2001): IJF KIC-Studie. Kinder, Internet und Computer 2001. München: Institut für Jugendforschung

Institut für Jugendforschung (Hrsg.) (2002): IJF KIC-Studie. Kinder, Internet und Computer 2002. München: Institut für Jugendforschung

Internationale Presseerklärung (19.12.2002): Bekämpfung der digitalen Kluft, Förderung virtueller Campus-Projekte und virtueller Schulpartnerschaften: Die Ziele des Programms „eLearning" (2004-2006). Pressemitteilung im Commission Press Room, Brüssel, http://europa.eu.int/rapid/start/cgi/guesten.ksh?p_action.gettxt=gt&doc=IP/02/1932|0|RAPID&lg=DE&display [Letzter Zugriff: 05.05.2004]

Internet Content Rating Association – ICRA (Hrsg.): ICRA label and meta data generator. http://www.icra.org/_de/label/extended [Letzter Zugriff: 01.06.2004]

Internettarife: Call-by-Call. http://www.billig-tarife.de/partner/koop/int/rub.php?partner=bt &rub=callbycall_php [Letzter Zugriff: 22.04.2004]

IVW-Verfahren. Definition. Bedeutung, Erklärung im Lexikon. http://www.net-lexikon.de/IVW-Verfahren.html [Letzter Zugriff: 13.05.2004]

Jakob, Alexander (2002): Möglichkeiten und Grenzen der Triangulation quantitativer und qualitativer Daten am Beispiel der (Re-)Konstruktion einer Typologie erwerbsbiographischer Sicherheitskonzepte [69 Absätze]. Forum Qualitative Sozialforschung [Online Journal], 2(1). http://qualitative-research.net/fqs/fqs.htm [Letzter Zugriff: 22.02.2002]

JMStV – Staatsvertrag über den Schutz der Menschenwürde und den Jugendschutz in Rundfunk und Telemedien (Jugendmedienschutz-Staatsvertrag) (2003). In: Bundesarbeitsgemeinschaft Kinder- und Jugendschutz e.V. (Hrsg.): Die Ordnung der Medienkontrolle in Deutschland. Das neue System – Die neuen Regelungen. [Reihe: argumente 3] Berlin: BAJ e.V., S. 168-191

jugendschutz.net (Hrsg.) (2002): Gewalt(spiele) im Internet. Gewaltdarstellungen im Internet. Mainz. http://www.jugendschutz.net

Jugendschutz.net beanstandete mehr als 819 deutsche Online-Anbieter (04.04.2003). In: Heise. http://www.heise.de/newsticker/meldung/35898

Junior.TV GmbH & Co. KG./ Junior Channels. EM.TV Quartalsbericht 2/2003 und 3/2003, http://www.em-ag.de/dasat/index.php?cid=100177

Kinderkampagne: Musterklage gegen Kellogg's wegen der Werbeaktion „Kellogg`s Frosties für Schulsport" (07./12.11.2003). Hrsg.: Verbraucherzentrale Bundesverband e.V. (vzbv), Berlin, http://themen.kinderkampagne.de/front_content.php?client=2&lang=2&idcat=23&idside=57 [Letzter Zugriff: 02.05.2004]

Kinder und Internet – Herausforderungen des Internets. http://www.net-consumers.org /erica/policy/challengesde.htm [Letzter Zugriff: 29.04.2004]

Kinder werden vermehrt Opfer von Internetdialern. http://www.tariftip.de/rubrik/4930 /0/Kinder+werden+vermehrt+Opfer+von+Internetdialern+htm [Letzter Zugriff: 22.04.2004]

KJM Kommission für Jugendmedienschutz. http://www.blm.de, Rubrik: Jugendschutz [Letzter Zugriff: 13.05.2004]

Klöckner, Christian (2003): Expect the unexpected. Using Questionnaires on Children between 9 and 14 years – Six Years of Experiences on the LBS-Kinderbarometer NRW. In: Deutsches Jugendinstitut (Hrsg.): Multinational project: Measuring and monitoring childrens well-being. Methods and techniques in child research in international comparison. Tagungsdokumentation. München, o.S.

Kobbeloer, Michael (2002): Internetkompetenz für ErzieherInnen – Notwendigkeit oder pädagogische Hysterie? http://www.kobbeloer.de

Kommission der Europäischen Gemeinschaften (28.5.2002): Mitteilung der Kommission an das Europäische Parlament, den Rat, den Wirtschafts- und Sozialausschuss und den Ausschuss der Regionen: eEurope 2005: Eine Informationsgesellschaft für alle. Aktionsplan zur Vorlage im Hinblick auf den europäischen Rat von Sevilla am 21./22. Juni 2002. Brüssel: Kommission der Europäischen Gemeinschaften

Kommission der Europäischen Gemeinschaften (28.3.2001): Mitteilung der Kommission an den Rat und an das europäische Parlament: Aktionsplan eLearning. Gedanken zur Bildung von morgen. Brüssel: Kommission der Europäischen Gemeinschaften

Krempl, Stefan (18.05.2001): Neue Kindersicherung fürs Netz. In: Telepolis, http://www.heise.de/tp/deutsch/inhalt/te/7660/1.html

Krotz, Friedrich/ Hasebrink, Uwe/ Lindemann, Thomas/ Reimann, Fernando/ Rischkau, Eva (1999): Neue und alte Medien im Alltag von Kindern und Jugendlichen. Hamburg: Hans-Bredow-Institut

Kübler, Hans-Dieter (1999): Medienkompetenz – Dimensionen eines Schlagwortes. In: Schell, Fred/ Stolzenburg, Elke/ Theunert, Helga (Hrsg.): Medienkompetenz. Grundlagen und pädagogisches Handeln. München: KoPäd, S. 25-47

Landeshauptstadt München/ SIN Studio im Netz (Hrsg.) (2001): Multimedia-Landschaften für Kinder. München

Leistungskontrolle von Werbeträgern im Internet. Einbindung SZM-Tag (18.09.2002). http://www.ivwonline.de/messverfahren/szm-tag.php [Letzter Zugriff: 07.05.2004]

Livingstone, Sonia (2001): Children Online. Emerging Uses of the Internet at Home. The Journal of the Institution of British Telecommunications Engineers (IBTE), vol. 2, part 1, p. 57-63

Livingstone, Sonia/ Bovill, Moira (Hrsg.) (2001): Children and Their Changing Media Environment. A European Comparative Study. Mahwah, New Jersey/ London: Lawrence Erlbaum Associates, Publishers

Livingstone, Sonia (2004): Internetkompetenz – Entwicklung und Grundzüge: Beobachtungen der Internetnutzung bei Kindern. In: Lauffer, Jürgen (Hrsg.): In 8 Sekunden um die Welt. Reihe: Schriften zur Medienpädagogik 35, S.101-118

Mattusch, Uwe (1994): Vermarktung im Kinderfernsehen – zwischen pädagogischen Skrupeln und ökonomischem Gewinnstreben. In Deutsches Jugendinstitut (Hrsg.): Handbuch Medienerziehung im Kindergarten. Teil 1: Pädagogische Grundlagen. Opladen: Leske+Budrich, S. 540-550

Mayring, Philipp (1996): Einführung in die qualitative Sozialforschung. Weinheim: Psychologische Verlagsunion

Medienpädagogischer Forschungsverbund Südwest (Hrsg.) (1999): Kinder und Medien 1999. Kernergebnisse 11. Oktober 1999. Baden-Baden: Medienpädagogischer Forschungsverbund Südwest

Medienpädagogischer Forschungsverbund Südwest (Hrsg.) (2001): KIM-Studie 2000 – Kinder und Medien, Computer und Internet. Basisuntersuchung zum Medienumgang 6- bis 13-Jähriger in Deutschland. Baden-Baden: Medienpädagogischer Forschungsverbund Südwest

Medienpädagogischer Forschungsverbund Südwest (Hrsg.) (2002): KIM-Studie 2002 – Kinder und Medien, Computer und Internet. Basisuntersuchung zum Medienumgang 6- bis 13-Jähriger in Deutschland. Baden-Baden: Medienpädagogischer Forschungsverbund Südwest

Medienpädagogischer Forschungsverbund Südwest (Hrsg.) (2003): KIM-Studie 2003 – Kinder und Medien, Computer und Internet. Basisuntersuchung zum Medienumgang 6- bis 13-Jähriger in Deutschland. Baden-Baden: Medienpädagogischer Forschungsverbund Südwest

Medienpädagogischer Forschungsverbund Südwest (Hrsg.) (2003a): Lehrer/-innen und Medien 2003. Nutzung, Einstellungen, Perspektiven. Baden-Baden: Medienpädagogischer Forschungsverbund Südwest

Medienpädagogischer Forschungsverbund Südwest (Hrsg.) (2004): JIM 2003 (Jugend, Information, Multimedia). Aktuelle Daten zum Medienumgang der 12- bis 19-Jährigen in Deutschland. http://www.mpfs.de/studien/jim/jim03.pdf [Letzter Zugriff: 8.6. 2004]

Monssen-Engberding, Elke (2003): Das Jugendschutzgesetz – Umsetzung in die Praxis. In: Bundesarbeitsgemeinschaft Kinder- und Jugendschutz e.V. (Hrsg.): Die Ordnung der Medienkontrolle in Deutschland. Das neue System – Die neuen Regelungen. [Reihe: argumente 3] Berlin: BAJ e.V., S. 20-29

Netzwerk. Mitglieder. http://www.seitenstark.de/netzwerk.htm [Letzter Zugriff: 13.5.2004]

Neuer Internetzugang „talknet junior“ schützt automatisch vor nicht kindgerechten Inhalten (11.01.2003). In: aboutIT – Internet, http://www.aboutit.de/03/01/03.html [Letzter Zugriff: 18.04.2004]

Neuß, Norbert (2002): Screenrecording. Evaluation der Rezeption von Neuen Medien. In: medien praktisch, Heft 2, S.21-25

Nikles, Bruno/ Roll, Sigmar/ Spürck, Dieter/ Umbach, Klaus (2003): Jugendschutzrecht. Kommentar zum Jugendschutzgesetz (JuSchG) und zum Jugendmedienschutz-Staatsvertrag (JMStV) mit Erläuterungen zur Systematik und Praxis des Jugendschutzes. München: Luchterhand

Oevermann, Ulrich (2002): Klinische Soziologie auf der Basis der Methodologie der objektiven Hermeneutik – Manifest der objektiv hermeneutischen Sozialforschung. In: Institut für Hermeneutische Sozial- und Kulturforschung e.V. (Hrsg.), http://www.ihsk.de, Rubrik: Manuskripte [Download]

Online-Entertainment wird zum Wachstumsmarkt (22.03.2004 – dp). In: W&V Onlinemagazin für Marketing, Werbung, Medien und Business. http://www.wuv.de/news/artikel/2004/03/27516/index.html [Letzter Zugriff: 29.03.2004]

Online-Nutzungsdaten der IVW. Datenbank. http://www.infonline.de/ivwausweisung/suchen.htm [Letzter Zugriff: 13.05.2004]

Orthmann, Claudia (2000): Kommunikation von Kindern im Internet. In: Diskurs, Heft 1, 28-31
Orthmann, Claudia (2004): Strukturen der Chat-Kommunikation. Konversationsanalytische Untersuchung eines Kinder- und Jugendchats. Digitale Dissertationen. Darwin: FU Berlin. http://www.dis.fu-berlin.de/2004/78/index.html
Otto, Hans-Uwe/ Kutscher, Nadja/ Cleppien, Georg (2003): Die digitale Bildungskluft als Herausforderung für die Pädagogik. Zugangsformen und Nutzungsqualität sozialstrukturell benachteiligter Gruppen im Internet. In: Internationaler Jugendaustausch- und Besucherdienst der BRD (IJAB) e.V. (Hrsg.): Forum Jugendarbeit International. Münster: Votum Verlag, S. 262-283
Otto, Hans-Uwe/ Kutscher, Nadja/ Klein , Alexandra/ Iske, Stefan (2004): Soziale Ungleichheit im virtuellen Raum: Wie nutzen Jugendliche das Internet? http://www.bmfsfj.de/RedaktionBMFSFJ/Abteilung5/Pdf-Anlagen/jugend-internet-kurzfassung,property=pdf.pdf
OuterMedia (18.11.2002): Executive Summary der Oscar eContent Studie 2002. Umfragen zur Internet-Nutzung von Kindern im Alter von 6-13 in Belgien, Deutschland, den Niederlanden und Schweden. http://www.outermedia.de
OuterMedia (18.07.2002): Results of the Oscar eContent Study 2002. Survey of the internet use of children aged 6-13 in Belgium, Germany, the Netherlands and Sweden. http://www.outermedia.de
Pressemitteilung der KJM (22.12.2003): Altersverifikationssystem für Erotic Media und Blue Movie erfüllt gesetzliche Anforderungen an geschlossene Benutzergruppe. Kommission für Jugendmedienschutz (KJM) (Hrsg.). http://www.alm.de/gem_ stellen/presse_kjm/pm/221203.htm [Letzter Zugriff: 17.05.2003]
Rating und Filtering. http://www.jugendschutz.net [Letzter Zugriff: 13.05.2004]
Rijke, Johann de (2004): Internetnutzung an der Grundschule. In: http://www.dji.de /www-kinderseiten/default.htm
Ring, Wolf-Dieter (2003): Die Kommission für Jugendmedienschutz. In: Bundesarbeitsgemeinschaft Kinder- und Jugendschutz e.V. (Hrsg.): Die Ordnung der Medienkontrolle in Deutschland. Das neue System – Die neuen Regelungen. [Reihe: argumente 3] Berlin: BAJ e.V., S. 30-37
Ruckert, Florian (30.09.2003): Kriterien für die Spot- bzw. Contentgestaltung. http://www.ip-deutschland.de/data/Kinderwelten6_Online-Werbewirkungsstudie_kurz.pdf [Letzter Zugriff: 06.05.2004]
Schäfer, Eva (2000): Lernwelten für Kinder im Internet. Eine Fallstudie. In: Marotzki, Winfried/ Meister, Dorothee M./ Sander, Uwe (Hrsg.): Zum Bildungswert des Internet. Opladen: Leske + Budrich, S. 317-340
Schindler, Friedemann (2003): Kann man Kinder mit dem ICRA-Filter wirklich unbesorgt ins Netz lassen? In: tv diskurs, Ausgabe 24, April 2003, S. 66-69
Schmidt, Bernd/ Tippelt, Rudolf (2004): Multimediale Lernangebote und ihre Eignung für Jugendliche. In: Tully, Claus J. (Hrsg.): Verändertes Lernen in der Informationsgesellschaft. Organisierter und informeller Kompetenzerwerb Jugendlicher. Wiesbaden: Verlag Sozialwissenschaften [im Druck]
Schorb, Bernd (1995): Medienalltag und Handeln. Medienpädagogik in Geschichte, Forschung und Praxis. Opladen: Leske + Budrich
Schründer-Lenzen, Agi (1997): Triangulation und idealtypisches Verstehen in der (Re-) Konstruktion subjektiver Theorien. In: Friebertshäuser, Barbara/ Prengel, Annedore

(Hrsg.): Handbuch der Qualitativen Forschungsmethoden in der Erziehungswissenschaft. Weinheim und München: Juventa, S. 107-117

Schulenburg, Sophie (22.03.2004): Räuberische Dialer werden immer dreister. Einwahlprogramme nisten sich unbemerkt auf dem Computer ein und verursachen hohe Telefonkosten In: Berliner Morgenpost/ Wirtschaft, http://morgenpost.berlin1.de /archiv2004/040322/wirtschaft/story667451.html [Letzter Zugriff: 16.04.2004]

Schweiger, Wolfgang (2001): Hypermedien im Internet. Nutzung und ausgewählte Effekte der Linkgestaltung. (Reihe: Internet Research, Band 3). München: R. Fischer

Schweitzer, Otto (2003): Wir sind drin. Kinder im Internet. Ein Film in acht Begegnungen. VHS-Video in der Reihe: Filmcurriculum „Wissen und Bindung", 45 Minuten, München: Deutsches Jugendinstitut

Secrist, Cory/ Koeyer, Ilse de/ Bell, Holly/ Fogel, Alan (2002): Combining digital Video Technology and Narrative Methods for Understanding Infant Development [43 paragraphs]. Forum Qualitative Sozialforschung [Online Journal], 3(2). http://www.qualitative-research.net /fqs/fqs-eng.htm [Date of access: July, 04, 2002]

Seib, Sibylle (2004): Internet-Recherche von Grundschulkindern. In: Kleinberger-Günther, Julia/ Wagner, Franc (Hrsg.). Neue Medien – Neue Kompetenzen? Frankfurt am Main: Peter Lang GmbH, Europäischer Verlag der Wissenschaften, S.166-178

Sicherheitstipps für Kinder im Internet. In: Die Blinde Kuh. http://www.blinde-kuh.de /fbitips.html [Letzter Zugriff: 17.05.2004]

Spiel- und Lernwelt KAMBA (2004). T-Online – Dienste – Paket-Angebote – Familienpaket. http://service.t-online.de/c/10/27/27/1027270.html [Letzter Zugriff: 11.3.2004]

Spiel- und Lernwelt KAMBA kooperiert mit Kinder-Brockhaus. T-Online-Pressemitteilung (8.1.2004). http://www.t-online.net/c/14/45/91/1445918.html

Spürck, Dieter (2003): Zur neuen Systematik im Jugendmedienschutzrecht. In: Bundesarbeitsgemeinschaft Kinder- und Jugendschutz e.V. (Hrsg.): Die Ordnung der Medienkontrolle in Deutschland. Das neue System – Die neuen Regelungen. [Reihe: argumente 3] Berlin: BAJ e.V., S. 38-57

Statistisches Bundesamt Deutschland (2002): Budget und Ausstattung privater Haushalte. Ausstattung privater Haushalte mit Informationstechnik 1999-2001. Wiesbaden: Statistisches Bundesamt

Statistisches Bundesamt Deutschland (2003): Ausstattung privater Haushalte mit Informations- und Kommunikationstechnik 2000-2002. Deutschland, Früheres Bundesgebiet, Neue Länder und Berlin-Ost. Aktualisiert am 27.05.2003. http://www.destatis.de/ themen/d/thm_haushalt.htm

Statistisches Bundesamt Deutschland (2003): Ausstattung privater Haushalte mit Informations- und Kommunikationstechnik. Ergebnis der Einkommens- und Verbrauchsstichprobe 1998 und 2003. Aktualisiert am 24.11.2003. http://www.destatis.de/themen/d/ thm_haushalt.htm, Thema: Ausstattung privater Haushalte mit ausgewählten langlebigen Gebrauchsgütern/ Link: Ausstattung privater Haushalte mit Informationstechnik

Stiftung digitale Chancen (Stand: 10.3.2004): Datenbank: Internetzugangs- und Lernorte. Berlin/ Bremen. http://www.digitale-chancen.de (und persönliche Auskünfte)

Super RTL Mediadaten (März 2004): Keyfacts. http://www.toggo.de/mediadaten/pdf /mediadaten_lang/mediadaten_lang.pdf [Letzter Zugriff: 11.05.2004]

Super RTL Medienforschung (März 2003): Die kindliche Mediennutzung. Aktuelle Entwicklungen. http://www.ip-deutschland.de/data/Kinderwelten1_Guth-Schulte_kind liche_Mediennutzung.pdf [Letzter Zugriff: 11.05.2004]

Testzentrale Online, Göttingen. Hogrefe-Verlag GmbH & Co. KG Göttingen. http://www.testzentrale.de

Theunert, Helga (1999): Medienkompetenz: Eine pädagogische und altersspezifisch zu fassende Handlungsdimension. In: Schell, Fred/ Stolzenburg, Elke/ Theunert, Helga (Hrsg.): Medienkompetenz. Grundlagen und pädagogisches Handeln. München: KoPäd, S. 50-59

Theunert, Helga/ Wagner, Ulrike (Hrsg.) (2002): Medienkonvergenz: Angebot und Nutzung. Eine Fachdiskussion veranstaltet von BLM und ZDF. BLM-Schriftenreihe, Band 70, München: Fischer

Thielmann, Bodo/ Sieprath, Stephan/ Kaiser, Stephan (o.J.): Porträt: Bertelsmann Content Network – Synergien und Neugeschäfte für ein „Content Powerhouse". http://www.ku-eichstaett.de/Fakultaeten/WWF/Lehrstuehle/OP/about/mitarbeiter/STK/forschungstk/Sections/content/Artikel_Content_Syndication.pdf [Letzter Zugriff: 13.5.04]

TNS Emnid/ Initiative D21 (Hrsg.) (Juni 2003): (N)ONLINER Atlas 2003. Eine Topographie des digitalen Grabens durch Deutschland. http://www.nonliner-atlas.de/dyntemp/NONLINER-Atlas2003_TNS%20Emnid_InitiativeD21.pdf

T-Online (Hrsg.): Kamba – Elterninformation – Kosten. http://kamba.t-online.de/kamba/index.php?open=homepage [Letzter Zugriff: 01.06.2004]

T-Online startet Games on Demand-Angebot für Kinder mit großem Nikolaus-Schnupperangebot. Pressemitteilung (5.12.2003). In: T-Online-Presse. http://www2.t-online.net/dyn/c/13/28/86/1328860.html [Letzter Zugriff: 8.4.2004]

Verhaltenskodex für Telefonmehrwertdienste. Fassung vom 19.12.2003, geändert durch Beschluss der Verhaltenskodexkommission des Freiwillige Selbstkontrolle Telefonmehrwertdienste e.V. (FST), vom 22. Januar 2004, Düsseldorf. http://www.fst-ev.de/upload/verhaltenskodex.pdf

Vogelgesang, Waldemar (2004): „LAN-Partys: Zwischen jugendkultureller Selbstbestimmung und informellem Lernen". In: Tully, Claus J. (Hrsg.): Verändertes Lernen in modernen technisierten Welten. Organisierter und informeller Kompetenzerwerb Jugendlicher. Wiesbaden: Verlag Sozialwissenschaften [im Druck]

Vollbrecht, Ralf (1996): Wie Kinder mit Werbung umgehen. Ergebnisse eines DFG-Forschungsprojektes. In: Media Perspektiven, Heft 6, S. 294-300

Vollbrecht, Ralf (2001): Einführung in die Medienpädagogik. Weinheim: Beltz

Wagner, Ulrike (2002): Fernseh-Internet-Konvergenz: Was fangen Heranwachsende damit an? Ergebnisse einer Explorationsstudie im Auftrag von BLM, IZI und ZDF. In: Theunert, Helga/ Wagner, Ulrike (Hrsg.): Medienkonvergenz: Angebot und Nutzung. Eine Fachdiskussion veranstaltet von BLM und ZDF. BLM-Schriftenreihe Band 70, München: Reinhard Fischer, S.15-71

Wagner, Ulrike/ Theunert, Helga/ Gebel, Christa/ Lauber, Achim (2004): Zwischen Vereinnahmung und Eigensinn – Konvergenz im Medienalltag Heranwachsender. BLM-Schriftenreihe Band 74. München: Reinhard Fischer

Weiß, Rudolf H. (1998): Grundintelligenztest Skala 2 CFT 20. Mit Wortschatztest (WS) und Zahlenfolgentest (ZF). Göttingen u.a.: Hogrefe, 4. überarbeitete Auflage

Werbeformen im Internet. http://www.mediensprache.net/de/werbesprache /internet /formen/index.asp [Letzter Zugriff: 02.05.2004]

Werbeformen Super RTL (2004). http://www.toggo.de/werbung/index.htm [Letzter Zugriff: 06.05.2004]

Werberichtlinien (1997): Gemeinsame Richtlinien der Landesmedienanstalten für die Werbung, zur Durchführung der Trennung von Werbung und Programm und für das Sponsoring im Fernsehen vom 16. Dezember 1997. In: Landesmedienanstalt Saarland (Hrsg.), http://www.lmsaar.de/bib/rechtsgr/werberili.htm

Zimmermann, Bernd: Internet und WWW-Kurs. (Stand: 24.03.2004). http://www.www-kurs.de

Verzeichnis der Abbildungen und Tabellen

Verzeichnis der Websites

Im Verzeichnis sind alle zitierten Kinderwebsites aufgelistet und die Websites, die von den Kindern im Verlauf der Studie besucht wurden. Im Text wurden diese im Unterschied zu den Internetquellen im Literaturverzeichnis ohne den Hinweis auf das Transferprotokoll (http://) ausgewiesen.

www.addy.de: Coktel Verlag
www.affenterz.de: Terzio Verlag
www.artattack.co.uk:: The Media Merchants Television Company Limited
www.athens2004.com: International Media Desk – Organising Committee for the Olympic Games
www.autolernwerkstadt.de: Volkswagen AG
www.barbie.de: Mattel GmbH
www.benjaminbluemchen.de: KIDDINX Online GmbH
www.bibiblocksberg.de: KIDDINX Online GmbH
www.bibiundtina.de: KIDDINX Online GmbH
www.bielewelt.de: Portal des Bielefelder Jugendring e.V.
www.bildungsserver.de: Koordination: Deutsches Institut für Internationale Pädagogische Forschung, Frankfurt/Main
www.blinde-kuh.de: Blinde Kuh
www.bmu-kids.de: Bundesumweltministerium – Kinderseiten
www.bmz.de/kids/index.html: Bundesministerium für wirtschaftliche Zusammenarbeit und Entwicklung
www.bravo.de: Heinrich Bauer Zeitschriften Verlag KG
www.britneyspears.de: BMG Deutschland GmbH
www.br-kinderinsel.de: Bayerischer Rundfunk
www.brosis.de: Cheyenne Records GmbH
www.bundeskanzler.de/Kanzler-fuer-Kids-7695.htm: Bundeskanzleramt
www.bundesrat.de/politix: (vom Netz)
www.cedysworld.com: DaimlerChrysler AG
www.cheats.de: Cheats-Seite – Net2Day Media GmbH & Co. KG
www.creatures.de: Mummy's Creatures
www.datcadogs.de: Hilfe für Straßentiere von Datca e.V.
www.denkmal-mit-pfiff.de: Deutsche Stiftung Denkmalschutz
www.desperado.de: Päffgen GmbH
www.desperados.de: Spellbound Entertainment AG
www.desperado.com: Fan-Webseite über Musik
www.desperados.com: NetIdentity
www.diddl.de: Depesche Vertrieb GmbH & Co. KG
www.die-maus.de: Westdeutscher Rundfunk Köln
www.disney.de: Disney
www.eduvinet.de/mallig/bio/programe/koerper5.htm: ABC des Körpers – Ein Unterrichtsprogramm für die Unterstufe
www.europa4young.de: Hannelore Figna (Autorin) in Kooperation mit ZUM Internet e.V.
www.europaquiz.org: Europäische Union
www.fairad.de: FairAd AG
www.fcbayern.de: FC Bayern München
www.fliegmalweg.de: Lars Heuer
www.4kidz.de/index_st.html: (vom Netz)
www.foxkids.de: Fox Kids Germany GmbH
www.funonline.de: Ehapa-Verlag
www.geo.de: Gruner + Jahr AG & Co. KG
www.geo.de/geolino: Gruner + Jahr AG & Co. KG
www.goere.de: (vom Netz)
www.hanisauland.de: Bundeszentrale für politische Bildung
www.hotrobot.de: Subdomain Service – Twin-Server online
www.hp-fc.de: Harry-Potter-Fanclub
www.htmling.net: HTMLing.net – HTML, CSS, PHP, Flash (von Claudia Schaffarik und Andreas Unkelbach
www.100tiere.de: Copyright: Franckh-Kosmos Verlags-GmbH & Co
www.iceagemovie.com: Fox and its related entities
www.internet-abc.de: Bertelsmann
www.janosch.de: BAVARIA SONOR Musikverlag und Merchandising GmbH
www.jugendserver.de: Bundesministerium für Familie, Senioren, Frauen und Jugend
www.juniornet.de: Arcor JuniorNet Club
www.kabelsalat.tv: Greenpeace energy eG

www.kamba.de: T-Online International AG
www.kazibao.de: Kazibao (vom Netz)
www.kellogg.de: Kellogg Deutschland GmbH
www.kicker.de: Olympia-Verlag GmbH
www.kico4u.de: Website-Owner: Nicola Jayne Dökel (geb. Dixon)
www.kiddinx.de: KIDDINX Online GmbH
kids.greenpeace.de: Greenpeace e.V.
www.kidsville.de: Kidsville
www.kika.de: Angebot des Kinderkanals von ARD/ZDF im Internet
www.kiku.at: Die Online Plattform des Print KiKu
www.KinderCampus.de: Cobra.Youth Communications GmbH
www.kinderclub.de: Subdomain Service – TwinServer online (hotrobot.de)
www.kinder-hauptstadt.de: Deutsches Kinderhilfswerk e.V.
www.kinderkampagne.de: vzbv Verbraucherzentrale Bundesverband e.V.
www.kinderlexikon.de: Das Kinderlexikon der Astrid-Lindgren Schule Gummersbach
www.kinderministerium.de: Ministerium für Gesundheit und Soziales des Landes Sachsen-Anhalt
www.kindermuseum.de: ATLANTIS Kindermuseum – Stiftung Deutsches Kindermuseum
www.kindernetz.de: SWR
www.kindernetz-hamburg.de: Jugendinformationszentrum Hamburg
www.kindersache.de: Deutsches Kinderhilfswerk e.V.
www.kinderuni-oldenburg.de: KinderUniversität Oldenburg
www.klett-training.de: Klett Verlag
www.kraetzae.de: Netzwerk Spiel/Kultur Prenzlauer Berg e.V.
www.learnetix.de: Cornelsen Verlag
www.lego.de: Die LEGO Gruppe
www.lehrer-online.de: Schulen ans Netz e.V.
magic-kinder.com: Kinderseite der Ferrero oHG mbH
www.mercedes-benz.com/omb/d/about/kids/: DaimlerChrysler
www.metager.de: Ein Service des RRZN & RVS, Universität Hannover
www.mininetz.de: Deutsche Internet AG
www.nationalgeographic-world.de: NATIONAL GEOGRAPHIC WORLD
www.no-angels.tv: No Angels (Teenie-Band)
www.physikforkids.de: Carl von Ossietzky Universität Oldenburg
www.pimkie.de: Framode GmbH
www.pixelkids.de: Online-Agentur Point Up
www.pokemon.de: Pokemon – Nintendo
www.pomki.de: Landeshauptstadt München
www.portalmix.com: Portalmix
www.realrobots.de: DeAgostini Deutschland GmbH
www.sat1.de/ran: Im Auftrag der Sat.1 SatellitenFernsehen GmbH produziert von der SevenOne Intermedia GmbH
www.schuelerweb.de: Ulrich Meyer GmbH & Co KG
www.sowieso.de: Sowieso-Pressebüro GbR
www.talknetjunior.de: talknet GmbH
www.tcberlinbe.de/tr/cocuk/index.htm: Türkische Botschaft Berlin
www.tivi.de: TIVI – Kinderseiten des ZDF
www.toggo.de: Toggo – Super RTL
www.t-online.de/god-kids: T-Online International AG
www.tsv1860.de: TSV München von 1860 GmbH & Co.
www.umweltdaten.de/kinder/index.htm: Umweltbundesamt
www.uni-fuer-kinder.de: Carl von Ossietzky Universität Oldenburg, Fachbereich Mathematik
www.uni-trier.de/kinderuni: Kinderuni der Universität Trier
www.uni-tuebingen.de/uni/qvo/kinderuni-2003/kiu03-01.html: Die Kinderuni der Eberhard-Karls-Universität Tübingen
www.vivazzi.de: Under Construction
www.vuz-web.de: VUZ – VirtuellesUmweltbildungsZentrum
www.wasistwas.de: Ragnar Tessloff GmbH & Co.KG
www.wdr5.de/lilipuz: Westdeutscher Rundfunk Köln
www.wdrmaus.de: Westdeutscher Rundfunk Köln
www.wea.de/sasha: Warner Music Group Germany Holding GmbH New Media & Market Research
www.wissen.swr.de/sf/begleit/bg0051/eu_child.htm: SWR PG-Multimedia
www.zap.eun.org: European Collaborative Environment

Anhang

I. Technikgestützte teilnehmende Beobachtung

Studien zur Nutzung neuer Technologien, insbesondere von Kindern, erfordern neue Erhebungstechniken. Verschiedene Erhebungsinstrumente im Umfeld qualitativer Studien zur Computer- und Internetnutzung wurden recherchiert und auf ihre Verwendbarkeit für die Aufzeichnung von Internetbesuchen der Kinder geprüft. Mit Tonaufnahmen ist es zwar möglich, kommentierende Äußerungen bzw. das „laute Denken" während der Internetbesuche aufzuzeichnen (vgl. DFG-Projekt Holly/Habscheid 1997, 2000; Schweiger 2001), aber um das Internethandeln der Kinder zu dokumentieren und zu verstehen, sind Gesprächsprotokolle unzureichend. Zudem würden jüngere Kinder durch die Aufforderung überfordert, ihre Internetaktivitäten parallel zu kommentieren, und in ihrer Konzentration gestört. Mit Logfiles können sowohl die aufgerufenen Internetadressen (URLs) als auch die Aufenthaltsdauer auf einer Website herausgefunden werden (vgl. Orthmann 2001). Anhand dieser Aufzeichnungen kann jedoch nicht festgestellt werden, was das Kind auf der einzelnen Seite betrachtet hat, und es ist nur dann möglich herauszufinden, welche Unterseiten einer Website ein Kind besucht hat, wenn diese jeweils eine eigene Adresse haben. Videoaufzeichnungen über die AV-Schnittstelle am Computer, wie sie in Projekten zur Nutzung von Computerspielen von Kindern vorgenommen wurden (vgl. Aufenanger 2000, Neuß 2002), führen bei Internetaufzeichnungen – schließlich liegt der Inhalt nicht auf CD-ROM geschrieben vor – zu mangelhaften Ergebnissen (vgl. Pretest, Pkt. 3). Folglich betritt man mit den Fragestellungen zur Internetnutzung von Kindern nicht nur medienpädagogisches, sondern auch erhebungstechnisches Neuland. Letzteres wird auch durch das Projekt „Nutzung von fernsehkonvergenten Internetangeboten durch Kinder und Jugendliche (KoFeIn)" bestätigt, das mit ähnlichen erhebungstechnischen Problemen zu kämpfen hatte und eine ähnliche Lösung fand (vgl. Wagner 2002). Im Folgenden wird beschrieben, mit welchen technischen Hilfsmitteln die teilnehmende Beobachtung realisiert und wie die Untersuchung aufgebaut wurde (1); wie die Daten zur Auswertung aufbereitet und gesichert wurden (2). Schließlich werden einige der Erfahrungen aus dem Pretest dargelegt (3) und Probleme des Datenschutzes erörtert (4).

1 Aufzeichnung der Beobachtungen

1.1 Technische Hilfsmittel: Geräte und Software

Geräte und Software: Verwendet wurde ein Notebook mit einem 15-Zoll-Monitor, eine externe Maus und externe Lautsprecher sowie eine digitale Videokamera mit Außenmikrophon, befestigt auf einem Stativ. Die Bildschirmgröße ist wichtig, da die derzeit häufig auf Kinderwebsites verwendeten Pop-Ups (z.B. bei Spielen) auf kleineren Bildschirmen nicht vollständig sichtbar sind, folglich Spiele dieses Formats von den Kindern nicht bedient werden können. Erwähnenswert ist in diesem Zusammenhang auch, dass einige der Websites nur scheinbar auf eine Bildschirmauflösung von 800 x 600 Pixel ausgelegt sind, die Pop-Ups benötigen in der Regel eine Auflösung von 1024 x 768 Pixel. Auf dem Notebook befanden sich die gängigen Browser (Internet Explorer, Netscape Navigator) mit den zur Zeit aktuellen Plug-Ins (z.B. Flash, Shockwave, Acrobat Reader). Zur Flexibilität des Einsatzes an verschiedenen Orten wurden Internetzugänge über Analogmodem, ISDN-Modem und Ethernet-Card, des Weiteren ein über das Web erreichbarer E-Mail-Account „Internetprojekt" auf dem DJI-Mailserver eingerichtet. Freemail-Angebote, wie z.B. das als seriös geltende Freemail-Angebot von Web.de, konnten aufgrund der zum Untersuchungszeitpunkt angebotenen Erotiklinks – vor dem Einloggen oder nach dem Ausloggen aus dem persönlichen Mail-Account – nicht genutzt werden. Zur Aufzeichnung der Bildschirmaktivitäten der Kinder wurde die Software „WinCorder" installiert. Aufgrund der Erfahrungen aus den Pretests (vgl. 3) wurde die Aufzeichnungszeit auf die Länge eines DV-Bandes von 60 Minuten begrenzt. Da die Standarduhr im Notebook nur Stunden und Minuten anzeigt, wurde eine Software mit Stunden, Minuten und Sekundenanzeige installiert, die es erlaubt, den Bildschirmmitschnitt und die Videoaufzeichnung über Echtzeit zu synchronisieren.

Tonaufzeichnung: Der Ton wurde extern als Raumton aufgenommen, um die Computergeräusche, die kommentierenden Anmerkungen des Kindes sowie die Gespräche zwischen Kind und Beobachter gemeinsam auf einer Spur aufzuzeichnen.

Bildschirmaufzeichnung: Das verwendete WinCorder-Programm ist eine Software, die Bildschirmansichten inklusive Mauszeigerbewegungen und Mausklicks als Videodateien mitschneiden kann. Eingestellt werden müssen die Bildschirmauflösung (800 x 600 oder 1024 x 768), die Anzahl der aufzuzeichnenden Frames (3 Bilder pro Sekunde) und die Kompressionsrate (75%). Cursor-Aufzeichnung und die Funktion „Starburst" für die Mausklick-Aufzeichnung müssen aktiviert sowie Pfad und Dateiname zum Speichern des Films angegeben werden. Die Option der Tonaufzeichnung über das WinCorder-Programm war zu deaktivieren, da das WinCorder-Programm bei längerer Aufnahmedauer nicht in der Lage ist, Bild und Ton synchron wiederzugeben, und zudem bei der Datenaufbereitung dann nur eine Tonspur zur Verfügung steht. Zu Beginn jeder Sitzung wurde das WinCorder-Programm gestartet, es lief dann unsichtbar im Hintergrund mit. Wird das Programm nach der Beobachtungsstunde beendet, legt es automatisch eine Videodatei im Format avi (Audio Video Interleave) ab; dies geschieht auch bei Computerabstürzen. Nach einer Aufzeichnungsstunde hat die WinCorder-Datei – in Abhängigkeit vom Design der besuchten Website – eine Größe von 300 bis 500 MB.

1.2 Untersuchungsanordnung

Bereits bei der Untersuchungsanordnung muss die geplante Datenaufbereitung berücksichtigt werden. Um das unter der Datenaufbereitung beschriebene, zusammengeschnittene Auswertungsmaterial zu erhalten (vgl. 2), war erstens bei der Aufnahmeeinstellung zu beachten, dass ca. ein Viertel der Bildfläche am rechten oberen Bildrand frei zu bleiben hatte oder zumindest nicht durch die Aufnahme des Kindes bedeckt wurde. An dieser Stelle sollte im Nachhinein die Einblendung der WinCorder-Aufnahme erfolgen. Zweitens war die Kamera deshalb links vor dem Kind bzw. hinter dem Bildschirm, in einem Winkel von ca. 60 Grad, zu positionieren. Der Abstand zwischen Kind und Kamera war abhängig von der Größe des Raumes. Im Fokus der Aufnahme stand das jeweilige Kind, dabei sollte sowohl Gesicht und Oberkörper, als auch die Handhabung von Tastatur und Maus aufgezeichnet werden. In größeren Räumen war es sogar möglich, das

Kind in der Totalen aufzunehmen, d.h. auch die Beine unter dem Tisch und deren Bewegungen zu erfassen. Der teilnehmende Beobachter, der aus der Kameraperspektive rechts neben dem Kind saß, sollte auf dem Originalvideo mit aufgezeichnet werden, auch wenn sein Konterfei bei der Erstellung des Analysefilms mit der WinCorder-Aufnahme überblendet werden würde. Sollte es bei der Auswertung notwendig werden, das Verhalten des Beobachters genau zu analysieren, kann auf diese Originalfilmaufnahme zurückgegriffen werden.

Abbildung 10: Aufbau der Geräte zur Beobachtung

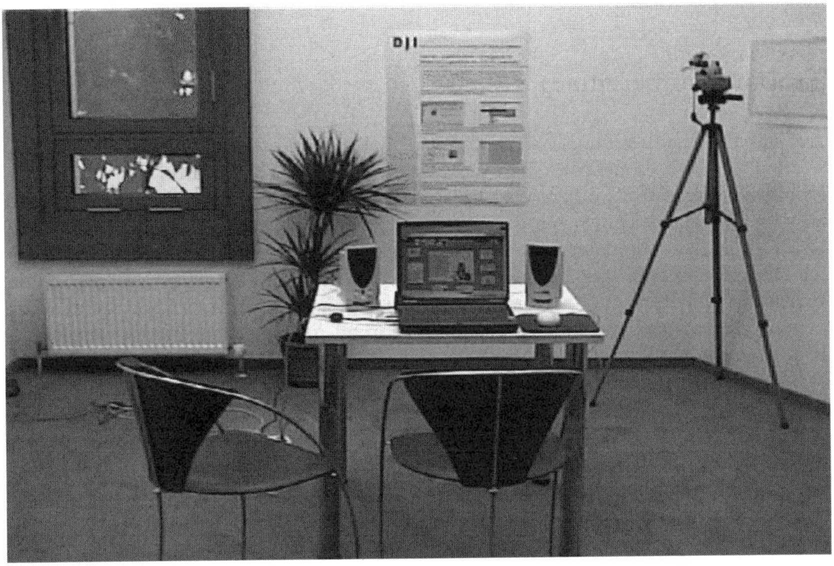

Da die Beobachtungsszenerie relativ statisch ist, weil die Kinder in der Regel vor dem Computer ruhig sitzen bleiben, wurde der Camcorder starr auf einem Stativ befestigt. Dies hat den Vorteil, dass ein wackelfreies Bild entsteht und zweitens kein zweiter Beobachter für die Kameraführung benötigt wird. Wurden mehrere Kinder gemeinsam beobachtet, war jedoch eine weitere Person als „Kameramann" erforderlich, um das jeweils agierende Kind im Fokus zu behalten.

1.3 Technische Probleme und Fehler bei der Durchführung

Obwohl sich die Projektmitarbeiter/-innen in Pretests und auch im Laufe des gesamten Untersuchungsprozesses intensiv mit der Technik auseinandersetzten, konnten technische Pannen nie ganz ausgeschlossen werden. So fehlt bei einzelnen Aufzeichnungen der Ton, weil vergessen wurde, das Mikrophon einzuschalten; hin und wieder hat die Videoaufzeichnung Farbfehler, weil auf den „Weißabgleich" verzichtet wurde, der die Brennweite automatisch an die Lichtbedingungen anpasst. Vereinzelt gab es Probleme mit dem

WinCorder-Programm, die Aufnahme war fehlerhaft oder konnte nicht abgespielt werden. Hingewiesen werden muss auch darauf, dass das Mitschneiden der Bildschirmansichten häufig dazu führt, dass sich die Ladezeiten der Websites erhöhen. Ein nicht zu unterschätzendes Problem ist des weiteren die Konzentration des Beobachters auf die Technik. Es kam vor, dass er die Beobachtungssituation der Lösung antizipierter Probleme unterwarf. Zu nennen sind hier Fehler, wie z.B. der Versuch, Videokamera und WinCorder-Programm parallel einzuschalten, so dass das wichtige Einstiegsgesprächs mit den Kindern nicht aufgezeichnet wurde, oder zwecks einfacherer Verarbeitung des Beobachtungsmaterials die Bildschirmauflösung niedriger einzustellen, wodurch den Kindern die Betrachtung der Website erschwert wurde.

2 Datenaufbereitung

Ziel der Datenaufbereitung war es, einen digitalen Film zu erhalten, in dem die Aufzeichnungen des Camcorders und des WinCorders zeitlich synchron als Zusammenschnitt wiedergegeben werden. Dies hat für die Auswertung den entscheidenden Vorteil, dass die interaktive Dimension des Internetumgangs repliziert wird. Das Verhalten des Kindes vor dem Computer (z.B. Mimik, Gestik, Haptik, Verbalisierung, Lachen) einerseits und die Visualisierung seines Internethandelns auf dem Bildschirm (z.B. angewählte Websites, Cursorbewegung, Mausklicks, E-Mail-Texte, Verlauf von Spielen) andererseits, müssen gemeinsam betrachtet werden können, wenn Aussagen zum Internetumgang der Kinder getroffen werden sollen.

Da das Verhalten der Kinder und nicht die Websites „Forschungsgegenstand“ waren, wurde in das Videobild (3/4 der Bildgröße) die Bildschirmaufzeichnung (1/4 der Bildgröße) eingeblendet. Dafür ist es erforderlich, die beiden digitalen Beobachtungsdokumente, die pro Sitzung parallel aufgezeichnet werden, zu einem einzigen Auswertungsfilm zu schneiden. Dies ist technisch sehr aufwendig und zeitintensiv, denn man arbeitet mit enormen Datenmengen und stößt deshalb schnell an die Grenzen der Technik, die einem Forschungsprojekt in der Regel zur Verfügung steht. Bei einer einstündigen WinCorder-Aufzeichnung entstehen Dateien in der Größe von 300 bis 500 Megabyte, bei der Camcorder-Aufzeichnung ca. 13 Gigabyte. Für die Datenaufbereitung ist deshalb ein weiterer Computer notwendig, denn die Dateien auf dem Notebook, das in der Beobachtungssituation zum Einsatz kommt, müssen aus Platz- und Geschwindigkeitsgründen gelöscht werden, und als Speichermedium für die Videos kommt ein Notebook aus Kapazitätsgründen sowieso nicht in Frage.

2.1 Technische Hilfsmittel: Geräte und Software

Zur Aufbereitung der Daten wurde ein leistungsfähiger Computer verwendet (Dual Prozessor Intel PIII, 512 MB RAM, 80 GB Festplatte, UDMA 100), der mit einer professionellen Videokarte (Pinnacle Card DV 500) und einem speziellen Videobearbeitungsprogramm (Adobe Premiere 6.0) sowie mit einem CD-ROM-Brenner ausgestattet war. Zunächst musste sowohl die Camcorder- als auch die WinCorder-Aufnahme auf den Computer überspielt werden. Während man die Camcorder-Aufzeichnung ganz einfach über die DV-Schnittstelle der Pinnacle Card von der Kamera auf den Computer übertragen kann, empfiehlt sich für den Austausch der Screen-Aufzeichnungen zwischen Notebook und PC die Nutzung eines 100-MBit-Netzes. Letzteres erfordert die Dateigröße, denn als Datenträger sind Disketten überhaupt nicht und CD-ROMs nur sehr eingeschränkt brauchbar. Aufnahme- und Überspielzeit des Videos sind identisch, für das Kopieren und Einfügen der WinCorder-Datei benötigt man nur einige wenige Minuten. Die weitere Bearbeitung der Beobachtungsdokumente erfolgt nun mit dem Videobearbeitungsprogramm. Will man den gesamten Beobachtungsverlauf und nicht nur Ausschnitte dokumentieren, dann ist ein handhabbares Auswertungsdokument nur erhältlich, wenn man Qualitätsverluste in Kauf nimmt, d.h. die Datenmenge reduziert. Schließlich wird noch ein CD-ROM-Brenner mit dazugehöriger Software benötigt, um das Endprodukt für den Auswertungsprozess zu speichern, da auch ein leistungsfähiger PC eine zu geringe Kapazität für die Datenablage hat.

2.2 Materialaufbereitung mit Adobe Premiere 6.0

Die beiden Bildquellen werden in das Videoschnittprogramm auf jeweils eine Videospur importiert. Dort wird die zeitliche Synchronisation über die in den Originalaufnahmen eingeblendete Uhrzeit vorgenommen. Viel einfacher aber ist es, über „Erfahrungswissen" zu synchronisieren, das aus der Beobachtung selbst resultiert. Entscheidende Aktivitäten der Kinder, z.B. können Eingaben von Webadressen in die Kopfzeile des Browsers in beiden Dokumenten ganz einfach erkannt und so die Videospuren aufeinander abgestimmt werden. Danach wird mit der Überblendungsspur festgelegt, wie das „Endbild" aufgeteilt und welcher Film als Überblendung eingespielt werden soll. In unserem Fall ist die WinCorder-Aufzeichnung die Überblendung und nimmt 1/4 der Bildfläche ein, die Camcorder-Aufzeichnung bedeckt 3/4 der Bildfläche, da sich das Augenmerk bei der Auswertung der Daten primär auf das Handeln der Kinder und weniger auf die Analyse der besuchten Websites richten sollte. Anschließend wird der Arbeitsbereich definiert, d.h. es wird festgelegt, zu welchem Zeitpunkt die Aufzeichnung beginnen und zu welchem sie beendet werden soll. Im vorliegenden Fall wurden 15-Minuten-Schritte als Zeitvorgabe genommen, um Ausgabedateien von ca. 500 MB zu erhalten, die (noch) auf CD-ROM speicherbar sind. Folglich entstanden pro Beobachtungsstunde vier Teildokumente. Abschließend wurde die Voreinstellung für den Export des Films modifiziert. Eingestellt werden müssen Bild- und Tonqualität, Framerate (Anzahl der Bilder pro Sekunde), Dateiformat und Kompressor. All diese Einstellungen dienen dazu, den Datenumfang zu reduzieren und das Wiedergabeformat festzulegen. Im vorliegenden Fall wurde die Framerate auf 6 Bilder pro Sekunde festgelegt und die Bildqualität auf 40% reduziert, was zu leichten Farbveränderungen und zu etwas unrunden Bewegungen bei der Bildwiedergabe führte. Beim Ton wurde die optimale Qualität (48 Hertz) verwendet, um die Stimmen der Kinder, der Beobachter sowie die Geräusche und Töne aus dem Computer akustisch verständlich zu halten. Als Dateiformat wurde „Audio Video Interleave" (avi) und als Kompressor der „Cinepak-Codec" verwendet, um die CD-ROMs auch auf dem üblichen Windows-Media-Player abspielen zu können.

Abbildung 11 a: Bildfolge aus der Camcorder-Aufzeichnung

Abbildung 11 b: Bildfolge aus der Screen Corder-Aufzeichnung

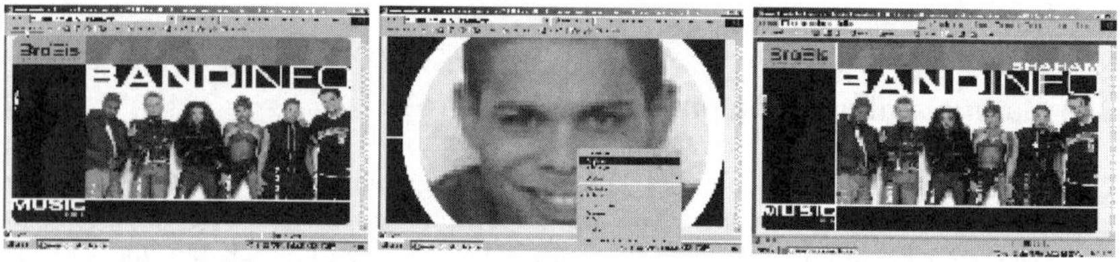

Abbildung 11 c: Bildfolge aus dem Auswertungsfilm

Der Computer benötigt zur Durchführung des Bearbeitungsprozesses einer einzigen Beobachtungsstunde, d.h. für 60 Minuten Beobachtungsmaterial, 10 bis 12 Stunden. Damit fallen pro Kind innerhalb einer Beobachtungswelle 50 bis 60 Stunden Rechnerzeit an, wobei die Betriebsstunden zur Vorbereitung der Endfilme noch nicht eingerechnet sind. Daraus ergibt sich, dass die gewählte Erhebungstechnik und das Verfahren der Datenaufbereitung beim jetzigen technischen Stand nur bei geringen Fallzahlen zu empfehlen ist.

2.3 Datensicherung und Datenverwaltung

Da bei der Datenaufbereitung technische Pannen nicht ausgeschlossen werden können, sind die Originaldaten zu sichern. Von den Camcorder-Aufzeichnungen wurden aus Kostengründen analoge Videokopien angefertigt, die WinCorder-Aufzeichnungen wurden auf CD-ROM gebrannt. Die Aufbewahrung der Originaldokumente hat einen weiteren Vorteil, da sie bei Unklarheiten während der Auswertung gegebenenfalls in ungeschnittener Form und voller Qualität herangezogen werden können, wenn beispielsweise die überblendete Website Text enthält, der für die Interpretation notwendig ist.

Die Endfilme bzw. Auswertungsfilme wurden aus Kostengründen im „Original" verwandt, da sie jederzeit reproduzierbar sind. Sie können, wie bereits erwähnt, wegen ihres Umfangs nicht auf der Festplatte, sondern nur verteilt auf mehrere CD-ROMs gespeichert werden. Zur Verwaltung wurde das Beobachtungsmaterial nach Dokumentenart charakterisiert, außerdem mit Namenskürzeln, Nummer der Beobachtungswelle, Nummer des Beobachtungstages und mit dem Datum versehen.

3 Erfahrungen aus dem Pretest

Der Pretest zur teilnehmenden Beobachtung führte zu entscheidenden Veränderungen gegenüber den ursprünglichen Planungen. Von Beginn an stand fest, dass eine Beobachtung des Umgangs der Kinder mit dem Internet nur mit technischen Hilfsmitteln möglich sein würde. Vorgesehen war – im Unterschied zu der oben beschriebenen Erhebungstechnik – ein analoges Aufzeichnungsverfahren, das vor Ort, also nicht nur in den Horten, sondern auch in der Familie, realisierbar sein sollte. Die Bildschirmmitschnitte sollten über eine Videoschnittstelle (VGA-Adapter) erfolgen, d.h. mit Hilfe eines Videobandes aufgezeichnet und dann mit den Filmaufnahmen der Kinder zusammengeschnitten werden. Entgegen aller Auskünfte, die vor dem Projektentwurf eingeholt worden waren, sind derartige Adapter nicht in der Lage, ein Bild auf Video aufzuzeichnen, das einigermaßen ruhig „steht" und ohne Schaden für die Augen ausgewertet werden könnte. Es ist allenfalls eine direkte und damit „flüchtige" Betrachtung auf dem Fernsehgerät möglich. Technischer Rat wurde einerseits eingeholt, andererseits wurden die verschiedenen Experten aufgefordert, die Lösungsvorschläge in ihren Studios einmal selbst auszuprobieren; das Manko der Erhebungstechnik wurde schließlich bestätigt. Die Abstimmung von analogen und digitalen Signalen bzw. Zeilen- und Pixelformat machte derartige Probleme, dass die oben beschriebene, gänzlich digitale Lösung in Angriff genommen wurde.

Das Experimentieren mit der Erhebungstechnik, d.h. das Festlegen der Aufnahmeprozedur und das Verfahren der Datenaufbereitung, nahm enorm viel Zeit in Anspruch: Zwar war die notwendige Hard- und Software auf dem Markt erhältlich, allerdings lagen so gut wie keine Erfahrungswerte zum Umgang damit vor. Systemabstürze waren einerseits die Regel (z.B. Unverträglichkeit der Pinnacle Card mit dem Motherboard), andererseits konnten keine größeren finanziellen Ausgaben für Geräte getätigt werden, die in der Untersuchung vielleicht nicht zum Einsatz kommen würden. Garantie für das Funktionieren und technischer Support ist nämlich nur dann erhältlich, wenn ein (neuer) Computer gekauft wird, auf dem Hard- und Software vorinstalliert sind.

Zur Lösung von technischen Problemen ist es auf keinen Fall nötig, mit Kindern zu arbeiten, d.h. es ist ausreichend, eine beliebige anwesende Person und einen beliebigen eigenen Internetbesuch aufzuzeichnen, um das notwendige Material zu erhalten. Pretests mit Kindern wurden erst nach der Lösung der technischen Grundprobleme durchgeführt. Vier Kinder unterschiedlichen Alters stellten sich mit Erlaubnis ihrer Eltern für die Tests zur Verfügung. Die Beobachtungen in der Testphase wurden jeweils von zwei Projektmitarbeitern durchgeführt, wobei einer das Kind bei seinen Internetbesuchen begleitete, bei Problemen half und die Kinder zu ihren Aktivitäten befragte, während der andere die Aufnahmetechnik und den Bildausschnitt kontrollierte (Ton- und Lichtverhältnisse; Einstellungen wie Totale, Halbtotale, Zoom; ergonomische Aspekte wie Sitzhöhe und Sitzposition des Kindes).

Die Erfahrungen aus dem Pretest wurden in den Erhebungsablauf integriert. Der technische Aufbau und die Handhabung der Geräte wurden optimiert, so wurde beispielsweise für die jüngeren Kinder eine an kleine Hände angepasste „Kindermaus" beschafft (M-Easy, die Lernmaus für Kinderhände; Fa. Verkom, Bochum). Die Beobachtungsdauer wurde auf 60 Minuten begrenzt, um die Materialflut in Grenzen zu halten. Die Beobachtungsphasen wurden aufgrund der Erfahrungen mit den Internetbesuchen der Kinder vorstrukturiert (vgl. Kap. 2.4). Es zeichnete sich bereits ab, dass das Vorhaben, die Untersuchung in den Familien der Kinder durchzuführen, nicht realisierbar war. Ohne erhebliche Eingriffe in die Computer der Familien hätten die Daten weder aufgezeichnet noch ins Büro transportiert werden können. Während des Pretests stellte sich auch heraus, dass sich die klassische Einzelfallsituation bei der Beobachtung nicht in allen Fällen realisieren lässt. Geschwister gehen gemeinsam ins Internet, die Kinder im Hort mit ihren dortigen Freunden. Folglich konnten die Kinder zur Hauptuntersuchung auf Wunsch Freunde oder Geschwister zur Beobachtung mitbringen. Die Aktivitäten des einzelnen Kindes und die geringere (kommunikative) Bedeutung des Beobachters bei den Internetbesuchen ist durch die audiovisuelle Aufzeichnungen deutlich verfolgbar und damit auch kontrollierbar.

Nach Abschluss des Pretests wurden die Erhebungstechnik und die Methode der Datenaufbereitung sowie deren Qualität in einem Expertenkreis zur Diskussion gestellt. Ziel war es auch, über Auswertungsverfahren zu diskutieren, die dem Material angemessen sind (vgl. Kap. 2.7).

4 Datenschutz

Einzelfallbeobachtungen werfen aufgrund der in der Regel geringen Fallzahlen und der Beschreibung der Besonderheiten der Individuen besondere Probleme für den Datenschutz auf. Eltern, Kindern und Erzieherinnen wurde zugesichert, dass die erhobenen Daten nur zu wissenschaftlichen Zwecken und persönliche Angaben nur in anonymisierter Form genutzt werden. Folglich wurden die Namen der Kinder verändert und die biographischen Angaben auf ein Minimum beschränkt. Die „Querauswertung" der Familieninterviews ist ein weiterer Beitrag zur Anonymisierung. Allerdings wirft das technikgestützte Beobachtungsverfahren, das digitalisiert auf CD-ROM vorliegende Videomaterial, neue Fragen zum Datenschutz auf. Im Unterschied zu Tonbandaufzeichnungen und Beobachtungsrastern, die von den Forschern in narrative Textsequenzen umgesetzt und dadurch interpretativ überformt werden, sind und bleiben die vorliegenden multimedialen Erhebungsmaterialien Originaldaten, die sich einer Anonymisierung entziehen. Da die Datenaufbereitung mit der Archivierung der Originaldaten zusammenfällt, ist der Wunsch nach Sekundäranalysen nicht auszuschließen. Angesichts des Aufwands der Datengewinnung wäre ein solcher nicht nur legitim und verständlich, sondern auch wünschenswert: Digitale Aufnahmen kommen „auch den Forschenden entgegen, die mit archiviertem Material arbeiten wollen, denn sie wollen auf archivierte Daten so weit möglich ‚in Reinform' und ‚unmanipuliert' zugreifen. Dies könnte dazu führen, dass Datenarchive in Zukunft mehr und mehr Audio- und Videodaten im Original archivieren." (Gibbs/Friese/Mangabeira 2002, Absatz 30). Unter Gesichtspunkten des Persönlichkeitsschutzes wäre allerdings noch zu klären, ob derartige Daten überhaupt an Dritte weitergegeben werden dürfen und falls ja, unter welchen Bedingungen.

II. Culture Fair Intelligence Test (CFT): Ergebnisse

Der Culture Fair Intelligence Test ist ein Instrument, mit dem die „General-Fluid Ability" gemessen werden kann, d.h. die „Fähigkeit, komplexe Beziehung in neuartigen Situationen wahrnehmen und erfassen zu können". „Culture Fair" bedeutet in diesem Zusammenhang, dass kognitive Fähigkeiten unabhängig von in spezifischen kulturellen Kontexten gelernten Wissenszusammenhängen abgefragt werden. Er enthält verschiedene Subtests mit Aufgaben, mit denen optische Wahrnehmung, visuelle Aufmerksamkeit und figurales Denken untersucht werden kann. Der Test liegt in zwei Varianten vor, zum einen zugeschnitten auf das Alter von 5;6 bis 9;5 Jahren (CFT 1), zum anderen zugeschnitten auf das Alter von 8;5 bis 18 Jahren und Erwachsenen mit einfacher Schulbildung (CFT 20). Für beide Tests liegen geeichte Altersnormierungen vor, für Kinder und Jugendliche im Schulalter auch Klassennormierungen nach Jahrgangsstufen (vgl. Cattell/Weiß/Osterland 1997; Weiß 1998). Während mit dem CFT in der psychologischen Intelligenzdiagnostik herausgefunden werden soll, welchen Anteil die „General-Fluid Ability" bei der Lösung der Aufgaben hat, wurde in der Studie „Wie entdecken Kinder das Internet?" der Test dazu verwendet, Unterschiede in der visuellen Wahrnehmungsfähigkeit bei den Kindern aufzuspüren, die z.B. Einfluss darauf haben könnten, wie Kinder den Aufbau einer Website erfassen oder sich beim Navigieren verhalten. Das Resultat war allerdings, so viel vorweg, dass die Interpretation der Testergebnisse mehr Fragen aufwarf als klärte. Die Testergebnisse wurden schließlich im Vergleich zwischen den beobachteten Kindern bewertet und Auffälligkeiten bei einzelnen Kindern an den Beobachtungsfilmen überprüft.

Der Culture Fair Intelligence Test (CFT) wurde während der zweiten Beobachtungsphase mit sechzehn Kindern durchgeführt. Zwei Kinder nahmen nicht teil, ein Junge war nach der ersten Beobachtungsphase aus der Studie ausgeschieden, für einen anderen Jungen lag keine Normierung des Tests vor. Mit acht Kindern wurde der CFT 1 durchgeführt, zum Zeitpunkt des Test waren sie zwischen 6;1 und 10;1 Jahre alt. Mit acht Kindern wurde der CFT 20 durchgeführt, zum Zeitpunkt des Test waren sie zwischen 10;9 und 12;5 Jahre alt. Nur eine Person fungierte bei allen Kindern als Testleiter, diese führte den Test mit jedem Kind einzeln innerhalb einer der Beobachtungsstunden nach den Handanweisungen durch. Besonderheiten in der Testsituation (Unruhe, Störungen, Verhalten und Fragen des Kindes) wurden jeweils am Ende der Sitzung notiert. Mit den jüngeren Kindern bis inklusive 3. Klasse wurde der gesamte CFT 1, mit den älteren Kindern ab der 4. Klasse aus zeitlichen Gründen nur Teil 1 des CFT 20 durchgeführt, beide Tests beanspruchen etwa 35 Minuten. Die Tests wurden ausgewertet und jeweils mit der entsprechenden Altersnorm bewertet.

Der Vergleich mit der normierten Alterstabelle gibt Auskunft über den gemessenen Intelligenzquotienten der Kinder, der bei den jüngeren Kindern zwischen 94 und 120, bei den älteren Kindern zwischen 103 und 122 lag, sowie über den „Prozentrang", in dem das Ergebnis des einzelnen Kindes im normierten Vergleich liegt. Über die Möglichkeiten der Interpretation der einzelnen Ergebnisse bzw. die relative Bedeutung der Subtests allerdings wird in den Handanweisungen zu CFT 1 ein Minimum an Auskunft, in CFT 20 so viel wie gar keine Auskunft gegeben. Interessanter ist es deshalb, die Aufmerksamkeit darauf zu richten, bei welchen Subtests nahezu alle Kinder Probleme hatten bzw. in welchen sie in Relation zu anderen weniger „Rohwerte" erreichten. Darüber hinaus liegt es nahe, nach Gründen für die „Ausreißer" unter den Kindern zu suchen.

Ergebnisse der jüngeren Kinder (CFT 1)

Subtest 1: Substitutionen (Reproduktive Aspekte der optischen Wahrnehmung)
Die Aufgabe für die Kinder besteht hier darin, sechs verschiedenen Figuren jeweils bestimmte Symbole zuzuordnen. Die Figuren stehen dabei in sechs Reihen in unterschiedlicher Reihenfolge. Der Subtest 1 konnte von fast allen Kindern vollständig richtig und innerhalb der vorgegebenen Zeit gelöst werden. Ein Mädchen schaffte lediglich die Hälfte der Reihen, weil es sich auf Schönschrift bzw. das Malen der Symbole konzentrierte, die es sogar in farblichem Wechsel vornehmen wollte; dies hatte schließlich erheblichen Einfluss auf ihren IQ-Wert.

Subtest 2: Labyrinthe (Produktiver Aspekt der optischen Wahrnehmung)
Die Aufgabe besteht darin, viermal den Weg einer Maus durch ein Labyrinth nachzuzeichnen, ohne andere Felder auf der Vorlage zu kreuzen. Auch hier hatten die wenigsten Schwierigkeiten, aber zwei Kinder mit krakeliger Stiftführung taten sich schwer. Diese Besonderheit zeigte sich bei beiden Kindern tendenziell auch beim Umgang mit dem Internet: Das Mädchen hatte häufiger Probleme bei Spielen, z.B. Spielzüge exakt durchzuführen oder Figuren richtig zu platzieren. Dem Jungen erging es ähnlich, er lenkte häufiger Spielfiguren an Hindernisse und bei Malspielen gelang ihm die „Stiftführung“ per Maus nicht exakt.

Subtest 3: Klassifikationen (Beziehungsstiftendes Denken bei figuralem Material)
Die Aufgabe besteht darin, aus fünf Objekten das jeweils nicht passende herauszufinden. Zwölf Reihen mit Aufgaben sind zu lösen. Kein Kind konnte alle Problemstellungen lösen. Mit zunehmendem Komplexitätsgrad der Figuren stieg die Fehlerquote bei den meisten Kindern an.

Subtest 4: Ähnlichkeiten (Vergleichendes Inbeziehungsetzen figuraler Vorgaben)
Die Aufgabe besteht darin, aus fünf merkmalsähnlichen Figuren die auszuwählen, die mit der Vorlage übereinstimmt. Kein Kind konnte alle zwölf Reihen richtig lösen. Die meisten Kinder kamen mit der Zeit nicht aus oder hatten Schwierigkeiten, sobald die Figur ausdifferenziert und die Ähnlichkeit deshalb schwer erkennbar war. Große Unterschiede zwischen den Ergebnissen gab es nicht.

Subtest 5: Matrizen (Erkennen von Regelhaftigkeiten bei figuralen Problemstellungen)
Die Aufgabe besteht darin, eine Vierfeldertafel mit einer passenden Figur zu vervollständigen. Die zwölf Aufgaben konnten zwei Kinder vollständig und drei Kinder nahezu vollständig lösen. Für die jüngsten Kinder waren sie eher schwierig.

Bewertet man die Ergebnisse der Kinder im Sinne des Test, dann ist bei zwei Kindern im Vergleich zu den anderen Geschwindigkeit, Umfang und Aufmerksamkeit bei der Wahrnehmung eingeschränkt. Dagegen fällt bei zwei Kindern das schnelle Erkennen von Wiederkehrendem bzw. Gesetzmäßigkeiten auf. Bemerkenswert ist darüber hinaus, dass die Kinder dieser Altersgruppe bzw. bis zur dritten Klasse kaum Probleme mit Zuordnungsaufgaben verschiedener Stile haben. Das abstrakte und relationale Denken aber bereitet noch Schwierigkeiten, darauf weisen zumindest die Subtest zur Klassifikation und zu den Ähnlichkeiten hin.

Ergebnisse der älteren Kinder (CFT 20)

Subtest 1: Reihen
Die Aufgabe besteht darin, die letzte Figur einer Viererreihe aus fünf vorgegebenen auszuwählen. Zwölf Reihen sind zu lösen. Die Aufgaben konnten von einem Kind vollständig gelöst werden, ein Kind hatte größere Probleme.

Subtest 2: Klassifikationen
Die Aufgabe besteht darin, aus fünf Figuren in vierzehn Reihen die jeweils falsche auszuwählen. Wie die jüngeren Kinder (CFT 1 Subtest 3) hatten auch die älteren beim Klassifizieren Schwierigkeiten. Kein Kind konnte alle Aufgaben, die meisten nur die Hälfte und weniger lösen.

Subtest 3: Matrizen
Die Aufgabe besteht darin, das fehlende Teil von Vierfeldertafeln in zwölf Reihen zu ergänzen. Dazu muss eine Figur aus fünf ähnlichen ausgewählt werden. Auch hier unterscheiden sich die Ergebnisse kaum von jenen der jüngeren Kinder. Ein Kind konnte alle Aufgaben, fünf Kinder nahezu alle und zwei Kinder zwei Drittel der Aufgaben lösen.

Subtest 4: Topologie
Die Aufgabe besteht darin, die Lage eines Punktes in sich schneidenden geometrischen Formen herauszufinden. Aus fünf Feldern muss dasjenige ausgewählt werden, in welchem die geometrischen Formen so angeordnet sind, dass ein Punkt in analoger Position zur Vorlage untergebracht werden könnte. Diese relativ schwierigen acht Aufgaben konnte ein Kind vollständig lösen, drei Kinder hatten größere Schwierigkeiten.

Wie für die jüngeren Kinder kann auch für die älteren Kinder als Endergebnis festgehalten werden, dass die Aufgaben, bei denen es um das Herstellen von Beziehungen geht, größere Schwierigkeiten bereiteten als Zuordnungsaufgaben. Der Test differenzierte insgesamt kaum, fast alle Kinder, die an unserer Untersuchung teilnahmen, haben einen hohen bzw. sehr hohen IQ. Zu den zwei Kindern, die beim CFT 20 niedrigere Werte erreichten, ist anzumerken, dass der Junge sowohl in der Test- als auch in der Beobachtungssituation als eher hyperaktiv gelten kann, während das Mädchen bei neuen Eindrücken seine Aufmerksamkeit mit körperlicher Erregung unterstreicht.

Zur Testsituation

Für die jüngeren Kinder war der Test eher eine Spielsituation, die Spaß machte. Nur drei von den sieben Kindern interessierten sich für die Lösungen. Die Tests, die in den Horten durchgeführt wurden, fanden in einer weniger ruhigen Umgebung statt als im Deutschen Jugendinstitut. Von den älteren Kindern fassten manche den Test als Prüfungssituation auf und waren dementsprechend nervös; diese Kinder waren sehr stark an ihren Ergebnissen interessiert. Einigen Kindern war der Test eher lästig und zwei hatten schon Erfahrung mit Intelligenztests. Alle machten bereitwillig mit, obwohl mehrere Kinder die Testzeit als Abzug von ihrer Onlinezeit begriffen und möglichst schnell an den Computer wollten.

III. Eltern- und Erzieherinnenbefragung: Leitfäden

Leitfaden: Befragung der Eltern (1. Erhebung)

Intervieweranweisung: Das Interview ist nach den Techniken der narrativen Gesprächsführung durchzuführen. Nach der Eröffnungsfrage sollte sich im Idealfall die Abfolge der weiteren Fragen aus den Antworten der Befragten ergeben. Der Fragenkatalog ist folglich als Checkliste zu verstehen. Bei allen Fragen, die sich auf das an der Beobachtung teilnehmende Kind beziehen, ist „ihr Kind" durch den Namen des entsprechenden Kindes zu ersetzen. Sind beide Elternteile anwesend, sind persönliche Fragen und Meinungen zur Internetnutzung sowohl an die Mutter als auch an den Vater zu stellen. Die Gespräche sind über Außenmikrophon auf Tonband aufzuzeichnen; für die Auswertung werden sie transkribiert. Durchführungszeitpunkt: Vor Beginn der ersten Beobachtungsphase. Dauer: ca. 1,5 Stunden.

Einstiegsfrage

1. Wenn Sie an den Tag zurückdenken, an dem Sie den Internetzugang in Ihrer Familie bekommen haben und zum ersten Mal von zu Hause aus ins Internet gegangen sind: welche Eindrücke sind Ihnen da in Erinnerung geblieben? Wie war das damals?

Erfahrung mit dem Internet

2. Warum haben Sie den Anschluss angeschafft? Wer war die treibende Kraft bei der Entscheidung für die Anschaffung? Haben Sie den Anschluss für die gesamte Familie geplant oder primär für ein Mitglied Ihrer Familie? Wer ist inzwischen der/die Hauptnutzer/-in?
3. Hatten Sie oder andere Mitglieder Ihrer Familie schon Erfahrungen mit dem Internet an einem anderen Ort, z.B. am Arbeitsplatz, sammeln können, bevor Sie sich einen Netzzugang beschafft haben? Hatte Ihr Kind bereits Interneterfahrungen?
4. Seit wann etwa gehen Sie mit dem Internet um? Und seit wann haben Sie Ihren privaten Internetzugang?
5. Wie häufig gehen Sie selbst ins Netz? Für welchen Zweck benutzen Sie das Internet hauptsächlich? Je nach Situation: Können Sie diese Frage auch für die anderen Mitglieder Ihrer Familie, vor allem für Ihre Kinder, beantworten?
6. Unterhalten Sie selbst oder Ihr Kind/Ihre Kinder eine eigene Homepage?
7. Wo steht der Computer mit Netzzugang in Ihrem Haushalt?
8. Haben Sie in Ihrer Familie Regeln aufgestellt, wer zu welcher Zeit den Zugang nutzen darf?
   Haben Sie darüber hinaus für Ihr Kind/Ihre Kinder besondere Regeln aufgestellt? Falls ja: Können Sie mir bitte sagen, welche die wichtigsten sind?
   Kann Ihr Kind, wenn es im Internet ist, dort machen, was, so lange und so viel es will?

Pädagogische Erwartungen

9. Manche Eltern haben gegenüber dem Internet und seiner Nutzung durch Kinder Bedenken. Wie ist das bei Ihnen?
10. Welche Gründe sprechen dafür, Kinder frühzeitig mit dem Internet bekannt zu machen?
11. Was war Ihr persönliches Hauptmotiv, Ihrem Kind den Zugang zum Internet zu ermöglichen?
12. Glauben Sie, dass Ihr Kind beim Internetbesuch etwas lernen kann? Falls ja: An was denken Sie dabei?
13. Sind Sie jederzeit darüber im Bilde, was Ihr Kind im Internet jeweils macht?
14. Welche Meinung haben Sie zu der Aussage, dass Kinder im Umgang mit den neuen Medien, also auch im Umgang mit dem Internet, kompetenter sind als Erwachsene?

Internetnutzung des Kindes

15. Wenn Sie an Ihr eigene Familie denken: Was kann Ihr Kind im Internet besser/schlechter als Sie? Woran, glauben Sie, liegt das?
16. Hat Ihr Kind besondere Kompetenzen im Umgang mit dem Internet? Worin liegt sein Geschick?
17. In welchen Situationen werden Sie oder ein anderes Familienmitglied zur Hilfe gerufen? Womit hat Ihr Kind Schwierigkeiten?
18. Wie neugierig und experimentierfreudig ist Ihr Kind bei den Internetbesuchen?
19. Geht Ihr Kind alleine, mit anderen oder nur mit Ihnen ins Netz? Gibt es dafür bestimmte Anlässe?
20. Was fällt Ihnen am Verhalten Ihres Kindes auf, wenn es das Internet besucht? Welche Beobachtungen haben Sie gemacht?
21. Welche Möglichkeiten des Internets nutzt Ihr Kind am häufigsten (z.B. E-Mail, Surfen, Chat)?
22. Lädt Ihr Kind manchmal etwas aus dem Internet herunter? Um was handelt es sich dabei? Sehen Sie darin ein Problem?
23. Welche Websites besucht Ihr Kind am häufigsten? Hat es zur Zeit einen Favoriten, und was ist an diesem für Ihr Kind besonders interessant?
24. Benutzt Ihr Kind das Internet zum Mailen an Freunde und Verwandte?
25. Wissen Sie, ob Ihr Kind im Internet auch chattet oder E-Mail-Freunde sucht? Falls ja: Wissen Sie, wie Ihr Kind dabei vorgeht? Welche Websites bzw. Chatrooms sucht es dafür auf?
26. Wie häufig geht Ihr Kind ins Internet? Wie lange in etwa ist es dann jeweils im Netz?
27. Hat Ihr Kind außerhalb der Familie noch Gelegenheiten, das Internet zu nutzen (z.B. in der Schule, im Hort, bei Freunden)? Falls ja: Was schätzen Sie, wie oft das vorkommt?
28. Hat Ihr Kind Spaß am Internetbesuch oder gibt es Situationen, in denen es sich auch langweilt?

Internetkompetenzen des Kindes

29. Wissen Sie, wie Ihr Kind neue Websites im Internet findet oder wodurch es angeregt wird, neue Seiten aufzusuchen?

30. Nach welchen Kriterien gehen Sie vor, wenn Sie selbst Seiten für Ihr Kind auswählen? Wie erfahren Sie von diesen Seiten und woher erhalten Sie Ihre Informationen darüber?
31. Kann Ihr Kind eine Website, die ihm gefällt, umstandslos wiederfinden? Haben Sie eine Vorstellung davon, wie Ihr Kind dabei vorgeht? Weiß Ihr Kind z.B. wie man Lesezeichen bzw. Favoriten speichert?
32. Glauben Sie, dass sich Ihr Kind besser im Internet auskennt als Sie selbst? Falls ja: Warum ist das so, oder in welchen Fällen kommt dies vor?

Gefährdungsaspekte

33. Worin liegen nach Ihrer Auffassungen die Gefahren für Kinder im Umgang mit dem Internet?
34. Kennen Sie die öffentliche Diskussion um die Gefährdung von Kindern durch das Internet? Wie ist Ihre Meinung dazu?
35. Haben Sie Maßnahmen zum Schutz Ihres Kindes ergriffen?
36. Ist Ihr Kind schon einmal auf erotische oder gewaltbezogene Inhalte im Netz gestoßen? Wissen Sie, wie es auf diese Website gekommen ist? Wie hat Ihr Kind, und wie haben Sie in dieser Situation reagiert?
37. Glauben Sie, dass der Kinder- und Jugendschutz im Internet verbessert werden müsste? Wenn ja: Was sollte Ihrer Meinung nach verbessert werden?
38. Haben Sie sich und Ihr Kind über die Verhaltensregeln im Netz informiert, die zur Sicherheit beitragen? Weiß Ihr Kind, dass es auf den Websites für Kinder nur mit einer anonymisierten E-Mail-Adresse und mit Nickname kommunizieren soll?
39. Informieren Sie sich über Produkte, die Sie kaufen wollen, im Internet? Trifft dies auch für Ihr Kind zu?
40. Wie gehen Sie und Ihr Kind mit Werbung im Internet um?
41. Haben Sie und ihr Kind Erfahrung mit Online-Bestellungen? Falls ja: Gab es dabei schon mal Probleme?

Technischer Fragenkomplex

42. Über welchen Online-Anbieter gehen Sie ins Internet?
43. Benutzen Sie das Internetportal des Online-Anbieters oder haben Sie sich eine eigene Startseite eingerichtet?
44. Mit welchem Browser gehen Sie ins Netz?
45. Haben Sie die Kindersicherung des Onlineanbieters aktiviert oder haben Sie selbst eine solche installiert?
46. Ist Ihr Kind auf einer Kinderwebsite angemeldet bzw. Mitglied in einem virtuellen Kinderclub?
47. Haben Sie einen eigenen Ordner mit Lesezeichen oder Favoriten für Ihr Kind angelegt; oder führt es selbst einen solchen?
48. Es kommt vor, dass man zur Bedienung einer Website neue Plug-Ins benötigt. Ist Ihr Kind schon einmal auf ein solches Problem gestoßen, und wie hat es das gelöst?
49. Gehen Sie mit einem Analog-Modem, über einen ISDN-Anschluss oder mit DSL ins Internet?

50. Haben Sie einen Pauschalvertrag, also eine Flatrate, abgeschlossen oder bezahlen Sie Gebühren je nach Online-Zeit?
51. Spielen die Kosten der Internetnutzung in Ihrer Familie eine Rolle, d.h. gab es wegen der Internetkosten schon Konflikte in ihrer Familie?
52. Welche Bedeutung hat das Internet in Ihrer Familie, wenn sie dieses Medium mit Radio, Fernsehen, CDs, Computerspielen, Büchern und anderen Printmedien vergleichen?

Sozialstatistische Daten

- Familiengröße: Anzahl der Personen im Haushalt
- Familienstand: verheiratet – verheiratet, getrennt lebend – geschieden – verwitwet – ledig
- Erziehungssituation: Familie – Partnerschaft – Alleinerziehend
- Bildungsstatus: Schulabschluss – Ausbildung (Mutter, Vater bzw. Partner/-in)
- Erwerbstätigkeit: Ausgeübter Beruf bzw. ausgeübte Tätigkeit
- Nettoeinkommen des Haushalts: 500 bis unter 1000 Euro – 1000 bis unter 1250 Euro – 1250 bis unter 1500 Euro – 1500 bis unter 2000 Euro – 2000 bis unter 2500 Euro – 2500 bis unter 3000 Euro – 3000 bis unter 4500 Euro – 4500 Euro und mehr
- Alter: Mutter – Vater bzw. Partner/-in
- Anzahl der Kinder: Alter (Monat/Jahr) – Geschlecht
- Beobachtetes Kind: Stellung in der Geschwisterfolge – Schultyp – Jahrgangsstufe – Besuch eines außerschulischen Betreuungsangebots (Hort) – Teilnahme an pädagogisch betreuten Stadtteilangeboten – Vereinsmitgliedschaft

Leitfaden: Befragung der Eltern (2. Erhebung)

Intervieweranweisung: Das Interview ist nach den Techniken der narrativen Gesprächsführung durchzuführen. Bei allen Fragen, die sich auf das an der Beobachtung teilnehmende Kind beziehen, ist „Ihr Kind“ durch den entsprechenden Namen zu ersetzen. Sind beide Elternteile anwesend, sind persönliche Fragen und Meinungen zur Internetnutzung sowohl an die Mutter als auch an den Vater zu stellen. Die Gespräche sind über Außenmikrophon auf Tonband aufzuzeichnen; für die Auswertung werden sie transkribiert. Durchführungszeitpunkt: Beginn der zweiten Beobachtungsphase. Dauer: ca. 20 Minuten.

Wir wollen nachfragen, ob sich das Internetverhalten Ihres Kindes seit der ersten Befragung verändert hat.

1. Wie häufig war Ihr Kind in der Zwischenzeit zu Hause im Internet? Und was hat es im Internet gemacht?
2. Haben Sie beobachtet, dass sich Ihr Kind im Internet besser zurechtfindet oder selbstbewusster damit umgeht?
3. Hat sich das Interesse Ihres Kindes an Internetinhalten seit Beginn der Studie verändert?

4. Spricht Ihr Kind seither häufiger über das Internet und/oder über Dinge, die es aus dem Internet erfahren hat?
5. Hat sich seit dem letzten Interview an der Ausstattung Ihres PCs oder an Ihrem Internetanschluss etwas geändert?
6. Ihr Kind geht jetzt in eine höhere Klasse: Gibt es inzwischen Computer- oder Internetangebote in der Schule? Falls ja: Welche sind das und nimmt Ihr Kind daran teil?
7. Halten Sie an Ihrem Standpunkt zum pädagogischen Nutzen des Internets für Kinder fest, oder sehen Sie dies heute mit Blick auf Ihr eigenes Kind anders?
8. Hat sich Ihr eigenes Interesse am Internet seit unserem ersten Gespräch verändert?
9. Wie war das nach den Beobachtungsterminen im Deutschen Jugendinstitut: Hat Ihr Kind über die Sitzungen gesprochen und Ihnen erzählt, was es im Internet gemacht hat?
10. Haben Sie den Eindruck, dass Ihr Kind gerne an der Studie mitarbeitet?

Leitfaden: Befragung der Erzieherinnen (1. Erhebung)

Intervieweranweisung: Das Interview ist nach den Techniken der narrativen Gesprächsführung durchzuführen. Nach der Eröffnungsfrage sollte sich im Idealfall die Abfolge der weiteren Fragen aus den Antworten der Befragten ergeben. Der Fragenkatalog ist folglich als Checkliste zu verstehen. Die Gespräche sind über Außenmikrophon auf Tonband aufzuzeichnen; für die Auswertung werden sie transkribiert. Durchführungszeitpunkt: Vor Beginn der ersten Beobachtungsphase. Dauer: ca. eine Stunde.

Einstiegsfrage

1. Sie haben in Ihrer Kindertagesstätte einen Internetanschluss. Welche Gründe waren für Sie als Erzieherin ausschlaggebend, sich um einen Internetanschluss für die Kinder zu kümmern? Welche Rolle hat dabei der Träger gespielt und welche die Eltern?

Erfahrung mit dem Internet

2. Seit wann haben Sie den Internetzugang?
3. Wo steht der Computer mit Netzzugang in Ihrer Kindertagesstätte? Aus welchen Gründen haben Sie diesen Ort gewählt?
4. Hatten Sie selbst, bevor Sie den Internetanschluss in der Kindertagestätte bekamen, bereits Erfahrungen mit dem Internet gehabt?
5. Haben Sie eine Fortbildung zum Umgang mit dem Internet im Kindergarten bzw. Hort gemacht? Falls ja: Was war der Inhalt bzw. der Schwerpunkt dieser Fortbildung?
6. Wenn Sie an den Tag zurückdenken, an dem Sie den Internetzugang in der Kindertagesstätte bekommen haben und zum ersten Mal mit den Kindern ins Internet gegangen sind: welche Eindrücke sind Ihnen da in Erinnerung geblieben? Wie war das damals: für Sie selbst und für die Kinder?
7. Wie viele Kinder waren damals am Internet interessiert, und hat sich das seither verändert?

8. Wie ist der Zugang zum Internet in Ihrer Kindertagesstätte geregelt: gehen die Kinder alleine, gemeinsam mit anderen oder nur unter Ihrer Aufsicht ins Netz?
9. Haben Sie in Ihrer Kindertagesstätte Regeln aufgestellt, wer zu welcher Zeit den Zugang nutzen darf? Haben Sie darüber hinaus für die Kinder besondere Regeln aufgestellt? Falls ja: Können Sie mir bitte sagen, welche die wichtigsten sind?

Pädagogische Erwartungen

10. Manche Pädagogen haben gegenüber dem Internet und seiner Nutzung durch Kinder Bedenken. Welche Stellung nehmen Sie dazu ein?
11. Welche Gründe sprechen dafür, Kinder frühzeitig mit dem Internet bekannt zu machen?
12. Glauben Sie, dass Kinder durch den Umgang mit dem Internet etwas lernen können? Falls ja: An was denken Sie dabei?
13. Welche Meinung haben Sie zu der Aussage, dass Kinder im Umgang mit den neuen Medien, also auch im Umgang mit dem Internet, kompetenter sind als Erwachsene?
14. Sind Sie jederzeit darüber im Bilde, was die Kinder im Internet jeweils machen?

Internetnutzung der Kinder

15. Wenn Sie an die Kinder in Ihrer Gruppe denken: Was können die Kinder im Internet besser/schlechter als Sie? Woran, glauben Sie, liegt das?
16. Haben manche der Kinder Ihrer Gruppe besondere Kompetenzen im Umgang mit dem Internet? Worin sind sie besonders geschickt?
17. In welchen Situationen werden Sie als Erzieherin zur Hilfe gerufen? Womit haben Kinder, nach Ihrer Beobachtung, besondere Schwierigkeiten?
18. Wie neugierig und experimentierfreudig sind die Kinder bei den Internetbesuchen?
19. Was fällt Ihnen am Verhalten der Kinder auf, wenn sie das Internet besuchen? Welche Beobachtungen haben Sie gemacht?
20. Zu welchen Anlässen gehen die Kinder Ihrer Gruppe ins Internet? Stehen die Internetbesuche in Beziehung zu den Themen, die Sie mit Ihrer Kindergruppe behandeln? Kommt es im Hort vor, dass Kinder im Zusammenhang mit den Hausaufgaben ins Internet wollen, um dort etwas zu suchen?
21. Welche Websites besuchen die Kinder am häufigsten? Gibt es zur Zeit eine Lieblingsseite und was ist an dieser für die Kinder besonders interessant?
22. Sind Kinder Ihrer Gruppe auf einer Kinderwebsite angemeldet oder Mitglied in einem virtuellen Kinderclub? Steht Ihre Kindergruppe mit einer anderen Gruppe über das Netz im Austausch?
23. Wo liegt der Schwerpunkt, wenn Sie sich bzw. die Kinder Ihrer Gruppe mit dem Internet beschäftigen (z.B. E-Mail, Surfen, Chat)?
24. Laden die Kinder manchmal etwas aus dem Internet herunter? Um was handelt es sich dabei? Sehen Sie darin ein Problem?
25. Ist es den Kindern auch möglich E-Mails zu schreiben bzw. andere Dinge zu machen, als Websites anzuschauen. Wenn ja, wie haben Sie das organisiert?
26. Wie häufig nutzen die Kinder Ihrer Gruppe das Internet? Wie lange sind sie dann jeweils im Netz?

27. Wissen Sie, wie viele der Kinder in Ihrer Gruppe auch zu Hause Gelegenheit haben, das Internet zu nutzen? Macht sich dies in der Gruppe bemerkbar?
28. Wie ist die Atmosphäre bei den Internetbesuchen der Kinder in der Kindertagesstätte? Ist sie eher wie im Freispiel oder wie während einer Beschäftigung? Haben die Kinder in der Regel Spaß am Internetbesuch oder gibt es Situationen, in denen sie sich auch langweilen?

Internetkompetenzen der Kinder

29. Dürfen die Kinder in Ihrer Gruppe selbst nach neuen Websites im Internet suchen? Falls ja: Wissen Sie, wie die Kinder neue Websites finden oder wodurch sie angeregt werden, neue Seiten aufzusuchen?
30. Nach welchen Kriterien gehen Sie vor, wenn Sie selbst Seiten für die Kinder auswählen? Wie erfahren Sie von diesen Seiten und woher erhalten Sie Ihre Informationen darüber?
31. Können die Kinder Ihrer Gruppe eine Website, die ihnen gefällt, umstandslos wiederfinden? Haben Sie eine Vorstellung davon, wie die Kinder dabei vorgehen?
32. Wissen die Kinder z.B. wie man Lesezeichen bzw. Favoriten speichert?

Gefährdungsaspekte

33. Worin liegen nach Ihrer Auffassungen die Gefahren für Kinder im Umgang mit dem Internet?
34. Wie ist Ihre Meinung zur öffentlichen Diskussion um die Gefährdung von Kindern durch das Internet?
35. Haben Sie Maßnahmen zum Schutz der Kinder ergriffen? Verwenden Sie eine Filtersoftware oder haben Sie eine Kindersicherung aktiviert? Falls nein, wie haben Sie sich gegenüber den Eltern abgesichert?
36. Ist ein Kind Ihrer Gruppe schon einmal auf erotische oder gewaltbezogene Inhalte im Netz gestoßen? Wissen Sie, wie es auf diese Website gekommen ist? Wie hat das Kind, und wie haben Sie als Erzieherin in dieser Situation reagiert?
37. Haben Sie oder die Kinder ihrer Gruppe schon Erfahrungen mit Werbung im Internet gesammelt?
38. Glauben Sie, dass der Kinder- und Jugendschutz im Internet verbessert werden müsste? Wenn ja: Was sollte Ihrer Meinung nach verbessert werden?
39. Haben Sie sich und die Kinder Ihrer Gruppe über die Verhaltensregeln im Netz informiert, die zur Sicherheit beitragen? Wissen die Kinder, dass Sie auf den Websites nur mit anonymisierten E-Mail-Adressen und mit Nickname kommunizieren sollen?
40. Wie gehen Sie als Erzieherin mit kommerziellen Kinderwebsites und Werbung im Internet um?

Technischer Fragenkomplex

41. Gehen Sie über das Netz der Stadt München oder über einen Online-Anbieter ins Internet?
42. Falls letzteres zutrifft: Benutzen Sie das Internetportal des Online-Anbieters oder haben Sie eine eigene Startseite eingerichtet?

43. Mit welchem Browser gehen Sie in der Kindertagesstätte ins Netz?
44. Gehen Sie mit einem Analog-Modem, über einen ISDN-Anschluss oder über DSL ins Internet?
45. Wer trägt die Kosten für die Internetnutzung in Ihrer Kindertagesstätte?
46. Hatten Sie bei der Einrichtung des Netzzugangs technische Hilfe? Ist die Beratung auf Dauer sichergestellt? Wann rufen Sie selbst jemanden zu Hilfe?
47. Unterhält Ihre Kindertagesstätte eine Homepage? Wenn ja, für welchen Zweck ist diese hauptsächlich da? Haben die Kinder an der Homepage mitgearbeitet. Unter welcher Adresse kann man Ihre Website erreichen?

Fragen zum ausgewählten Kind

48. Wie haben Sie die Kinder ausgewählt, die an unserer Untersuchung teilnehmen?
49. Können Sie uns vorab einige Daten zu diesen Kindern sagen? Geschlecht, Alter, Schulart, Jahrgangsstufe
50. Wissen Sie, aus welchen Familienverhältnissen das Kind kommt, ob es Geschwister hat?
51. Wissen Sie, ob das Kind zu Hause einen Internetanschluss hat?
52. Wissen Sie, wie sich die Eltern zur Internetpädagogik in der Kindertagestätte stellen?
53. Welche Bedeutung hat das Internet für das Kind im Hort? Unterscheidet es sich in dieser Beziehung von anderen?

Weitere Informationen zur Kindertagesstätte

Größe der Einrichtung: Anzahl der Gruppen – Anzahl der Kinder – Altersmischung in den Gruppen

Leitfaden: Befragung der Erzieherinnen (2. Erhebung)

Intervieweranweisung: Das Interview ist nach den Techniken der narrativen Gesprächsführung durchzuführen. Bei allen Fragen, die sich auf das an der Beobachtung teilnehmende Kind beziehen, ist „das Kind" durch den entsprechenden Namen zu ersetzen. Die Gespräche sind über Außenmikrophon auf Tonband aufzuzeichnen; für die Auswertung werden sie transkribiert. Durchführungszeitpunkt: Beginn der 2. Beobachtungsphase. Dauer: ca. 20 bis 30 Minuten.

Wir wollen nachfragen, ob sich das Internetverhalten des beobachteten Kindes seit der ersten Befragung verändert hat.

1. Waren Sie in der Zwischenzeit mit den Kindern Ihrer Gruppe noch einmal im Internet? Falls ja: War das von uns beobachtete Kind beteiligt?
2. Haben Sie beobachtet, dass sich dieses Kind im Internet besser zurechtfindet oder selbstbewusster damit umgeht?
3. Hat sich das Interesse des an der Untersuchung beteiligten Kindes an Internetinhalten seit Beginn der Studie verändert? Will es seitdem häufiger ins Internet?

4. Spricht dieses Kind seither häufiger über das Internet und/oder über Dinge, die es aus dem Internet erfahren hat?
5. Hat sich seit dem Abschluss der ersten Beobachtungsphase an der Ausstattung Ihrer PCs oder an Ihrem Internetanschluss etwas geändert?
6. Gibt es in Ihrer Kindertagesstätte derzeit neue Projekte im Zusammenhang mit dem Computer oder dem Internet? Falls ja: Wer hat es initiiert und durchgeführt? Wie viele Kinder haben mitgemacht und hat das beobachtete Kind auch daran teilgenommen?
7. Halten Sie an Ihrem Standpunkt zum pädagogischen Nutzen des Internets für Kinder fest, oder sehen Sie dies mit Blick auf die durchgeführte Untersuchung anders?
8. Hat sich Ihr eigenes Interesse als Erzieherin am Internet seit unserem ersten Gespräch verändert?
9. Wie war das nach den Beobachtungsterminen im Hort: Hat das beteiligte Kind über die Sitzung gesprochen und erzählt, was es im Internet gemacht hat?
10. Wie reagierten die anderen Kinder Ihrer Gruppe darauf? Wissen sie über die Studie Bescheid?
11. Gab es in ihrer Gruppe Probleme damit, dass wir uns nur mit dem ausgewählten Kind beschäftigen?
12. Haben Sie den Eindruck, dass das Kind gerne an der Studie mitarbeitet?

VI. Begleitmaterial

Wir sind drin. Kinder im Internet.
Ein Film in acht Begegnungen

Was verstehen Mütter, Erzieherinnen, Lehrerinnen, Medienpädagogen heute unter einer „sinnvollen Nutzung“ des Internets von Kindern? Wir begegnen ihnen im Alltag und den Kindern. Wir sehen wie die Kinder das Internet längst und in unterschiedlicher Weise zu einem Teil ihres Lebens gemacht haben und hören, dass sie ziemlich gut wissen, was sie tun.

Der Film zeigt kinderspezifische Umgangsweisen mit dem Internet in Abhängigkeit vom jeweiligen Zugangsort: in der Familie, in der Schule, im Hort, im Jugendtreff. Er will für das Internet der Kinder und deren altersabhängige Kompetenzen sensibilisieren. Zugleich verweist er mit Blick auf das Jugendalter auf unterschiedliche und individuell geprägte Entwicklungen des Interesses am Internet. (Geeignet für Aus- und Fortbildung sowie Elternabende).

„Wir sind drin“. Kinder im Internet.
Ein Film in acht Begegnungen.
von Otto Schweitzer
© DJI München 2003
45 Minuten, € 23,00 (inkl. Versand)
Bestellung: feil@dji.de

Aus dem Inhalt:

Begegnung 1:
Kommunikationsmedium – Ins Internet mit drei Jahren
Begegnung 2:
Schülermedium – Das Netz der Schule, das Netz der Schüler
Begegnung 3:
Familienmedium – Das Familienmitglied Internet
Begegnung 4:
Konsummedium – Auf der anderen Seite des Bildschirms: „Toggo“
Begegnung 5:
Initiationsmedium – „Wie sind keine Kinder mehr!“
Begegnung 6:
Wissensmedium – Arbeiten mit Internet
Begegnung 7:
Erziehungsmedium – Das Internet in Kindergarten und Hort
Begegnung 8:
Bildungsmedium – Das Internet als Schule des Schreibens

Im Auftrag des Projektes „Wie entdecken Kinder das Internet?“.
Gefördert vom Bundesministerium für Bildung und Forschung.